301句로 끝내는 중국어회화

최신개정

| 특별부록 | 301句 미니북

최신개정 **301句로 끝내는 중국어회화** 핵심편
301句 미니북

편저 康玉华·来思平
편역 최웅철
펴낸이 정규도
펴낸곳 (주)다락원

기획·편집 이연중, 이성운
디자인 윤지은, 최영란
일러스트 박하

다락원 경기도 파주시 문발로 211
전화 (02)736-2031 (내선 250~252 / 내선 430~437)
팩스 (02)732-2037
출판등록 1977년 9월 16일 제406-2008-000007호

《汉语会话301句(第四版)》上册·下册
Copyright ⓒ 2015, 北京大学出版社

한국 내 Copyright ⓒ 2017, (주)다락원
이 책의 한국 내 저작권은 北京大学出版社와의 독점 계약으로 (주)다락원이 소유합니다.

www.darakwon.co.kr
다락원 홈페이지를 방문하시면 상세한 출판 정보와 함께 동영상 강좌,
MP3 자료 등 다양한 어학 정보를 얻으실 수 있습니다.

MP3 파일 다운로드 및 실시간 재생 서비스

| 최신개정 |
301句로 끝내는 중국어회화에 나오는 301개 주요 문장만을 뽑아 만든 미니북입니다.

mini 60

一会儿还要办出境手续呢。
Yíhuìr hái yào bàn chūjìng shǒuxù ne.
이 훨 하이 야오 빤 추 징 서우 쉬 너

一路上多保重。
Yílù shang duō bǎozhòng.
이 루 상 뚜어 바오 쫑

希望你常跟我们联系。
Xīwàng nǐ cháng gēn wǒmen liánxì.
시왕 니 창 껀 워 먼 리엔 시

你可别把我们忘了。
Nǐ kě bié bǎ wǒmen wàng le.
니 커 비에 바 워 먼 왕 러

我到了那儿，就给你们发微信。
Wǒ dào le nàr, jiù gěi nǐmen fā wēixìn.
워 따오 러 나알 쩌우 게이 니 먼 파 웨이 신

祝你一路平安！
Zhù nǐ yílù píng'ān!
주 니 이 루 핑 안

301句 | 296 ~ 301 |

296 잠시 후에 출국 수속도 해야 합니다.

297 가시는 길에 몸조심하세요.

298 우리와 자주 연락하길 바랍니다.

299 우리를 잊지 마세요.

300 그곳에 도착하면 여러분에게 문자 보낼게요.

301 가시는 길에 평안하시길 빕니다!

학습방법

▶ 301句 미니북과 MP3 파일을 항상 휴대하여 여러 번 반복하여 듣고 따라 말하며 표현을 익힙니다.

▶ 미니북 MP3 파일에는 한국어와 중국어가 함께 녹음되어 있습니다. 먼저 한국어 해석을 듣고 떠오르는 대로 말해 보고, 다시 중국어를 들으며 올바른 표현을 확인하고 익힙니다.

▶ 학습자의 편의를 위해 중국어 발음을 한글로 표기했습니다. 다턱원 발음 표기법에 따른 것으로, 양국 간 언어적 차이로 인해 실제 중국어 발음과 발음과 차이가 있을 수 있습니다.

301句 | 001 ~ 005 |

001 안녕하세요!

002 잘 지내십니까?

003 (저는) 잘 지냅니다.

004 저도 잘 지냅니다.

005 안녕하세요! [아침 인사]

---

mini 59

쓰 거 샤오 빠오 뿌 루 량 거 따 빠오 하오
四个小包不如两个大包好。
Sì ge xiǎo bāo bùrú liǎng ge dà bāo hǎo.

여우 게이 니 티엔 마 판 러
又给你添麻烦了。
Yòu gěi nǐ tiān máfan le.

리 치 페이 하이 자오 너
离起飞还早呢。
Lí qǐfēi hái zǎo ne.

니 콰이 쭈어시아 허 디알 렁인 바
你快坐下，喝点儿冷饮吧。
Nǐ kuài zuòxià, hē diǎnr lěngyǐn ba.

니 메이 바 후자오 팡 짜이 샹즈 리 바
你没把护照放在箱子里吧？
Nǐ méi bǎ hùzhào fàng zài xiāngzi lǐ ba?

301句 | 291~295 |

● mini 01

291 작은 가방 네 개보다 큰 가방 두 개가 낫습니다.

니 하오
你好!
Nǐ hǎo!

292 당신에게 또 폐를 끼쳤습니다.

니 하오 마
你好吗?
Nǐ hǎo ma?

293 이룩하려면 아직 멀었습니다.

(워) 헌 하오
(我)很好。
(Wǒ) hěn hǎo.

294 어서 앉아서 시원한 음료수 좀 마셔요.

워 예 헌 하오
我也很好。
Wǒ yě hěn hǎo.

295 여권을 트렁크 안에 넣은 거 아니지요?

니 자오
你早!
Nǐ zǎo!

301句 | 006~010 |

006 건강은 어떻습니까?

你还有什么没办的事，我可以替你办。
Nǐ hái yǒu shénme méi bàn de shì, wǒ kěyǐ tì nǐ bàn.

007 감사합니다!

这几本书我想送给朋友，来不及叫快递了。
Zhè jǐ běn shū wǒ xiǎng sòng gěi péngyou, lái bu jí jiào kuàidì le.

008 안녕히 계세요! / 안녕히 가세요! [헤어질 때 하는 인사]

我正等着你呢！
Wǒ zhèng děngzhe nǐ ne!

009 일이 바쁩니까?

你的东西收拾好了吗？
Nǐ de dōngxi shōushi hǎo le ma?

010 매우 바쁩니다. 당신은요?

出门跟在家不一样，麻烦事就是多。
Chūmén gēn zài jiā bù yíyàng, máfan shì jiù shì duō.

301句 | 286 ~ 290 |

● mini 02

286 아직 처리하지 못한 일이 있으면, 내가 대신해 줄 수 있습니다.

你身体好吗?
Nǐ shēntǐ hǎo ma?

니 션 티 하오 마

287 이 몇 권의 책을 친구에게 보내 주고 싶은데, 택배를 부를 겨를이 없었습니다.

谢谢!
Xièxie!

시에 시에

288 나는 당신을 기다리고 있었습니다!

再见!
Zàijiàn!

짜이 찌엔

289 물건은 다 정리했습니까?

你工作忙吗?
Nǐ gōngzuò máng ma?

니 꽁 쭈어 망 마

290 밖에 나가면 집에 있는 것과는 달리 번거로운 일이 많습니다.

很忙, 你呢?
Hěn máng, nǐ ne?

헌 망, 니 너

301句 | 011~015 |

011 나는 그다지 바쁘지 않습니다.

运费怎么算?
Yùnfèi zěnme suàn?

012 당신의 아버지, 어머니께서는 건강하십니까?

按照这个价目表收费。
Ànzhào zhège jiàmùbiǎo shōufèi.

013 내 이름은 메리입니다.

你可以把东西运来。
Nǐ kěyǐ bǎ dōngxi yùnlái.

014 만나서 반갑습니다.

我的行李很大,一个人搬不动。
Wǒ de xíngli hěn dà, yí ge rén bān bu dòng.

015 당신의 성씨는 무엇입니까?

你准备得怎么样了?
Nǐ zhǔnbèi de zěnmeyàng le?

301句 | 281 ~ 285 |

mini 03

281 운송비는 어떻게 계산합니까?

282 이 가격표에 따라 요금을 받습니다.

我不太忙。
Wǒ bú tài máng.

283 물건을 이곳으로 가져오셔도 됩니다.

你爸爸、妈妈身体好吗?
Nǐ bàba, māma shēntǐ hǎo ma?

我叫玛丽。
Wǒ jiào Mǎlì.

284 내 짐은 너무 커서 혼자서 옮길 수 없습니다.

认识你,我很高兴。
Rènshi nǐ, wǒ hěn gāoxìng.

285 준비는 잘 돼 갑니까?

您贵姓?
Nín guìxìng?

301句 | 016~020 |

016 당신의 이름은 무엇입니까?

真不知道说什么好。
Zhēn bù zhīdào shuō shénme hǎo.

017 그녀의 성씨는 무엇입니까?

邮局寄不但太贵, 而且这么大的行李也不能寄。
Yóujú jì búdàn tài guì, érqiě zhème dà de xíngli yě bù néng jì.

018 그녀는 선생님이 아니고, 학생입니다.

我记不清楚了。
Wǒ jì bu qīngchu le.

019 그는 누구입니까?

我想起来了。
Wǒ xiǎng qǐlai le.

020 제가 소개해 드리겠습니다.

我打听一下儿, 这儿托运行李吗?
Wǒ dǎtīng yíxiàr, zhèr tuōyùn xíngli ma?

301句 | 276 ~ 280 |

mini 04

276 무슨 말을 해야 좋을지 모르겠습니다.

니 쨔오 션 머 밍 쯔
你叫什么名字？
Nǐ jiào shénme míngzi?

277 우체국에서 부치면 너무 비쌀 뿐 아니라, 이렇게 큰 짐은 부칠 수도 없습니다.

타 싱 션 머
她姓什么？
Tā xìng shénme?

278 잘 기억나지 않습니다.

타 부 스 라오스   타 스 쉬에 셩
她不是老师，她是学生。
Tā bú shì lǎoshī, tā shì xuésheng.

279 생각났습니다.

타 스 세이
他是谁？
Tā shì shéi?

280 문의 좀 드리겠습니다. 여기가 짐을 부치는 곳입니까?

워 찌에 샤오 이 시-알
我介绍一下儿。
Wǒ jièshào yíxiàr.

301句 | 021~025 |

021 어디 가세요?
我们把通讯地址都留在本子上了。
Wǒmen bǎ tōngxùn dìzhǐ dōu liú zài běnzi shang le.

022 장 선생님은 집에 계십니까?
让我们一起照张相吧!
Ràng wǒmen yìqǐ zhào zhāng xiàng ba!

023 나는 장 선생님의 학생입니다.
除了去实习的以外，都来了。
Chúle qù shíxí de yǐwài, dōu lái le.

024 들어오세요!
你用汉语唱个歌吧。
Nǐ yòng Hànyǔ chàng ge gē ba.

025 오늘은 며칠입니까?
我唱完就该你们了。
Wǒ chàngwán jiù gāi nǐmen le.

301句 | 271 ~ 275 |

mini 05

271 우리는 연락처를 모두 노트에 넣겠습니다.

你去哪儿?
Nǐ qù nǎr?
니 취 나-알

272 우리 함께 사진을 찍읍시다!

张老师在家吗?
Zhāng lǎoshī zài jiā ma?
장 라오 스 짜이 찌아 마

273 실습하러 간 사람을 빼고는 모두 왔습니다.

我是张老师的学生。
Wǒ shì Zhāng lǎoshī de xuésheng.
워 스 장 라오 스 더 쉬에 셩

274 중국어로 노래 한 곡 불러 보세요.

请进!
Qǐng jìn!
칭 찐

275 내 노래가 끝나면 당신들 차례입니다.

今天几号?
Jīntiān jǐ hào?
찐 티엔 지 하오

301句 | 026~030 |

026 오늘은 8일입니다.

027 오늘은 목요일이 아닙니다. 어제가 목요일이었습니다.

028 저녁에 당신은 무엇을 합니까?

029 당신의 생일은 몇 월 며칠입니까?

030 우리 오전에 그녀의 집에 가는 게 어때요?

我一边学习，一边工作。
Wǒ yìbiān xuéxí, yìbiān gōngzuò.

朋友们有的知道，有的不知道。
Péngyoumen yǒude zhīdào, yǒude bù zhīdào.

趁这两天有空儿，我去向他们告别。
Chèn zhè liǎng tiān yǒu kòngr, wǒ qù xiàng tāmen gàobié.

回国的日子越来越近了。
Huí guó de rìzi yuèláiyuè jìn le.

虽然时间不长，但是我们的友谊很深。
Suīrán shíjiān bù cháng, dànshì wǒmen de yǒuyì hěn shēn.

mini 06

266 나는 공부하면서 일합니다.

찐 티엔 빠 하오
今天八号。
Jīntiān bā hào.

267 어떤 친구는 알고 어떤 친구는 모릅니다.

찐 티엔 부 스 싱 치 스   주어 티엔 싱 치 스
今天不是星期四，昨天星期四。
Jīntiān bú shì xīngqīsì, zuótiān xīngqīsì.

268 요 며칠 시간이 날 때 그들에게 작별 인사를 하러 갈 것입니다.

완 상 니 쭈어 션 머
晚上你做什么？
Wǎnshang nǐ zuò shénme?

269 귀국 날짜가 점점 가까워집니다.

니 더 셩 르 스 지 위에 지 하오
你的生日是几月几号？
Nǐ de shēngrì shì jǐ yuè jǐ hào?

270 시간이 걸지는 않았지만 우리의 우정은 두텁습니다.

워 먼 상 우 취 타 찌아   하오 마
我们上午去她家，好吗？
Wǒmen shàngwǔ qù tā jiā, hǎo ma?

301句 | 031~035 |

031 당신의 가족은 몇 명입니까?

032 당신의 어머니는 어떤 일을 하십니까?

033 그녀는 대학에서 일합니다.

034 우리 집에는 아버지, 어머니, 그리고 남동생이 한 명 있습니다.

035 오빠(형)는 결혼했습니다.

mini 53

好久不见了。
Hǎojiǔ bú jiàn le.
하오 지우 부 찌엔 러

你今天怎么有空儿来了?
Nǐ jīntiān zěnme yǒu kòngr lái le?
니 찐 티엔 전 머 여우 코올 라이 러

我来向你告别。
Wǒ lái xiàng nǐ gàobié.
워 라이 샹 니 까오비에

我常来打扰你,很过意不去。
Wǒ cháng lái dǎrǎo nǐ, hěn guòyìbúqù.
워 창 라이 다오 니 헌 꿔이부취

你那么忙,不用送我了。
Nǐ nàme máng, búyòng sòng wǒ le.
니 나 머 망 부용 쏭 워 러

301句 | 261~265 |

261 오랜만입니다.

니 찌아 여우 지 커우 런
你家有几口人?
Nǐ jiā yǒu jǐ kǒu rén?

262 오늘 어떻게 시간이 나서 왔습니까?

니 마 마 쭈어 선 머 꽁 쭈어
你妈妈做什么工作?
Nǐ māma zuò shénme gōngzuò?

263 당신에게 작별 인사를 하러 왔습니다.

타 짜이 따 쉬에 꽁 쭈어
她在大学工作。
Tā zài dàxué gōngzuò.

264 항상 폐만 끼쳐 드려 정말 죄송합니다.

워 찌아 여우 빠 바 마 마 허 이 거 띠 디
我家有爸爸、妈妈和一个弟弟。
Wǒ jiā yǒu bàba, māma hé yí ge dìdi.

265 바쁘신데 나를 배웅해 주지 않아도 됩니다.

꺼 거 지에 훈 러
哥哥结婚了。
Gēge jiéhūn le.

301句 | 036~040 |

036 그들은 자녀가 없습니다.
从那儿走着去很近。
Cóng nàr zǒuzhe qù hěn jìn.

037 지금 몇 시입니까?
你好点儿了吗?
Nǐ hǎo diǎnr le ma?

038 지금 7시 25분입니다.
看样子, 你好多了。
Kàn yàngzi, nǐ hǎo duō le.

039 당신은 몇 시에 수업이 있습니까?
我觉得一天比一天好。
Wǒ juéde yì tiān bǐ yì tiān hǎo.

040 8시 15분 전에 갑니다.
我们给你带来一些吃的。
Wǒmen gěi nǐ dàilai yìxiē chī de.

301句 | 256 ~ 260 |

256 그곳에서 걸어가면 가깝습니다.

257 좀 좋아졌습니까?

258 보아하니, 많이 좋아진 것 같군요.

259 나날이 좋아지는 것 같습니다.

260 우리가 당신이 먹을 것을 좀 가져 왔습니다.

• mini 08

타 먼 메이 여우 하이 즈
他们没有孩子。
Tāmen méiyǒu háizi.

시엔짜이 지 디엔
现在几点？
Xiànzài jǐ diǎn?

시엔짜이 치 디엔 얼 스 우 펀
现在七点二十五分。
Xiànzài qī diǎn èrshíwǔ fēn.

니 지 디엔 샹 커
你几点上课？
Nǐ jǐ diǎn shàngkè?

차 이 커 빠 디엔 취
差一刻八点去。
Chà yí kè bā diǎn qù.

301句 | 041~045 |

041 나는 밥 먹으러 갑니다.

042 우리는 언제 갑니까?

043 너무 이르군요.

044 나도 6시 30분에 일어납니다.

045 당신은 어디에 삽니까?

---

mini 51

我一下课就找她。
Wǒ yí xiàkè jiù zhǎo tā.
워 이 시아 커 찌우 자오 타

我找了她两次, 她都不在。
Wǒ zhǎo le tā liǎng cì, tā dōu bú zài.
워 자오 러 타 량 츠   타 떠우 부 짜이

王兰被车撞伤了。
Wáng Lán bèi chē zhuàngshāng le.
왕 란 뻬이 처 쫭샹 러

带些水果什么的吧。
Dài xiē shuǐguǒ shénmede ba.
따이 시에 슈에이 궈 선머더 바

医院前边修路, 汽车到不了医院门口。
Yīyuàn qiánbian xiū lù, qìchē dào bu liǎo yīyuàn ménkǒu.
이 위엔 치엔비엔 시우 루   치 처 따오 부 랴오 이 위엔 먼 커우

301句 | 251 ~ 255 |

251 나는 수업이 끝나자마자 그녀를 찾아갔습니다.

我 去 吃 饭。
Wǒ qù chī fàn.

252 나는 그녀를 두 번이나 찾았지만 그녀는 없었습니다.

我们什么时候去?
Wǒmen shénme shíhou qù?

253 왕란이 차에 부딪쳐 다쳤습니다.

太早了。
Tài zǎo le.

254 과일 같은 것을 좀 가지고 갑시다.

我也六点半起床。
Wǒ yě liù diǎn bàn qǐchuáng.

255 병원 앞에서 도로 공사를 해서 차가 병원 입구까지 갈 수 없습니다.

你住在哪儿?
Nǐ zhù zài nǎr?

301句 | 046~050 |

046 나는 유학생 기숙사에 삽니다.

047 몇 호실입니까?

048 당신의 집은 어디에 있습니까?

049 놀러 오세요.

050 그녀는 자주 갑니다.

---

mini 50

046 我头疼，咳嗽。
Wǒ tóu téng, késou.
워 터우 텅, 커 서우

047 我昨天晚上就开始不舒服了。
Wǒ zuótiān wǎnshang jiù kāishǐ bù shūfu le.
워 주어티엔 완 샹 지우 카이 스 뿌 슈 푸 러

048 你把嘴张开，我看看。
Nǐ bǎ zuǐ zhāngkāi, wǒ kànkan.
니 바 주에이 짱 카이, 워 칸 칸

049 吃两天药就会好的。
Chī liǎng tiān yào jiù huì hǎo de.
츠 량 티엔 야오 지우 후에이 하오 더

050 王兰呢？
Wáng Lán ne?
왕 란 너

301句 | 246 ~ 250 |

● mini 10

246 머리가 아프고 기침이 납니다.

워 쭈 짜이 리우쉐셩 수 셔

我住在留学生宿舍。
Wǒ zhù zài liúxuéshēng sùshè.

247 나는 어제저녁부터 몸이 좋지 않았습니다.

뚜어 사오 하오 팡 찌엔

多少号房间?
Duōshao hào fángjiān?

248 얼음 넣어 보세요, 좀 볼게요.

니 찌아 짜이 나 얼

你家在哪儿?
Nǐ jiā zài nǎr?

249 약을 이삼일 먹으면 좋아질 겁니다.

환 잉 니 취 와 얼

欢迎你去玩儿。
Huānyíng nǐ qù wánr.

250 왕린은요?

타 창 취

她常去。
Tā cháng qù.

301句 | 051~055 |

051 우리 함께 갑시다.
我们在网上预订了两个房间。
Wǒmen zài wǎng shang yùdìng le liǎng ge fángjiān.

052 그럼 정말 좋지요!
请输入密码。 请在这里签名。
Qǐng shūrù mìmǎ. Qǐng zài zhèlǐ qiānmíng.

053 8동은 우체국 옆에 있습니다.
那个包你放进衣柜里去吧。
Nàge bāo nǐ fàng jìn yīguì lǐ qù ba.

054 8동에 가려면 어떻게 갑니까?
那个包很大, 放得进去放不进去?
Nàge bāo hěn dà, fàng de jìnqu fàng bu jìnqu?

055 저 건물이 바로 8동입니다.
你怎么了?
Nǐ zěnme le?

301句 | 241 ~ 245 |

mini 11

241 우리는 인터넷에서 방을 두 개 예약했습니다.

我们一起去吧。
Wǒmen yìqǐ qù ba.

위 먼 이 치 취 바

242 비밀번호를 눌러 주세요. 여기에 사인해 주세요.

那太好了!
Nà tài hǎo le!

나 타이 하오 러

243 저 가방을 옷장 안에 넣으세요.

八号楼在邮局旁边。
Bā hào lóu zài yóujú pángbiān.

빠 하오 러우 짜이 여우 쥐 팡 볜

244 저 가방은 매우 큰데, 넣을 수 있습니까?

去八号楼怎么走?
Qù bā hào lóu zěnme zǒu?

취 빠 하오 러우 전 머 저우

245 어떻게 된 거예요? (왜 그러세요?)

那个楼就是八号楼。
Nàge lóu jiù shì bā hào lóu.

나 거 러우 찌우 스 빠 하오 러우

301句 | 056~060 |

056
말씀 좀 여쭙겠습니다. 우체국이 어디에 있습니까?

小姐，你的钱包忘在这儿了。
Xiǎojiě, nǐ de qiánbāo wàng zài zhèr le.

057
앞으로 가면 바로 우체국입니다.

终于到桂林了。
Zhōngyú dào Guìlín le.

058
우체국은 여기에서 멉니까?

哎呀，热死了!
Āiyā, rèsǐ le!

059
백화점은 어디에 있습니까?

一定要痛痛快快地洗个澡。
Yídìng yào tòngtòngkuàikuài de xǐ ge zǎo.

060
어디에서 차를 탑니까?

只要能让我早一点儿洗澡就行。
Zhǐyào néng ràng wǒ zǎo yìdiǎnr xǐzǎo jiù xíng.

301句 | 236~240 |

236 아가씨, 지금을 여기에 두고 가셨습니다.

请问，邮局在哪儿？
Qǐngwèn, yóujú zài nǎr?

237 마침내 구이린에 도착했습니다.

往前走就是邮局。
Wǎng qián zǒu jiù shì yóujú.

238 아이고, 더워 죽겠어요!

邮局离这儿远不远？
Yóujú lí zhèr yuǎn bu yuǎn?

239 시원하게 샤워를 해야겠습니다.

百货大楼在什么地方？
Bǎihuò Dàlóu zài shénme dìfang?

240 내가 빨리 샤워할 수만 있으면 됩니다.

在哪儿坐车？
Zài nǎr zuò chē?

301句 | 061~065 |

061 무엇을 영합니까?

三天以内的机票都没有了。
Sān tiān yǐnèi de jīpiào dōu méiyǒu le.

062 사과가 한 근에 얼마입니까?

您应该早点儿预订飞机票。
Nín yīnggāi zǎo diǎnr yùdìng fēijī piào.

063 한 근에 7위안 5마오입니다.

我有急事,您帮帮忙吧!
Wǒ yǒu jíshì, nín bāngbang máng ba!

064 얼마나 드릴까요?

有一张十五号的退票。
Yǒu yì zhāng shíwǔ hào de tuì piào.

065 더 필요한 것이 있습니까?

机票上写着十四点零五分起飞。
Jīpiào shang xiězhe shísì diǎn líng wǔ fēn qǐfēi.

mini 47

30l句 | 231 ~ 235 |

231 3일 이내의 비행기 표는 모두 없습니다.

您要什么?
Nín yào shénme?

232 비행기 표를 일찍 예약해야 합니다.

苹果多少钱一斤?
Píngguǒ duōshao qián yì jīn?

233 급한 일이 있어요. 좀 도와주세요!

七块五(毛)一斤。
Qī kuài wǔ (máo) yì jīn.

234 15일 취소표가 한 장 있습니다.

您要多少?
Nín yào duōshao?

235 비행기 표에 14시 5분에 이륙한다고 쓰여 있습니다.

您还要别的吗?
Nín hái yào biéde ma?

301句 | 066~070 |

mini 46

066 앉습니다.

상하이 디 동시 비 쩌얼 뚜어 더 뚜어
上海的东西比这儿多得多。
Shànghǎi de dōngxi bǐ zhèr duō de duō.

067 나는 꽃을 사려고 합니다.

워 샹 마이 시에 리 우 지 후이 지아 취
我想买些礼物寄回家去。
Wǒ xiǎng mǎi xiē lǐwù jì huí jiā qù.

068 맛 좀 보세요.

니 부 스 야오 취 위엔 여우란 마
你不是要去豫园游览吗?
Nǐ bú shì yào qù Yùyuán yóulǎn ma?

069 날씨가 추워졌습니다.

니 칸젠 허 즈 러 마
你看见盒子了吗?
Nǐ kànjiàn hézi le ma?

070 나는 스웨터 한 벌을 사고 싶습니다.

니 진 따팅 취 자오 타 바
你进大厅去找她吧。
Nǐ jìn dàtīng qù zhǎo tā ba.

301句 | 226 ~ 230 |

226 상하이에는 물건이 여기보다 훨씬 많습니다.

부 야오 러
不要了。
Bú yào le.

227 나는 선물을 좀 사서 집으로 부치고 싶습니다.

워 야오 마이 쥐 즈
我要买橘子。
Wǒ yào mǎi júzi.

228 당신은 위위안으로 놀러 가려는 게 아닙니까?

닌 창 창
您尝尝。
Nín chángchang.

229 당신은 가죽코트를 봤습니까?

티엔 렁 러
天冷了。
Tiān lěng le.

230 로비에 가서 그녀를 찾아보세요.

워 샹 마이 지엔 마오 이
我想买件毛衣。
Wǒ xiǎng mǎi jiàn máoyī.

301句 | 071~075 |

071 일요일에 가는 게 어떻습니까?

中国的名胜古迹多得很。
Zhōngguó de míngshèng gǔjì duō de hěn.

072 일요일에는 사람이 너무 많습니다.

你说吧，我听你的。
Nǐ shuō ba, wǒ tīng nǐ de.

073 저 스웨터 좀 볼게요.

从北京到桂林坐火车要坐多长时间？
Cóng Běijīng dào Guìlín zuò huǒchē yào zuò duō cháng shíjiān?

074 이 스웨터를 입어 봐도 될까요?

七点有电影，现在去来得及来不及？
Qī diǎn yǒu diànyǐng, xiànzài qù láidejí láibují?

075 이 스웨터는 크지도 않고 작지도 않습니다.

我们看电影去。
Wǒmen kàn diànyǐng qù.

301句 | 221 ~ 225 |

mini 15

221 중국에는 명승고적이 굉장히 많습니다.

星期天去，怎么样？
Xīngqītiān qù, zěnmeyàng?
싱 치 티엔 취　전 머 양

222 말해 보세요. 당신 말을 따를게요.

星期天人太多。
Xīngqītiān rén tài duō.
싱 치 티엔 런 타이 뚜어

223 베이징에서 구이린까지 기차로 얼마나 걸립니까?

我看看那件毛衣。
Wǒ kànkan nà jiàn máoyī.
워 칸 칸 나 찌엔 마오 이

224 7시에 영화가 있는데, 지금 가면 늦지 않게 갈 수 있을까요?

这件毛衣我可以试试吗？
Zhè jiàn máoyī wǒ kěyǐ shìshi ma?
쩌 찌엔 마오 이 워 커 이 스 스 마

225 우리는 영화를 보러 갑니다.

这件毛衣不大也不小。
Zhè jiàn máoyī bú dà yě bù xiǎo.
쩌 찌엔 마오 이 부 따 예 뿌 샤오

301句 | 076~080 |

076 매우 좋습니다!

听和说比较难，看比较容易。
Tīng hé shuō bǐjiào nán, kàn bǐjiào róngyì.
팅 허 슈어 비 쟈오 난, 칸 비 쟈오 룽 이

077 이 버스는 톈안먼에 갑니까?

慢点儿说，我听得懂。
Màn diǎnr shuō, wǒ tīng de dǒng.
만 디얼 슈어, 워 팅 더 둥

078 표 두 장 살게요.

你忙什么呢?
Nǐ máng shénme ne?
니 망 션 머 너

079 5위안 드릴게요.

我父亲来了，我要陪他去旅行。
Wǒ fùqīn lái le, wǒ yào péi tā qù lǚxíng.
워 푸 친 라이 러, 워 야오 페이 타 취 싱

080 톈안먼까지 몇 정거장 남았습니까?

除了广州、上海以外，我们还要去香港。
Chúle Guǎngzhōu, Shànghǎi yǐwài, wǒmen hái yào qù Xiānggǎng.
추 러 꽝 저우, 샹 하이 이 와이, 워 먼 하이 야오 취 샹 깡

301句 | 216 ~ 220 |

● mini 16

216 듣기와 말하기는 좀 어렵지만, 보는 것은 비교적 쉽습니다.

하오 지 러
好极了!
Hǎo jí le!

217 천천히 말하면 알아들을 수 있습니다.

쩌 루 처 따오 텐 안 먼 마
这路车到天安门吗?
Zhè lù chē dào Tiān'ānmén ma?

218 뭐가 그렇게 바빠요?

워 마이 량 장 퍄오
我买两张票。
Wǒ mǎi liǎng zhāng piào.

219 아버지가 오셔서 나는 아버지를 모시고 여행을 가려고 합니다.

게이 니 우 콰이 치엔
给你五块钱。
Gěi nǐ wǔ kuài qián.

220 우리는 광저우와 상하이 외에 홍콩에도 가려고 합니다.

따오 텐 안 먼 하이 여우 지 잔
到天安门还有几站?
Dào Tiān'ānmén hái yǒu jǐ zhàn?

301句 | 081 ~ 085 |

081 나는 중국어를 조금 할 줄 압니다.

我想休息一会儿。
Wǒ xiǎng xiūxi yíhuìr.

082 톈안먼에 도착했습니다.

我的发音还差得远呢。
Wǒ de fāyīn hái chà de yuǎn ne.

083 어언대학에 가려면 차를 갈아타야 합니까?

你学汉语学了多长时间了?
Nǐ xué Hànyǔ xué le duō cháng shíjiān le?

084 몇 번 버스로 갈아타야 합니까?

你能看懂中文报吗?
Nǐ néng kàndǒng Zhōngwén bào ma?

085 돈을 다 썼습니다.

我在写毛笔字,没画画儿。
Wǒ zài xiě máobǐzì, méi huà huàr.

301句 | 211 ~ 215 |

211 나는 그림을 그리는 게 아니라, 붓글씨를 쓰고 있습니다.

212 나는 잠시 쉬고 싶습니다.

213 내 발음은 아직 멀었습니다.

214 당신은 중국어를 배운 지 얼마나 됐습니다.

215 당신은 중국어 신문을 볼 수 있습니까?

● mini 17

워후에이슈어 이 디얼 한 위
我会说一点儿汉语。
Wǒ huì shuō yìdiǎnr Hànyǔ.

톈 안 먼 따오 러
天安门到了。
Tiān'ānmén dào le.

취 위 옌 따 쉐에 야오 환 처 마
去语言大学要换车吗?
Qù Yǔyán Dàxué yào huàn chē ma?

환 지 루 처
换几路车?
Huàn jǐ lù chē?

치엔 떠우 화 러
钱都花了。
Qián dōu huā le.

301句 | 086~090 |

086 듣자 하니 호텔에서 환전할 수 있다고 합니다.

087 여기에서 환전할 수 있습니까?

088 어떤 돈을 가지고 있습니까?

089 여기에 금액을 써 주십시오.

090 한번 세어 보세요.

파 산, 화 빙, 여우 용, 워 떠우 시 환
爬山、滑冰、游泳,我都喜欢。
Pá shān, huábīng, yóuyǒng, wǒ dōu xǐhuan.

니 여우 용 더 하오 부 하오
你游泳得好不好?
Nǐ yóuyǒng de hǎo bu hǎo?

워 여우 용 더 뿌 하오, 메이여우 니 여우 용 더 하오
我游泳得不好,没有你游泳得好。
Wǒ yóuyǒng de bù hǎo, méiyǒu nǐ yóuyǒng de hǎo.

쉐이 껀 쉐이 비 싸이
谁跟谁比赛?
Shéi gēn shéi bǐsài?

베이 징 뚜에이 뚜에이 광 똥 뚜에이
北京队对广东队。
Běijīng duì duì Guǎngdōng duì.

mini 42

301句 | 206~210 |

206 등산, 스케이트, 수영을 모두 좋아합니다.

207 당신은 수영을 잘합니까?

208 나는 수영을 잘 못합니다. 당신보다 잘하지 못합니다.

209 누구와 누가 경기를 합니까?

210 베이징 팀 대 광둥 팀입니다.

● mini 18

听说饭店里可以换钱。
Tīngshuō fàndiàn li kěyǐ huànqián.

这儿能不能换钱？
Zhèr néng bu néng huànqián?

您带的什么钱？
Nín dài de shénme qián?

请您在这儿写一下儿钱数。
Qǐng nín zài zhèr xiě yíxiàr qián shù.

请数一数。
Qǐng shǔ yi shǔ.

301句 | 091~095 |

091 시간이 늦었습니다.

明天比今天还冷呢。
Míngtiān bǐ jīntiān hái lěng ne.
밍 티엔 비 찐 티엔 하이 렁 너

092 우리 빨리 갑시다!

你要多穿衣服。
Nǐ yào duō chuān yīfu.
니 야오 뚜어 추안 이 푸

093 이것은 새로 나온 옆서입니다.

那儿的天气跟这儿一样吗?
Nàr de tiānqì gēn zhèr yíyàng ma?
나-알 더 티엔 치 껀 쩌-알 이 양 마

094 예쁜 것이 더 있습니까?

气温在零下二十多度。
Qìwēn zài língxià èrshí duō dù.
치 원 짜이 링 시아 얼 스 뚜어 두

095 이런 종류는 예쁩니까?

你喜欢什么运动?
Nǐ xǐhuan shénme yùndòng?
니 시 환 션 머 윈 똥

301句 | 201 ~ 205 |

201 내일은 오늘보다 더 춥습니다.

스 찌엔 뿌 자오 러
时间不早了。
Shíjiān bù zǎo le.

202 웃을 많이 입어야 합니다.

워 먼 콰이 저우 바
我们快走吧!
Wǒmen kuài zǒu ba!

203 그곳 날씨는 이곳과 같습니까?

쩌 스 신 추 더 밍 신 피엔
这是新出的明信片。
Zhè shì xīn chū de míngxìnpiàn.

204 기온이 영하 이십몇 도입니다.

하이 여우 하오 칸 더 마
还有好看的吗?
Hái yǒu hǎokàn de ma?

205 당신은 어떤 운동을 좋아합니까?

쩌 지 종 전 머 양
这几种怎么样?
Zhè jǐ zhǒng zěnmeyàng?

301句 | 096~100 |

096 저를 도와 몇 가지 골라 주세요.

你得注意安全啊!
Nǐ děi zhùyì ānquán a!

097 종류별로 한 세트씩 사겠습니다.

今天比昨天冷。
Jīntiān bǐ zuótiān lěng.

098 휴대전화 배터리가 없습니다.

这儿比东京冷多了。
Zhèr bǐ Dōngjīng lěng duō le.

099 전화 통화를 했습니까?

有时候下雨。
Yǒushíhou xiàyǔ.

100 그녀의 휴대전화가 꺼져 있습니다.

天气预报说，明天有大风。
Tiānqì yùbào shuō, míngtiān yǒu dà fēng.

301句 | 196 ~ 200 |

● mini 20

196 안전에 주의해야 합니다!

칭 니 빵 워 타오 지 중
请你帮我挑几种。
Qǐng nǐ bāng wǒ tiāo jǐ zhǒng.

197 오늘은 어제보다 춥습니다.

이 종 마이 이 타오 바
一种买一套吧。
Yì zhǒng mǎi yí tào ba.

198 이곳은 도쿄보다 훨씬 춥습니다.

셔우 지 메이 띠엔 러
手机没电了。
Shǒujī méi diàn le.

199 때때로 비가 옵니다.

니 다 통 띠엔 화 러 마
你打通电话了吗?
Nǐ dǎtōng diànhuà le ma?

200 일기예보에서 내일은 바람이 많이 분다고 했습니다.

타 꽌 지 러
她关机了。
Tā guānjī le.

301句 | 101~105 |

101 당신은 경극을 본 적이 있습니까?

抽烟对身体不好。
Chōuyān duì shēntǐ bù hǎo.

102 나는 경극을 본 적이 없습니다.

你去医院看看吧。
Nǐ qù yīyuàn kànkan ba.

103 당신은 어디에서 경극을 공연하는지 알고 있습니까?

你开车开得太快了。
Nǐ kāi chē kāi de tài kuài le.

104 표를 산 후에 너에게 알려 주세요.

开快了容易出事故。
Kāikuài le róngyì chū shìgù.

105 나는 아직 베이징 오리구이를 먹어 본 적이 없습니다.

昨天清华大学前边出交通事故了。
Zuótiān Qīnghuá Dàxué qiánbian chū jiāotōng shìgù le.

301句 | 191~195 |

191 흡연은 건강에 좋지 않습니다.

192 병원에 가 보세요.

193 당신은 차를 너무 빨리 모는군요.

194 차를 급히 몰면 사고가 나기 쉽습니다.

195 이제 칭화대학 앞에서 교통사고가 났습니다.

• mini 21

니 칸 궈 찡 쥐 마
你看过京剧吗?
Nǐ kànguo jīngjù ma?

워 메이 칸 궈 찡 쥐
我没看过京剧。
Wǒ méi kànguo jīngjù.

니 쯔 따오 나알 옌 찡 쥐 마
你知道哪儿演京剧吗?
Nǐ zhīdào nǎr yǎn jīngjù ma?

니 마이따오 퍄오 이 허우 까오 수 워
你买到票以后告诉我。
Nǐ mǎidào piào yǐhòu gàosu wǒ.

워 하이 메이 츠 궈 베이 징 카오 야 너
我还没吃过北京烤鸭呢!
Wǒ hái méi chīguo Běijīng kǎoyā ne!

301句 | 106~110 |

106 우리 꼭 가서 먹어 봐야 합니다.

107 안 됩니다.

108 한 친구가 나를 만나러 옵니다.

109 요즘 날씨가 매우 좋습니다.

110 우리 놀러 갑시다.

尼娜有事来不了。
Nínà yǒu shì lái bu liǎo.

我送你一件礼物，请收下。
Wǒ sòng nǐ yí jiàn lǐwù, qǐng shōuxià.

你打开盒子看看。
Nǐ dǎkāi hézi kànkan.

我有点儿咳嗽。
Wǒ yǒudiǎnr késou.

你别抽烟了。
Nǐ bié chōuyān le.

301句 | 186 ~ 190 |

● mini 22

186 나니는 일이 있어서 못 옵니다.

我们应该去尝一尝。
Wǒmen yīnggāi qù cháng yi cháng.

워 먼 잉 까이 취 창 이 창

187 당신에게 선물을 하나 드리니, 받아 주세요.

不行。
Bùxíng.

뿌 싱

188 상자를 열어 보세요.

有朋友来看我。
Yǒu péngyou lái kàn wǒ.

여우 펑 여우 라이 칸 워

189 나는 기침을 좀 합니다.

这两天天气很好。
Zhè liǎng tiān tiānqì hěn hǎo.

쩌 량 티엔 티엔 치 헌 하오

190 담배를 피우지 마세요.

我们出去玩儿玩儿吧。
Wǒmen chūqu wánrwanr ba.

워 먼 추 취 와-얼 와-얼 바

301句 | 111~115 |

111 어디로 놀러 가는 게 좋을까요?

112 베이징에 공원에 가서 꽃구경도 하고 뱃놀이도 합시다.

113 자전거를 타고 갑시다.

114 오늘 날씨가 참 좋아요!

115 그는 오전에 도착합니까, 아니면 오후에 도착합니까?

쩌 츠 카오스 청 지 취엔 빤 띠 이
这次考试，成绩还可以。
Zhè cì kǎoshì, chéngjì hái kěyǐ.

타 더 청 지 취엔 빤 띠 이
他的成绩全班第一。
Tā de chéngjì quán bān dì-yī.

카오 더 쩐 하오 주 허 니
考得真好，祝贺你!
Kǎo de zhēn hǎo, zhùhè nǐ!

주 니 셩 르 콰이 러
祝你生日快乐!
Zhù nǐ shēngrì kuàilè!

주 니 션 티 지엔 캉
祝你身体健康!
Zhù nǐ shēntǐ jiànkāng!

301句 | 181 ~ 185 |

181 이번 시험은 성적이 그런대로 괜찮습니다.

去哪儿玩儿好呢?
Qù nǎr wánr hǎo ne?

182 그의 성적은 반 전체에서 1등입니다.

去北海公园, 看看花儿, 划划船。
Qù Běihǎi Gōngyuán, kànkan huār, huáhua chuán.

183 시험을 정말 잘 봤군요, 축하합니다!

骑自行车去吧。
Qí zìxíngchē qù ba.

184 생일 축하합니다!

今天天气多好啊!
Jīntiān tiānqì duō hǎo a!

185 건강하세요!

他上午到还是下午到?
Tā shàngwǔ dào háishi xiàwǔ dào?

301句 | 116~120 |

116 제가 당신과 함께 가겠습니다.

117 도쿄발 비행기가 도착했습니까?

118 비행기가 연착되었습니다.

119 비행기가 곧 이륙합니다.

120 비행기는 아마 3시 반경 도착할 것입니다.

今天没有人来。
Jīntiān méiyǒu rén lái.
찐 티엔 메이 여우 런 라이

你的衣服更漂亮。
Nǐ de yīfu gèng piàoliang.
니 더 이 푸 껑 퍄오 량

这件衣服不是买的, 是我妈妈做的。
Zhè jiàn yīfu bú shì mǎi de, shì wǒ māma zuò de.
쩌 지엔 이 푸 부 스 마이 더, 스 워 마 마 쭈어 더

你妈妈的手真巧。
Nǐ māma de shǒu zhēn qiǎo.
니 마 마 더 셔우 쩐 챠오

要是你喜欢, 就给你女朋友做一件。
Yàoshi nǐ xǐhuan, jiù gěi nǐ nǚpéngyou zuò yí jiàn.
야오 스 니 시 환, 쪄우 게이 니 뉘 펑 여우 쭈어 이 지엔

mini 24

176 오늘은 아무도 오지 않습니다.
我跟你一起去。
Wǒ gēn nǐ yìqǐ qù.
워 껀 니 이 치 취

177 당신의 옷이 더 예쁩니다.
从东京来的飞机到了吗?
Cóng Dōngjīng lái de fēijī dào le ma?
총 동 징 라이 더 페이 지 따오 러 마

178 이웃은 산 게 아니고, 우리 엄마가 만든 것입니다.
飞机晚点了。
Fēijī wǎndiǎn le.
페이 지 완 디엔 러

179 어머니 솜씨가 정말 좋으시네요.
飞机快要起飞了。
Fēijī kuài yào qǐfēi le.
페이 지 콰이 야오 치 페이 러

180 만약 마음에 드신다면, 여자 친구에게 한 벌 만들어 주세요.
飞机大概三点半能到。
Fēijī dàgài sān diǎn bàn néng dào.
페이 지 따 까이 싼 디엔 빤 넝 따오

301句 | 121~125 |

121 우리 우선 가서 커피 좀 마시고, 잠시 후에 다시 얘기로 옵시다.

122 오시느라 고생하셨습니다.

123 내가 온다는 것을 어떻게 알았습니까?

124 가즈코가 나에게 알려 주었습니다.

125 천만에요.

他让我告诉你, 多跟他联系。
Tā ràng wǒ gàosu nǐ, duō gēn tā liánxì.

真遗憾, 我没见到他。
Zhēn yíhàn, wǒ méi jiàndào tā.

你的房间布置得好极了。
Nǐ de fángjiān bùzhì de hǎo jí le.

这张画儿真美!
Zhè zhāng huàr zhēn měi!

你的房间又干净又漂亮。
Nǐ de fángjiān yòu gānjìng yòu piàoliang.

301句 | 171 ~ 175 |

● mini 25

171 그가 자주 연락하라고 당신에게 전해 달라고 했습니다.

워 먼 시엔 취 허 디얼 카페이, 이 휘얼 짜이 라이 쩌얼 바
我们先去喝点儿咖啡，一会儿再来这儿吧。
Wǒmen xiān qù hē diǎnr kāfēi, yíhuìr zài lái zhèr ba.

172 그를 만나지 못해서 정말 아쉽습니다.

루 상 신 쿠 러
路上辛苦了。
Lùshang xīnkǔ le.

173 당신은 발음을 정말 잘 구사하시는군요.

니 전 머 쯔 따오 워 야오 라이
你怎么知道我要来？
Nǐ zěnme zhīdào wǒ yào lái?

174 이 그림은 정말 아름답습니다!

스 허 즈 까오 수 워 더
是和子告诉我的。
Shì Hézǐ gàosu wǒ de.

175 당신의 방은 깨끗하고 예쁩니다.

비에 커 치
别客气。
Bié kèqi.

301句 | 126~130 |

126 조금도 피곤하지 않습니다.

127 당신은 중국에 처음 왔습니까?

128 나는 전에 (중국에) 두 번 와 봤습니다.

129 이것은 저희 사장님께서 당신께 드리는 편지입니다.

130 당신께 약부 전해 달라고 하셨습니다.

---

mini 34

스 부 스 니 추 추차이 메이 관 추앙후
是不是你出差没关窗户?
Shì bu shì nǐ chūchāi méi guān chuānghu?

왕 러 관 추앙 후
忘了关窗户。
Wàng le guān chuānghu.

화 핑 예 쑤아이 쑤에이 러
花瓶也摔碎了。
Huāpíng yě shuāisuì le.

타이 커 시 러
太可惜了!
Tài kěxī le!

꽁 스 여우 지 스 랑 타 마 샹 후이 구어
公司有急事，让他马上回国。
Gōngsī yǒu jí shì, ràng tā mǎshàng huí guó.

301句 | 166 ~ 170 |

mini 26

166 창문을 닫지 않고 출장 갔던 거 아닙니까?

이 디-알 예 부 레이
一点儿也不累。
Yìdiǎnr yě bú lèi.

167 창문 닫는 것을 잊었습니다.

닌 띠 이 츠 라이 쫑 궈 마
您第一次来中国吗?
Nín dì-yī cì lái Zhōngguó ma?

168 꽃병도 떨어져서 깨졌습니다.

워 이 쳰라이꿔 궈 (쭝 궈) 량 츠
我以前来过(中国)两次。
Wǒ yǐqián láiguo (Zhōngguó) liǎng cì.

169 너무 아깝네요!

쩌 스 워 먼 찡 리 게이 닌 더 신
这是我们经理给您的信。
Zhè shì wǒmen jīnglǐ gěi nín de xìn.

170 회사에 급한 일이 있어서 그를 즉시 귀국하게 했습니다.

타 원 닌 하오
他问您好。
Tā wèn nín hǎo.

301句 | 131~135 |

131 우리는 베이징호텔에서 당신께 저녁 식사를 대접하겠습니다.

132 나는 친구가 있는 곳에서 호텔로 가겠습니다.

133 여기에 앉으세요.

134 나는 즐겁게 지냈습니다.

135 당신은 어떤 술을 좋아합니까?

● mini 33

自行车修好了吗?
Zìxíngchē xiūhǎo le ma?
쯔 싱 처 시우 하오 러 마

我怎么能不来呢?
Wǒ zěnme néng bù lái ne?
워 전 머 넝 뿌 라이 너

我们快进电影院去吧。
Wǒmen kuài jìn diànyǐngyuàn qù ba.
워 먼 콰이 찐 띠엔 잉 위엔 취 바

星期天我买到一本新小说。
Xīngqītiān wǒ mǎidào yì běn xīn xiǎoshuō.
싱 치 티엔 워 마이따오 이 번 신 샤오 슈어

地上怎么乱七八糟的?
Dì shang zěnme luànqībāzāo de?
띠 샹 쩐 머 루안 치 빠 짜오 더

161 ~ 165

161 자전거는 다 고쳤습니까?

162 내가 어떻게 오지 않을 수 있겠습니까?

163 우리 빨리 영화관에 들어갑시다.

164 일요일에 나는 새 소설을 한 권 샀습니다.

165 바닥이 왜 엉망진창입니까?

我们在北京饭店请您吃晚饭。
Wǒmen zài Běijīng Fàndiàn qǐng nín chī wǎnfàn.

我从朋友那儿去饭店。
Wǒ cóng péngyou nàr qù fàndiàn.

请这儿坐。
Qǐng zhèr zuò.

我过得很愉快。
Wǒ guò de hěn yúkuài.

您喜欢喝什么酒?
Nín xǐhuan hē shénme jiǔ?

301句 | 136~140 |

136 우리의 우정을 위해 건배합시다!

为我们的友谊干杯！
Wèi wǒmen de yǒuyì gānbēi!

137 이 생선은 정말 맛있게 요리되었습니다.

这条鱼做得真好吃。
(의역 기재: 본문 확인)

138 어려워하지 말고 집에서처럼 편하게 하세요.

别客气，就像在家里一样。

139 나는 요리를 잘 못합니다.

我不太会做菜。

140 천천히 드세요.

请慢用。

301句 | 136~140 | mini 32

这星期我没空儿。
쩌 싱 치 워 메이 코울
Zhè xīngqī wǒ méi kòngr.

对不起，让你久等了。
뚜에이부 치 랑 니 지우 덩 러
Duìbùqǐ, ràng nǐ jiǔ děng le.

你怎么八点半才来？
니 전 머 빠 디앨 빤 차이 라이
Nǐ zěnme bā diǎn bàn cái lái?

真抱歉，我来晚了。
쩐 빠오치앤 워 라이 완 러
Zhēn bàoqiàn, wǒ láiwǎn le.

半路上我的自行车坏了。
빤 루 상 워 더 쯔 싱 처 화이 러
Bànlù shang wǒ de zìxíngchē huài le.

301句 | 156 ~ 160 |

mini 28

156 이번 주에는 시간이 없습니다.

我这个星期没有时间。
Wǒ zhège xīngqī méiyǒu shíjiān.

157 오래 기다리게 해서 미안합니다.

对不起，让你久等了。
Duìbuqǐ, ràng nǐ jiǔ děng le.

158 왜 8시 반이 되어서야 왔습니까?

为什么八点半才来？
Wèi shénme bā diǎn bàn cái lái?

159 늦어서 정말 죄송합니다.

来晚了，真抱歉。
Lái wǎn le, zhēn bàoqiàn.

160 오는 길에 자전거가 고장 났습니다.

来的路上自行车坏了。
Lái de lùshang zìxíngchē huài le.

웨이 워 먼 더 여우 이 깐 뻬이

为我们的友谊干杯！
Wèi wǒmen de yǒuyì gānbēi!

쩌 거 위 쭈어 더 쩐 하오 츠

这个鱼做得真好吃。
Zhège yú zuò de zhēn hǎochī.

니 먼 비에 커 치   샹 짜이 찌아 이 양

你们别客气，像在家一样。
Nǐmen bié kèqi, xiàng zài jiā yíyàng.

워 쭈어 차이 쭈어 더 뿌 하오

我做菜做得不好。
Wǒ zuò cài zuò de bù hǎo.

니 먼 만 만 츠

你们慢慢吃。
Nǐmen mànmàn chī.

301句 | 141~145 |

141 여보세요, 베이징대학 중문과죠?

142 얘기는 중문과입니다.

143 누구를 찾으십니까?

144 그녀는 수업을 하고 있습니다.

145 저에게 전화해 달라고 그녀에게 전해 주세요.

---

mini 31

今天你不能去, 那就以后再说吧。
Jīntiān nǐ bù néng qù, nà jiù yǐhòu zàishuō ba.

我很想去, 可是我有个约会。
Wǒ hěn xiǎng qù, kěshì wǒ yǒu ge yuēhuì.

你是跟女朋友约会吗?
Nǐ shì gēn nǚpéngyou yuēhuì ma?

有个同学来看我, 我要等他。
Yǒu ge tóngxué lái kàn wǒ, wǒ yào děng tā.

我们好几年没见面了。
Wǒmen hǎojǐ nián méi jiànmiàn le.

mini 29

喂，北大中文系吗?
Wéi, BěiDà Zhōngwénxì ma?

我是中文系。
Wǒ shì Zhōngwénxì.

您找哪位?
Nín zhǎo nǎ wèi?

她在上课呢。
Tā zài shàngkè ne.

请她给我回个电话。
Qǐng tā gěi wǒ huí ge diànhuà.

30句 | 151 ~ 155 |

151 오늘 당신이 갈 수 없다면 나중에 다시 이야기합시다.

152 나는 정말 가고 싶지만 약속이 있습니다.

153 여자 친구와 데이트합니까?

154 학교 친구가 나를 보러 오기로 해서 그를 기다려야 합니다.

155 우리는 여러 해 동안 만나지 못했습니다.

301句 | 146~150 |

146 그녀에게 꼭 전해 드리겠습니다.
我一定转告她。
Wǒ yídìng zhuǎngào tā.
워 이띵 좐까오 타

147 지금 무엇을 하고 있습니까?
现在你做什么呢?
Xiànzài nǐ zuò shénme ne?
시엔짜이 니 쭈어 션머 너

148 (지금) 쉬고 있습니다.
(现在)在休息呢。
(Xiànzài) zài xiūxi ne.
(시엔짜이) 짜이 시우시 너

149 나는 표 두 장을 샀습니다.
我买了两张票。
Wǒ mǎi le liǎng zhāng piào.
워 마이 러 량 짱 퍄오

150 정말 공교롭게도 나는 갈 수 없습니다.
真不巧,我不能去。
Zhēn bù qiǎo, wǒ bù néng qù.
쩐 뿌 챠오 워 뿌 넝 취

최신개정 **301**句로 끝내는 중국어 회화 합본

최신개정

301句
로 끝내는
중국어 회화

합본

베이징대학출판사 편
康玉华·来思平 편저
최용철 편역

다락원

들어가는 말

『최신개정 301句로 끝내는 중국어회화』는

『최신개정 301句로 끝내는 중국어회화(원제: 汉语会话301句_第四版)』는 중국어를 처음 배우는 학습자가 가장 쉽고 효율적으로 중국어를 학습할 수 있도록 돕기 위해 개발된 단기완성 교재이다.

본 교재는 베이징어언대학 康玉华, 来思平 두 교수가 편저하였으며, 베이징어언대학출판사에서 1990년 초판이 출간되었다.

그 후 1998년 제2판, 2005년 제3판이 출간되었고, 한국, 미국, 프랑스, 일본 등 세계 주요 국가에서 번역 출판되고 있는 대표적인 중국어 교재이다. 전 세계에서 가장 많이 판매되고 있는 중국어 교재 중 하나로, 총 판매 부수 200만 권을 돌파하며 오랜 시간 중국어 교재 분야에서 베스트셀러, 스테디셀러의 명성을 유지하고 있다.

좋은 교재는 반복적인 수정을 통해서 만들어진다. 1990년 초판 출간 이후, 이 책은 끊임없는 연구와 자가발전을 통해 거듭 완성도를 높였고, 그 결과 교사에게는 가르치기 가장 좋은 교재이며, 학습자에게는 학습 효과가 가장 좋은 교재라는 평가를 받게 되었다.

이번 제4판의 주요 개정 방향은 크게 2가지로 설명할 수 있다. 첫째, 원래의 기본 표현과 순서는 유지하면서 시대에 뒤떨어진 내용을 수정하는 한편, 현재의 사회생활을 반영할 수 있는 내용으로 교체하였다. 둘째, 교학 내용의 편성에 더욱 공을 들이고, 새 단어 설정과 번역에 세심함을 기울였으며, 어법 구조 해설에 더욱 완벽을 추구하고자 했다.

합본은 본문 40과와 복습 8과로 이루어져 있으며, 기본 의사소통 학습을 위한 다양한 소재와 800여 개의 단어, 기초 중국어 문법을 다루고 있다. 각 과는 301句, 새 단어, 본문 회화, 확장 표현, 어법 설명, 연습 문제의 6가지 부분으로 구성되어 있다.

이 책은 현대 중국어에서 가장 빈번하게, 가장 기본적으로 사용되는 문장들을 다루어 일상생활에서 쉽게 활용할 수 있도록 했다. 이를 통해 학습자들은 단기간에 기본 회화 301句에 능통하게 되고, 이 기본 위에 다시 응용, 확장 연습을 통해 중국인과 자연스러운 의사소통이 가능하게 됨으로써 중국어 학습을 위한 확고한 기초를 다질 수 있을 것이다.

『최신개정 301句로 끝내는 중국어회화』는 원서의 특장점은 살리면서, 현재 한국 학습자의 언어 학습 환경에 가장 적합하게 만들고자 고심을 거듭하여 출간되었다. 원서에는 없는 미니북을 추가 구성하였고, 중국 문화에 대한 이해도를 높이기 위해 본서에 문화 코너를 새로 넣었다. 또한, 예문에 한어병음과 해석을 함께 표기하고, 모든 문제에 모범답안을 제시해 학습 효율을 최대한 높이고자 하였다. 음원 트랙 역시 더욱 세분화하여 학습자의 편의를 최우선으로 하였다. 구판에서 제기되었던 몇몇 문제점을 극복하고, 한국 교수 현장에 최적화될 수 있도록 기획하고 준비한 만큼, 이 책을 사용하는 선생님들과 학습자 모두에게 더욱 사랑받는 교재로 거듭나길 바란다.

다락원 중국어출판부

이 책의 구성 및 활용법

301句

각 과에서 꼭 익혀야 하는 핵심 문장입니다. 문장을 통째로 외울 수 있을 때까지 녹음을 반복해서 듣고 따라 말하는 연습을 합니다. 새 단어 학습 전 내용을 훑어 보고, 새 단어 학습 후 의미를 파악하고, 회화로 배우기, 표현으로 확장하기, 어법으로 내공쌓기, 문제로 실력 다지기 코너를 통해 301句에 제시된 문장을 완벽히 내 것으로 만들 수 있도록 합니다.

회화로 배우기

같은 주제, 다른 상황의 회화가 2~3개 나옵니다. 녹음을 듣고 앞에서 배운 새 단어를 활용해 문장의 의미를 파악합니다. 짝꿍과 본문의 역할을 나누어 읽어 보고, 다시 바꿔서 읽어 보며 입에 붙을 때까지 반복 연습합니다. 독학 학습자는 녹음 파일을 들으며 대화 연습을 해 봅니다.

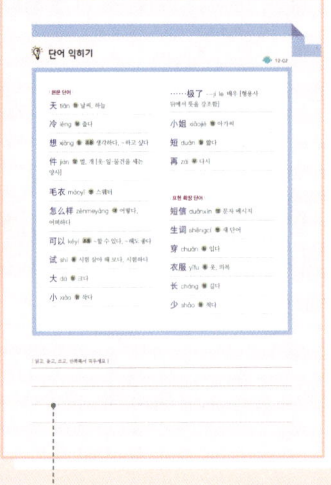

단어 익히기

새로 나온 단어를 학습합니다. '본문 단어'를 먼저 학습하고, 이어서 '표현 확장 단어'를 학습합니다. 단어를 결합해 짧은 구문이나 문장을 만들어 연습하면 더 쉽게 기억할 수 있습니다. 특별부록 간체자쓰기 노트를 활용하여 쓰면서 외우고, 받아쓰기 노트를 통해 암기한 단어를 확인합니다.

이 책은 본문 40과와 복습 8과로 구성되어 있습니다. 각 과는 301句 - 단어 익히기 - 회화로 배우기 - 표현으로 확장하기 - 어법으로 내공쌓기 - 문제로 실력다지기 순서로 이루어져 있습니다.

표현으로 확장하기

응용 표현
응용 표현에서 다루는 문장들은 각 과의 핵심 구문입니다. 본문에 등장한 기본 문장을 새로운 어휘로 교체 연습하며 다양한 응용 표현을 익혀 봅니다.

어법으로 내공쌓기
본문을 이해하기 위한 중국어의 주요 문장 구조와 어휘, 고정구문 등을 학습합니다. 제시된 어법 설명을 숙지하고, 예문을 통해 다양한 활용법을 익힙니다.

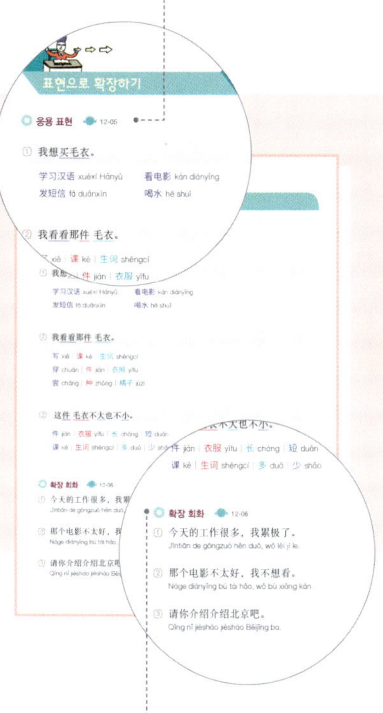

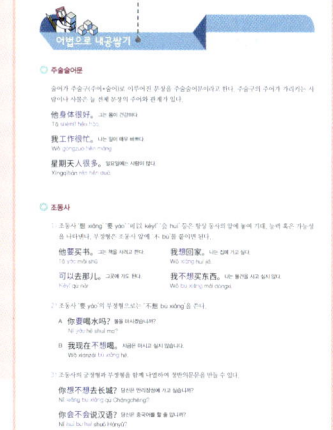

확장 회화
본문 회화에서 좀 더 확장된 문장을 익혀 봅니다. 다양한 표현 연습을 통해 의사소통 능력을 향상시킬 수 있습니다.

중국어의 발음
1~3과에서는 중국어의 발음을 중점적으로 학습합니다. 중국어 발음의 기본이 되는 성모, 운모, 성조를 순차적으로 학습하며 중국어를 처음 접하는 학습자들도 중국어의 발음을 쉽게 익힐 수 있습니다.

이 책의 구성 및 활용법

문제로 실력다지기

다양한 유형의 문제를 풀며 배운 내용을 되새김하고 학습 성과를 점검합니다. 읽기, 쓰기, 듣기, 말하기, 발음하기 문제 중에서 학습자 스스로가 부족한 영역을 보충하여 연습할 수 있습니다.

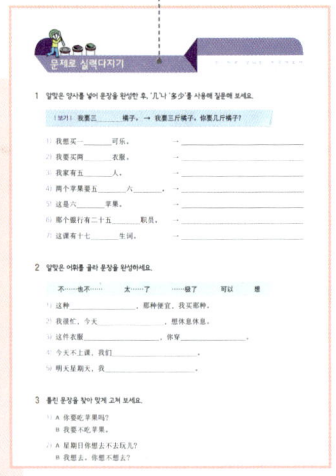

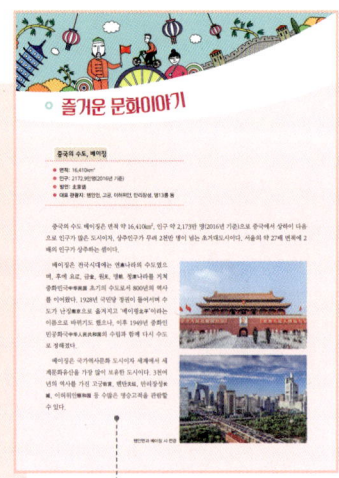

즐거운 문화이야기

문화를 이해하면 그 나라의 언어를 학습하는 데 더욱 도움이 됩니다. 사이사이 등장하는 중국 문화 소개를 찾아 읽어 보고, 중국이란 나라를 이해하며 학습 의욕을 새롭게 다져 봅니다.

특별부록

301句 미니북

이 책의 핵심 문장인 301句만 뽑아 수록했습니다. 301句 미니북만 있으면 이동하면서, 밥 먹으면서, 운동하면서 언제 어느 때나 301개 문장을 듣고 익힐 수 있습니다.

무료 다운로드

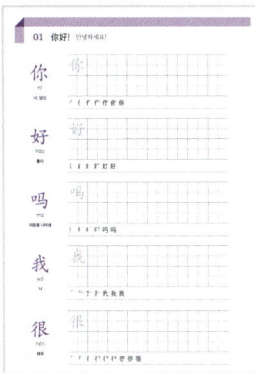 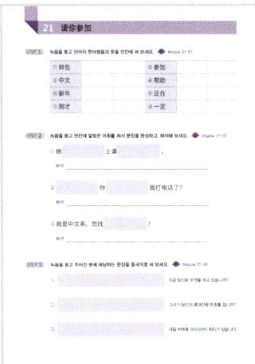

❶ 쓰기노트

① 간체자쓰기

각 과의 주요 간체자를 직접 써 보며 익힙니다. 한 자마다 필순이 제시되어 있으므로, 필순에 따라 간체자쓰기 연습을 합니다.

② 받아쓰기

받아쓰기는 외국어 실력 향상에 매우 효과적인 학습 방법입니다. 각 과의 학습이 끝나면 녹음을 듣고 받아쓰기 연습을 하며 듣기, 쓰기 실력을 공고히 합니다. 받아쓰기 부분의 녹음이 별도로 제공됩니다.

❷ MP3 음원

원어민의 음성 녹음을 반복해서 들으며 정확한 발음을 학습합니다. 교재 페이지마다 MP3 파일의 해당 트랙 번호가 기재되어 있습니다.

트랙 정보

❶ 성모표·운모표	■ 00-01 ~ 00-02
❷ 본문 1~40과	■ 01-01 ~ 40-10
❸ 복습 1~8	■ fuxi 01-01 ~ fuxi 08-06
❹ 받아쓰기	■ tingxie 01-01 ~ tingxie 40-03
❺ 301句 미니북	■ mini 01 ~ mini 60
❻ 잰말놀이로 발음 연습	■ rao 01 ~ rao 10

· 쓰기노트와 MP3 음원은 다락원 홈페이지(www.darakwon.co.kr)에서 무료로 다운로드 하실 수 있습니다.
· 스마트폰으로 QR 코드를 스캔하면 MP3 다운로드 및 실시간 재생 가능한 페이지로 바로 연결됩니다.

차례

들어가는 말 • 4
이 책의 구성 및 활용법 • 6
차례 • 10
중국어의 기초 • 15
일러두기 • 20

01 你好! 안녕하세요! | 인사하기 | • 21
성모와 운모(1) | 한어병음(1) | 성조 | 경성
| 성조 변화(1) | 병음자모 표기법(1)

02 你身体好吗? 건강은 어떻습니까? | 안부 묻기 | • 31
성모와 운모(2) | 한어병음(2) | 주의해야 할 발음(1) | 병음자모 표기법(2)
◎ 즐거운 문화이야기 : 중국이란 나라는

03 你工作忙吗? 일이 바쁩니까? | 근황 묻기 | • 41
성모와 운모(3) | 한어병음(3) | 주의해야 할 발음(2) | 병음자모 표기법(3)
| 성조 변화(2) | 儿화 | 격음부호

04 您贵姓? 당신의 성씨는 무엇입니까? | 이름 묻기 | • 51
'吗'를 이용한 의문문 | 의문대명사를 이용한 의문문
| 형용사술어문

05 我介绍一下儿 제가 소개해 드리겠습니다 | 소개하기 | • 59
동사술어문 | 종속 관계를 나타내는 관형어 | '是'자문(1)

복습 1   '也'와 '都'의 위치 • 68

06 你的生日是几月几号? 당신의 생일은 몇 월 며칠입니까? | 날짜 묻기 | • 73
명사술어문 | 년, 월, 일, 요일을 표시하는 법 | '……, 好吗?'
◎ 즐거운 문화이야기 : 중국의 행정구획

07 你家有几口人? 당신의 가족은 몇 명입니까? | 가족 관계 묻기 | • 83
'有'자문 | 개사구조
◎ 즐거운 문화이야기 : 중국의 수도, 베이징

08 现在几点? 지금 몇 시입니까?　　|시각 묻기| • 93
시간 읽는 법 | 시간사
○ 즐거운 문화이야기 : 중국의 공휴일

09 你住在哪儿? 당신은 어디에 삽니까?　　|거주지 묻기| • 103
연동문 | 부사어
○ 즐거운 문화이야기 : 전통 의상 치파오

10 邮局在哪儿? 우체국이 어디에 있습니까?　　|길 묻기| • 113
방위사 | 정반의문문
○ 잰말놀이로 발음 연습

복습 2　문장의 주요 성분 • 122

11 我要买橘子 나는 귤을 사려고 합니다　　|물건 사기①| • 129
어기조사 '了'(1) | 동사의 중첩
○ 즐거운 문화이야기 : 중국의 화폐

12 我想买毛衣 나는 스웨터를 사고 싶습니다　　|물건 사기②| • 139
주술술어문 | 조동사

13 要换车 차를 갈아타야 합니다　　|대중교통 이용하기| • 147
이중목적어 동사술어문 | 조동사 '会'
| 수량사가 관형어로 쓰일 경우

14 我要去换钱 나는 환전하러 가려고 합니다　　|환전하기| • 157
겸어문 | 어기조사 '了'(2)
○ 즐거운 문화이야기 : 대표적인 전통 예술, 경극

15 我要照张相 나는 사진을 찍으려고 합니다　　|전화하기| • 167
'是'자문(2) | 결과보어 | 개사 '给'

복습 3　조동사 정리 • 176

차 례

16 你看过京剧吗? 당신은 경극을 본 적이 있습니까? | 약속 정하기① | • 183

동태조사 '过' | 무주어문 | '还没(有)……呢'

17 去动物园 동물원에 갑니다 | 약속 정하기② | • 193

선택의문문 | 동작의 방식을 나타내는 연동문 | 방향보어(1)

18 路上辛苦了 오시느라 고생하셨습니다 | 맞이하기① | • 201

'要……了' | '是……的'

19 欢迎你 환영합니다 | 맞이하기② | • 209

'从' '在'의 목적어와 '这儿' '那儿' | 동량보어
| 동사, 동사구, 주술구 등이 관형어로 쓰일 때

20 为我们的友谊干杯! 우리의 우정을 위해 건배합시다! | 접대하기 | • 219

정도보어 | 정도보어와 목적어
○ 잰말놀이로 발음 연습

복습 4 술어의 주요 성분에 따른 4가지 문장 유형 / 의문문의 6가지 유형 • 230

21 请你参加 참석해 주세요 | 초대하기 | • 239

동작의 진행

22 我不能去 나는 갈 수 없습니다 | 정중히 거절하기 | • 247

동태조사 '了' | 시간사가 부사어로 쓰일 때
○ 즐거운 문화이야기 : 중국 경제의 중심, 상하이

23 对不起 미안합니다 | 사과하기 | • 257

결과보어 '好' | 부사 '就'와 '才' | 방향보어(2)

24 真遗憾, 我没见到他 그를 만나지 못해서 정말 아쉽습니다 | 유감 표현하기 | • 267

'是不是'로 이루어진 정반의문문 | 동사 '让'을 이용한 겸어문

25 这张画儿真美! 이 그림은 정말 아름답습니다! | 칭찬하기 | • 275

'又……又……' | '要是……就……'

복습 5 어기조사 '了'와 동태조사 '了' • 284

26 祝贺你 축하합니다 | 축하하기 | • 291
가능보어(1) | 동사 '了'가 가능보어로 쓰일 때 |
동사 '开'가 결과보어로 쓰일 때 | 동사 '下'가 결과보어로 쓰일 때

27 你别抽烟了 담배를 피우지 마세요 | 권고하기 | • 301
부사어 '有点儿' | 존현문
● 즐거운 문화이야기 : 중국을 대표하는 문화유산, 만리장성

28 今天比昨天冷 오늘은 어제보다 춥습니다 | 비교하기 | • 311
'比'를 이용한 비교 | 수량보어 | '多'를 사용한 어림수

29 我也喜欢游泳 나도 수영을 좋아합니다 | 취미 | • 321
'有'와 '没有'를 이용한 비교 | '吧'를 이용한 의문문 | 시량보어(1)
● 즐거운 문화이야기 : 숫자에 담긴 뜻

30 请你慢点儿说 천천히 말씀해 주세요 | 언어 | • 331
시량보어(2) | '除了……以外'

복습 6 비교를 나타내는 여러 가지 방법 • 342

31 那儿的风景美极了! 그곳의 풍경은 정말 아름다워요! | 여행하기① | • 349
방향보어(3) | '不是……吗?'

32 买到票了没有? 표를 샀습니까? | 여행하기② | • 359
'见'이 결과보어로 쓰일 때 | 동작의 지속
● 즐거운 문화이야기 : 중국인이 사랑하는 붉은색

33 我们预定了两个房间 우리는 방을 두 개 예약했습니다 | 여행하기③ | • 371
형용사의 중첩과 구조조사 '地' | 가능보어(2)

34 我头疼 나는 머리가 아픕니다 | 진찰 받기 | • 381
'把'자문(1) | '一……就……'

차례

35 你好点儿了吗? 좀 좋아졌습니까? | 문병하기 | · 391
피동문

복습 7 보어의 여러 종류 / 구조조사 '的' '得' '地' · 400

36 我要回国了 나는 귀국하려고 합니다 | 작별 인사 | · 409
시량보어(3) | '有的……有的……'
○ 즐거운 문화이야기 : 세계 최고의 지하 무덤, 진시황릉 병마용갱

37 真舍不得你们走 당신들이 떠난다니 정말 섭섭합니다 | 송별 | · 419
'虽然……但是……' | '把'자문(2)
○ 즐거운 문화이야기 : 중국의 마스코트, 판다

38 这儿托运行李吗? 여기가 짐을 부치는 곳입니까? | 짐 부치기 | · 429
'不但……而且……' | '把'자문에서 조동사의 위치 | 가능보어 '动'
○ 즐거운 문화이야기 : 중국의 해음문화

39 不能送你去机场了 당신을 공항까지 배웅할 수 없습니다 | 배웅하기① | · 439
동작의 지속과 진행 | '不如'를 이용한 비교

40 祝你一路平安 가시는 길에 평안하시길 빕니다 | 배웅하기② | · 449
'把'자문(3) | '……了……就'

복습 8 동사의 태 / 특수한 동사술어문 · 458

해석 · 470
모범답안 · 508

중국어의 기초

1 한어

중국은 56개 민족으로 이루어진 다민족 국가이다. 그중 한족汉族이 약 91.5%를 차지하고 있고, 그 외에 55개의 소수민족少数民族이 고유한 자신들의 영역을 중심으로 살아가고 있다. 다양한 민족으로 구성된 나라인 만큼 그 언어도 다양하다. 우리가 배우는 중국어를 '한어汉语'라고 하는데, 이는 중국 인구의 대다수를 차지하는 한족의 언어라는 뜻이다.

2 보통화

한어에도 수많은 방언이 있어서 하나의 표준이 되는 공통어가 필요하였다. 그리하여 중국 정부는 1949년 중화인민공화국中华人民共和国 성립 후, 북방 방언을 기초로 하며, 베이징 말을 표준음으로 삼고, 모범적인 현대 구어문의 문법을 규범으로 하는 '보통화普通话'를 표준어로 제정하였다.

3 간체자

현재 중국이 공식 문자로 채택하여 사용하고 있는 것은 '간체자简体字'라고 하는 간화된 한자이다. 이에 반해 우리나라에서 쓰고 있는 한자는 정자正字로, 간체자와 구분하여 번체자繁体字라고 한다. 문맹률을 낮추고 교육의 보급화를 실현시키기 위해, 중국 정부는 1949년 건국과 동시에 한자 간략화 작업을 진행하였다. 그 결과 1956년 중화인민공화국 국무원에서 「한자간화방안汉字简化方案」을 공포하고, 1964년에 중국문자개혁위원회에서 2,236개의 간체자가 수록된 「간화자총표简化字总表」를 공표함으로써 공식 문자로 채택하여 사용하고 있다.

4 한어병음방안

「한어병음방안汉语拼音方案」은 국제적으로 통용되고 있는 라틴어 자모 26개를 사용하여 현대 중국어 보통화의 음을 표기하는 방식으로, 1958년에 비준·공포되었다. 한어병음방안에 따르면 중국어의 음절은 성모와 운모, 성조로 구성된다. 현재 중국은 보통화의 보급이나 사전의 발음 표기, 국어 교육 등 각 방면에서 한어병음방안을 채택하고 있으며, 세계 각국 역시 중국의 인명·지명 등을 표기할 때 한어병음방안을 기초로 하고 있다.

중국어의 품사

단어의 어법적인 성질을 '품사'라고 한다.

품사	설명
명사 名词 míngcí	사람이나 사물의 명칭, 시간, 공간, 방위 개념 등을 나타낸다. 예 北京 베이징 ǀ 学校 학교 ǀ 今天 오늘
대명사 代词 dàicí	사람이나 사물을 대신 지칭하여 나타낸다. 예 我 나 ǀ 这 이것 ǀ 什么 무슨
동사 动词 dòngcí	동작, 행위, 존재 등을 나타낸다. 예 吃 먹다 ǀ 喜欢 좋아하다 ǀ 是 ~이다
조동사 助动词 zhùdòngcí	동사 앞에 놓여 가능, 바람, 능력, 당위 등을 나타낸다. 예 要 ~하려고 하다 ǀ 能 ~할 수 있다 ǀ 应该 ~해야 한다
형용사 形容词 xíngróngcí	사람 또는 사물의 성질이나 모습, 동작이나 행위의 상태를 나타낸다. 예 好 좋다 ǀ 坏 나쁘다 ǀ 早 이르다
수사 数词 shùcí	사물의 수량이나 순서를 나타낸다. 예 一 하나, 1 ǀ 第一 첫 번째
양사 量词 liàngcí	사물의 수량이나 동작의 횟수를 나타낸다. 예 个 개 ǀ 斤 근 ǀ 次 번, 차례
부사 副词 fùcí	동사나 형용사를 수식하여 시간, 정도, 빈도, 범위, 상태 등을 나타낸다. 예 已经 이미 ǀ 常常 자주 ǀ 都 모두 ǀ 很 매우
개사 介词 jiècí	명사, 대명사 앞에 놓여 시간, 장소, 대상, 원인 등을 나타낸다. 예 在 ~에서 ǀ 从 ~부터
접속사 连词 liáncí	단어와 단어, 구와 구, 절과 절을 연결한다. 예 和 ~와/과 ǀ 跟 ~와/과 ǀ 不但……而且 ~뿐만 아니라 또한
조사 助词 zhùcí	단어나 구, 문장 끝에 와서 다양한 부가적 의미를 나타낸다. 예 的 ~의 ǀ 过 ~한 적이 있다 ǀ 吗 ~입니까
감탄사 叹词 tàncí	기쁨, 놀람, 슬픔, 분노 등의 감정을 나타낸다. 예 啊 아! ǀ 哎呀 아이고 ǀ 哦 오!
의성사 象声词 xiàngshēngcí	소리를 표현한다. 예 哗哗 콸콸 ǀ 扑通 풍덩

중국어의 문장성분

문장을 구성하는 성분을 '문장성분'이라고 한다. 중국어 문장은 문장의 뼈대가 되는 **주어, 술어, 목적어**의 '주요 성분'과 이를 꾸며 주고 보충하여 문장에 생기를 불어넣어 주는 **관형어, 부사어, 보어**의 '보조 성분'으로 나눌 수 있다.

주어 主语 zhǔyǔ	술어가 나타내는 동작이나 상태의 주체이다. 예) 我叫王쯔。나는 왕란입니다.
술어 谓语 wèiyǔ	주어를 서술, 설명하는 성분이다. 예) 我是学生。나는 학생입니다.
목적어 宾语 bīnyǔ	술어 뒤에 놓여 동작이나 행위의 대상이 되는 성분이다. 예) 他买橘子。그는 귤을 삽니다.
관형어 定语 dìngyǔ	주어와 목적어 앞에서 주로 명사를 수식하거나 제한하는 성분이다. 예) 我爸爸 우리 아빠 | 玛丽的书 메리의 책
부사어 壮语 zhuàngyǔ	술어 앞에 놓여 술어를 수식하거나 제한하는 성분이다. 예) 我常常坐公交车。나는 자주 버스를 탑니다.
보어 补语 bǔyǔ	술어 뒤에 놓여 술어를 보충 설명하는 성분이다. 예) 我看完那本书了。나는 그 책을 다 보았습니다.

성모표 00-01

b p m	**쌍순음**(双脣音 : 윗입술과 아랫입술 소리) 윗입술과 아랫입술을 붙였다 떼면서 발음한다.
f	**순치음**(脣齒音 : 윗니와 아랫입술 소리) 윗니를 아랫입술에 대고 발음한다.
d t n l	**설첨음**(舌尖音 : 혀끝과 윗잇몸 소리) 혀끝을 윗잇몸의 뒷면에 붙였다 떼면서 발음한다.
g k h	**설근음**(舌根音 : 혀뿌리와 입천장 소리) 혀뿌리를 입천장에 붙였다 떼거나 가까이 대고 발음한다.
j q x	**설면음**(舌面音 : 혓바닥과 입천장 소리) 혀 앞부분을 입천장 앞쪽에 붙였다 떼거나 가까이 대고 발음한다.
zh ch sh r	**설첨후음**(舌尖后音 : 혀끝과 입천장 소리) 혀끝을 말아 입천장에 붙였다 떼거나 가까이 대고 발음한다.
z c s	**설첨전음**(舌尖前音 : 혀끝과 잇소리) 혀끝을 윗니의 뒷면에 붙였다 떼거나 가까이 대고 발음한다.

운모표 00-02

a	ai ao an ang
o	ou ong
e	ei en eng er
i(yi)	ia ie iao iou ian (ya) (ye) (yao) (you) (yan) in iang ing iong (yin) (yang) (ying) (yong)
u(wu)	ua uo uai uei (wa) (wo) (wai) (wei) uan uen uang ueng (wan) (wen) (wang) (weng)
ü(yu)	üe üan ün (yue) (yuan) (yun)

▸ 성모가 없을 때는 괄호 안의 표기를 사용한다.
▸ 붉은색으로 표시된 발음은 주의해야 할 발음이다.

일러두기

★ 이 책의 표기 규칙

❶ 이 책에 나오는 중국의 지명이나 건물, 기관, 관광명소의 명칭 등은 중국어 발음을 한국어로 표기하는 것을 원칙으로 하였습니다. 단, 우리에게 이미 잘 알려진 장소에 한하여 익숙한 발음으로 표기하였습니다.

  예 北京 → 베이징   长城 → 만리장성   香港 → 홍콩

❷ 인명은 각 나라에서 실제 사용하는 발음으로 표기하였습니다.

  예 玛丽 → 메리   王兰 → 왕란   李成日 → 이성일

❸ 중국어의 품사는 다음과 같이 약어로 표시하였습니다.

명사	명	조사	조	접속사	접
동사	동	개사	개	조동사	조동
형용사	형	부사	부	감탄사	감
대명사	대	수사	수	고유명사	고유
양사	양	수량사	수량	성어	성

❹ 『현대한어사전(現代汉语词典)』에서는 '学生'의 성조를 'xué·shēng'으로 표기하였으나, 이 책은 『汉语会话301句』 원서에 기준하여 'xuésheng'으로 표기하였습니다.

★ 이 책의 등장인물

데이비드 / 프랑스인   메리 / 미국인   왕란 / 중국인   리우징 / 중국인   가즈코 / 일본인

장리잉 / 중국인   이성일 / 한국인   리 교수 / 중국인   왕 교수 / 중국인   장 교수 / 중국인

| 인사하기 |

01 你好!
안녕하세요!

01-01

001 你好! 안녕하세요!
Nǐ hǎo!

002 你好吗? 잘 지내십니까?
Nǐ hǎo ma?

003 (我)很好。 (저는) 잘 지냅니다.
(Wǒ) hěn hǎo.

004 我也很好。 저도 잘 지냅니다.
Wǒ yě hěn hǎo.

단어 익히기

01-02

|본문 단어|

你好 nǐ hǎo 안녕, 안녕하세요

你 nǐ 대 너, 당신

好 hǎo 형 좋다

吗 ma 조 의문을 나타내는 어기조사

我 wǒ 대 나

很 hěn 부 매우

也 yě 부 ~도, ~역시

|표현 확장 단어|

你们 nǐmen 대 너희, 당신들

她 tā 대 그녀

他 tā 대 그

他们 tāmen 대 그들

我们 wǒmen 대 우리

都 dōu 부 모두

来 lái 동 오다

爸爸 bàba 명 아버지, 아빠

妈妈 māma 명 어머니, 엄마

|고유명사|

大卫 Dàwèi 데이비드(David) [인명]

玛丽 Mǎlì 메리(Mary) [인명]

王兰 Wáng Lán 왕란 [인명]

刘京 Liú Jīng 리우징 [인명]

|읽고, 듣고, 쓰고, 반복해서 외우세요|

회화로 배우기

1 안녕!  01-03

大卫 Dàwèi
玛丽，你好！①
Mǎlì, nǐ hǎo!

玛丽 Mǎlì
你好，大卫！
Nǐ hǎo, Dàwèi!

2 잘 지내니?  01-04

王兰 Wáng Lán
你好吗？②
Nǐ hǎo ma?

刘京 Liú Jīng
我很好。你好吗？
Wǒ hěn hǎo. Nǐ hǎo ma?

王兰 Wáng Lán
我也很好。
Wǒ yě hěn hǎo.

🖋 표현 따라잡기

① **你好!** 안녕! / 안녕하세요!
일상적인 인사말이다. 시간이나 장소, 신분과 관계없이 쓸 수 있으며, 상대방도 '你好'로 대답한다.

② **你好吗?** 잘 지내십니까?
자주 쓰이는 인사말로, 상대방은 주로 '我很好' 등의 의례적인 표현으로 대답한다. 일반적으로 이미 친분이 있는 사람 사이에 쓴다.

표현으로 확장하기

◎ 응용 표현 01-05

① 你好!

你们 nǐmen

② 你好吗?

你们 nǐmen   她 tā
他 tā   他们 tāmen

◎ 확장 회화 01-06

① A 你们好吗?
　　Nǐmen hǎo ma?

　B 我们都很好。
　　Wǒmen dōu hěn hǎo.

　A 你好吗?
　　Nǐ hǎo ma?

　B 我也很好。
　　Wǒ yě hěn hǎo.

② A 你来吗?
　　Nǐ lái ma?

　B 我来。
　　Wǒ lái.

　A 爸爸、妈妈来吗?
　　Bàba、māma lái ma?

　B 他们都来。
　　Tāmen dōu lái.

중국어의 발음

중국어의 발음은 성모(声母, shēngmǔ), 운모(韵母, yùnmǔ), 성조(声调, shēngdiào)로 구성된다.

■ **중국어 음절의 구조**

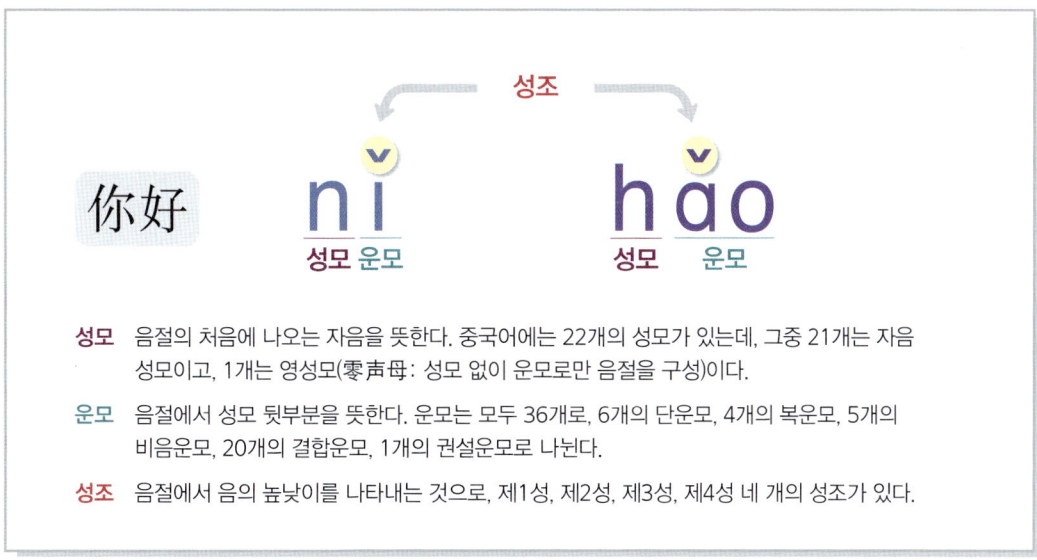

성모 음절의 처음에 나오는 자음을 뜻한다. 중국어에는 22개의 성모가 있는데, 그중 21개는 자음 성모이고, 1개는 영성모(零声母: 성모 없이 운모로만 음절을 구성)이다.

운모 음절에서 성모 뒷부분을 뜻한다. 운모는 모두 36개로, 6개의 단운모, 4개의 복운모, 5개의 비음운모, 20개의 결합운모, 1개의 권설운모로 나뉜다.

성조 음절에서 음의 높낮이를 나타내는 것으로, 제1성, 제2성, 제3성, 제4성 네 개의 성조가 있다.

1 성모와 운모(1) 01-07

성모(声母)란 중국어 음절의 첫 부분에 나오는 자음을 말한다. 운모와 결합하여 음절을 구성한다.

성 모			
b	p	m	
f			
d	t	n	l
g	k	h	

운모(韵母)란 중국어 음절에서 성모를 제외한 나머지 부분을 말한다.

운모					
a	o	e	i	u	ü
ai	ei	ao	ou		
en	ie	uo			
an	ang	ing	iou(iu)		

2 한어병음(1) 01-08

	a	o	e	ai	ei	ao	ou	an	en	ang
b	ba	bo		bai	bei	bao		ban	ben	bang
p	pa	po		pai	pei	pao	pou	pan	pen	pang
m	ma	mo	me	mai	mei	mao	mou	man	men	mang
f	fa	fo			fei		fou	fan	fen	fang
d	da		de	dai	dei	dao	dou	dan	den	dang
t	ta		te	tai		tao	tou	tan		tang
n	na		ne	nai	nei	nao	nou	nan	nen	nang
l	la		le	lai	lei	lao	lou	lan		lang
g	ga		ge	gai	gei	gao	gou	gan	gen	gang
k	ka		ke	kai	kei	kao	kou	kan	ken	kang
h	ha		he	hai	hei	hao	hou	han	hen	hang

3　성조　01-09

중국어는 성조(声调)가 있는 언어이다. 중국어의 발음에는 제1성, 제2성, 제3성, 제4성 네 개의 성조가 있으며, 각각 '- ˊ ˇ ˋ'의 부호로 구분하여 표시한다.

성조는 의미를 구별하는 역할을 한다. 예를 들면, 'mā(妈: 어머니), má(麻: 삼베), mǎ(马: 말), mà(骂: 욕하다)'처럼 같은 발음이라 할지라도 성조가 다르면 의미가 다르다.

하나의 음절에 한 개의 모음만 있을 경우, 성조부호는 그 모음 위에 표기한다. (단, 모음 i 위에 성조부호가 있을 경우에는 nǐ처럼 i 위의 점을 없애야 한다.) 한 음절에 두 개 혹은 그 이상의 모음이 있을 경우, 성조부호는 주요 모음 위에 표기한다. 예를 들면 'lái'와 같다.

성조	표기법	발음 방법
제1성	-	처음부터 끝까지 높은 음을 유지하며 발음한다.
제2성	ˊ	중간 음에서 가장 높은 음까지 빠르게 올린다.
제3성	ˇ	약간 낮은 음에서 가장 낮은 음까지 내렸다가 다시 높은 음으로 꺾이듯 소리 낸다.
제4성	ˋ	가장 높은 음에서 가장 낮은 음으로 빠르게 떨어뜨린다.

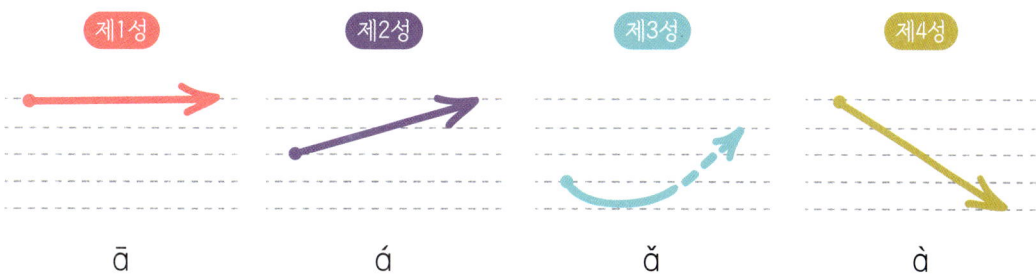

4　경성　01-10

현대 중국 표준어에서 일부 음절은 약하고 짧게 발음되는데, 이를 '경성(轻声, qīngshēng)'이라고 한다. 경성은 따로 성조를 표기하지 않고, 경성의 높이는 앞 음절의 성조에 따라 결정된다.

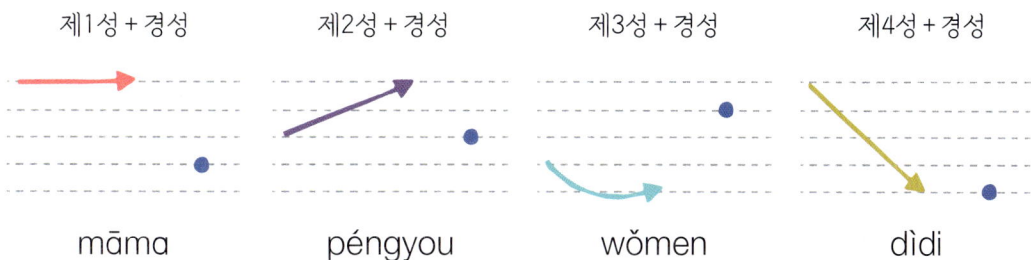

5 성조 변화(1) – 제3성의 변화

1) 제3성과 제3성이 연이어 나올 경우, 앞의 제3성은 제2성으로 발음한다. 이때 발음만 변화하고, 표기는 원래대로 제3성으로 표기한다.

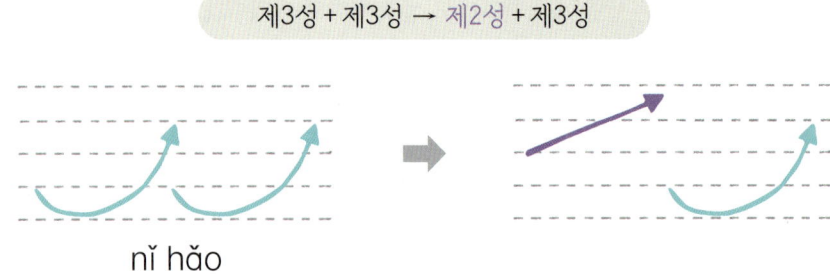

2) 제3성이 제1성, 제2성, 제4성, 경성의 앞에 나올 경우, 앞의 제3성은 '반3성(半三声)'으로 발음한다. '반3성'이란 제3성의 절반, 즉 앞쪽의 내려가는 부분까지만 발음하는 것을 말한다. 이 경우에도 발음만 변화하고, 표기는 그대로 제3성으로 한다.

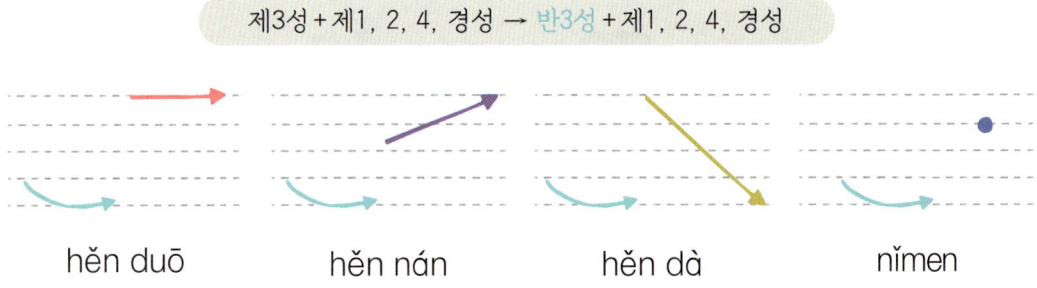

6 병음자모 표기법(1)

1) i나 u로 시작하는 운모 앞에 성모가 오지 않는 경우, i는 반드시 y로, u는 w로 바꾸어 표기해야 한다.
   예 ie → ye   uo → wo

2) i나 u가 단독으로 음절을 이룰 때는 앞에 각각 y와 w를 덧붙여 준다.
   예 i → yi   u → wu

문제로 실력다지기

1 상황에 맞게 대화를 완성하세요.

1) A 你好!
   B _____!

   A 他好吗?
   B _____。

2) A, B 你好!
   C _____!

3) 玛丽 你好吗?
   王兰 _____。你好吗?
   玛丽 _____。刘京好吗?
   王兰 _____, 我们_____。

2 다음 상황에 근거해 대화를 나누세요.

1) 학교 친구를 만나 서로 인사를 나눈다.
   (你和同学见面，互相问候。)

2) 친구의 집에 가서 친구의 부모님을 만나 인사를 드린다.
   (你去朋友家，见到他/她的爸爸、妈妈，向他们问好。)

3) 교실에서 선생님과 학생이 서로 인사를 나눈다.
   (在课堂上，同学、老师互相问候。)

3 발음을 연습하세요.

1) 발음 분별하기 🔊 01-11

bā （八） ←→ pā （啪）	dā （搭） ←→ tā （他）
gòu（够）←→ kòu （扣）	bái （白）←→ pái （排）
dào （到）←→ tào （套）	gǎi （改）←→ kǎi （凯）

2) 경성 🔊 01-12

tóufa （头发）	nàme （那么）
hēi de （黑的）	gēge （哥哥）
lái ba （来吧）	mèimei （妹妹）

3) 성조 변화 🔊 01-13

bǔkǎo （补考）	hěn hǎo （很好）
dǎdǎo （打倒）	fěnbǐ （粉笔）
měihǎo （美好）	wǔdǎo （舞蹈）
nǐ lái （你来）	hěn lèi （很累）
měilì （美丽）	hǎiwèi （海味）
hěn hēi （很黑）	nǎge （哪个）

| 안부 묻기 |

02 你身体好吗?
건강은 어떻습니까?

02-01

005 你早! 안녕하세요! [아침 인사]
Nǐ zǎo!

006 你身体好吗? 건강은 어떻습니까?
Nǐ shēntǐ hǎo ma?

007 谢谢! 감사합니다!
Xièxie!

008 再见! 안녕히 계세요! / 안녕히 가세요! [헤어질 때 하는 인사]
Zàijiàn!

 단어 익히기

02-02

| 본문 단어 |

早 zǎo 형 이르다

身体 shēntǐ 명 몸, 신체

谢谢 xièxie 동 감사합니다

再见 zàijiàn 동 안녕히 계세요, 안녕히 가세요

老师 lǎoshī 명 선생님

您 nín 대 당신 [你의 존칭]

五 wǔ 수 5

六 liù 수 6

七 qī 수 7

八 bā 수 8

九 jiǔ 수 9

十 shí 수 10

号(日) hào(rì) 양 일, 날

今天 jīntiān 명 오늘

| 표현 확장 단어 |

一 yī 수 1

二 èr 수 2

三 sān 수 3

四 sì 수 4

| 고유명사 |

李 Lǐ 리 [성(姓)]

王 Wáng 왕 [성(姓)]

张 Zhāng 장 [성(姓)]

| 읽고, 듣고, 쓰고, 반복해서 외우세요 |

회화로 배우기

1 건강은 어떠신가요? 02-03

李老师 你早!①
Lǐ lǎoshī Nǐ zǎo!

王老师 你早!
Wáng lǎoshī Nǐ zǎo!

李老师 你身体好吗?
Lǐ lǎoshī Nǐ shēntǐ hǎo ma?

王老师 很好。谢谢!
Wáng lǎoshī Hěn hǎo. Xièxie!

안녕히 가세요! 02-04

张老师 你们好吗?
Zhāng lǎoshī Nǐmen hǎo ma?

王兰 我们都很好。您② 身体好吗?
Wáng Lán Wǒmen dōu hěn hǎo. Nín shēntǐ hǎo ma?

张老师 也很好。再见!
Zhāng lǎoshī Yě hěn hǎo. Zàijiàn!

刘京 再见!
Liú Jīng Zàijiàn!

표현 따라잡기

① **你早!** 안녕! / 안녕하세요!
아침에 만났을 때 하는 인사말이다.

② **您** 당신, 귀하
2인칭 대명사 '你'의 존칭 표현이다. 일반적으로 나이가 많은 사람이나 윗사람에게 사용한다. 정중함을 나타내기 위해 동년배의 사람, 특히 처음 만난 사람에게 사용할 수도 있다.

표현으로 확장하기

응용 표현 02-05

① 你早!

您 nín   你们 nǐmen

张老师 Zhāng lǎoshī   李老师 Lǐ lǎoshī

② 你身体好吗?

他 tā   你们 nǐmen   他们 tāmen

王老师 Wáng lǎoshī   张老师 Zhāng lǎoshī

확장 회화 02-06

① 五号 八号 九号
wǔ hào bā hào jiǔ hào

十四号 二十七号 三十一号
shísì hào èrshíqī hào sānshíyī hào

② A 今天六号。李老师来吗?
Jīntiān liù hào. Lǐ lǎoshī lái ma?

B 她来。
Tā lái.

중국어의 발음

1 성모와 운모(2) 02-07

성모

j	q	x	
z	c	s	
zh	ch	sh	r

운모

an	en	ang	eng	ong
ia	iao	ie	iou(iu)	
ian	in	iang	ing	iong
-i	er			

2 한어병음(2) 02-08

	i	ia	iao	ie	iou(iu)	ian	in	iang	ing	iong
j	ji	jia	jiao	jie	jiu	jian	jin	jiang	jing	jiong
q	qi	qia	qiao	qie	qiu	qian	qin	qiang	qing	qiong
x	xi	xia	xiao	xie	xiu	xian	xin	xiang	xing	xiong

	a	e	-i	ai	ei	ao	ou	an	en	ang	eng	ong
z	za	ze	zi	zai	zei	zao	zou	zan	zen	zang	zeng	zong
c	ca	ce	ci	cai		cao	cou	can	cen	cang	ceng	cong
s	sa	se	si	sai		sao	sou	san	sen	sang	seng	song
zh	zha	zhe	zhi	zhai	zhei	zhao	zhou	zhan	zhen	zhang	zheng	zhong
ch	cha	che	chi	chai		chao	chou	chan	chen	chang	cheng	chong
sh	sha	she	shi	shai	shei	shao	shou	shan	shen	shang	sheng	
r		re	ri			rao	rou	ran	ren	rang	reng	rong

3 주의해야 할 발음(1)

1) **e** 운모 e가 ie나 üe의 경우처럼 i나 ü의 뒤에 놓이는 경우에는 [ɛ]로 발음된다.
   예) xièxie (谢谢)   xuéxí (学习)

2) **-i** -i는 z, c, s 뒤의 설첨전모음(舌尖前元音) [ɿ]와 zh, ch, sh, r 뒤의 설첨후모음(舌尖后元音) [ʅ]를 대표한다. zi, ci, si나 zhi, chi, shi, ri를 읽을 때는 -i를 [i]로 읽으면 안 된다.
   예) cí (词)   shì (是)

3) **ian** 가운데 모음인 'a'는 [ɛ]로 발음하며, '이안'으로 발음하지 않도록 주의한다.
   예) yān (烟)   zàijiàn (再见)

4 병음자모 표기법(2)

iou가 성모와 결합하면 가운데 모음인 'o'를 생략하고 iu로 표기한다. 이때, 성조는 뒤 모음 u 위에 표기한다.
예) liù (六)   jiǔ (九)

문제로 실력다지기

1 상황에 맞게 대화를 완성하세요.

1) 大卫, 玛丽　老师, _____!
   老师　_____!

2) 大卫　刘京, 你身体_____?
   刘京　_____, 谢谢!
   大卫　王兰也好吗?
   刘京　_____。我们_____。

3) 王兰　妈妈, 您身体好吗?
   妈妈　_____。
   王兰　爸爸_____?
   妈妈　他也很好。

2 다음 제시된 어구를 발음에 주의해서 읽어 보세요. 　02-09

也来	很好	谢谢你	老师再见
都来	也很好	谢谢您	王兰再见
再来	都很好	谢谢你们	爸爸、妈妈再见
		谢谢老师	

3 다음 상황에 근거해 대화를 나누세요.

1) 두 사람이 서로 인사하고 상대방의 아버지, 어머니의 안부를 묻는다.
   (两人互相问候并问候对方的爸爸、妈妈。)

2) 반 친구들과 선생님이 만나 서로 안부를 묻는다.(친구들끼리, 선생님께, 한 사람이 여러 사람에게, 여러 사람이 다른 몇 사람에게 안부를 묻는다.)
   (同学们和老师见面，互相问候。同学和同学，同学和老师；一个人和几个人，几个人和另外几个人互相问候。)

4 발음을 연습하세요.

1) 발음 분별하기 02-10

shāngliang	(商量)	⇔	xiǎngliàng	(响亮)
jīxīn	(鸡心)	⇔	zhīxīn	(知心)
zájì	(杂技)	⇔	zázhì	(杂志)
dàxǐ	(大喜)	⇔	dàshǐ	(大使)
bù jí	(不急)	⇔	bù zhí	(不直)
xīshēng	(牺牲)	⇔	shīshēng	(师生)

2) 성조 분별하기 02-11

bā kē	(八棵)	⇔	bàkè	(罢课)
bùgào	(布告)	⇔	bù gāo	(不高)
qiānxiàn	(牵线)	⇔	qiánxiàn	(前线)
xiǎojiě	(小姐)	⇔	xiǎo jiē	(小街)
jiàoshì	(教室)	⇔	jiàoshī	(教师)

3) 단어 읽기 02-12

zǒulù	(走路)		chūfā	(出发)
shōurù	(收入)		liànxí	(练习)
yǎnxì	(演戏)		sùshè	(宿舍)

즐거운 문화이야기

중국이란 나라는

1. **국명**: 중화인민공화국
2. **국경일**: 10월 1일
3. **위치**: 아시아 대륙의 동쪽, 태평양의 서쪽에 위치
4. **면적**: 약 960만km² [한반도의 약 44배]

    중국의 공식 명칭은 중화인민공화국中华人民共和国으로, 약칭하여 '중국中国'이라고 한다. 1949년 10월 1일 마오쩌둥毛泽东이 톈안먼天安门 광장에서 "중화인민공화국이 성립되었다中华人民共和国成立了"라고 공식적으로 선포하였다. 중국 최대 명절 중 하나인 국경절国庆节은 이날을 기념하기 위해 제정된 것이다.

    중국은 아시아 대륙의 동쪽, 태평양의 서쪽에 위치하고 있다. 육지 면적은 약 960만km²로 한반도의 약 44배이며, 세계 육지 총면적의 6.5%를 차지해 러시아, 캐나다에 이어 세계에서 세 번째로 큰 나라이다.

    육지 국경선의 총 길이는 약 2만 2,800km로, 북한, 러시아, 몽골, 파키스탄, 인도, 미얀마, 베트남 등 14개 국가와 국경을 접하고 있는 세계에서 인접국이 가장 많은 나라이다.

중국 지도

| 근황 묻기 |

03 你工作忙吗?
일이 바쁩니까?

03-01

009
你工作忙吗? 일이 바쁩니까?
Nǐ gōngzuò máng ma?

010
很忙, 你呢? 매우 바쁩니다. 당신은요?
Hěn máng, nǐ ne?

011
我不太忙。 나는 그다지 바쁘지 않습니다.
Wǒ bú tài máng.

012
你爸爸、妈妈身体好吗? 당신의 아버지, 어머니께서는 건강하십니까?
Nǐ bàba、māma shēntǐ hǎo ma?

단어 익히기

03-02

| 본문 단어 |

工作 gōngzuò 동 명 일하다, 일

忙 máng 형 바쁘다

呢 ne 조 의문을 나타내는 어기조사

不 bù 부 아니다

太 tài 부 매우, 아주

| 표현 확장 단어 |

累 lèi 형 피곤하다

哥哥 gēge 명 형, 오빠

姐姐 jiějie 명 누나, 언니

弟弟 dìdi 명 남동생

妹妹 mèimei 명 여동생

月 yuè 명 달, 월

明天 míngtiān 명 내일

今年 jīnnián 명 올해

零 líng 수 영(0)

年 nián 명 년

明年 míngnián 명 내년

| 읽고, 듣고, 쓰고, 반복해서 외우세요 |

회화로 배우기

 일이 바쁘신가요? 03-03

| 李老师 | 你好! |
| Lǐ lǎoshī | Nǐ hǎo! |

| 张老师 | 你好! |
| Zhāng lǎoshī | Nǐ hǎo! |

| 李老师 | 你工作忙吗? |
| Lǐ lǎoshī | Nǐ gōngzuò máng ma? |

| 张老师 | 很忙，你呢?① |
| Zhāng lǎoshī | Hěn máng, nǐ ne? |

| 李老师 | 我不太忙。 |
| Lǐ lǎoshī | Wǒ bú tài máng. |

  나는 바쁘지 않아요 03-04

| 大卫 | 老师，您早! |
| Dàwèi | Lǎoshī, nín zǎo! |

| 玛丽 | 老师好! |
| Mǎli | Lǎoshī hǎo! |

| 张老师 | 你们好! |
| Zhāng lǎoshī | Nǐmen hǎo! |

| 大卫
Dàwèi | 老师忙吗?
Lǎoshī máng ma? |

| 张老师
Zhāng lǎoshī | 很忙,你们呢?
Hěn máng, nǐmen ne? |

| 大卫
Dàwèi | 我不忙。
Wǒ bù máng. |

| 玛丽
Mǎlì | 我也不忙。
Wǒ yě bù máng. |

 아버지, 어머니는 건강하신가요?  03-05

| 王兰
Wáng Lán | 刘京,你好!
Liú Jīng, nǐ hǎo! |

| 刘京
Liú Jīng | 你好!
Nǐ hǎo! |

| 王兰
Wáng Lán | 你爸爸、妈妈身体好吗?
Nǐ bàba、māma shēntǐ hǎo ma? |

| 刘京
Liú Jīng | 他们都很好。谢谢!
Tāmen dōu hěn hǎo. Xièxie! |

표현 따라잡기

① **你呢?** 당신은요?

'你呢'는 앞에서 말한 화제를 이어받아 질문할 때 쓴다. 예를 들어 '我很忙,你呢?'에서는 '你忙吗?'를 의미하며, '我身体很好,你呢?'에서는 '你身体好吗?'를 의미한다.

표현으로 확장하기

● 응용 표현 03-06

① 老师忙吗?

好 hǎo   累 lèi

② A 你爸爸、妈妈身体好吗?
   B 他们都很好。

哥哥、姐姐 gēge、jiějie   弟弟、妹妹 dìdi、mèimei

● 확장 회화 03-07

① 一月　　　二月　　　六月　　　十二月
   yī yuè   èr yuè   liù yuè   shí'èr yuè

② 今天十月三十一号。
   Jīntiān shí yuè sānshíyī hào.

   明天十一月一号。
   Míngtiān shíyī yuè yī hào.

   今年二零一七年，明年二零一八年。
   Jīnnián èr líng yī qī nián, míngnián èr líng yī bā nián.

중국어의 발음

1 성모와 운모(3) 03-08

운모								
u	ua	uo	uai	uei(ui)	uan	uen(un)	uang	ueng
ü	üe	üan	ün					

2 한어병음(3) 03-09

	u	ua	uo	uai	uei(ui)	uan	uen(un)	uang
d	du		duo		dui	duan	dun	
t	tu		tuo		tui	tuan	tun	
n	nu		nuo			nuan		
l	lu		luo			luan	lun	
z	zu		zuo		zui	zuan	zun	
c	cu		cuo		cui	cuan	cun	
s	su		suo		sui	suan	sun	
zh	zhu	zhua	zhuo	zhuai	zhui	zhuan	zhun	zhuang
ch	chu	chua	chuo	chuai	chui	chuan	chun	chuang
sh	shu	shua	shuo	shuai	shui	shuan	shun	shuang
r	ru	rua	ruo		rui	ruan	run	
g	gu	gua	guo	guai	gui	guan	gun	guang
k	ku	kua	kuo	kuai	kui	kuan	kun	kuang
h	hu	hua	huo	huai	hui	huan	hun	huang

	ü	üe	üan	ün
n	nü	nüe		
l	lü	lüe		
j	ju	jue	juan	jun
q	qu	que	quan	qun
x	xu	xue	xuan	xun

3 주의해야 할 발음(2)

üan ian과 마찬가지로 가운데 'a'는 [ɛ]로 발음된다. ü를 발음할 때에는 입 모양이 움직이지 않도록 주의한다.

예) yuán (圆)　　　　　xuǎn (选)

4 병음자모 표기법(3)

1) ü가 단독으로 음절을 이루거나, 음절의 맨 앞에 놓이면 yu로 바꾸어 표기한다.
   예) ü → yu　　　　　üan → yuan

2) j, q, x가 ü로 시작하는 운모와 결합하면 ü 위의 두 점은 생략된다.
   예) jùzi (句子)　　　　　xuéxí (学习)

3) 운모 uei, uen이 성모와 결합하면 가운데 'e'가 생략되고 ui, un으로만 표기한다.
   예) huí (回)　　　　　dūn (吨)

5 성조 변화(2) – '不'와 '一'의 성조 변화

1) 원래 제4성자인 '不'가 제4성자 앞 또는 제4성이 변해서 된 경성자 앞에 놓이면 제2성 bú로 읽는다.
   예) bú xiè (不谢)　　　　　búshi (不是)

제1, 2, 3성자 앞에서는 그대로 제4성 bù로 읽는다.
   예) bù xīn (不新)　　　　　bù lái (不来)　　　　　bù hǎo (不好)

2) 원래 제1성자인 '一'가 단독으로 혹은 서수로 쓰일 때는 성조가 변하지 않는다.
   예 yī (一)   dì-yī kè (第一课)

'一'가 제4성자 앞 또는 제4성이 변해서 된 경성자 앞에 놓이면 제2성 yí로 읽는다.
   예 yí kuài (一块)   yí ge (一个)

'一'가 제1, 2, 3성자 앞에 놓이면 제4성 yì로 읽는다.
   예 yì tiān (一天)   yì nián (一年)   yìqǐ (一起)

6 儿화

er은 종종 다른 운모와 결합하여 그 운모를 儿화운모로 만든다. 儿화운모를 표기할 때에는 원래 운모의 뒤에 –r을 붙인다.
   예 wánr (玩儿)   huār (花儿)

7 격음부호

a, o, e로 시작하는 음절이 다른 음절의 뒤에 이어서 올 때 음절 간의 경계를 분명히 하여 혼동되지 않도록 격음부호 ' ' '를 사용하여 구분해 준다.
   예 Tiān'ānmén (天安门)   nǚ'ér (女儿)

문제로 실력다지기

1 다음 제시된 어구를 읽고 문장을 만들어 보세요. 03-10

　　　不好　　　都不忙　　　不累
　　　　　　　也很忙　　　不太累
　　　不太好　　　都很忙　　　都不累

2 괄호 안에 주어진 단어를 사용해 대화를 완성하세요.

1) A 今天你来吗?
　 B ＿＿＿＿＿＿＿＿＿＿。（来）
　 A 明天呢?
　 B ＿＿＿＿＿＿＿＿＿＿。（也）

2) A 今天你累吗?
　 B 我不太累。＿＿＿＿＿＿＿＿＿＿?（呢）
　 A 我＿＿＿＿＿＿＿＿＿＿。（也）
　 B 明天你＿＿＿＿＿＿＿＿＿＿?（来）
　 A ＿＿＿＿＿＿＿＿＿＿。（不）

3) A 你爸爸忙吗?
　 B ＿＿＿＿＿＿＿＿＿＿。（忙）
　 A ＿＿＿＿＿＿＿＿＿＿?（呢）
　 B 她也很忙。我爸爸、妈妈＿＿＿＿＿＿＿＿＿＿。（都）

3 실제 상황에 근거해 질문에 대답해 보세요.

1) 你身体好吗?

2) 你忙吗?

3) 今天你累吗?

4) 明天你来吗?

5) 你爸爸(妈妈、哥哥、姐姐……)身体好吗?

6) 他们忙吗?

4 발음을 연습하세요.

1) 발음 분별하기 03-11

zhǔxí	(主席)	←→	chūxí	(出席)
shàng chē	(上车)	←→	shàngcè	(上策)
shēngchǎn	(生产)	←→	zēngchǎn	(增产)
huádòng	(滑动)	←→	huódòng	(活动)
xīn qiáo	(新桥)	←→	xīn qiú	(新球)
tuīxiāo	(推销)	←→	tuìxiū	(退休)

2) 성조 분별하기 03-12

càizǐ	(菜籽)	←→	cáizǐ	(才子)
tóngzhì	(同志)	←→	tǒngzhì	(统治)
héshuǐ	(河水)	←→	hē shuǐ	(喝水)
xìqǔ	(戏曲)	←→	xīqǔ	(吸取)
huíyì	(回忆)	←→	huìyì	(会议)

3) er과 儿화운모 03-13

értóng	(儿童)	nǚ'ér	(女儿)
ěrduo	(耳朵)	èrshí	(二十)
yíhuìr	(一会儿)	yìdiǎnr	(一点儿)
yíxiàr	(一下儿)	yǒudiǎnr	(有点儿)
huār	(花儿)	wánr	(玩儿)
xiǎoháir	(小孩儿)	bīnggùnr	(冰棍儿)

| 이름 묻기 |

04 您贵姓?
당신의 성씨는 무엇입니까?

04-01

013 我叫玛丽。 내 이름은 메리입니다.
Wǒ jiào Mǎlì.

014 认识你，我很高兴。 만나서 반갑습니다.
Rènshi nǐ, wǒ hěn gāoxìng.

015 您贵姓? 당신의 성씨는 무엇입니까?
Nín guìxìng?

016 你叫什么名字? 당신의 이름은 무엇입니까?
Nǐ jiào shénme míngzi?

017 她姓什么? 그녀의 성씨는 무엇입니까?
Tā xìng shénme?

018 她不是老师，她是学生。 그녀는 선생님이 아니고, 학생입니다.
Tā bú shì lǎoshī, tā shì xuésheng.

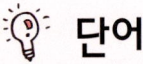 단어 익히기

04-02

| 본문 단어 |

叫 jiào 동 부르다

认识 rènshi 동 알다

高兴 gāoxìng 형 기쁘다, 즐겁다

贵姓 guìxìng 명 (상대방의) 성, 성씨

什么 shénme 대 무엇

名字 míngzi 명 이름

姓 xìng 동 명 성이 ~이다, 성, 성씨

是 shì 동 ~이다

学生 xuésheng 명 학생

| 표현 확장 단어 |

那 nà 대 저, 저것, 그, 그것

个 gè 양 개, 명

这 zhè 대 이, 이것

人 rén 명 사람

大夫 dàifu 명 의사

留学生 liúxuéshēng 명 유학생

朋友 péngyou 명 친구

| 고유명사 |

美国 Měiguó 미국

| 읽고, 듣고, 쓰고, 반복해서 외우세요 |

회화로 배우기

1 내 이름은 왕란이에요 🔊 04-03

玛丽 我叫玛丽，你姓什么？
Mǎlì Wǒ jiào Mǎlì, nǐ xìng shénme?

王兰 我姓王，我叫王兰。
Wáng Lán Wǒ xìng Wáng, wǒ jiào Wáng Lán.

玛丽 认识你，我很高兴。
Mǎlì Rènshi nǐ, wǒ hěn gāoxìng.

王兰 认识你，我也很高兴。
Wáng Lán Rènshi nǐ, wǒ yě hěn gāoxìng.

2 당신의 성씨는 무엇인가요? 🔊 04-04

大卫 老师，您贵姓？①
Dàwèi Lǎoshī, nín guìxìng?

张老师 我姓张。你叫什么名字？②
Zhāng lǎoshī Wǒ xìng Zhāng. Nǐ jiào shénme míngzi?

大卫 我叫大卫。她姓什么？③
Dàwèi Wǒ jiào Dàwèi. Tā xìng shénme?

张老师 她姓王。
Zhāng lǎoshī Tā xìng Wáng.

大卫　　她是老师吗?
Dàwèi　Tā shì lǎoshī ma?

张老师　　她不是老师，她是学生。
Zhāng lǎoshī　Tā bú shì lǎoshī, tā shì xuésheng.

🔴 표현 따라잡기

① **您贵姓?** 당신의 성씨는 무엇입니까?
'贵姓'은 공손하고 예의 바르게 상대방의 성씨를 묻는 표현이다. 대답할 때는 '我姓……'라고 해야지, 스스로를 높여 '我贵姓……'라고 하면 안 된다.

② **你叫什么名字?** 당신의 이름은 무엇입니까?
'你叫什么?'라고도 하며 윗사람이 아랫사람에게, 또는 젊은이들 사이에 성명을 물을 때 쓴다. 윗사람에게 존중과 예의를 나타내야 할 상황에서는 쓰지 않는다.

③ **她姓什么?** 그녀의 성씨는 무엇입니까?
제삼자의 성씨를 물을 때 쓴다. 이때 '她贵姓?'이라고 할 수 없다.

표현으로 확장하기

◉ 응용 표현 04-05

① 我认识你。

他 tā 玛丽 Mǎlì
那个学生 nàge xuésheng 他们老师 tāmen lǎoshī
这个人 zhège rén

② A 她(他)是老师吗?
B 她(他)不是老师,她是学生。

大夫 dàifu │ 留学生 liúxuéshēng
你妹妹 nǐ mèimei │ 我朋友 wǒ péngyou
你朋友 nǐ péngyou │ 我哥哥 wǒ gēge

◉ 확장 회화 04-06

A 我不认识那个人,她叫什么?
Wǒ bú rènshi nàge rén, tā jiào shénme?

B 她叫玛丽。
Tā jiào Mǎlì.

A 她是美国人吗?
Tā shì Měiguórén ma?

B 是,她是美国人。
Shì, tā shì Měiguórén.

어법으로 내공쌓기

◎ '吗'를 이용한 의문문

평서문의 끝에 의문을 나타내는 어기조사 '吗 ma'를 붙이면 의문문이 된다.

你好吗? 안녕하십니까?
Nǐ hǎo ma?

你身体好吗? 건강은 어떻습니까?
Nǐ shēntǐ hǎo ma?

你工作忙吗? 일이 바쁘십니까?
Nǐ gōngzuò máng ma?

她是老师吗? 그녀는 선생님입니까?
Tā shì lǎoshī ma?

◎ 의문대명사를 이용한 의문문

'谁(shéi, 누구)' '什么(shénme, 무엇)' '哪儿(nǎr, 어디)' 등의 의문대명사를 사용한 의문문의 경우, 어순은 평서문과 같다. 평서문에서 질문이 필요한 부분을 의문대명사로 바꿔주면 의문문이 된다.

他姓什么? 그의 성씨는 무엇입니까?
Tā xìng shénme?

你叫什么名字? 당신의 이름은 무엇입니까?
Nǐ jiào shénme míngzi?

谁是大卫? 누가 데이비드입니까?
Shéi shì Dàwèi?

玛丽在哪儿? 메리는 어디에 있습니까?
Mǎlì zài nǎr?

◎ 형용사술어문

술어의 주요 성분이 형용사인 문장을 형용사술어문이라고 한다.

他很忙。 그는 매우 바쁩니다.
Tā hěn máng.

他不太高兴。 그는 그다지 기쁘지 않습니다.
Tā bú tài gāoxìng.

문제로 실력다지기

1 상황에 맞게 대화를 완성하세요.

1) A 大夫，_____？
   B 我姓张。
   A 那个大夫_____？
   B 他姓李。

2) A 她_____？
   B 是，她是我妹妹。
   A 她_____？
   B 她叫京京。

3) A _____？
   B 是，我是留学生。
   A 你忙吗？
   B _____。你呢？
   A _____。

4) A 今天你高兴吗？
   B _____。你呢？
   A _____。

2 다음 상황에 근거해 대화를 나누세요.

1) 중국 친구를 처음 만나 서로 인사를 나눈다. 이름을 묻고 반가움을 표현한다.
   (你和一个中国朋友初次见面，互相问候，问姓名，表现出高兴的心情。)

2) 당신은 남동생의 친구를 모른다. 동생에게 그의 이름과 직업, 건강 등에 관해 물어본다.
   (你不认识弟弟的朋友，你向弟弟问他的姓名、工作和身体情况。)

3 듣고 따라 말해 보세요. 🔊 04-07

我认识王英，她是学生，认识她我很高兴。
她爸爸是大夫，妈妈是老师。他们身体都很好，
工作也很忙。她妹妹也是学生，她不太忙。

4 발음을 연습하세요.

1) 발음 분별하기 🔊 04-08

piāoyáng	（飘扬）	←——→	biǎoyáng	（表扬）
dǒng le	（懂了）	←——→	tōng le	（通了）
xiāoxi	（消息）	←——→	jiāojí	（焦急）
gǔ zhǎng	（鼓掌）	←——→	kù cháng	（裤长）
shǎo chī	（少吃）	←——→	xiǎochī	（小吃）

2) 성조 분별하기 🔊 04-09

běifāng	（北方）	←——→	běi fáng	（北房）
fènliàng	（分量）	←——→	fēn liáng	（分粮）
mǎi huār	（买花儿）	←——→	mài huār	（卖花儿）
dǎ rén	（打人）	←——→	dàrén	（大人）
lǎo dòng	（老动）	←——→	láodòng	（劳动）
róngyì	（容易）	←——→	róngyī	（绒衣）

3) 성조 연습 : 제1성+제1성 🔊 04-10

fēijī	（飞机）		cānjiā	（参加）
fāshēng	（发生）		jiāotōng	（交通）
qiūtiān	（秋天）		chūntiān	（春天）
xīngqī	（星期）		yīnggāi	（应该）
chōuyān	（抽烟）		guānxīn	（关心）

| 소개하기 |

05 我介绍一下儿

제가 소개해 드리겠습니다

🔊 05-01

019 他是谁? 그는 누구입니까?
Tā shì shéi?

020 我介绍一下儿。 제가 소개해 드리겠습니다.
Wǒ jièshào yíxiàr.

021 你去哪儿? 어디 가세요?
Nǐ qù nǎr?

022 张老师在家吗? 장 선생님은 집에 계십니까?
Zhāng lǎoshī zài jiā ma?

023 我是张老师的学生。 나는 장 선생님의 학생입니다.
Wǒ shì Zhāng lǎoshī de xuésheng.

024 请进! 들어오세요!
Qǐng jìn!

단어 익히기

05-02

| 본문 단어 |

谁 shéi 대 누구

介绍 jièshào 동 소개하다

一下儿 yíxiàr 수량 한 번

去 qù 동 가다

哪儿 nǎr 대 어디

在 zài 동 개 ~에 있다, ~에서

家 jiā 명 집

的 de 조 ~의

请 qǐng 동 청하다, 부탁하다

进 jìn 동 들어가다, 들어오다

大学 dàxué 명 대학

商店 shāngdiàn 명 상점

| 표현 확장 단어 |

看 kàn 동 보다

听 tīng 동 듣다

休息 xiūxi 동 쉬다

宿舍 sùshè 명 기숙사

教室 jiàoshì 명 교실

酒吧 jiǔbā 명 술집, 바(bar)

超市 chāoshì 명 슈퍼마켓

回 huí 동 되돌아가다, 되돌아오다

| 고유명사 |

王林 Wáng Lín 왕린 [인명]

北京大学 Běijīng Dàxué 베이징대학

山下和子 Shānxià Hézǐ 야마시타 가즈코 [인명]

小英 Xiǎoyīng 샤오잉 [인명]

회화로 배우기

1 저 사람은 누구예요? 05-03

玛丽 / Mǎlì
王兰，他是谁？
Wáng Lán, tā shì shéi?

王兰 / Wáng Lán
玛丽，我介绍一下儿①，这是我哥哥。
Mǎlì, wǒ jièshào yíxiàr, zhè shì wǒ gēge.

王林 / Wáng Lín
我叫王林。认识你很高兴。
Wǒ jiào Wáng Lín. Rènshi nǐ hěn gāoxìng.

玛丽 / Mǎlì
认识你，我也很高兴。
Rènshi nǐ, wǒ yě hěn gāoxìng.

王兰 / Wáng Lán
你去哪儿？
Nǐ qù nǎr?

玛丽 / Mǎlì
我去北京大学。你们去哪儿？
Wǒ qù Běijīng Dàxué. Nǐmen qù nǎr?

王林 / Wáng Lín
我们去商店。
Wǒmen qù shāngdiàn.

玛丽 / Mǎlì
再见！
Zàijiàn!

王兰、王林 / Wáng Lán, Wáng Lín
再见！
Zàijiàn!

05 제가 소개해 드리겠습니다

장 선생님 집에 계세요? 🔊 05-04

和子 张老师在家吗?
Hézǐ Zhāng lǎoshī zài jiā ma?

小英 在。您是——②
Xiǎoyīng Zài. Nín shì—

和子 我是张老师的学生，我姓山下，叫和子。
Hézǐ Wǒ shì Zhāng lǎoshī de xuésheng, wǒ xìng Shānxià, jiào Hézǐ.

你是——
Nǐ shì—

小英 我叫小英。张老师是我爸爸。请进!
Xiǎoyīng Wǒ jiào Xiǎoyīng. Zhāng lǎoshī shì wǒ bàba. Qǐng jìn!

和子 谢谢!
Hézǐ Xièxie!

🖊 표현 따라잡기

① **我介绍一下儿。** 제가 소개해 드리겠습니다.
　다른 사람에게 소개할 때 자주 쓰는 표현이다. '一下儿'은 동작의 결과 시간이 짧거나 동작이 격식 없이 가볍게 이루어짐을 나타낸다. 여기에서는 두 번째 의미로 쓰였다.

② **您是—** 당신은……
　'您是谁?'라는 뜻으로, 질문을 받은 사람은 이에 호응하여 자신의 성명이나 신분을 말한다. 상대방과 대화를 하고 있지만 본인이 상대방을 모르는 경우에 하는 질문이다. '你是谁?'는 정중한 표현이 아니므로 모르는 사람을 만났을 때는 '你是谁?'가 아니라 '您是—'라고 질문해야 한다는 점에 주의하자.

표현으로 확장하기

응용 표현 05-05

① <u>我介绍</u>一下儿。

你来 Nǐ lái   我看 Wǒ kàn
你听 Nǐ tīng   我休息 Wǒ xiūxi

② A 你去哪儿?
　 B 我<u>去北京大学</u>。

商店 shāngdiàn   宿舍 sùshè   教室 jiàoshì
酒吧 jiǔbā   超市 chāoshì

③ <u>张老师</u>在家吗?

你爸爸 Nǐ bàba   你妈妈 Nǐ māma
你妹妹 Nǐ mèimei

확장 회화 05-06

① A 你去商店吗?
　　　Nǐ qù shāngdiàn ma?
　 B 我不去商店，我回家。
　　　Wǒ bú qù shāngdiàn, wǒ huí jiā.

② A 大卫在宿舍吗?
　　　Dàwèi zài sùshè ma?
　 B 不在，他在302教室。
　　　Bú zài, tā zài sān líng èr jiàoshì.

어법으로 내공쌓기

◎ 동사술어문

술어의 주요 성분이 동사인 문장을 동사술어문이라고 한다. 동사가 목적어를 동반하는 경우, 목적어는 일반적으로 동사의 뒤에 놓인다.

他来。 그가 온다.
Tā lái.

张老师在家。 장 선생님은 집에 계신다.
Zhāng lǎoshī zài jiā.

我去北京大学。 나는 베이징대학에 간다.
Wǒ qù Běijīng Dàxué.

◎ 종속 관계를 나타내는 관형어

1) 대명사, 명사가 관형어로 쓰여 종속 관계를 나타낼 때에는 뒤에 구조조사 '的 de'가 온다.

他的书 그의 책
tā de shū

张老师的学生 장 선생님의 학생
Zhāng lǎoshī de xuésheng

王兰的哥哥 왕란의 오빠
Wáng Lán de gēge

2) 인칭대명사가 관형어로 쓰이고 중심어가 가족관계 호칭이거나 단체, 기관 등을 나타내는 명사일 경우에는 관형어 뒤에 '的 de'를 쓰지 않아도 된다.

我哥哥 나의 오빠
wǒ gēge

他姐姐 그의 누나
tā jiějie

我们学校 우리 학교
wǒmen xuéxiào

◎ '是'자문(1)

동사 '是 shì'가 다른 단어나 구와 결합하여 술어를 이루는 문장을 '是'자문이라고 한다. 주로 '~은 ~이다'라는 뜻을 나타낸다. '是'자문의 부정형은 '是' 앞에 부정부사 '不 bù'를 붙인다.

他是大夫。 그는 의사이다.
Tā shì dàifu.

大卫是她哥哥。 데이비드는 그녀의 오빠이다.
Dàwèi shì tā gēge.

我不是学生，是老师。 나는 학생이 아니고 교사이다.
Wǒ bú shì xuésheng, shì lǎoshī.

문제로 실력다지기

1 다음 제시된 어구를 읽고 문장을 만들어 보세요. 05-07

　　叫什么　　　　认识谁　　　　在哪儿
　　去商店　　　　妈妈的朋友　　　王兰的哥哥

2 괄호 안에 주어진 단어를 사용해 대화를 완성하세요.

1) A 王兰在哪儿?
　 B ＿＿＿＿＿＿＿＿＿＿＿＿。（教室）
　 A ＿＿＿＿＿＿＿＿＿＿＿＿?（去教室）
　 B 不。我＿＿＿＿＿＿＿＿＿＿＿＿。（回宿舍）

2) A 你认识王林的妹妹吗?
　 B ＿＿＿＿＿＿＿＿＿＿＿＿。你呢?
　 A 我认识。
　 B ＿＿＿＿＿＿＿＿＿＿＿＿?（名字）
　 A 她叫王兰。

3) A ＿＿＿＿＿＿＿＿＿＿＿＿?（商店）
　 B 去。
　 A 这个商店好吗?
　 B ＿＿＿＿＿＿＿＿＿＿＿＿。（好）

3 밑줄 친 부분을 의문대명사로 고쳐 의문문을 만들어 보세요.

1) 他是<u>我</u>的老师。　→ ＿＿＿＿＿＿＿＿＿＿＿＿
2) 她姓<u>王</u>。　　　　→ ＿＿＿＿＿＿＿＿＿＿＿＿
3) 她叫<u>京京</u>。　　　→ ＿＿＿＿＿＿＿＿＿＿＿＿
4) <u>她</u>认识王林。　　→ ＿＿＿＿＿＿＿＿＿＿＿＿

5) 王老师去教室。 → _____

6) 玛丽在宿舍。 → _____

4 듣고 따라 말해 보세요. 🔊 05-08

我介绍一下儿，我叫玛丽，我是美国留学生。那是大卫，他是我的朋友，他也是留学生，他是法国人。刘京、王兰是我们的朋友，认识他们我们很高兴。

法国 Fǎguó 고유 프랑스

5 발음을 연습하세요.

1) 발음 분별하기 🔊 05-09

zhīdào	（知道）	⟷	chídào	（迟到）
běnzi	（本子）	⟷	pénzi	（盆子）
zìjǐ	（自己）	⟷	cíqì	（瓷器）
niǎolóng	（鸟笼）	⟷	lǎonóng	（老农）
chī lí	（吃梨）	⟷	qí lǘ	（骑驴）
jiāotì	（交替）	⟷	jiāo dì	（浇地）

2) 성조 분별하기 🔊 05-10

núlì	（奴隶）	⟷	nǔlì	（努力）
chīlì	（吃力）	⟷	chī lí	（吃梨）
jiù rén	（救人）	⟷	jiǔ rén	（九人）
měijīn	（美金）	⟷	méijìn	（没劲）
zhuāng chē	（装车）	⟷	zhuàngchē	（撞车）
wán le	（完了）	⟷	wǎn le	（晚了）

3) 성조 연습 : 제1성+제2성   05-11

bā lóu　　（八楼）　　　　　gōngrén　（工人）
jīnnián　　（今年）　　　　　tī qiú　　（踢球）
huānyíng　（欢迎）　　　　　shēngcí　（生词）
dāngrán　　（当然）　　　　　fēicháng　（非常）
gōngyuán　（公园）　　　　　jiātíng　　（家庭）

복습 1　　01·02·03·04·05

▶ 상황회화

1 만나서 반갑습니다　 fuxi 01-01

林 Lín
你好!
Nǐ hǎo!

A
林大夫，您好!
Lín dàifu, nín hǎo!

林 Lín
你爸爸、妈妈身体好吗?
Nǐ bàba、māma shēntǐ hǎo ma?

A
他们身体都很好。谢谢!
Tāmen shēntǐ dōu hěn hǎo. Xièxie!

林 Lín
这是—
Zhè shì—

A
这是我朋友，叫马小民。
Zhè shì wǒ péngyou, jiào Mǎ Xiǎomín.

[마샤오민에게] 林大夫是我爸爸的朋友。
Lín dàifu shì wǒ bàba de péngyou.

马 Mǎ
林大夫，您好! 认识您很高兴。
Lín dàifu, nín hǎo!　Rènshi nín hěn gāoxìng.

| 林
Lín | 认识你，我也很高兴。你们去哪儿？
Rènshi nǐ, wǒ yě hěn gāoxìng. Nǐmen qù nǎr? |

| 马
Mǎ | 我回家。
Wǒ huí jiā. |

| A | 我去他家。您呢？
Wǒ qù tā jiā. Nín ne? |

| 林
Lín | 我去商店。再见！
Wǒ qù shāngdiàn. Zàijiàn! |

| A、马
A、Mǎ | 再见！
Zàijiàn! |

2 내 이름은 마샤오칭입니다 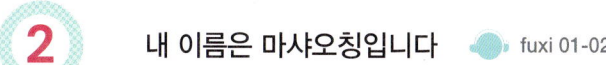 fuxi 01-02

| 高
Gāo | 马小民在家吗？
Mǎ Xiǎomín zài jiā ma? |

| B | 在。您贵姓？
Zài. Nín guìxìng? |

| 高
Gāo | 我姓高，我是马小民的老师。
Wǒ xìng Gāo, wǒ shì Mǎ Xiǎomín de lǎoshī. |

| B | 高老师，请进。
Gāo lǎoshī, qǐng jìn. |

高	您是—
Gāo	Nín shì—

B	我是马小民的姐姐，我叫马小清。
	Wǒ shì Mǎ Xiǎomín de jiějie, wǒ jiào Mǎ Xiǎoqīng.

🔊 fuxi 01-03

林 Lín 고유 린 [성]   马小民 Mǎ Xiǎomín 고유 마샤오민 [인명]
马 Mǎ 고유 마 [성]   高 Gāo 고유 까오 [성]
马小清 Mǎ Xiǎoqīng 고유 마샤오칭 [인명]

▶ 핵심어법

★ '也'와 '都'의 위치

1 부사 '也 yě'와 '都 dōu'는 반드시 주어의 뒤, 술어동사나 형용사의 앞에 온다. '也'와 '都'가 동시에 술어를 수식하는 경우에는 반드시 '也'가 '都'의 앞에 놓인다.

我也很好。 나도 잘 지냅니다.
Wǒ yě hěn hǎo.

他们都很好。 그들은 모두 잘 지냅니다.
Tāmen dōu hěn hǎo.

我们都是学生，他们也都是学生。 우리는 모두 학생이고, 그들도 모두 학생입니다.
Wǒmen dōu shì xuésheng, tāmen yě dōu shì xuésheng.

2 '都 dōu'는 일반적으로 앞에 나온 사람이나 사물을 총괄하므로 '我们都认识他。'라는 표현만 가능하며 '我都认识他们。'이라고는 말할 수 없다.

▶ 실전연습

1 발음과 성조를 분별하세요.

① 유기음(送气音)과 무기음(不送气音) 🔊 fuxi 01-04

b	bǎo le (饱了)	——	p	pǎo le (跑了)
d	dà de (大的)	——	t	tā de (他的)
g	gāi zǒu le (该走了)	——	k	kāi zǒu le (开走了)
j	dì-jiǔ (第九)	——	q	dìqiú (地球)

② 혼동하기 쉬운 성모와 운모 구별하기 🔊 fuxi 01-05

j	jiějie (姐姐)	——	x	xièxie (谢谢)
s	sìshísì (四十四)	——	sh	shì yi shì (试一试)
üe	dàxué (大学)	——	ie	dà xié (大鞋)
uan	yì zhī chuán (一只船)	——	uang	yì zhāng chuáng (一张床)

③ 성조가 다르면 뜻이 달라지는 단어 구별하기 🔊 fuxi 01-06

yǒu　(有)　—　yòu　(又)
jǐ　(几)　—　jì　(寄)
piāo　(漂)　—　piào　(票)
shí　(十)　—　shì　(是)
sī　(丝)　—　sì　(四)
xǐ　(洗)　—　xī　(西)

2 제3성 음절을 이어서 읽어 보세요. 🔊 fuxi 01-07

① Wǒ hǎo.
　Wǒ hěn hǎo.
　Wǒ yě hěn hǎo.

② Nǐ yǒu.
　Nǐ yǒu biǎo.
　Nǐ yě yǒu biǎo.

단문독해 fuxi 01-08

他叫大卫。他是法国人。他在北京语言大学学习。
Tā jiào Dàwèi. Tā shì Fǎguórén. Tā zài Běijīng Yǔyán Dàxué xuéxí.

玛丽是美国人。她认识大卫。他们是同学。
Mǎlì shì Měiguórén. Tā rènshi Dàwèi. Tāmen shì tóngxué.

刘京和王兰都是中国人。他们都认识玛丽和大卫。他们常去留学生宿舍看玛丽和大卫。
Liú Jīng hé Wáng Lán dōu shì Zhōngguórén. Tāmen dōu rènshi Mǎlì hé Dàwèi. Tāmen cháng qù liúxuéshēng sùshè kàn Mǎlì hé Dàwèi.

玛丽和大卫的老师姓张。张老师很忙。他身体不太好。
Mǎlì hé Dàwèi de lǎoshī xìng Zhāng. Zhāng lǎoshī hěn máng. Tā shēntǐ bú tài hǎo.

张老师的爱人是大夫，她身体很好，工作很忙。
Zhāng lǎoshī de àiren shì dàifu, tā shēntǐ hěn hǎo, gōngzuò hěn máng.

法国 Fǎguó 고유 프랑스
同学 tóngxué 명 학우, 학교 친구
中国人 Zhōngguórén 명 중국인
北京语言大学 Běijīng Yǔyán Dàxué 고유 베이징어언대학
和 hé 접 ~와/과
爱人 àiren 명 남편, 아내

| 날짜 묻기 |

06 你的生日是几月几号?

당신의 생일은 몇 월 며칠입니까?

06-01

025 今天几号? 오늘은 며칠입니까?
Jīntiān jǐ hào?

026 今天八号。 오늘은 8일입니다.
Jīntiān bā hào.

027 今天不是星期四，昨天星期四。
Jīntiān bú shì xīngqīsì, zuótiān xīngqīsì.
오늘은 목요일이 아닙니다. 어제가 목요일이었습니다.

028 晚上你做什么? 저녁에 당신은 무엇을 합니까?
Wǎnshang nǐ zuò shénme?

029 你的生日是几月几号? 당신의 생일은 몇 월 며칠입니까?
Nǐ de shēngrì shì jǐ yuè jǐ hào?

030 我们上午去她家，好吗? 우리 오전에 그녀의 집에 가는 게 어때요?
Wǒmen shàngwǔ qù tā jiā, hǎo ma?

단어 익히기

06-02

| 본문 단어 |

几 jǐ ㊄ 몇

星期 xīngqī ㊑ 주, 요일

昨天 zuótiān ㊑ 어제

晚上 wǎnshang ㊑ 저녁

做 zuò ㊐ 하다

生日 shēngrì ㊑ 생일

上午 shàngwǔ ㊑ 오전

电影 diànyǐng ㊑ 영화

星期天(星期日) xīngqītiān (xīngqīrì) ㊑ 일요일

音乐 yīnyuè ㊑ 음악

电视 diànshì ㊑ 텔레비전

写 xiě ㊐ 쓰다

信 xìn ㊑ 편지

下午 xiàwǔ ㊑ 오후

书店 shūdiàn ㊑ 서점, 책방

买 mǎi ㊐ 사다

东西 dōngxi ㊑ 물건

岁 suì ㊖ 살, 세 [나이를 세는 양사]

| 고유명사 |

张丽英 Zhāng Lìyīng 장리잉 [인명]

| 표현 확장 단어 |

书 shū ㊑ 책

| 읽고, 듣고, 쓰고, 반복해서 외우세요 |

회화로 배우기

1 오늘은 며칠인가요? 06-03

玛丽 今天几号?
Mǎlì　Jīntiān jǐ hào?

大卫 今天八号。
Dàwèi　Jīntiān bā hào.

玛丽 今天星期四吗?
Mǎlì　Jīntiān xīngqīsì ma?

大卫 今天不是星期四, 昨天星期四。
Dàwèi　Jīntiān bú shì xīngqīsì, zuótiān xīngqīsì.

玛丽 明天星期六。
Mǎlì　Míngtiān xīngqīliù.

晚上你做什么?
Wǎnshang nǐ zuò shénme?

大卫 我看电影。你呢?
Dàwèi　Wǒ kàn diànyǐng. Nǐ ne?

玛丽 我去酒吧。
Mǎlì　Wǒ qù jiǔbā.

무슨 요일인가요? 06-04

| 玛丽 Mǎlì | 你的生日是几月几号?
Nǐ de shēngrì shì jǐ yuè jǐ hào? |

王兰 Wáng Lán　三月十七号。你呢?
Sān yuè shíqī hào. Nǐ ne?

玛丽 Mǎlì　五月九号。
Wǔ yuè jiǔ hào.

王兰 Wáng Lán　四号是张丽英的生日。
Sì hào shì Zhāng Lìyīng de shēngrì.

玛丽 Mǎlì　四号星期几?
Sì hào xīngqī jǐ?

王兰 Wáng Lán　星期天。
Xīngqītiān.

玛丽 Mǎlì　你去她家吗?
Nǐ qù tā jiā ma?

王兰 Wáng Lán　去。你呢?
Qù. Nǐ ne?

玛丽 Mǎlì　我也去。
Wǒ yě qù.

王兰 Wáng Lán　我们上午去,好吗?
Wǒmen shàngwǔ qù, hǎo ma?

玛丽 Mǎlì　好。
Hǎo.

표현으로 확장하기

응용 표현 06-05

① 今天几号?

昨天 zuótiān   明天 míngtiān
这个星期六 zhège xīngqīliù   这个星期日 zhège xīngqīrì

② A 晚上你做什么?
B 我看电影。

看书 kàn shū   听音乐 tīng yīnyuè
看电视 kàn diànshì   写信 xiě xìn

③ 我们上午去她家, 好吗?

晚上去酒吧 wǎnshang qù jiǔbā   下午去书店 xiàwǔ qù shūdiàn
星期天听音乐 xīngqītiān tīng yīnyuè   明天去买东西 míngtiān qù mǎi dōngxi

확장 회화 06-06

① A 明天是几月几号, 星期几?
Míngtiān shì jǐ yuè jǐ hào, xīngqī jǐ?

B 明天是十一月二十八号, 星期日。
Míngtiān shì shíyī yuè èrshíbā hào, xīngqīrì.

② 这个星期五是我朋友的生日。他今年二十岁。下午我去他家看他。
Zhège xīngqīwǔ shì wǒ péngyou de shēngrì. Tā jīnnián èrshí suì. Xiàwǔ wǒ qù tā jiā kàn tā.

어법으로 내공쌓기

◎ 명사술어문

1) 명사나 명사구, 수량사 등이 직접 술어를 이루는 문장을 명사술어문이라고 한다. 긍정문에는 '是 shì'를 쓰지 않는다.(만약 '是'를 쓰면 동사술어문이 된다.) 이런 문장은 주로 시간이나 나이, 본적 및 수량 등을 표현하고자 할 때 쓴다.

今天星期天。 오늘은 일요일이다.
Jīntiān xīngqītiān.

我今年二十岁。 나는 올해 스무 살이다.
Wǒ jīnnián èrshí suì.

他北京人。 그는 베이징 사람이다.
Tā Běijīngrén.

2) 부정을 나타낼 때는 명사술어 앞에 '不是 bú shì'를 붙여 동사술어문으로 만든다.

今天不是星期天。 오늘은 일요일이 아니다.
Jīntiān bú shì xīngqītiān.

他不是北京人。 그는 베이징 사람이 아니다.
Tā bú shì Běijīngrén.

◎ 년, 월, 일, 요일을 표시하는 법

1) 연도 : 각각의 숫자를 읽는다.

一九九八年 yī jiǔ jiǔ bā nián 1998년

二零零六年 èr líng líng liù nián 2006년

二零一五年 èr líng yī wǔ nián 2015년

二零二零年 èr líng èr líng nián 2020년

2) 월 : '一 yī'에서 '十二 shí'èr'까지의 수사 뒤에 '月 yuè'를 붙여 준다.

一月 yī yuè 1월   五月 wǔ yuè 5월

九月 jiǔ yuè 9월   十二月 shí'èr yuè 12월

3) 일 : '一 yī'에서 '三十一 sānshíyī'까지의 수사 뒤에 '日 rì'나 '号 hào'를 붙여 준다. ('日'는 서면어에, '号'는 구어에 많이 쓰인다.)

4) 요일 : '星期 xīngqī' 뒤에 수사 '一 yī'에서 '六 liù'까지 붙여준다. 일요일은 '星期日 xīngqīrì' 혹은 '星期天 xīngqītiān'이라고 한다.

5) 년, 월, 일, 요일을 쓰는 순서는 다음과 같다.

2017年 9月 15日(星期五)
èr líng yī qī nián jiǔ yuè shíwǔ rì(xīngqīwǔ)

○ '……, 好吗?'

1) '~하는 게 어때요?'라는 뜻으로, 어떤 건의를 한 후 상대방의 의견을 물을 때 쓰는 의문문이다. 의문문의 앞부분은 평서문으로 이루어진다.

你来我宿舍，好吗? 네가 내 기숙사로 오는 게 어때?
Nǐ lái wǒ sùshè, hǎo ma?

明天去商店，好吗? 내일 상점에 가는 게 어때?
Míngtiān qù shāngdiàn, hǎo ma?

2) 만약 동의한다면 '好 hǎo'나 '好啊 hǎo a' 등으로 대답한다.

문제로 실력다지기

1 다음 제시된 어구를 읽고 몇 개를 골라 문장을 만들어 보세요. 06-07

做什么	看书	他的生日	星期天下午	看电视
买什么	看电影	我的宿舍	明天上午	听音乐
			今天晚上	写信

2 상황에 맞게 대화를 완성하세요.

1) A 明天星期几?
   B _____。
   A _____?
   B 我看电视。

2) A 这个星期六是几月几号?
   B _____。
   A 你去商店吗?
   B _____, 我工作很忙。

3) A 这个星期天晚上你做什么?
   B _____。你呢?
   A _____。

3 다음 상황에 근거해 대화를 나누세요.

1) 친구들이 서로 자신의 생일을 소개한다.
   (同学们互相介绍自己的生日。)

2) 아래의 몇 가지 일을 하는 시간을 소개한다.
   (介绍一下儿你做下面几件事情的时间。)

| 看书 | 看电视 | 听音乐 | 写信 | 看电影 |

4 듣고 따라 말해 보세요. 06-08

今天星期天，我不学习。上午我去商店，下午我去看朋友。晚上我写信。

学习 xuéxí 동 공부하다

5 발음을 연습하세요.

1) 발음 분별하기 06-09

zhuànglì	（壮丽）	←→	chuànglì	（创立）
zǎoyuán	（枣园）	←→	cǎoyuán	（草原）
rénmín	（人民）	←→	shēngmíng	（声明）
pǎobù	（跑步）	←→	bǎohù	（保护）
niúnǎi	（牛奶）	←→	yóulǎn	（游览）
qǐ zǎo	（起早）	←→	xǐzǎo	（洗澡）

2) 성조 분별하기 06-10

túdì	（徒弟）	←→	tǔdì	（土地）
xuèyè	（血液）	←→	xuéyè	（学业）
cāi yi cāi	（猜一猜）	←→	cǎi yi cǎi	（踩一踩）
zǔzhī	（组织）	←→	zǔzhǐ	（阻止）
jiǎnzhí	（简直）	←→	jiānzhí	（兼职）
jiǎngqíng	（讲情）	←→	jiǎng qīng	（讲清）

3) 성조 연습 : 제1성+제3성 06-11

qiānbǐ	（铅笔）	jīchǎng	（机场）
xīnkǔ	（辛苦）	jīnglǐ	（经理）
shēntǐ	（身体）	cāochǎng	（操场）
hēibǎn	（黑板）	kāishǐ	（开始）
fāngfǎ	（方法）	gēwǔ	（歌舞）

즐거운 문화이야기

중국의 행정구획

1. **성**: 22개
2. **자치구**: 5개(네이멍구 자치구, 닝샤후이족 자치구, 광시 좡족 자치구, 신장웨이우얼 자치구, 시짱 자치구)
3. **직할시**: 4개(베이징, 톈진, 상하이, 충칭)
4. **특별행정구**: 2개(홍콩, 마카오)

중국의 행정구획은 성省을 기본 단위로 하여 자치구自治区, 직할시直辖市, 특별행정구特别行政区로 나뉜다. 22개의 성, 5개의 소수민족 자치구, 4개의 직할시와 2개의 특별행정구로 이루어져 있다.

자치구는 네이멍구内蒙古 자치구, 닝샤후이족宁夏回族 자치구, 광시 좡족广西壮族 자치구, 신장웨이우얼新疆维吾尔 자치구, 시짱西藏 자치구로 구성되어 있다.

직할시는 수도 베이징北京을 포함하여 톈진天津, 상하이上海, 충칭重庆이 있으며, 홍콩香港과 마카오澳门는 특별행정구로 분류된다.

중국 행정구획 안내도

| 가족 관계 묻기 |

07 你家有几口人?
당신의 가족은 몇 명입니까?

🔊 07-01

031 你家有几口人? 당신의 가족은 몇 명입니까?
Nǐ jiā yǒu jǐ kǒu rén?

032 你妈妈做什么工作? 당신의 어머니는 어떤 일을 하십니까?
Nǐ māma zuò shénme gōngzuò?

033 她在大学工作。 그녀는 대학에서 일합니다.
Tā zài dàxué gōngzuò.

034 我家有爸爸、妈妈和一个弟弟。
Wǒ jiā yǒu bàba、māma hé yí ge dìdi.
우리 집에는 아버지, 어머니, 그리고 남동생이 한 명 있습니다.

035 哥哥结婚了。 오빠(형)는 결혼했습니다.
Gēge jiéhūn le.

036 他们没有孩子。 그들은 자녀가 없습니다.
Tāmen méiyǒu háizi.

단어 익히기

07-02

| 본문 단어 |

有 yǒu 동 있다

口 kǒu 양 명 [식구 수를 세는 양사]

和 hé 접 ~와/과

结婚 jiéhūn 동 결혼하다

了 le 조 동작의 변화나 완료를 나타냄

没 méi 부 ~않다 [과거의 경험·행위·사실 등을 부정함]

孩子 háizi 명 아이

两 liǎng 수 둘, 2

学习 xuéxí 동 공부하다

英语 Yīngyǔ 명 영어

职员 zhíyuán 명 직원

银行 yínháng 명 은행

爱人 àiren 명 아내, 남편

护士 hùshi 명 간호사

| 표현 확장 단어 |

汉语 Hànyǔ 명 중국어

日语 Rìyǔ 명 일본어

韩语 Hányǔ 명 한국어

上课 shàngkè 동 수업을 듣다

上网 shàngwǎng 동 인터넷을 하다

网 wǎng 명 인터넷

电脑 diànnǎo 명 컴퓨터

手机 shǒujī 명 휴대전화

下课 xiàkè 동 수업을 마치다

| 고유명사 |

李成日 Lǐ Chéngrì 이성일 [인명]

北京语言大学 Běijīng Yǔyán Dàxué 베이징어언대학

회화로 배우기

1 가족이 몇 명이에요? 07-03

大卫 Dàwèi
刘京，你家有几口人？①
Liú Jīng, nǐ jiā yǒu jǐ kǒu rén?

刘京 Liú Jīng
四口人。你家呢？
Sì kǒu rén. Nǐ jiā ne?

大卫 Dàwèi
两口人②，妈妈和我。
Liǎng kǒu rén, māma hé wǒ.

刘京 Liú Jīng
你妈妈做什么工作？
Nǐ māma zuò shénme gōngzuò?

大卫 Dàwèi
她是老师。她在大学工作。
Tā shì lǎoshī. Tā zài dàxué gōngzuò.

2 아버지, 어머니, 그리고 남동생이 한 명 있어요 07-04

李成日 Lǐ Chéngrì
和子，你家有什么人？
Hézǐ, nǐ jiā yǒu shénme rén?

和子 Hézǐ
爸爸、妈妈和一个弟弟。
Bàba、māma hé yí ge dìdi.

李成日 Lǐ Chéngrì
你弟弟是学生吗？
Nǐ dìdi shì xuésheng ma?

和子 Hézǐ	是，他学习英语。 Shì, tā xuéxí Yīngyǔ.
李成日 Lǐ Chéngrì	你妈妈工作吗？ Nǐ māma gōngzuò ma?
和子 Hézǐ	她不工作。 Tā bù gōngzuò.

3　언니는 은행에서 일해요　07-05

王兰 Wáng Lán	你家有谁？③ Nǐ jiā yǒu shéi?
玛丽 Mǎlì	爸爸、妈妈和姐姐。 Bàba、māma hé jiějie.
王兰 Wáng Lán	你姐姐工作吗？ Nǐ jiějie gōngzuò ma?
玛丽 Mǎlì	工作。她是职员，在银行工作。你哥哥做什么工作？ Gōngzuò. Tā shì zhíyuán, zài yínháng gōngzuò. Nǐ gēge zuò shénme gōngzuò?
王兰 Wáng Lán	他是大夫。 Tā shì dàifu.
玛丽 Mǎlì	他结婚了吗？ Tā jiéhūn le ma?
王兰 Wáng Lán	结婚了。他爱人是护士。 Jiéhūn le. Tā àiren shì hùshi.

| 玛丽
Mǎlì | 他们有孩子吗?
Tāmen yǒu háizi ma? |

| 王兰
Wáng Lán | 没有。
Méiyǒu. |

표현 따라잡기

① **你家有几口人?** 당신의 가족은 몇 명입니까?
'几口人'이라는 표현은 가족의 인원수를 물을 때만 쓴다. 다른 상황에서 사람 수를 물을 때에는 양사 '个'나 '位'를 써야 한다.

② **两口人** 두 식구
'两'과 '二'은 모두 숫자 '2'를 나타낸다. 일반적으로 양사 앞에서는 '两'을 쓰고, '二'을 쓰지 않는다.
예) 两个朋友　　两个哥哥
그러나 12, 32 등과 같이 10 이상의 숫자 중의 '2'는 뒤에 양사의 유무와 관계없이 모두 '二'을 쓰고 '两'을 쓰지 않는다. 예) 十二点　　二十二个学生

③ **你家有谁?** 당신의 가족은 누구누구입니까?
이 문장은 '你家有什么人?'과 같은 의미이다. '谁'는 단수(1명)를 의미할 수도 있고, 복수(여러 명)를 의미할 수도 있다.

표현으로 확장하기

○ 응용 표현 07-06

① 他学习英语。

汉语 Hànyǔ   日语 Rìyǔ   韩语 Hányǔ

② 她在银行工作。

教室 jiàoshì ｜ 上课 shàngkè

宿舍 sùshè ｜ 上网 shàngwǎng

家 jiā ｜ 看电视 kàn diànshì

③ 他们有孩子吗?

你 nǐ ｜ 姐姐 jiějie

他 tā ｜ 妹妹 mèimei

你 nǐ ｜ 英语书 Yīngyǔ shū

他 tā ｜ 汉语书 Hànyǔ shū

你 nǐ ｜ 电脑 diànnǎo

他 tā ｜ 手机 shǒujī

○ 확장 회화 07-07

① 我在北京语言大学学习。
Wǒ zài Běijīng Yǔyán Dàxué xuéxí.

② 今天有汉语课，明天没有课。
Jīntiān yǒu Hànyǔ kè, míngtiān méiyǒu kè.

③ 下课了，我回宿舍休息。
Xiàkè le, wǒ huí sùshè xiūxi.

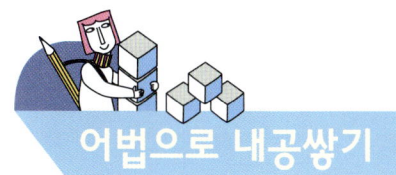

어법으로 내공쌓기

◉ '有'자문

술어가 '有 yǒu'와 그 목적어로 이루어진 문장을 '有'자문이라고 한다. 이 문형은 소유관계를 나타낸다. 부정형은 '有' 앞에 부사 '没 méi'를 써야 하며, '不 bù'는 쓸 수 없다.

我有汉语书。 나는 중국어책이 있다.
Wǒ yǒu Hànyǔ shū.

他没有哥哥。 그는 형이 없다.
Tā méiyǒu gēge.

他没有日语书。 그는 일본어책이 없다.
Tā méiyǒu Rìyǔ shū.

◉ 개사구조

개사와 그 목적어로 이루어진 개사구조는 자주 동사 앞에 쓰여 부사어 역할을 한다.

在银行工作 은행에서 일하다
zài yínháng gōngzuò

在教室上课 교실에서 수업을 듣다
zài jiàoshì shàngkè

문제로 실력다지기

301句로 끝내는 중국어회화

1 알맞은 동사를 골라 빈칸을 채우세요.

| 听 | 写 | 学习 | 看 | 有 | 叫 | 是 |

1) _____什么名字

2) _____几口人

3) _____学生

4) _____汉语

5) _____音乐

6) _____信

7) _____电视

2 '几'를 사용해 대화를 완성하세요.

1) A _____?
   B 明天星期四。
   A _____?
   B 明天是六月一号。

2) A _____?
   B 王老师家有四口人。
   A 他有孩子吗?
   B _____。
   A _____?
   B 他有一个孩子。

3 다음 상황에 근거해 대화를 나누세요.

1) 친구들이 서로 자신의 가족을 소개한다.
   (同学们互相介绍自己的家人。)

2) 자신이 어디에서 공부하는지, 무엇을 공부하는지 소개한다.
   (介绍一下儿自己在哪儿学习、学习什么。)

4 듣고 따라 말해 보세요. 07-08

　　小明五岁，他有一个哥哥，哥哥是学生。他爸爸、妈妈都工作。小明说，他家有五口人。那一个是谁？是他的猫。

说 shuō 동 말하다 ｜ 猫 māo 명 고양이

5 발음을 연습하세요.

1) 성조 연습 : 제1성+제4성　07-09

dōu qù	（都去）	gāoxìng	（高兴）
shāngdiàn	（商店）	shēngqì	（生气）
yīnyuè	（音乐）	shēngdiào	（声调）
chī fàn	（吃饭）	bāngzhù	（帮助）
gōngzuò	（工作）	xūyào	（需要）

2) 제3성의 성조 변화　07-10

	xīn	（新）		chī	（吃）
hěn (很)	bái	（白）	nǐ (你)	xué	（学）
	zǎo	（早）		zǒu	（走）
	jiù	（旧）		zuò	（坐）

즐거운 문화이야기

중국의 수도, 베이징

- ❶ 면적: 16,410km²
- ❷ 인구: 2,172.9만 명(2016년 기준)
- ❸ 방언: 北京话
- ❹ 대표 관광지: 톈안먼, 고궁, 이허위안, 만리장성, 명13릉 등

중국의 수도 베이징은 면적 약 16,410㎢, 인구 약 2,173만 명(2016년 기준)으로 중국에서 상하이 다음으로 인구가 많은 도시이자, 상주인구가 무려 2천만 명이 넘는 초거대도시이다. 서울의 약 27배 면적에 2배의 인구가 상주하는 셈이다.

베이징은 전국시대에는 연燕나라의 수도였으며, 후에 요辽, 금金, 원元, 명明. 청清나라를 거쳐 중화민국中华民国 초기의 수도로서 800년의 역사를 이어왔다. 1928년 국민당 정권이 들어서며 수도가 난징南京으로 옮겨지고 '베이핑北平'이라는 이름으로 바뀌기도 했으나, 이후 1949년 중화인민공화국中华人民共和国의 수립과 함께 다시 수도로 정해졌다.

베이징은 국가역사문화 도시이자 세계에서 세계문화유산을 가장 많이 보유한 도시이다. 3천여 년의 역사를 가진 고궁故宫, 톈탄天坛, 만리장성长城, 이허위안颐和园 등 수많은 명승고적을 관람할 수 있다.

톈안먼과 베이징 시 전경

| 시각 묻기 |

08 现在几点?
지금 몇 시입니까?

08-01

037 现在几点? 지금 몇 시입니까?
Xiànzài jǐ diǎn?

038 现在七点二十五分。 지금 7시 25분입니다.
Xiànzài qī diǎn èrshíwǔ fēn.

039 你几点上课? 당신은 몇 시에 수업이 있습니까?
Nǐ jǐ diǎn shàngkè?

040 差一刻八点去。 8시 15분 전에 갑니다.
Chà yí kè bā diǎn qù.

041 我去吃饭。 나는 밥을 먹으러 갑니다.
Wǒ qù chī fàn.

042 我们什么时候去? 우리는 언제 갑니까?
Wǒmen shénme shíhou qù?

043 太早了。 너무 이르군요.
Tài zǎo le.

044 我也六点半起床。 나도 6시 30분에 일어납니다.
Wǒ yě liù diǎn bàn qǐchuáng.

단어 익히기

08-02

| 본문 단어 |

现在 xiànzài 명 지금, 현재

点 diǎn 양 시

分 fēn 양 분

差 chà 동 모자라다

刻 kè 양 15분

吃 chī 동 먹다

饭 fàn 명 밥

时候 shíhou 명 시각, 때

半 bàn 수 반, 30분

起床 qǐchuáng 동 일어나다

早上 zǎoshang 명 아침

吧 ba 조 제안·청유·동의를 나타냄

| 표현 확장 단어 |

食堂 shítáng 명 식당

花(儿) huā(r) 명 꽃

打 dǎ 동 치다, (놀이·운동을) 하다

网球 wǎngqiú 명 테니스

水 shuǐ 명 물

睡觉 shuìjiào 동 (잠을) 자다

早饭 zǎofàn 명 아침밥

| 고유명사 |

长城 Chángchéng 만리장성

| 읽고, 듣고, 쓰고, 반복해서 외우세요 |

회화로 배우기

1 지금 7시 25분이에요   08-03

玛丽　现在几点?
Mǎlì　Xiànzài jǐ diǎn?

王兰　现在七点二十五分。
Wáng Lán　Xiànzài qī diǎn èrshíwǔ fēn.

玛丽　你几点上课?
Mǎlì　Nǐ jǐ diǎn shàngkè?

王兰　八点。
Wáng Lán　Bā diǎn.

玛丽　你什么时候去教室?
Mǎlì　Nǐ shénme shíhou qù jiàoshì?

王兰　差一刻八点去。
Wáng Lán　Chà yí kè bā diǎn qù.

玛丽　现在你去教室吗?
Mǎlì　Xiànzài nǐ qù jiàoshì ma?

王兰　不去，我去吃饭。
Wáng Lán　Bú qù, wǒ qù chī fàn.

몇 시에 일어나요? 08-04

刘京 明天去长城，好吗?
Liú Jīng　Míngtiān qù Chángchéng, hǎo ma?

大卫 好，什么时候去?
Dàwèi　Hǎo, shénme shíhou qù?

刘京 早上七点。
Liú Jīng　Zǎoshang qī diǎn.

大卫 太早了。七点半吧。你几点起床?
Dàwèi　Tài zǎo le.　Qī diǎn bàn ba.　Nǐ jǐ diǎn qǐchuáng?

刘京 六点半，你呢?
Liú Jīng　Liù diǎn bàn, nǐ ne?

大卫 我也六点半起床。
Dàwèi　Wǒ yě liù diǎn bàn qǐchuáng.

표현으로 확장하기

응용 표현 08-05

① A 现在几点？
B 现在7:25。

10:15 shí diǎn shíwǔ fēn(yí kè)
3:45 sān diǎn sìshíwǔ fēn(chà yí kè sì diǎn)
11:35 shíyī diǎn sānshíwǔ fēn
12:10 shí'èr diǎn shí fēn
2:30 liǎng diǎn sānshí fēn(liǎng diǎn bàn)
8:15 bā diǎn shíwǔ fēn(yí kè)
2:55 liǎng diǎn wǔshíwǔ fēn(chà wǔ fēn sān diǎn)
5:20 wǔ diǎn èrshí fēn

② A 你什么时候去教室？
B 差一刻八点去。

来教室 lái jiàoshì | 2:00来 liǎng diǎn lái
来我的宿舍 lái wǒ de sùshè | 4:00来 sì diǎn lái
去食堂 qù shítáng | 11:55去 shíyī diǎn wǔshíwǔ fēn qù
去上海 qù Shànghǎi | 7月28号去 qī yuè èrshíbā hào qù
去日本 qù Rìběn | 1月25号去 yī yuè èrshíwǔ hào qù

③ 我去吃饭。

买花 mǎi huā   听音乐 tīng yīnyuè
打网球 dǎ wǎngqiú   看电影 kàn diànyǐng
买水 mǎi shuǐ   睡觉 shuìjiào

◯ **확장 회화** 🔊 08-06

① 现在两点零五分，我去大卫宿舍看他。
Xiànzài liǎng diǎn líng wǔ fēn, wǒ qù Dàwèi sùshè kàn tā.

② 早上七点一刻吃早饭。
Zǎoshang qī diǎn yí kè chī zǎofàn.

어법으로 내공쌓기

◯ **시간 읽는 법**

2:00	两点 2시 liǎng diǎn	
6:05	六点零五分 6시 5분 liù diǎn líng wǔ fēn	
8:15	八点十五分 bā diǎn shíwǔ fēn	八点一刻 8시 15분 bā diǎn yí kè
10:30	十点三十分 10시 30분 shí diǎn sānshí fēn	十点半 10시 반 shí diǎn bàn
11:45	十一点四十五分 shíyī diǎn sìshíwǔ fēn	十一点三刻 11시 45분 shíyī diǎn sān kè
	差一刻十二点 12시 15분 전 chà yí kè shí'èr diǎn	
1:50	一点五十分 1시 50분 yì diǎn wǔshí fēn	差十分两点 2시 10분 전 chà shí fēn liǎng diǎn

🔵 시간사

1) 시간을 나타내는 명사나 수량사는 주어나 술어, 관형어로 쓰일 수 있다.

   现在八点。 지금 8시이다. [주어]
   Xiànzài bā diǎn.

   今天**五号**。 오늘은 5일이다. [술어]
   Jīntiān wǔ hào.

   他看**八点二十**的电影。 그는 8시 20분 영화를 본다. [관형어]
   Tā kàn bā diǎn èrshí de diànyǐng.

   晚上的电视很好。 저녁의 텔레비전 프로그램은 매우 좋다. [관형어]
   Wǎnshang de diànshì hěn hǎo.

2) 시간사가 부사어로 쓰이면 주어와 술어 사이에 놓일 수도 있고, 주어 앞에 놓일 수도 있다.

   我**晚上**看电视。 나는 저녁에 텔레비전을 본다.
   Wǒ wǎnshang kàn diànshì.

   晚上我看电视。 저녁에 나는 텔레비전을 본다.
   Wǎnshang wǒ kàn diànshì.

3) 부사어로 쓰인 시간사가 2개 이상일 때에는 더 긴 시간을 나타내는 단어가 앞에 놓인다.

   今天晚上八点二十分我看电影。 오늘 저녁 8시 20분에 나는 영화를 볼 것이다.
   Jīntiān wǎnshang bā diǎn èrshí fēn wǒ kàn diànyǐng.

4) 시간사와 장소사가 동시에 부사어를 이룰 때, 일반적으로 시간사가 장소사의 앞에 온다.

   她**现在在银行**工作。 그녀는 현재 은행에서 근무한다.
   Tā xiànzài zài yínháng gōngzuò.

문제로 실력다지기

1 다음 시간을 중국어로 말하고, 5개를 골라 문장을 만들어 보세요.

| 10:00 | 6:30 | 4:35 | 8:05 | 7:15 |
| 9:25 | 11:45 | 2:55 | 3:20 | 12:10 |

2 상황에 맞게 대화를 완성하세요.

1) A 你们几点上课?

   B _____。

   A 你几点去教室?

   B _____。现在几点?

   A _____。

2) A _____?

   B 十二点半吃午饭。

   A _____?

   B 我十二点十分去食堂。

3 실제 상황에 근거해 질문에 대답해 보세요.

1) 你几点起床? 你吃早饭吗? 几点吃早饭?

2) 你几点上课? 几点下课? 几点吃饭?

3) 你几点吃晚饭(wǎnfàn 저녁밥)? 几点睡觉?

4) 星期六你几点起床? 几点睡觉?

4 당신의 하루를 소개해 보세요.

5 듣고 따라 말해 보세요. 08-07

今天星期六，我们不上课。小王说，晚上有一个好电影，他和我一起去看，我很高兴。

下午六点我去食堂吃饭，六点半去小王的宿舍，七点我们去看电影。

说 shuō 동 말하다 | 一起 yìqǐ 부 함께, 같이

6 발음을 연습하세요.

1) 성조 연습 : 제1성+경성   08-08

yīfu	（衣服）	xiūxi	（休息）
dōngxi	（东西）	zhīshi	（知识）
chuānghu	（窗户）	tāmen	（他们）
dāozi	（刀子）	bōli	（玻璃）
māma	（妈妈）	zhuōzi	（桌子）

2) 자주 쓰이는 발음   08-09

	xīn de	（新的）		lǎoshī	（老师）
de	cháng de	（长的）	shi	shí ge	（十个）
	wǒ de	（我的）		jiàoshì	（教室）
	jiù de	（旧的）		zhīshi	（知识）

즐거운 문화이야기

중국의 공휴일

중국의 공휴일은 크게 궈칭제国庆节, 라오둥제劳动节 등 정치적 의미의 명절과 춘제春节, 칭밍제清明节, 돤우제端午节, 중치우제中秋节 등 전통 명절로 나뉜다. 이 중 춘제와 궈칭제는 2대 명절로 지정하여 7일 연휴를 보장하고 있다. 중국의 해당연도 공휴일은 전해에 중국 국무원에서 제정되어 공표되며, 이때 연휴 기간과 연휴로 인한 대체근무일을 알 수 있다.

공휴일	날짜	활동
위안단 (元旦 Yuándàn, 원단)	양력 1월 1일	연하장 보내기
춘제 (春节 Chūnjié, 춘절)	음력 1월 1일	새해 인사, 녠화(年画)·춘롄(春联) 붙이기 온 가족이 모여 식사하며 한 해의 복을 기원하기
칭밍제 (清明节 Qīngmíngjié, 청명절)	양력 4월 5일경	성묘하기, 지전(纸钱) 태우기 나무 심기, 연날리기
라오둥제 (劳动节 Láodòngjié, 노동절)	양력 5월 1일	노동절 행사
돤우제 (端午节 Duānwǔjié, 단오절)	음력 5월 5일	쫑쯔(粽子) 먹기, 용선(龙船) 경기 오색 팔찌 만들기, 향주머니 달기
중치우제 (中秋节 Zhōngqiūjié, 중추절)	음력 8월 15일	월병(月饼) 먹기, 온 가족이 모여 식사하기 달맞이(赏月), 등 축제
궈칭제 (国庆节 Guóqìngjié, 국경절)	양력 10월 1일	건국 기념일 경축 행사

| 거주지 묻기 |

09 你住在哪儿?
당신은 어디에 삽니까?

09-01

045 你住在哪儿? 당신은 어디에 삽니까?
Nǐ zhù zài nǎr?

046 我住在留学生宿舍。 나는 유학생 기숙사에 삽니다.
Wǒ zhù zài liúxuéshēng sùshè.

047 多少号房间? 몇 호실입니까?
Duōshao hào fángjiān?

048 你家在哪儿? 당신의 집은 어디에 있습니까?
Nǐ jiā zài nǎr?

049 欢迎你去玩儿。 놀러 오세요.
Huānyíng nǐ qù wánr.

050 她常去。 그녀는 자주 갑니다.
Tā cháng qù.

051 我们一起去吧。 우리 함께 갑시다.
Wǒmen yìqǐ qù ba.

052 那太好了! 그럼 정말 좋지요!
Nà tài hǎo le!

단어 익히기

09-02

| 본문 단어 |

住 zhù 동 살다, 거주하다

多少 duōshao 대 얼마, 몇

号 hào 양 숫자 뒤에서 차례·순서를 나타냄

房间 fángjiān 명 방

欢迎 huānyíng 동 환영하다

玩儿 wánr 동 놀다

常(常) cháng(cháng) 부 항상, 자주

一起 yìqǐ 부 함께, 같이

楼 lóu 명 건물

路 lù 명 길

知道 zhīdào 동 알다

问 wèn 동 묻다

旁边 pángbiān 명 옆

对 duì 형 개 동 맞다, ~에 대해, 대하다

| 표현 확장 단어 |

公园 gōngyuán 명 공원

邮局 yóujú 명 우체국

学校 xuéxiào 명 학교

邮票 yóupiào 명 우표

宾馆 bīnguǎn 명 호텔

层 céng 명 층

| 고유명사 |

学院路 Xuéyuàn Lù 쉬에위안루

清华大学 Qīnghuá Dàxué 칭화대학

上海 Shànghǎi 상하이

北京饭店 Běijīng Fàndiàn 베이징호텔

北京 Běijīng 베이징

회화로 배우기

1 어디에 살아요? 09-03

刘京 你住在哪儿?
Liú Jīng Nǐ zhù zài nǎr?

大卫 我住在留学生宿舍。
Dàwèi Wǒ zhù zài liúxuéshēng sùshè.

刘京 几号楼?①
Liú Jīng Jǐ hào lóu?

大卫 九号楼。
Dàwèi Jiǔ hào lóu.

刘京 多少号房间?①②
Liú Jīng Duōshao hào fángjiān?

大卫 308房间。② 你家在哪儿?
Dàwèi Sān líng bā fángjiān. Nǐ jiā zài nǎr?

刘京 我家在学院路25号,欢迎你去玩儿。
Liú Jīng Wǒ jiā zài Xuéyuàn Lù èrshíwǔ hào, huānyíng nǐ qù wánr.

大卫 谢谢!
Dàwèi Xièxie!

나는 몰라요 09-04

李成日 张丽英家在哪儿?
Lǐ Chéngrì Zhāng Lìyīng jiā zài nǎr?

玛丽 我不知道。王兰知道。她常去。
Mǎlì Wǒ bù zhīdào. Wáng Lán zhīdào. Tā cháng qù.

李成日 好，我去问她。
Lǐ Chéngrì Hǎo, wǒ qù wèn tā.

표현 따라잡기

① **几号楼?** 몇 동입니까? **多少号房间?** 몇 호실입니까?
이 두 문장의 '几'와 '多少'는 모두 숫자를 묻는 데 쓰인다. 10 이하의 수를 물을 때에는 일반적으로 '几'를 쓰며, 10 이상의 수를 물을 때는 '多少'를 쓴다.

② **多少号房间?** 몇 호실입니까? **308房间.** 308호입니다.
'号'는 숫자 뒤에 쓰여 순서를 나타내며 일반적으로 생략하지 않는다. 예 9号楼　23号房间
만약 숫자가 세 자리 이상이면 '号'를 생략하고, 숫자는 문자 그대로 읽는다. 예 303楼　2032房间

③ **那太好了!** 그럼 정말 좋지요!
여기에서 '那'는 '那样的话(그렇다면)'의 의미이다. '太好了'는 만족이나 감탄을 나타내며, '太'는 정도가 매우 높음을 의미한다.

우리 함께 가요 09-05

李成日 王兰，张丽英家在哪儿？
Lǐ Chéngrì Wáng Lán, Zhāng Lìyīng jiā zài nǎr?

王兰 清华大学旁边。你去她家吗？
Wáng Lán Qīnghuá Dàxué pángbiān. Nǐ qù tā jiā ma?

李成日 对，明天我去她家。
Lǐ Chéngrì Duì, míngtiān wǒ qù tā jiā.

王兰 你不认识路，我们一起去吧。
Wáng Lán Nǐ bú rènshi lù, wǒmen yìqǐ qù ba.

李成日 那太好了！③
Lǐ Chéngrì Nà tài hǎo le!

표현으로 확장하기

응용 표현 09-06

① A 你住在哪儿?
   B 我住在留学生宿舍。

   9号楼308房间 jiǔ hào lóu sān líng bā fángjiān
   5号楼204房间 wǔ hào lóu èr líng sì fángjiān
   上海 Shànghǎi
   北京饭店 Běijīng Fàndiàn

② 欢迎你去玩儿。

   来我家玩儿 lái wǒ jiā wánr
   来北京工作 lái Běijīng gōngzuò
   来语言大学学习 lái Yǔyán Dàxué xuéxí

③ 她常去张丽英家。

   那个公园 nàge gōngyuán   那个邮局 nàge yóujú
   留学生宿舍 liúxuéshēng sùshè   他们学校 tāmen xuéxiào

확장 회화 09-07

A 你去哪儿?
  Nǐ qù nǎr?

B 我去邮局买邮票。你知道王老师住在哪儿吗?
  Wǒ qù yóujú mǎi yóupiào. Nǐ zhīdào Wáng lǎoshī zhù zài nǎr ma?

A 他住在宾馆2层234房间。
  Tā zhù zài bīnguǎn èr céng èr sān sì fángjiān.

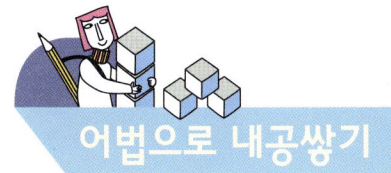

어법으로 내공쌓기

◎ 연동문

동사술어문 중 하나의 주어에 대해 두 개 이상의 동사(구)가 연이어 사용될 때, 이러한 문장을 연동문이라고 한다. '주어+술어1(+목적어1)+술어2(+목적어2)'의 어순으로, 주어는 두 동작의 행위자이다. 두 동작은 이치상 혹은 자연적인 선후관계를 가진다.

> 주어 + 술어1(+목적어1) + 술어2(+목적어2)

下午我去他家看他。 오후에 나는 그를 보러 그의 집에 간다.
Xiàwǔ wǒ qù tā jiā kàn tā.

王林常去看电影。 왕린은 자주 영화를 보러 간다.
Wáng Lín cháng qù kàn diànyǐng.

星期天大卫来我家玩儿。 일요일에 데이비드는 우리 집에 놀러 온다.
Xīngqītiān Dàwèi lái wǒ jiā wánr.

我去他宿舍看他。 나는 그를 보러 그의 기숙사에 간다.
Wǒ qù tā sùshè kàn ta.

◎ 부사어

동사나 형용사 앞에서 수식을 하는 성분을 부사어라고 한다. 부사, 형용사, 시간사, 개사구조 등이 모두 부사어로 쓰일 수 있다.

她常去我家玩儿。 그녀는 자주 우리 집에 놀러 온다.
Tā cháng qù wǒ jiā wánr.

你们快来。 여러분 빨리 오세요.
Nǐmen kuài lái.

我们上午去。 우리는 오전에 간다.
Wǒmen shàngwǔ qù.

他姐姐在银行工作。 그의 누나는 은행에서 일한다.
Tā jiějie zài yínháng gōngzuò.

문제로 실력다지기

1 다음 어휘를 읽고 몇 개를 골라 문장을 만들어 보세요. 09-08

一起	玩儿
	看
	吃
	来

常	看
	听
	问

在	家
	大学
	教室
	银行

问	老师
	大夫
	谁

买	书
	饭
	东西

2 실제 상황에 근거해 질문에 대답해 보세요.

1) 你家在哪儿？你的宿舍在哪儿？

2) 你住在几号楼？多少号房间？

3) 星期天你常去哪儿？晚上你常做什么？你常写信吗？

3 [보기]와 같이 제시된 어휘를 사용해 문장을 만들어 보세요.

| 보기 | 家　　在　→　王老师的家在北京大学。

1) 商店　　在　→ _____

2) 谁　　认识　→ _____

3) 一起　　听　→ _____

4 당신의 친구에 대해 이야기해 보세요.

| 화제 | 그/그녀는 어디에 사는지, 어디에서 공부하는지, 어디에서 일하는지 등을 말한다.
(说说他/她住在哪儿，在哪儿学习或工作，等等。)

5 발음을 연습하세요.

1) 성조 연습 : 제2성+제1성 09-09

míngtiān	（明天）	zuótiān	（昨天）
jiéhūn	（结婚）	fángjiān	（房间）
máoyī	（毛衣）	pángbiān	（旁边）
qiántiān	（前天）	shíjiān	（时间）
hónghuā	（红花）	huí jiā	（回家）

2) 자주 쓰이는 발음 09-10

	niǎowō	（鸟窝）		rúguǒ	（如果）
wo	wǒmen	（我们）	ru	bǔrǔ	（哺乳）
	wòshǒu	（握手）		rùxué	（入学）

즐거운 문화이야기

전통 의상 치파오

1. **유래**: 만주족의 창파오
2. **영문명**: cheongsam, chi-pao
3. **특징**: 스탠드 카라, 옆 트임, 장식용 단추
4. **의의**: 국제 공식석상 예복

치파오旗袍는 중국 여성의 전통 의상으로, 만주족满族의 창파오长袍라는 옷에서 유래하였다. 만주족을 '치런旗人'이라고 부르던 명칭에서 그들이 입는 옷을 치파오라 부르게 된 것이다. 본래의 형태는 남녀 구분 없이 바지와 함께 입던 발목을 넘는 길이의 옷이었다.

민국民国 20년대 이후 가장 보편적인 여성 복장이 되었고, 1929년에는 국가 예복으로 확정되었다. 50년대 이후, 치파오는 점차 쇠퇴기를 맞았는데, 특히 문화대혁명 시기에는 봉건시대의 잔재이자 부르주아 계급의 산물로 간주되어 수난을 겪었다.

80년대 개혁개방 이후 전통문화가 다시 중시되는 분위기 속에서 영상문화 및 패션쇼, 미인대회 등을 통해 점차 그 가치가 재평가되며, 중국뿐 아니라 세계 각 지역으로 널리 퍼졌다.

1984년, 국무원国务院은 치파오를 여성 외교관 예복으로 지정했다. 1990년 베이징 아시안게임을 시작으로 중국에서 거행된 올림픽, 아시안게임 및 국제회의, 각종 박람회에서 치파오는 공식 예복으로 여러 차례 선정되었다. 2011년 5월, 국무원은 치파오 제작 공예를 비물질문화유산으로 공표했다.

치파오

| 길 묻기 |

10 邮局在哪儿?
우체국이 어디에 있습니까?

🔊 10-01

053 八号楼在邮局旁边。 8동은 우체국 옆에 있습니다.
Bā hào lóu zài yóujú pángbiān.

054 去八号楼怎么走? 8동에 가려면 어떻게 갑니까?
Qù bā hào lóu zěnme zǒu?

055 那个楼就是八号楼。 저 건물이 바로 8동입니다.
Nàge lóu jiù shì bā hào lóu.

056 请问,邮局在哪儿? 말씀 좀 여쭙겠습니다, 우체국이 어디에 있습니까?
Qǐngwèn, yóujú zài nǎr?

057 往前走就是邮局。 앞으로 가면 바로 우체국입니다.
Wǎng qián zǒu jiù shì yóujú.

058 邮局离这儿远不远? 우체국은 여기에서 멉니까?
Yóujú lí zhèr yuǎn bu yuǎn?

059 百货大楼在什么地方? 백화점은 어디에 있습니까?
Bǎihuò Dàlóu zài shénme dìfang?

060 在哪儿坐车? 어디에서 차를 탑니까?
Zài nǎr zuò chē?

단어 익히기

│본문 단어│

怎么 zěnme 대 어떻게, 왜

走 zǒu 동 가다, 걷다

就 jiù 부 곧, 바로

请问 qǐngwèn 동 말씀 좀 여쭙겠습니다

往 wǎng 개 동 ~쪽으로, 가다

前 qián 명 앞

离 lí 개 ~에서, ~로부터

这儿 zhèr 대 여기, 이곳

远 yuǎn 형 멀다

地方 dìfang 명 곳, 장소

坐 zuò 동 앉다, 타다

车 chē 명 자동차

前边 qiánbian 명 앞쪽

公共汽车 gōnggòng qìchē 명 버스

那儿 nàr 대 거기, 그곳

│표현 확장 단어│

西边 xībian 명 서쪽

南边 nánbian 명 남쪽

北边 běibian 명 북쪽

操场 cāochǎng 명 운동장

东边 dōngbian 명 동쪽

近 jìn 형 가깝다

│고유명사│

百货大楼 Bǎihuò Dàlóu 백화점

王府井 Wángfǔjǐng 왕푸징

天安门 Tiān'ānmén 톈안먼

회화로 배우기

1 우체국 옆에 있어요 🔊 10-03

A 请问，八号楼在哪儿?
Qǐngwèn, bā hào lóu zài nǎr?

李成日 在邮局旁边。
Lǐ Chéngrì Zài yóujú pángbiān.

A 去八号楼怎么走?
Qù bā hào lóu zěnme zǒu?

李成日 你看，那个楼就是。
Lǐ Chéngrì Nǐ kàn, nàge lóu jiù shì.

2 그다지 멀지 않아요 🔊 10-04

和子 请问，邮局在哪儿?
Hézǐ Qǐngwèn, yóujú zài nǎr?

B 往前走就是邮局。
Wǎng qián zǒu jiù shì yóujú.

和子 离这儿远不远?
Hézǐ Lí zhèr yuǎn bu yuǎn?

B 不太远。就在银行前边。
Bú tài yuǎn. Jiù zài yínháng qiánbian.

어떻게 갈 거예요? 10-05

玛丽 Mǎlì	请问，百货大楼在什么地方？ Qǐngwèn, Bǎihuò Dàlóu zài shénme dìfang?
C	在王府井。 Zài Wángfǔjǐng.
玛丽 Mǎlì	离天安门远不远？ Lí Tiān'ānmén yuǎn bu yuǎn?
C	不远。您怎么去？ Bù yuǎn. Nín zěnme qù?
玛丽 Mǎlì	坐公共汽车。请问在哪儿坐车？ Zuò gōnggòng qìchē. Qǐngwèn zài nǎr zuò chē?
C	就在那儿。① Jiù zài nàr.
玛丽 Mǎlì	谢谢！ Xièxie!

🔵 **표현 따라잡기**

① **那个楼就是。** 저 건물이 바로 그것입니다.
就在银行旁边。 바로 은행 옆에 있습니다.
就在那儿。 바로 저기에 있습니다.
이 세 문장에서 부사 '就'는 모두 긍정의 어기를 강화하기 위해 쓰였다.

② **请问，邮局在哪儿？** 말씀 좀 여쭙겠습니다. 우체국이 어디에 있습니까?
'请问'은 다른 사람에게 질문할 때 습관적으로 사용하는 인사치레 표현이다. 반드시 질문할 내용의 앞에 써야 한다.

표현으로 확장하기

응용 표현 🔊 10-06

① A 八号楼在哪儿?
　B 在邮局旁边。

留学生食堂西边 liúxuéshēng shítáng xībian
那个楼南边 nàge lóu nánbian
他的宿舍楼北边 tā de sùshè lóu běibian
操场东边 cāochǎng dōngbian

② 邮局离这儿远不远?

他家 tā jiā | 北京语言大学 Běijīng Yǔyán Dàxué
北京饭店 Běijīng Fàndiàn | 这儿 zhèr
食堂 shítáng | 宿舍 sùshè

③ 在哪儿坐车?

学习汉语 xuéxí Hànyǔ　　工作 gōngzuò
吃饭 chī fàn　　　　　　休息 xiūxi
买电脑 mǎi diànnǎo

확장 회화 🔊 10-07

他爸爸在商店工作。那个商店离他家很近。他爸爸早上七点
Tā bàba zài shāngdiàn gōngzuò. Nàge shāngdiàn lí tā jiā hěn jìn. Tā bàba zǎoshang qī diǎn
半去工作，下午五点半回家。
bàn qù gōngzuò, xiàwǔ wǔ diǎn bàn huí jiā.

어법으로 내공쌓기

◎ 방위사

'旁边 pángbiān' '前边 qiánbian' 등은 모두 방위사이다. 방위사는 명사의 일종으로 주어, 목적어, 관형어 등의 문장성분이 될 수 있다. 관형어로 쓰일 때에는 일반적으로 '的'를 사용하여 중심어와 연결한다.

东边的房间 동쪽 방
dōngbian de fángjiān

前边的商店 앞쪽 상점
qiánbian de shāngdiàn

◎ 정반의문문

술어의 긍정형과 부정형을 함께 나열하여 의문문을 만들 수 있는데, 이를 정반의문문이라고 한다.

你今天**来不来**? 당신은 오늘 옵니까?
Nǐ jīntiān lái bu lái?

这个电影**好不好**? 이 영화는 좋습니까?
Zhège diànyǐng hǎo bu hǎo?

这**是不是**你们的教室? 이곳이 여러분의 교실입니까?
Zhè shì bu shì nǐmen de jiàoshì?

王府井离这儿**远不远**? 왕푸징은 여기에서 멉니까?
Wángfǔjǐng lí zhèr yuǎn bu yuǎn?

문제로 실력다지기

1 알맞은 단어를 골라 빈칸을 채우세요.

去　　　在　　　离　　　回　　　买　　　往

1) 八号楼_____九号楼不太远。

2) 食堂_____宿舍旁边。

3) 邮局很近，_____前走就是。

4) 今天晚上我不学习，_____家看电视。

5) 我们_____宿舍休息一下儿吧。

6) 这本(běn, 권)书很好，你_____不_____？

2 다음 문장이 맞으면 ✓, 틀리면 X를 표시하세요.

1) 我哥哥在学校工作。　　（　　）
   我哥哥工作在学校。　　（　　）

2) 操场宿舍很近。　　　　（　　）
   操场离宿舍很近。　　　（　　）

3) 我在食堂吃早饭。　　　（　　）
   我吃早饭在食堂。　　　（　　）

4) 他去银行早上八点半。　（　　）
   他早上八点半去银行。　（　　）

3 실제 상황에 근거해 질문에 대답해 보세요.

1) 谁坐在你旁边？谁坐在你前边？

2) 谁住在你旁边的房间？

3) 你知道邮局、银行在哪儿吗？怎么走？

4 듣고 따라 말해 보세요. 🔊 10-08

邮局离银行不远，我常去那儿买邮票、寄信。书店在银行旁边。那个书店很大，书很多，我常去那儿买书。

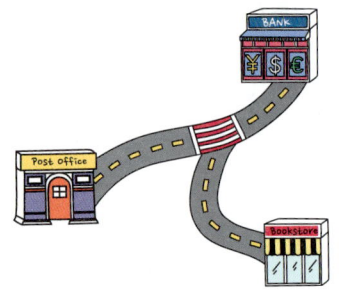

寄 jì 동 부치다

5 발음을 연습하세요.

1) 성조 연습 : 제2성+제2성 🔊 10-09

liúxué	（留学）	yínháng	（银行）
zhíyuán	（职员）	xuéxí	（学习）
shítáng	（食堂）	huídá	（回答）
tóngxué	（同学）	rénmín	（人民）
wénmíng	（文明）	értóng	（儿童）

2) 자주 쓰이는 발음 🔊 10-10

yi	yīshēng	（医生）	bu	bú qù	（不去）
	yí ge	（一个）		bǔyǔ	（补语）
	yǐzi	（椅子）		bùxié	（布鞋）
	yìjiàn	（意见）		hǎo bu hǎo	（好不好）
	piányi	（便宜）			

3) 큰 소리로 읽기 🔊 10-11

A Qǐngwèn, Běijīng Dàxué zài nǎr?
B Zài Qīnghuá Dàxué xībian.
A Qīnghuá Dàxué dōngbian shì Yǔyán Dàxué ma?
B Duì. Zhèr yǒu hěn duō dàxué. Yǔyán Dàxué nánbian hái yǒu hǎo jǐ ge dàxué.
A Cóng zhèr wǎng běi zǒu, dàxué bù duō le, shì bu shì?
B Shì de.

 **잰말놀이로 발음 연습** | 绕口令 ràokǒulìng

 rao 01

四是四，十是十，四不是十，十不是四。
Sì shì sì, shí shì shí, sì bú shì shí, shí bú shì sì.
十四是十四，四十是四十，十四不是四十，四十不是十四。
Shísì shì shísì, sìshí shì sìshí, shísì bú shì sìshí, sìshí bú shì shísì.
4는 4이고, 10은 10이다. 4는 10이 아니고, 10은 4가 아니다. 14는 14이고, 40은 40이다. 14는 40이 아니고, 40은 14가 아니다.

rao 02

吃葡萄不吐葡萄皮，不吃葡萄倒吐葡萄皮。
Chī pútao bù tǔ pútao pí, bù chī pútao dào tǔ pútao pí.
포도를 먹고 포도 껍질을 뱉지 않는다. 포도를 먹지 않았는데 오히려 포도 껍질을 뱉는다.

rao 03

妈妈骑马，马慢，妈妈骂马慢。
Māma qí mǎ, mǎ màn, māma mà mǎ màn.
엄마가 말을 타는데 말이 너무 느리다. 엄마는 말이 느리다고 말을 혼낸다.

rao 04

种了种种的种子。
Zhòng le zhǒng zhǒng de zhǒngzi.
각종 씨앗을 심었다.

rao 05

四只狮子，十只狮子，十四只狮子，四十只狮子，四十四只狮子。
Sì zhī shīzi, shí zhī shīzi, shísì zhī shīzi, sìshí zhī shīzi, sìshísì zhī shīzi.
사자 네 마리, 사자 열 마리, 사자 열 네 마리, 사자 마흔 마리, 사자 마흔 네 마리.

잰말놀이로 발음 연습 **121**

복습 2

06 · 07 · 08 · 09 · 10

▶ 상황회화

1 그곳을 알아요? fuxi 02-01

王 小卫，我们什么时候去小李家？
Wáng Xiǎo Wèi, wǒmen shénme shíhou qù Xiǎo Lǐ jiā?

卫 星期天，好吗？
Wèi Xīngqītiān, hǎo ma?

王 好。他家在上海饭店旁边吧？
Wáng Hǎo. Tā jiā zài Shànghǎi Fàndiàn pángbiān ba?

卫 他搬家了，现在在中华路38号。
Wèi Tā bānjiā le, xiànzài zài Zhōnghuá Lù sānshíbā hào.

你认识那个地方吗？
Nǐ rènshi nàge dìfang ma?

王 不认识，问一下儿小马吧。
Wáng Bú rènshi, wèn yíxiàr Xiǎo Mǎ ba.

2 여기에서 멀어요? fuxi 02-02

卫 Wèi
小马，中华路在什么地方？你知道吗？
Xiǎo Mǎ, Zhōnghuá Lù zài shénme dìfang? Nǐ zhīdào ma?

马 Mǎ
中华路离我奶奶家很近。你们去那儿做什么？
Zhōnghuá Lù lí wǒ nǎinai jiā hěn jìn. Nǐmen qù nàr zuò shénme?

王 Wáng
看一个朋友。那儿离这儿远吗？
Kàn yí ge péngyou. Nàr lí zhèr yuǎn ma?

马 Mǎ
不太远。星期天我去奶奶家，你们和我一起去吧。
Bú tài yuǎn. Xīngqītiān wǒ qù nǎinai jiā, nǐmen hé wǒ yìqǐ qù ba.

3 우리는 안 갈래요 fuxi 02-03

王 Wáng
小马，你奶奶不和你们住在一起吗？
Xiǎo Mǎ, nǐ nǎinai bù hé nǐmen zhù zài yìqǐ ma?

马 Mǎ
不住在一起。奶奶一个人住，我和爸爸、妈妈常去看她。
Bú zhù zài yìqǐ. Nǎinai yí ge rén zhù, wǒ hé bàba、māma cháng qù kàn tā.

卫 Wèi
你奶奶身体好吗？
Nǐ nǎinai shēntǐ hǎo ma?

马 Mǎ
身体很好。她今年六十七岁了。前边就是我奶奶家，
Shēntǐ hěn hǎo. Tā jīnnián liùshíqī suì le. Qiánbian jiù shì wǒ nǎinai jiā,
你们去坐一会儿吧！
nǐmen qù zuò yíhuìr ba!

王 Wáng
十点了，我们不去了。
Shí diǎn le, wǒmen bú qù le.

马	再见!
Mǎ	Zàijiàn!

卫、王	再见!
Wèi, Wáng	Zàijiàn!

 fuxi 02-04

小卫 Xiǎo Wèi 고유 샤오웨이 [인명]
搬家 bānjiā 동 이사하다
奶奶 nǎinai 명 할머니

上海饭店 Shànghǎi Fàndiàn 고유 상하이호텔
中华路 Zhōnghuá Lù 고유 중화루
一会儿 yíhuìr 부 잠시, 잠깐 동안

▼ 핵심어법

★ 문장의 주요 성분

1 주어와 술어

중국어의 문장은 크게 주어와 술어로 나눌 수 있다. 주어는 일반적으로 술어의 앞에 놓인다.

你好! 안녕!
Nǐ hǎo!

我去商店。 나는 상점에 간다.
Wǒ qù shāngdiàn.

문맥을 통해 대상이나 상황을 분명히 알 수 있는 경우에는 주어나 술어를 생략할 수 있다.

A **你好吗?** 잘 지내니?
Nǐ hǎo ma?

B **(我)很好。** (나는) 잘 지내. [주어 생략]
(Wǒ) hěn hǎo.

A **谁是学生?** 누가 학생이야?
Shéi shì xuésheng?

B **他(是学生)。** 그(가 학생이야). [술어 생략]
Tā (shì xuésheng).

2 목적어

목적어는 동사와 관계되는 성분으로, 일반적으로 동사의 뒤에 놓인다.

我认识他。 나는 그를 안다.
Wǒ rènshi tā.

他有一个哥哥。 그는 형이 한 명 있다.
Tā yǒu yí ge gēge.

他是学生。 그는 학생이다.
Tā shì xuésheng.

3 관형어

관형어는 일반적으로 명사를 수식한다. 관형어와 중심어 사이에는 구조조사 '的 de'가 올 수 있다.

王兰的朋友 왕란의 친구
Wáng Lán de péngyou

张丽英的生日 장리잉의 생일
Zhāng Lìyīng de shēngrì

인칭대명사가 관형어로 쓰이고 그 중심어가 친족, 단체, 부문 등을 나타내는 명사일 경우에는 '的 de'를 쓰지 않아도 된다.

我姐姐 우리 언니(누나)
wǒ jiějie

我们学校 우리 학교
wǒmen xuéxiào

4 부사어

부사어는 동사나 형용사를 수식할 때 쓰이며, 일반적으로 중심어의 앞에 놓인다.

我很好。 나는 잘 지낸다.
Wǒ hěn hǎo.

他们都来。 그들은 모두 온다.
Tāmen dōu lái.

他在家看电视。 그는 집에서 텔레비전을 본다.
Tā zài jiā kàn diànshì.

▶ 실전연습

1. 질문에 대답해 보세요.

   ① 一年有几个月？一个月有几个星期？一个星期有几天？

   ② 今天几月几号？明天星期几？星期天是几月几号？

   ③ 你家有几口人？他们是谁？你妈妈工作不工作？你住在哪儿？你家离学校远不远？

2. 제시된 문장으로 회화를 연습해 보세요.

   ① 안부 묻기

你好！	你早！	你……身体好吗？
你好吗？	早上好！	他好吗？
你身体好吗？	你工作忙不忙？	

   ② 소개하기

您贵姓？	他姓什么？	我介绍一下儿。
你叫什么名字？	他是谁？	我叫……
你是——		我是……
		这是……
		认识你很高兴。

   ③ 질문하기
   A. 시각 묻기

……几月几号星期几？	……几点？
你的生日……？	你几点……？
你什么时候……？	

   B. 길 묻기

……在哪儿？	去……怎么走？
……离这儿远吗？	

C. 주소 묻기

你家在哪儿? 　　　　你住在哪儿?

你住在多少号房间?

D. 가족 관계 묻기

你家有几口人? 　　　　你家有什么人?

你家有谁? 　　　　你有……吗?

你……做什么工作?

3 발음을 연습하세요.

① 성조 연습 : 제2성+제2성　　fuxi 02-05

tóngxué （同学）

nán tóngxué （男同学）

nán tóngxué lái （男同学来）

nán tóngxué lái wánr （男同学来玩儿）

② 큰 소리로 읽기　　fuxi 02-06

A　Yóujú lí zhèr yuǎn ma?
B　Bú tài yuǎn, jiù zài nàr.
A　Nàge yóujú dà bu dà?
B　Hěn dà. Nǐ jì dōngxi ma?
A　Duì, hái mǎi míngxìnpiàn.

단문독해 🔊 fuxi 02-07

张丽英家有四口人：爸爸、妈妈、姐姐和她。
Zhāng Lìyīng jiā yǒu sì kǒu rén: bàba、māma、jiějie hé tā.

她爸爸是大夫。五十七岁了，身体很好。他工作很忙，
Tā bàba shì dàifu. Wǔshíqī suì le, shēntǐ hěn hǎo. Tā gōngzuò hěn máng,

星期天常常不休息。
xīngqītiān chángcháng bù xiūxi.

她妈妈是银行职员，今年五十五岁。
Tā māma shì yínháng zhíyuán, jīnnián wǔshíwǔ suì.

她姐姐是老师。今年二月结婚了。她不住在爸爸妈妈家。
Tā jiějie shì lǎoshī. Jīnnián èr yuè jiéhūn le. Tā bú zhù zài bàba māma jiā.

昨天是星期五，下午没有课。我们去她家了。她家在北京
Zuótiān shì xīngqīwǔ, xiàwǔ méiyǒu kè. Wǒmen qù tā jiā le. Tā jiā zài Běijīng

饭店旁边。
Fàndiàn pángbiān.

我们到她家的时候，她爸爸、妈妈不在家。我们和她一起
Wǒmen dào tā jiā de shíhou, tā bàba、māma bú zài jiā. Wǒmen hé tā yìqǐ

谈话、听音乐、看电视……。
tánhuà、tīng yīnyuè、kàn diànshì…….

五点半张丽英的爸爸、妈妈都回家了。她姐姐也来了。
Wǔ diǎn bàn Zhāng Lìyīng de bàba、māma dōu huí jiā le. Tā jiějie yě lái le.

我们在她家吃晚饭，晚上八点半我们就回学校了。
Wǒmen zài tā jiā chī wǎnfàn, wǎnshang bā diǎn bàn wǒmen jiù huí xuéxiào le.

到 dào 동 도착하다   谈话 tánhuà 동 이야기하다

| 물건 사기 ❶ |

11 我要买橘子
나는 귤을 사려고 합니다

🔊 11-01

061 您要什么? 무엇을 원합니까?
Nín yào shénme?

062 苹果多少钱一斤? 사과가 한 근에 얼마입니까?
Píngguǒ duōshao qián yì jīn?

063 七块五(毛)一斤。 한 근에 7위안 5마오입니다.
Qī kuài wǔ (máo) yì jīn.

064 您要多少? 얼마나 드릴까요?
Nín yào duōshao?

065 您还要别的吗? 더 필요한 것이 있습니까?
Nín hái yào biéde ma?

066 不要了。 없습니다.
Bú yào le.

067 我要买橘子。 나는 귤을 사려고 합니다.
Wǒ yào mǎi júzi.

068 您尝尝。 맛 좀 보세요.
Nín chángchang.

단어 익히기

|본문 단어|

要 yào 동 조동 원하다, ~하려고 하다

苹果 píngguǒ 명 사과

钱 qián 명 돈

斤 jīn 양 근 [무게 단위]

块(元) kuài (yuán) 양 위안 [화폐 단위]

毛(角) máo (jiǎo) 양 마오 [화폐 단위]

还 hái 부 아직, 여전히

别的 biéde 다른 것

橘子 júzi 명 귤

尝 cháng 동 맛보다

售货员 shòuhuòyuán 명 판매원

种 zhǒng 양 종류

贵 guì 형 비싸다

便宜 piányi 형 싸다

|표현 확장 단어|

喝 hē 동 마시다

录音 lùyīn 명 녹음

发 fā 동 보내다, 부치다, 발송하다

电子邮件 diànzǐ yóujiàn 명 전자우편, 이메일

多 duō 형 많다

瓶 píng 명 병

|고유명사|

(可口)可乐 (Kěkǒu) kělè (코카)콜라

|읽고, 듣고, 쓰고, 반복해서 외우세요|

회화로 배우기

1 한 근에 얼마예요? 11-03

售货员 您要什么?
Shòuhuòyuán Nín yào shénme?

大卫 我要苹果。多少钱一斤?①
Dàwèi Wǒ yào píngguǒ. Duōshao qián yì jīn?

售货员 七块五(毛)。②
Shòuhuòyuán Qī kuài wǔ (máo).

大卫 那种呢?
Dàwèi Nà zhǒng ne?

售货员 九块三。
Shòuhuòyuán Jiǔ kuài sān.

大卫 要这种吧。
Dàwèi Yào zhè zhǒng ba.

售货员 要多少?
Shòuhuòyuán Yào duōshao?

大卫 两斤。
Dàwèi Liǎng jīn.

售货员 还要别的吗?
Shòuhuòyuán Hái yào biéde ma?

大卫 不要了。
Dàwèi Bú yào le.

 너무 비싸요 11-04

| 售货员 Shòuhuòyuán | 您要买什么? Nín yào mǎi shénme? |

| 玛丽 Mǎlì | 我要买橘子。一斤多少钱?① Wǒ yào mǎi júzi. Yì jīn duōshao qián? |

| 售货员 Shòuhuòyuán | 六块八。 Liù kuài bā. |

| 玛丽 Mǎlì | 太贵了。 Tài guì le. |

| 售货员 Shòuhuòyuán | 那种便宜。 Nà zhǒng piányi. |

| 玛丽 Mǎlì | 那种好不好? Nà zhǒng hǎo bu hǎo? |

| 售货员 Shòuhuòyuán | 您尝尝。 Nín chángchang. |

| 玛丽 Mǎlì | 好,我要四个。 Hǎo, wǒ yào sì ge. |

| 售货员 Shòuhuòyuán | 这是一斤半,八块五毛。还买别的吗? Zhè shì yì jīn bàn, bā kuài wǔ máo. Hái mǎi biéde ma? |

| 玛丽 Mǎlì | 不要了。 Bú yào le. |

표현 따라잡기

① **(苹果)多少钱一斤?** (사과가) 한 근에 얼마입니까?
   (橘子)一斤多少钱? (귤이) 한 근에 얼마입니까?
   이 두 문장의 의미는 같으며, 모두 한 근의 가격을 묻고 있다. 단지 앞 문장은 '얼마'에 한 근을 살 수 있는지 묻는 데 중점을 두고, 뒤 문장은 '한 근'에 얼마인지에 중점을 둔다.

② **七块五(毛)。** 7위안 5마오입니다.
   중국 화폐인 '런민비(人民币)'의 단위는 '元' '角' '分'이며, 구어에서는 '块' '毛' '分'을 많이 쓴다. 모두 십진법을 기본으로 한다. '毛'나 '分'이 마지막 자리에 올 때는 생략할 수 있다.
   예) 1.30元 → 一块三   2.85元 → 两块八毛五

표현으로 확장하기

응용 표현 🔊 11-05

① A 您要什么?
  B 我要苹果。

看 kàn | 汉语书 Hànyǔ shū

喝 hē | (可口)可乐 (Kěkǒu) kělè

听 tīng | 录音 lùyīn

学习 xuéxí | 汉语 Hànyǔ

② 你尝尝。

看 kàn　　　　听 tīng　　　　问 wèn

③ 我要买橘子。

看电视 kàn diànshì

吃苹果 chī píngguǒ

喝水 hē shuǐ

上网 shàngwǎng

发电子邮件 fā diànzǐ yóujiàn

확장 회화 🔊 11-06

① 我常去百货大楼买东西。那儿的东西很多，也很便宜。
Wǒ cháng qù Bǎihuò Dàlóu mǎi dōngxi. Nàr de dōngxi hěn duō, yě hěn piányi.

② A 你要喝什么?
　　Nǐ yào hē shénme?

　B 有可乐吗?
　　Yǒu kělè ma?

A 有。
　Yǒu.

B 要两瓶吧。
　Yào liǎng píng ba.

어법으로 내공쌓기

◎ 어기조사 '了'(1)

어기조사 '了 le'는 문장 끝에 놓여 상황에 변화가 있음을 나타낸다.

这个月我不忙了。 이번 달에는 바쁘지 않다. [전에는 바빴음]
Zhège yuè wǒ bù máng le.

现在他有工作了。 이제 그는 일이 있다. [전에는 일이 없었음]
Xiànzài tā yǒu gōngzuò le.

◎ 동사의 중첩

중국어의 일부 동사는 중첩할 수 있는데, 중첩 형식은 동사의 음절 수에 따라 달라진다. 단음절 동사의 중첩 형식은 AA이고, 이음절 동사의 중첩 형식은 ABAB이다. 동사 중첩은 동작이나 행위의 '짧은 지속이나 진행', 또한 동작이 가볍고 부담없음을 나타낸다. '시험 삼아 한번 ~해 보다'라는 시도의 의미를 나타내기도 한다.

看看 좀 보다
kànkan

听听 좀 들어 보다
tīngting

尝尝 좀 맛보다
chángchang

休息休息 좀 쉬다
xiūxi xiūxi

介绍介绍 좀 소개하다
jièshào jièshào

문제로 실력다지기

1 다음 액수를 중국어로 읽어 보세요.

| 6.54元 | 10.05元 | 2.30元 | 8.20元 | 42.52元 |
| 1.32元 | 9.06元 | 57.04元 | 100元 | 24.9元 |

2 [보기]와 같이 동사의 중첩 형식으로 문장을 만들어 보세요.

| 보기 | 问 → 问问老师，明天上课吗?

1) 介绍 → _____
2) 看 → _____
3) 听 → _____
4) 学习 → _____
5) 休息 → _____
6) 玩儿 → _____

3 괄호 안의 단어가 들어갈 알맞은 위치를 고르세요.

1) 我姐姐不去 A 书店 B。(了)

2) 我明天不来 A 上课 B。(了)

3) 您还 A 要 B 吗?（别的）

4) 这是两 A 斤 B，还 A 买 B 吗?（半，别的）

4 상황에 맞게 대화를 완성하세요.

1) A _____?
   B 一瓶可乐三块五毛钱。

2) A 您买什么?
   B _____。
   A 您要多少?
   B _____。一斤橘子多少钱?
   A _____。还要别的吗?
   B _____。

5 듣고 따라 말해 보세요. 11-07

我要买汉语书，不知道去哪儿买。今天我问王兰，她说，新华书店有，那儿的汉语书很多。明天下午我去看看。

说 shuō 동 말하다 | 新华书店 Xīnhuá Shūdiàn 고유 신화서점

6 발음을 연습하세요.

1) 성조 연습 : 제2성+제3성 11-08

píjiǔ	（啤酒）	píngguǒ	（苹果）
yóulǎn	（游览）	shíjiǔ	（十九）
méiyǒu	（没有）	jiéguǒ	（结果）
máobǐ	（毛笔）	tíngzhǐ	（停止）
cídiǎn	（词典）	shípǐn	（食品）

2) 자주 쓰이는 발음 11-09

	yóuyǒng	（游泳）		zhīshi	（知识）
you	yǒuhǎo	（友好）	zhi	yìzhí	（一直）
	zuǒyòu	（左右）		xìnzhǐ	（信纸）
	péngyou	（朋友）		zhèngzhì	（政治）

즐거운 문화이야기

중국의 화폐

1. **화폐 명칭**: 런민비(人民币)
2. **발행**: 중국인민은행
3. **단위**: 위안(元), 지아오(角) / 콰이(块), 마오(毛)
4. **기호**: ￥

중국의 법정 화폐는 '런민비人民币'이다. 화폐 단위는 '위안元'이고, CNY(China Yuan)로 표기한다. 한어병음 첫 자음을 따서 RMB(rénmínbì)로 표기하기도 한다.

지폐는 100위안, 50위안, 20위안, 10위안, 5위안, 1위안 단위로 발행되고 있고, 동전은 1위안, 5지아오角, 1지아오가 있다. 지폐 6종류의 앞면에는 모두 마오쩌둥毛泽东의 초상화가, 뒷면에는 중국의 명소가 그려져 있다. 현재 사용하고 있는 화폐는 '제5판'으로, 중국 건국 50주년인 1999년에 처음 발행되었다.

이 화폐가 발행되기 전에 화폐에 넣을 인물로 여러 역사 인물이 거론되었으나 '사람들에게 잘 알려진 인물일수록 화폐 위조가 어렵다' '국가의 구심점을 되찾는다' 등의 이유로 최종적으로 마오쩌둥의 초상화만을 사용하기로 했다고 한다. 과거 제4판의 100위안 지폐에는 마오쩌둥, 저우언라이周恩来, 류사오치刘少奇, 주더朱德 등 '중국 건국의 아버지'라 불리는 4명의 초상이 나란히 있다.

제5판과 제4판 100위안 앞면

| 물건 사기 ❷ |

12 我想买毛衣
나는 스웨터를 사고 싶습니다

🔊 12-01

069
天冷了。 날씨가 추워졌습니다.
Tiān lěng le.

070
我想买件毛衣。 나는 스웨터 한 벌을 사고 싶습니다.
Wǒ xiǎng mǎi jiàn máoyī.

071
星期天去，怎么样？ 일요일에 가는 게 어떻습니까?
Xīngqītiān qù, zěnmeyàng?

072
星期天人太多。 일요일에는 사람이 너무 많습니다.
Xīngqītiān rén tài duō.

073
我看看那件毛衣。 저 스웨터 좀 볼게요.
Wǒ kànkan nà jiàn máoyī.

074
这件毛衣我可以试试吗？ 이 스웨터를 입어 봐도 될까요?
Zhè jiàn máoyī wǒ kěyǐ shìshi ma?

075
这件毛衣不大也不小。 이 스웨터는 크지도 않고 작지도 않습니다.
Zhè jiàn máoyī bú dà yě bù xiǎo.

076
好极了！ 매우 좋습니다!
Hǎo jí le!

단어 익히기

12-02

|본문 단어|

天 tiān 명 날씨, 하늘

冷 lěng 형 춥다

想 xiǎng 동 조동 생각하다, ~하고 싶다

件 jiàn 양 벌, 개 [옷·일·물건을 세는 양사]

毛衣 máoyī 명 스웨터

怎么样 zěnmeyàng 대 어떻다, 어떠하다

可以 kěyǐ 조동 ~할 수 있다, ~해도 좋다

试 shì 동 시험 삼아 해 보다, 시험하다

大 dà 형 크다

小 xiǎo 형 작다

······极了 ······jí le 매우 [형용사 뒤에서 뜻을 강조함]

小姐 xiǎojiě 명 아가씨

短 duǎn 형 짧다

再 zài 부 다시

|표현 확장 단어|

短信 duǎnxìn 명 문자 메시지

生词 shēngcí 명 새 단어

穿 chuān 동 입다

衣服 yīfu 동 옷, 의복

长 cháng 형 길다

少 shǎo 형 적다

|읽고, 듣고, 쓰고, 반복해서 외우세요|

회화로 배우기

1 스웨터를 사고 싶어요　 12-03

大卫　天冷了。我想买件毛衣。①
Dàwèi　Tiān lěng le. Wǒ xiǎng mǎi jiàn máoyī.

玛丽　我也要买东西。我们什么时候去?
Mǎlì　Wǒ yě yào mǎi dōngxi. Wǒmen shénme shíhou qù?

大卫　星期天去，怎么样?
Dàwèi　Xīngqītiān qù, zěnmeyàng?

玛丽　星期天人太多。
Mǎlì　Xīngqītiān rén tài duō.

大卫　那明天下午去吧。
Dàwèi　Nà míngtiān xiàwǔ qù ba.

2 이 옷은 너무 짧아요　 12-04

大卫　小姐，我看看那件毛衣。
Dàwèi　Xiǎojiě, wǒ kànkan nà jiàn máoyī.

售货员　好。
Shòuhuòyuán　Hǎo.

大卫　我可以试试吗?
Dàwèi　Wǒ kěyǐ shìshi ma?

售货员　您试一下儿吧。
Shòuhuòyuán　Nín shì yíxiàr ba.

玛丽　这件太短了。②
Mǎlì　Zhè jiàn tài duǎn le.

售货员　您试试那件。
Shòuhuòyuán　Nín shìshi nà jiàn.

大卫　好，我再试一下儿。
Dàwèi　Hǎo, wǒ zài shì yíxiàr.

玛丽　这件不大也不小。
Mǎlì　Zhè jiàn bú dà yě bù xiǎo.

大卫　好极了③，我就买这件。
Dàwèi　Hǎo jí le, wǒ jiù mǎi zhè jiàn.

표현 따라잡기

① **我想买件毛衣。** 나는 스웨터 한 벌을 사고 싶어요.
양사 앞에 놓이는 수사 '一'는 문장의 맨 앞에 쓰이지 않았을 경우 생략할 수 있다. 따라서 '买一件毛衣'를 '买件毛衣'라고 말할 수 있다.

② **这件太短了。** 이건 너무 짧아요.
이 문장에는 중심어인 '毛衣'가 생략되어 있다. 앞뒤 문장을 통해 지시대상을 분명히 알 수 있는 경우에는 중심어를 생략할 수 있다.

③ **好极了!** 정말 좋네요!
'极了'는 형용사나 일부 상태동사 뒤에 쓰여 정도가 최고에 이르렀음을 나타낸다. 예를 들면 '累极了(너무 피곤하다)' '高兴极了(매우 기쁘다)' '喜欢极了(정말 좋아한다)' 등과 같다.

표현으로 확장하기

🔵 응용 표현 🔊 12-05

① 我想<u>买</u>毛衣。

　　学习汉语 xuéxí Hànyǔ　　看电影 kàn diànyǐng
　　发短信 fā duǎnxìn　　　　喝水 hē shuǐ

② 我<u>看看</u>那<u>件</u> <u>毛衣</u>。

　　写 xiě ｜ 课 kè ｜ 生词 shēngcí
　　穿 chuān ｜ 件 jiàn ｜ 衣服 yīfu
　　尝 cháng ｜ 种 zhǒng ｜ 橘子 júzi

③ 这<u>件</u> <u>毛衣</u>不<u>大</u>也不<u>小</u>。

　　件 jiàn ｜ 衣服 yīfu ｜ 长 cháng ｜ 短 duǎn
　　课 kè ｜ 生词 shēngcí ｜ 多 duō ｜ 少 shǎo

🔵 확장 회화 🔊 12-06

① 今天的工作很多，我累极了。
　　Jīntiān de gōngzuò hěn duō, wǒ lèi jí le.

② 那个电影不太好，我不想看。
　　Nàge diànyǐng bú tài hǎo, wǒ bù xiǎng kàn.

③ 请你介绍介绍北京吧。
　　Qǐng nǐ jièshào jièshào Běijīng ba.

어법으로 내공쌓기

◎ 주술술어문

술어가 주술구(주어+술어)로 이루어진 문장을 주술술어문이라고 한다. 주술구의 주어가 가리키는 사람이나 사물은 늘 전체 문장의 주어와 관계가 있다.

他身体很好。 그는 몸이 건강하다.
Tā shēntǐ hěn hǎo.

我工作很忙。 나는 일이 매우 바쁘다.
Wǒ gōngzuò hěn máng.

星期天人很多。 일요일에는 사람이 많다.
Xīngqītiān rén hěn duō.

◎ 조동사

1) 조동사 '想 xiǎng' '要 yào' '可以 kěyǐ' '会 huì' 등은 항상 동사의 앞에 놓여 기대, 능력 혹은 가능성을 나타낸다. 부정형은 조동사 앞에 '不 bù'를 붙이면 된다.

他要买书。 그는 책을 사려고 한다.　　**我想回家。** 나는 집에 가고 싶다.
Tā yào mǎi shū.　　　　　　　　　　　Wǒ xiǎng huí jiā.

可以去那儿。 그곳에 가도 된다.　　　**我不想买东西。** 나는 물건을 사고 싶지 않다.
Kěyǐ qù nàr.　　　　　　　　　　　　Wǒ bù xiǎng mǎi dōngxi.

2) 조동사 '要 yào'의 부정형으로는 '不想 bù xiǎng'을 쓴다.

　A **你要喝水吗?** 물을 마시겠습니까?
　　Nǐ yào hē shuǐ ma?

　B **我现在不想喝。** 지금은 마시고 싶지 않습니다.
　　Wǒ xiànzài bù xiǎng hē.

3) 조동사의 긍정형과 부정형을 함께 나열하여 정반의문문을 만들 수 있다.

你想不想去长城? 당신은 만리장성에 가고 싶습니까?
Nǐ xiǎng bu xiǎng qù Chángchéng?

你会不会说汉语? 당신은 중국어를 할 줄 압니까?
Nǐ huì bu huì shuō Hànyǔ?

문제로 실력다지기

1 알맞은 양사를 넣어 문장을 완성한 후, '几'나 '多少'를 사용해 질문해 보세요.

| 보기 | 我要三_____橘子。 → 我要三斤橘子。你要几斤橘子？

1) 我想买一_____可乐。 → _____
2) 我要买两_____衣服。 → _____
3) 我家有五_____人。 → _____
4) 两个苹果要五_____六_____。 → _____
5) 这是六_____苹果。 → _____
6) 那个银行有二十五_____职员。 → _____
7) 这课有十七_____生词。 → _____

2 알맞은 어휘를 골라 문장을 완성하세요.

不……也不……　　太……了　　……极了　　可以　　想

1) 这种_____，那种便宜，我买那种。
2) 我很忙，今天_____，想休息休息。
3) 这件衣服_____，你穿_____。
4) 今天不上课，我们_____。
5) 明天星期天，我_____。

3 틀린 문장을 찾아 맞게 고쳐 보세요.

1) A 你要吃苹果吗？
   B 我要不吃苹果。

2) A 星期日你想去不去玩儿？
   B 我想去。你想不想去？

3) A 请问，这儿能上不上网？
   B 不能，这儿没有网。

4) A 商店里人多吗？
   B 商店里很多人。

4 당신이 구입한 물건에 대해 이야기해 보세요.

| 화제 | 얼마인가? 비싼가? 살 때 몇 종류가 있었는가? 그 물건들은 어땠는가?
(多少钱？贵不贵？买的时候有几种？那几种怎么样？)

5 듣고 따라 말해 보세요. 12-07

A 这是张丽英买的毛衣。她穿太小，我穿太大，你试试怎么样？
B 不长也不短，好极了。多少钱？
A 不知道。不太贵。
B 我们去问问丽英。
A 现在她不在，下午再去问吧。

6 발음을 연습하세요.

1) 성조 연습 : 제2성+제4성 12-08

yóupiào	（邮票）	yúkuài	（愉快）
tóngzhì	（同志）	xuéyuàn	（学院）
shí yuè	（十月）	qúnzhòng	（群众）
chéngdù	（程度）	guójì	（国际）
wénhuà	（文化）	dédào	（得到）

2) 자주 쓰이는 발음 12-09

ji
- shōuyīnjī （收音机）
- zháojí （着急）
- jǐ ge （几个）
- jì xìn （寄信）

yong
- yōngjǐ （拥挤）
- yǒnggǎn （勇敢）
- yóuyǒng （游泳）
- bú yòng （不用）

| 대중교통 이용하기 |

13 要换车
차를 갈아타야 합니다

🔊 13-01

077 这路车到天安门吗? 이 버스는 톈안먼에 갑니까?
Zhè lù chē dào Tiān'ānmén ma?

078 我买两张票。 표 두 장 살게요.
Wǒ mǎi liǎng zhāng piào.

079 给你五块钱。 5위안 드릴게요.
Gěi nǐ wǔ kuài qián.

080 到天安门还有几站? 톈안먼까지 몇 정거장 남았습니까?
Dào Tiān'ānmén hái yǒu jǐ zhàn?

081 我会说一点儿汉语。 나는 중국어를 조금 할 줄 압니다.
Wǒ huì shuō yìdiǎnr Hànyǔ.

082 天安门到了。 톈안먼에 도착했습니다.
Tiān'ānmén dào le.

083 去语言大学要换车吗? 어언대학에 가려면 차를 갈아타야 합니까?
Qù Yǔyán Dàxué yào huàn chē ma?

084 换几路车? 몇 번 버스로 갈아타야 합니까?
Huàn jǐ lù chē?

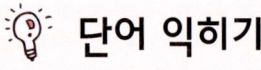 단어 익히기

🎧 13-02

|본문 단어|

路 lù 명 길, 도로

到 dào 동 도착하다, (~에) 이르다

张 zhāng 양 장 [종이, 책상, 침대 등을 세는 양사]

票 piào 명 표, 티켓

给 gěi 동 개 주다, ~에게

站 zhàn 명 정류장, 역

会 huì 조동 동 ~을 할 수 있다, ~을 잘하다

说 shuō 동 말하다

一点儿 yìdiǎnr 수량 조금, 약간

换 huàn 동 바꾸다

售票员 shòupiàoyuán 명 매표원

上(车) shàng (chē) 동 (차에) 타다

找 zhǎo 동 찾다, 거슬러 주다

懂 dǒng 동 알다, 이해하다

哪 nǎ 대 어느

国 guó 명 나라

下(车) xià (chē) 동 (차에서) 내리다

|표현 확장 단어|

杯 bēi 명 컵, 잔

地图 dìtú 명 지도

本 běn 양 권 [책을 세는 양사]

本子 běnzi 명 공책, 노트

|고유명사|

法国 Fǎguó 프랑스

北京师范大学 Běijīng Shīfàn Dàxué 베이징사범대학

中国 Zhōngguó 중국

韩国 Hánguó 한국

英国 Yīngguó 영국

日本 Rìběn 일본

印度尼西亚 Yìndùníxīyà 인도네시아

회화로 배우기

1 이 버스는 톈안먼에 가나요? 🔊 13-03

玛丽 请问，这路车到天安门吗？
Mǎlì　Qǐngwèn, zhè lù chē dào Tiān'ānmén ma?

售票员 到。上车吧。
Shòupiàoyuán　Dào. Shàng chē ba.

大卫 买两张票。多少钱一张？
Dàwèi　Mǎi liǎng zhāng piào. Duōshao qián yì zhāng?

售票员 两块。
Shòupiàoyuán　Liǎng kuài.

大卫 给你五块钱。
Dàwèi　Gěi nǐ wǔ kuài qián.

售票员 找你一块。
Shòupiàoyuán　Zhǎo nǐ yí kuài.

玛丽 请问，到天安门还有几站？
Mǎlì　Qǐngwèn, dào Tiān'ānmén hái yǒu jǐ zhàn?

A 三站。你们会说汉语？①
　Sān zhàn. Nǐmen huì shuō Hànyǔ?

大卫 会说一点儿。
Dàwèi　Huì shuō yìdiǎnr.

玛丽 我说汉语，你懂吗？
Mǎlì　Wǒ shuō Hànyǔ, nǐ dǒng ma?

A	懂。你们是哪国人？
	Dǒng. Nǐmen shì nǎ guó rén?

大卫	我是法国人。
Dàwèi	Wǒ shì Fǎguórén.

玛丽	我是美国人。
Mǎlì	Wǒ shì Měiguórén.

售票员	天安门到了。请下车。
Shòupiàoyuán	Tiān'ānmén dào le. Qǐng xià chē.

 331번 버스로 갈아타세요 13-04

大卫	我买一张票。
Dàwèi	Wǒ mǎi yì zhāng piào.

售票员	去哪儿？
Shòupiàoyuán	Qù nǎr?

大卫	去语言大学。要换车吗？
Dàwèi	Qù Yǔyán Dàxué. Yào huàn chē ma?

售票员	要换车。
Shòupiàoyuán	Yào huàn chē.

大卫	在哪儿换车？
Dàwèi	Zài nǎr huàn chē?

售票员	北京师范大学。
Shòupiàoyuán	Běijīng Shīfàn Dàxué.

大卫	换几路车？
Dàwèi	Huàn jǐ lù chē?

售票员	换331路。
Shòupiàoyuán	Huàn sān sān yāo lù.

大卫	一张票多少钱？
Dàwèi	Yì zhāng piào duōshao qián?

售票员	两块。
Shòupiàoyuán	Liǎng kuài.

大卫	谢谢！
Dàwèi	Xièxie!

售票员	不谢。
Shòupiàoyuán	Bú xiè.

표현 따라잡기

① **你们会说汉语？** 당신들은 중국어를 할 줄 압니까?
의문사는 없지만 문미를 올려 읽어줌으로써 의문의 어기를 나타낸다.

② **要换车。** 차를 갈아타야 합니다.
여기에서 조동사 '要'는 실제적인 필요를 나타낸다.

표현으로 확장하기

응용 표현 🔊 13-05

① 买两<u>张</u>票。

  杯 bēi | 可乐 kělè
  张 zhāng | 地图 dìtú
  斤 jīn | 橘子 júzi
  个 ge | 苹果 píngguǒ

② 给你<u>五块</u>钱。

  他 tā | 本 běn | 书 shū
  我 wǒ | 个 ge | 本子 běnzi
  你 nǐ | 杯 bēi | 饮料 yǐnliào
  你 nǐ | 个 ge | 橘子 júzi

③ A 你是哪国人?
  B 我是法国人。

  中国 Zhōngguó   美国 Měiguó
  韩国 Hánguó   英国 Yīngguó
  日本 Rìběn   印度尼西亚 Yìndùníxīyà

확장 회화 🔊 13-06

A 你们会说英语吗?
  Nǐmen huì shuō Yīngyǔ ma?

B 他会说一点儿,我不会。
  Tā huì shuō yìdiǎnr, wǒ bú huì.

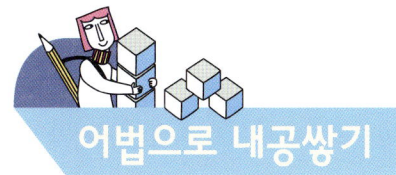

어법으로 내공쌓기

◉ 이중목적어 동사술어문

중국어의 일부 동사는 두 개의 목적어를 가질 수 있다. 이 동사들은 '주어+동사+간접목적어+직접목적어'의 형태로 쓰이는데, 일반적으로 간접목적어는 사람이 오며, 직접목적어는 사물이 온다. 이런 문장을 이중목적어 동사술어문이라고 한다. 많이 쓰이는 이중목적어 동사는 '给 gěi' '找 zhǎo' '告诉 gàosu' '还 huán' '借 jiè' '问 wèn' 등이 있다.

我给你一本书。 내가 당신에게 책 한 권 줄게요.
Wǒ gěi nǐ yì běn shū.

他找我八毛钱。 그는 나에게 8마오를 거슬러 주었다.
Tā zhǎo wǒ bā máo qián.

他问了我时间。 그녀는 나에게 시간을 물었다.
Tā wèn le wǒ shíjiān.

◉ 조동사 '会'

조동사 '会 huì'는 여러 가지 의미를 나타낼 수 있다. 자주 쓰이는 용법으로는 다음 두 가지가 있다.

1) 학습을 통해 어떤 기교에 정통함을 나타낸다.

他会说汉语。 그는 중국어를 할 줄 안다.
Tā huì shuō Hànyǔ.

我不会做中国菜。 나는 중국요리를 할 줄 모른다.
Wǒ bú huì zuò Zhōngguó cài.

2) 가능성을 나타낸다.

A 他会来吗? 그가 올 수 있을까?
Tā huì lái ma?

B 现在九点半了，他不会来了。 지금 9시 반이야. 그는 올 수 없을 거야.
Xiànzài jiǔ diǎn bàn le, tā bú huì lái le.

수량사가 관형어로 쓰일 경우

현대중국어에서 수사는 일반적으로 명사를 직접 수식할 수 없으며, 사이에 반드시 특정한 양사가 와야 한다.

两张票
liǎng zhāng piào
표 두 장

三个本子
sān ge běnzi
노트 세 권

五个学生
wǔ ge xuésheng
학생 다섯 명

문제로 실력다지기

1 다음 제시된 어구를 읽고 5개를 골라 문장을 만들어 보세요. 13-07

| 给你 | 找钱 | 吃(一)点儿 | 说英语 |
| 发短信 | 穿衣服 | 坐车 | 去商店 |

2 '在' '往' '去'를 사용해 문장을 완성하세요.

1) 大卫＿＿＿＿＿＿＿＿＿＿＿＿＿＿＿＿学习汉语。

2) 我去王府井，不知道＿＿＿＿＿＿＿＿＿＿＿＿＿＿坐车。

3) ＿＿＿＿＿＿＿＿＿＿＿＿＿＿走，就是331路车站。

4) 请问，＿＿＿＿＿＿＿＿＿＿＿怎么走？

5) 我＿＿＿＿＿＿＿＿＿＿＿＿＿，欢迎你来玩儿。

3 괄호 안에 주어진 단어를 사용해 대화를 완성하세요.

1) A 你会说汉语吗?
   B ＿＿＿＿＿＿＿＿＿＿＿＿＿。（一点儿）

2) A _____？（多少）
   B 一张票四块钱。
   A 给你十块。
   B _____。（找）

3) A 现在晚上九点半了，他会来吗？
   B _____。（不）

4 밑줄 친 부분을 의문대명사로 고쳐 의문문으로 만들어 보세요.

1) 山下和子是<u>日本</u>留学生。 → _____
2) 我有<u>三</u>个本子、<u>两</u>本书。 → _____
3) <u>我</u>认识大卫的妹妹。 → _____
4) 今天晚上我<u>去看电影</u>。 → _____
5) 我在<u>天安门</u>坐汽车。 → _____
6) 他爸爸的身体<u>好极了</u>。 → _____

5 듣고 따라 말해 보세요. 🔊 13-08

　　我认识一个中国朋友，他在北京大学学习。昨天我想去看他。我问刘京去北京大学怎么走。刘京说，北京大学离这儿很近，坐375路公共汽车可以到，我就去坐375路公共汽车。

　　375路车站就在前边。车来了，我问售票员，去不去北京大学。售票员说去，我很高兴，就上车了。

6 발음을 연습하세요.

1) 성조 연습 : 제2성+경성　🔊 13-09

biéde	（别的）	pútao	（葡萄）
nánde	（男的）	lái le	（来了）
chuán shang	（船上）	júzi	（橘子）
máfan	（麻烦）	shénme	（什么）
tóufa	（头发）	liángkuai	（凉快）

2) 자주 쓰이는 발음　🔊 13-10

liang	liángkuai	（凉快）	**lao**	dǎlāo	（打捞）
	liǎng ge	（两个）		láodòng	（劳动）
	yuèliang	（月亮）		lǎoshī	（老师）

| 환전하기 |

14 我要去换钱
나는 환전하러 가려고 합니다

🔊 14-01

085 钱都花了。 돈을 다 썼습니다.
Qián dōu huā le.

086 听说饭店里可以换钱。 듣자 하니 호텔에서 환전할 수 있다고 합니다.
Tīngshuō fàndiàn li kěyǐ huànqián.

087 这儿能不能换钱？ 여기에서 환전할 수 있습니까?
Zhèr néng bu néng huànqián?

088 您带的什么钱？ 어떤 돈을 가지고 있습니까?
Nín dài de shénme qián?

089 请您在这儿写一下儿钱数。 여기에 금액을 써 주십시오.
Qǐng nín zài zhèr xiě yíxiàr qián shù.

090 请数一数。 한번 세어 보세요.
Qǐng shǔ yi shǔ.

091 时间不早了。 시간이 늦었습니다.
Shíjiān bù zǎo le.

092 我们快走吧！ 우리 빨리 갑시다!
Wǒmen kuài zǒu ba!

단어 익히기

14-02

| 본문 단어 |

花 huā 동 쓰다, 소비하다

听说 tīngshuō 동 듣자 하니, 들은 바로는 ~라고 한다

饭店 fàndiàn 명 호텔

里 li 명 안

能 néng 조동 ~할 수 있다

带 dài 동 지니다, 가지다

数 shù 명 수

数 shǔ 동 세다

时间 shíjiān 명 시간

快 kuài 형 빠르다

营业员 yíngyèyuán 명 점원, 판매원

美元 měiyuán 명 미국 달러(dollar)

百 bǎi 수 백, 100

人民币 rénmínbì 명 런민비 [중국 화폐]

这样 zhèyàng 대 이렇게

| 표현 확장 단어 |

电话 diànhuà 명 전화

号码 hàomǎ 명 번호

念 niàn 동 읽다

汉字 Hànzì 명 한자

等 děng 동 기다리다

| 읽고, 듣고, 쓰고, 반복해서 외우세요 |

회화로 배우기

1 돈을 다 썼어요 🔵 14-03

玛丽 钱都花了，我没钱了。
Mǎlì　Qián dōu huā le, wǒ méi qián le.

　　　我要去换钱。
　　　Wǒ yào qù huànqián.

大卫　听说饭店里可以换钱。
Dàwèi　Tīngshuō fàndiàn li kěyǐ huànqián.

玛丽　我们去问问吧。
Mǎlì　Wǒmen qù wènwen ba.

2 한번 세어 보세요 🔵 14-04

玛丽　请问，这儿能不能换钱？
Mǎlì　Qǐngwèn, zhèr néng bu néng huànqián?

营业员　能。您带的什么钱？
Yíngyèyuán　Néng. Nín dài de shénme qián?

玛丽　美元。
Mǎlì　Měiyuán.

营业员　换多少？
Yíngyèyuán　Huàn duōshao?

玛丽 Mǎlì	五百美元。一美元换多少人民币? Wǔbǎi měiyuán. Yì měiyuán huàn duōshao rénmínbì?
营业员 Yíngyèyuán	六块一毛九。请您在这儿写一下儿钱数, Liù kuài yì máo jiǔ. Qǐng nín zài zhèr xiě yíxiàr qián shù, 在这儿写一下儿名字。 zài zhèr xiě yíxiàr míngzi.
玛丽 Mǎlì	这样写,对不对? Zhèyàng xiě, duì bu duì?
营业员 Yíngyèyuán	对。给您钱,请数一数。① Duì. Gěi nín qián, qǐng shǔ yi shǔ.
玛丽 Mǎlì	谢谢! Xièxie!
大卫 Dàwèi	时间不早了,我们快走吧! Shíjiān bù zǎo le, wǒmen kuài zǒu ba!

💧 표현 따라잡기

① **请数一数**。 한번 세어 보세요.
'数一数'와 '数数'는 같은 의미이다. 단음절 동사를 중첩할 때 동사 사이에 '一'를 첨가할 수 있다. 예를 들면 '听一听' '问一问' 등과 같다. 동사가 나타내는 동작이 '짧은 시간'이거나 동작이 '1회만 행해짐'을 강조한다.

표현으로 확장하기

응용 표현 14-05

① 听说饭店里可以换钱。

他回国了 tā huí guó le
大卫会说汉语 Dàwèi huì shuō Hànyǔ
小王会一点儿英语 Xiǎo Wáng huì yìdiǎnr Yīngyǔ

② 请您写一下儿钱数。

问 wèn │ 电话号码 diànhuà hàomǎ
念 niàn │ 生词 shēngcí
写 xiě │ 这个汉字 zhège Hànzì
等 děng │ 玛丽 Mǎlì

③ 我们快走吧!

你 nǐ │ 来 lái
你们 nǐmen │ 去 qù
我们 wǒmen │ 吃 chī
玛丽 Mǎlì │ 写 xiě

확장 회화 14-06

① 没有时间了，不等他了。
Méiyǒu shíjiān le, bù děng tā le.

② 这是他的信。请你给他。
Zhè shì tā de xìn. Qǐng nǐ gěi tā.

어법으로 내공쌓기

◎ 겸어문

한 문장에 두 개 이상의 술어가 나오고, 첫 번째 술어의 목적어가 두 번째 술어의 주어 역할을 겸하는 문장을 겸어문이라고 한다.

| 주어 | + | 술어1 | + | 술어1의 목적어
술어2의 주어
(겸어) | + | 술어2 |

겸어문의 술어1에는 '请(qǐng, 청하다)' '让(ràng, ~하게 하다)' '叫(jiào, ~하게 하다)' '使(shǐ, ~하게 하다)'와 같이 부탁이나 명령의 의미를 가진 동사가 자주 쓰인다.

请您写一下儿名字。 이름을 적어 주세요. [您은 请의 목적어이자 写의 주어임]
Qǐng nín xiě yíxiàr míngzi.

请他吃饭。 그를 식사에 초대하다. [他는 请의 목적어이자 吃의 주어임]
Qǐng tā chī fàn.

妈妈让我看书。 엄마는 나에게 책을 보라고 하셨다. [我는 让의 목적어이자 看의 주어임]
Māma ràng wǒ kàn shū.

◎ 어기조사 '了'(2)

1) 어떤 일이나 상황이 이미 발생했음을 의미한다. 다음의 두 대화를 비교해보자.

| 대화 1 |

A **你去哪儿?** 어디에 가세요?
Nǐ qù nǎr?

B **我去商店。** 상점에 가요.
Wǒ qù shāngdiàn.

A **你买什么?** 무엇을 살 거예요?
Nǐ mǎi shénme?

B **我买苹果。** 사과를 살 거예요.
Wǒ mǎi píngguǒ.

| 대화 2 |

A 你去哪儿了? 어디에 갔었어요?
　Nǐ qù nǎr le?

B 我去商店了。 상점에 갔었어요.
　Wǒ qù shāngdiàn le.

A 你买什么了? 무엇을 샀어요?
　Nǐ mǎi shénme le?

B 我买苹果了。 사과를 샀어요.
　Wǒ mǎi píngguǒ le.

[대화 1]에서는 '了'를 사용하지 않았기 때문에, '去商店'과 '买苹果'의 두 행위가 아직 일어나지 않았음을 나타낸다.
[대화 2]에서는 '了'를 사용했기 때문에, 이 두 행위가 이미 발생했음을 알 수 있다.

2) 어기조사 '了 le'가 쓰인 문장의 부정형은 동사 앞에 부사 '没(有) méi(yǒu)'를 넣고 문장 끝의 '了'를 삭제한다. 의문문은 문장 끝에 '……了没有 le méiyǒu'를 붙이거나, 혹은 동사의 긍정형과 부정형을 함께 나열하는 '……没 méi……' 형식으로 표현한다.

他没去商店。 그는 상점에 가지 않았다.
Tā méi qù shāngdiàn.

我没买苹果。 나는 사과를 사지 않았다.
Wǒ méi mǎi píngguǒ.

你吃饭了没有? 밥 먹었어요?
Nǐ chī fàn le méiyǒu?

你吃没吃饭? 밥 먹었어요?
Nǐ chī méi chī fàn?

문제로 실력다지기

1 '要' '想' '能' '会' '可以'와 괄호 안에 주어진 단어를 사용해 문장을 완성하세요.

1) 明天我有课，_____。（玩儿）

2) 听说那个电影很好，_____。（看）

3) 你_____吗？（说）

4) 这个本子不太好，_____？（换）

5) 现在我_____，请你明天再来吧。（上课）

2 '再' '可以' '会' '想'을 사용해 빈칸을 채우세요.

　　这个汉字我不_____写，张老师说，我_____去问他。我_____明天去。大卫说，张老师很忙，明天不要去，星期天_____去吧。

3 다음 문장에서 틀린 부분을 찾아 맞게 고쳐 보세요.

1) 昨天我没给你发短信了。　→ _____

2) 他常常去食堂吃饭了。　→ _____

3) 昨天的生词很多了。　→ _____

4) 昨天我不去商店，明天我去商店了。→ _____

4 상황에 맞게 대화를 완성하세요.

1) A _____?
   B 我去朋友家了。
   A _____?
   B 现在我回学校。

2) A _____, 好吗?

　B 好。你等一下儿,我去换件衣服。

　A _____。

　B 这件衣服_____?

　A 很好,我们走吧。

5 듣고 따라 말해 보세요. 14-07

和子想换钱。她听说学校的银行能换,就去了。营业员问她带的什么钱,要换多少,还说要写一下儿钱数和名字,和子都写了。换钱的时候,和子对营业员说:"对不起,我忘带钱了。"

忘 wàng 통 잊다

6 발음을 연습하세요.

1) 성조 연습 : 제3성+제1성 14-08

Běijīng	(北京)	shǒudū	(首都)
hǎochī	(好吃)	měi tiān	(每天)
lǎoshī	(老师)	kǎoyā	(烤鸭)
qǐfēi	(起飞)	jiǎndān	(简单)
hěn gāo	(很高)	huǒchē	(火车)

2) 자주 쓰이는 발음 14-09

li	líkāi	(离开)	dao	dāozi	(刀子)
	lǐbian	(里边)		shuāidǎo	(摔倒)
	lìshǐ	(历史)		zhīdào	(知道)
	dàolǐ	(道理)		dìdao	(地道)

즐거운 문화이야기

대표적인 전통 예술, 경극

1. 영문명: Peking Opera, Beijing Opera
2. 연출 양식: 노래, 대사, 연기, 무술
3. 얼굴 분장: 검보(脸谱)
4. 가치: 중국 인류비물질문화유산

'베이징 오페라'라는 이름으로 세계적으로 널리 알려진 경극京劇은 중국의 대표적인 전통 예술이다.

경극은 여러 지방극의 장점을 흡수하고 황실의 지원을 받으면서 대표적인 전통극으로 자리 잡게 되었는데, 경극이 사랑받을 수 있었던 큰 이유는 귀족적 취향에서 벗어나 평민들이 다가갈 수 있는 소박하고 역동적인 방식으로 변화했기 때문이다.

경극의 연출 양식은 노래(唱 chàng), 대사(念 niàn), 연기(做 zuò), 무술(打 dǎ)의 네 가지로 구성된다. 경극의 배역은 크게 남자 배역인 생(生 shēng), 여자 배역인 단(旦 dàn), 호걸 혹은 개성적인 배역의 정(净 jìng), 어릿광대 배역의 축(丑 chǒu), 단역인 말(末 mò)로 나뉜다.

경극의 얼굴 분장을 '검보(脸谱 liǎnpǔ)'라고 하는데, 경극의 가장 큰 특징으로 꼽을 수 있다. 얼굴 분장은 단순한 치장의 의미를 넘어 등장인물의 성격과 특징을 나타낸다. 붉은색 얼굴은 '관우关羽'와 같이 충성스럽고 용맹한 인물을 표현하고, 흰색 얼굴은 '조조曹操'처럼 교활하고 간사한 성격을 표현한다. 검은색 얼굴은 판관 '포청천包青天'처럼 강직하고 지혜로우며 충성스러운 성격을 나타내고, 파란색 얼굴은 오만하고 용맹한 성격을, 노란색 얼굴은 흉악하고 잔인한 성격을 나타낸다.

| 경극의 얼굴 분장 |

| 전화하기 |

15 我要照张相
나는 사진을 찍으려고 합니다

🔊 15-01

093 这是新出的明信片。 이것은 새로 나온 엽서입니다.
Zhè shì xīn chū de míngxìnpiàn.

094 还有好看的吗? 예쁜 것이 더 있습니까?
Hái yǒu hǎokàn de ma?

095 这几种怎么样? 이런 종류는 어떻습니까?
Zhè jǐ zhǒng zěnmeyàng?

096 请你帮我挑几种。 저를 도와 몇 가지 골라 주세요.
Qǐng nǐ bāng wǒ tiāo jǐ zhǒng.

097 一种买一套吧。 종류별로 한 세트씩 사겠습니다.
Yì zhǒng mǎi yí tào ba.

098 手机没电了。 휴대전화 배터리가 없습니다.
Shǒujī méi diàn le.

099 你打通电话了吗? 전화 통화를 했습니까?
Nǐ dǎtōng diànhuà le ma?

100 她关机了。 그녀의 휴대전화가 꺼져 있습니다.
Tā guānjī le.

단어 익히기

15-02

| 본문 단어 |

- 新 xīn 형 새롭다
- 出 chū 동 발행하다, 내다
- 明信片 míngxìnpiàn 명 (우편)엽서
- 好看 hǎokàn 형 보기 좋다, 예쁘다
- 帮 bāng 동 돕다
- 挑 tiāo 동 고르다
- 套 tào 양 세트, 벌, 조
- 电 diàn 명 전기, 배터리
- 打 dǎ 동 치다, 때리다, (전화를) 걸다
- 通 tōng 동 통하다
- 关机 guānjī 전원을 끄다, 휴대전화를 끄다
- 不错 búcuò 형 괜찮다, 좋다
- 真 zhēn 부 형 정말, 참으로, 진짜이다
- 照相 zhàoxiàng 사진을 찍다
- 照 zhào 동 (사진·영화를) 찍다
- 哎呀 āiyā 감 아이고, 와 [놀람, 아쉬움 등을 나타냄]

| 표현 확장 단어 |

- 照相机 zhàoxiàngjī 명 카메라
- 交 jiāo 동 내다, 건네다
- 费 fèi 명 동 비용, 요금, 쓰다
- 拿 ná 동 가지다
- 完 wán 동 끝나다, 끝마치다
- 找 zhǎo 동 찾다, 구하다

| 고유명사 |

- 东京 Dōngjīng 도쿄

| 읽고, 듣고, 쓰고, 반복해서 외우세요 |

회화로 배우기

1 엽서 있어요? 15-03

(在邮局)

和子 有明信片吗?
Hézǐ Yǒu míngxìnpiàn ma?

营业员 有，这是新出的。
Yíngyèyuán Yǒu, zhè shì xīn chū de.

和子 还有好看的吗?
Hézǐ Hái yǒu hǎokàn de ma?

营业员 你看看，这几种怎么样?①
Yíngyèyuán Nǐ kànkan, zhè jǐ zhǒng zěnmeyàng?

和子 请你帮我挑几种。
Hézǐ Qǐng nǐ bāng wǒ tiāo jǐ zhǒng.

营业员 我看这四种都很好。
Yíngyèyuán Wǒ kàn zhè sì zhǒng dōu hěn hǎo.

和子 那一种买一套吧。
Hézǐ Nà yì zhǒng mǎi yí tào ba.

营业员 还买别的吗?
Yíngyèyuán Hái mǎi biéde ma?

和子 不买了。
Hézǐ Bù mǎi le.

내가 전화를 걸게요 🔵 15-04

和子 Hézǐ	这个公园不错。 Zhège gōngyuán búcuò.
张丽英 Zhāng Lìyīng	那种花儿真好看，我要照张相。 Nà zhǒng huār zhēn hǎokàn, wǒ yào zhào zhāng xiàng.
和子 Hézǐ	给玛丽打个电话，叫她也来吧。 Gěi Mǎlì dǎ ge diànhuà, jiào tā yě lái ba.
张丽英 Zhāng Lìyīng	哎呀，我的手机没电了。 Āiyā, wǒ de shǒujī méi diàn le.
和子 Hézǐ	我打吧。 Wǒ dǎ ba.
张丽英 Zhāng Lìyīng	好。我去买点儿饮料。 Hǎo. Wǒ qù mǎi diǎnr yǐnliào.

……

张丽英 Zhāng Lìyīng	你打通电话了吗? Nǐ dǎtōng diànhuà le ma?
和子 Hézǐ	没打通，她关机了。 Méi dǎtōng, tā guānjī le.

🔴 표현 따라잡기

① **这几种怎么样?** 이런 종류는 어떻습니까?
여기에서 '几'는 의문대명사가 아니라 대략적인 수, 10 이하의 불확실한 수를 나타낸다.
   예 我有十几张明信片。 나는 열 몇 장의 엽서를 가지고 있다.
   教室里有几十个学生。 교실에 몇십 명의 학생이 있다.

표현으로 확장하기

○ 응용 표현 15-05

① 这是新出的明信片。

买 mǎi | 照相机 zhàoxiàngjī
买 mǎi | 电脑 diànnǎo
做 zuò | 衣服 yīfu
来 lái | 老师 lǎoshī

② 请你帮我挑几种明信片。

交 jiāo | 几元 jǐ yuán | 电话费 diànhuà fèi
找 zhǎo | 几本 jǐ běn | 书 shū
试 shì | 几件 jǐ jiàn | 毛衣 máoyī
拿 ná | 几个 jǐ ge | 东西 dōngxi

③ 你打通电话了吗?

吃 chī | 完 wán | 饭 fàn
看 kàn | 完 wán | 那本书 nà běn shū
找 zhǎo | 到 dào | 玛丽 Mǎlì
买 mǎi | 到 dào | 电脑 diànnǎo

○ 확장 회화 15-06

① 我给他发电子邮件。
Wǒ gěi tā fā diànzǐ yóujiàn.

② 我给东京的朋友打电话。我说汉语，他不懂；说英语，他听懂了。
Wǒ gěi Dōngjīng de péngyou dǎ diànhuà. Wǒ shuō Hànyǔ, tā bù dǒng; shuō Yīngyǔ, tā tīngdǒng le.

어법으로 내공쌓기

◎ '是'자문(2)

명사, 대명사, 형용사 등의 뒤에 조사 '的 de'를 붙여 '的'자구를 만들면 명사적 성질과 기능을 갖게 되어 독립적으로 사용할 수 있다. '是 shì'자문에서는 주어와 목적어가 길어지는 경우가 있는데, 이때 '的'자구가 자주 쓰인다.

这个本子是我的。 이 공책은 나의 것이다.
Zhège běnzi shì wǒ de.

那套邮票是新的。 저 우표 세트는 새것이다.
Nà tào yóupiào shì xīn de.

这件毛衣不是玛丽的。 이 스웨터는 메리의 것이 아니다.
Zhè jiàn máoyī bú shì Mǎlì de.

◎ 결과보어

1) 동작의 결과를 보충 설명하는 보어를 결과보어라고 한다. 주로 동사나 형용사가 동사 뒤에 쓰여 결과보어가 된다.

打通 (전화가) 연결되다
dǎtōng

写对 맞게 쓰다
xiěduì

2) 결과보어 '到'
동사 '到 dào'가 결과보어로 쓰이면, 사람이나 움직이는 기구가 동작을 통해 어떤 지점에 도달하거나 동작이 어떤 시점까지 지속됨을 나타낸다. 또한 동작이 어떤 정도까지 진행됨을 의미하기도 한다.

他回到北京了。 그는 베이징으로 돌아갔다.
Tā huídào Běijīng le.

我们学到第十五课了。 우리는 제15과까지 배웠다.
Wǒmen xuédào dì-shíwǔ kè le.

她昨天晚上工作到十点。 그녀는 어제저녁 10시까지 일했다.
Tā zuótiān wǎnshang gōngzuòdào shí diǎn.

3) 부정형은 동사 앞에 '没(有) méi(yǒu)'를 붙여 주면 된다.

我没买到那本书。 나는 그 책을 사지 못했다.
Wǒ méi mǎidào nà běn shū.

大卫没找到玛丽。 데이비드는 메리를 찾지 못했다.
Dàwèi méi zhǎodào Mǎlì.

개사 '给'

개사 '给 gěi'는 어떤 동작이나 행위의 대상을 이끌어 내는 데 쓰인다.

昨天我给你打电话了。 어제 나는 너에게 전화를 걸었다.
Zuótiān wǒ gěi nǐ dǎ diànhuà le.

他给我做衣服。 그는 나에게 옷을 만들어 준다.
Tā gěi wǒ zuò yīfu.

문제로 실력다지기

1 다음 제시된 어구를 읽고, 각 조에서 하나씩 골라 문장을 만들어 보세요. 15-07

| 新 | 书
本子
衣服 | 帮 | 你找找
他拿东西
妈妈做饭 | 交 | 钱
电话费
饭费 |

2 [보기]와 같이 알맞은 양사를 넣어 문장을 고쳐 보세요.

| 보기 | 这是一件新毛衣。 → 这件毛衣是新的。

1) 这是妹妹的电脑。 → _____

2) 那是一本新书。 → _____

3) 这是大卫的照相机。 → _____

4) 这是一个美国电影。 → _____

3 적절한 단어를 골라 문장을 완성하세요.

| 真 | 交 | 完 | 通 |

1) 我的钱_____，我要去换钱。

2) 这个月的手机费你_____吗？

3) 我给玛丽打电话，没_____，明天再打。

4) 这种_____，我也想买。

4 상황에 맞게 대화를 완성하세요.

1) A 你找什么？
   B _____。
   A 你的书是新的吗？
   B _____。

2) A _____？
   B 我没有。你有明信片吗？
   A 有。
   B _____？
   A 对，是新出的。

3) A 这个照相机是谁的？
   B _____。
   A _____？
   B 对。你看，很新。

5 듣고 따라 말해 보세요. 15-08

　　这个照相机是大卫新买的。昨天北京大学的两个中国学生来玩儿，我们一起照相了。北京大学的朋友说，星期天请我们去玩儿。他们在北大东门等我们。我们去的时候，先给他们打电话。

东门 dōngmén 동문, 동쪽 문 | 先 xiān 먼저

6 발음을 연습하세요.

1) 성조 연습 : 제3성+제2성 🔊 15-09

yǔyán	（语言）	yǐqián	（以前）
yǒumíng	（有名）	qǐchuáng	（起床）
lǔxíng	（旅行）	Měiguó	（美国）
hěn cháng	（很长）	jǔxíng	（举行）
jiǎnchá	（检查）	zǎochá	（早茶）

2) 자주 쓰이는 발음 🔊 15-10

zhong	fēnzhōng	（分钟）	**zi**	zǐxì	（仔细）
	yì zhǒng	（一种）		Hànzì	（汉字）
	zhòngyào	（重要）		zhuōzi	（桌子）

복습 3　　11·12·13·14·15

▶ 상황회화

1　우리는 당신을 만나러 왔어요　 fuxi 03-01

[샤오리는 누군가 노크하는 소리를 듣고 문을 연다.]

李	谁啊?
Lǐ	Shéi a?

王	小李，你好!
Wáng	Xiǎo Lǐ, nǐ hǎo!

卫	我们来看你了。
Wèi	Wǒmen lái kàn nǐ le.

李	是你们啊! 快请进! …… 请坐，请喝茶。
Lǐ	Shì nǐmen a! Kuài qǐng jìn! …… Qǐng zuò, qǐng hē chá.

王、卫	谢谢!
Wáng、Wèi	Xièxie!

李	你们怎么找到这儿的?
Lǐ	Nǐmen zěnme zhǎodào zhèr de?

王	小马带我们来的。
Wáng	Xiǎo Mǎ dài wǒmen lái de.

卫	小马的奶奶家离这儿很近。
Wèi	Xiǎo Mǎ de nǎinai jiā lí zhèr hěn jìn.

他去奶奶家，我们就和他一起来了。
Tā qù nǎinai jiā, wǒmen jiù hé tā yìqǐ lái le.

李 你们走累了吧？
Lǐ Nǐmen zǒulèi le ba?

王 不累。我们下车以后很快就找到了这个楼。
Wáng Bú lèi. Wǒmen xià chē yǐhòu hěn kuài jiù zhǎodào le zhège lóu.

卫 你家离你工作的地方很远吧？
Wèi Nǐ jiā lí nǐ gōngzuò de dìfang hěn yuǎn ba?

李 不远，坐18路车就可以到那儿。你们学习忙吧？
Lǐ Bù yuǎn, zuò shíbā lù chē jiù kěyǐ dào nàr. Nǐmen xuéxí máng ba?

王 很忙，每天都有课，作业也很多。
Wáng Hěn máng, měi tiān dōu yǒu kè, zuòyè yě hěn duō.

卫 今天怎么你一个人在家？你爸爸、妈妈呢？
Wèi Jīntiān zěnme nǐ yí ge rén zài jiā? Nǐ bàba、māma ne?

李 我爸爸、妈妈的一个朋友要去美国，今天他们去看那个
Lǐ Wǒ bàba、māma de yí ge péngyou yào qù Měiguó, jīntiān tāmen qù kàn nàge

朋友了。
péngyou le.

王 啊，十一点半了，我们去饭店吃饭吧。
Wáng À, shíyī diǎn bàn le, wǒmen qù fàndiàn chī fàn ba.

李 到饭店去吃饭要等很长时间，也很贵，就在我家吃吧。
Lǐ Dào fàndiàn qù chī fàn yào děng hěn cháng shíjiān, yě hěn guì, jiù zài wǒ jiā chī ba.

我还要请你们尝尝我的拿手菜呢！
Wǒ hái yào qǐng nǐmen chángchang wǒ de náshǒu cài ne!

王、卫 太麻烦你了！
Wáng、Wèi Tài máfan nǐ le!

🔵 fuxi 03-02

啊 a 조 문장 끝에 쓰여 의문·감탄·강조를 나타냄
以后 yǐhòu 명 이후
作业 zuòyè 명 숙제
拿手 náshǒu 형 뛰어나다, 능하다
茶 chá 명 차
每天 měi tiān 명 매일
啊 à 감 오! 아하!
麻烦 máfan 동 번거롭게 하다

▼ 핵심어법

★ 조동사 정리

1 想

주관적인 바람을 나타내며 '打算(dǎsuàn, ~하려고 하다)' '希望(xīwàng, 희망하다)'의 의미가 강하다.

A 你**想**去商店吗? 너 상점에 갈래?
　　Nǐ xiǎng qù shāngdiàn ma?

B 我**不想**去商店，我**想**在家看电视。 상점에 가고 싶지 않아. 집에서 텔레비전을 보고 싶어.
　　Wǒ bù xiǎng qù shāngdiàn, wǒ xiǎng zài jiā kàn diànshì.

2 要

① 주관적인 의지의 요구를 나타낸다. 부정형은 '不想 bù xiǎng'을 쓴다.

我**要**买件毛衣。 나는 스웨터 한 벌을 사야겠다.
Wǒ yào mǎi jiàn máoyī.

A 你**要**看这本书吗? 너 이 책 볼래?
　　Nǐ yào kàn zhè běn shū ma?

B 我**不想**看，我**要**看那本杂志。 보고 싶지 않아. 나는 저 잡지를 볼 거야.
　　Wǒ bù xiǎng kàn, wǒ yào kàn nà běn zázhì.

② 객관적인 사실상의 필요를 나타낸다. 부정형은 항상 '不用 búyòng'을 쓴다.

A **要**换车吗? 버스를 갈아타야 하나요?
　　Yào huàn chē ma?

B **要**换车。 / **不用**换车。 갈아타야 해요. / 갈아탈 필요 없어요.
　　Yào huàn chē. / Búyòng huàn chē.

3 会

① 학습을 통해 어떤 기교에 정통하게 되었음을 나타낸다.

他**会**说汉语。 그는 중국어를 할 줄 안다.
Tā huì shuō Hànyǔ.

我**不会**做菜。 나는 요리를 할 줄 모른다.
Wǒ bú huì zuò cài.

② 가능성을 나타낸다.

A 现在十点了，他**不会**来了吧？ 지금 열 시가 되었는데, 그는 올 수 없겠지?
Xiànzài shí diǎn le, tā bú huì lái le ba?

B 别着急(zháojí, 조급하다)，他**会**来的。 조급해하지 마, 그는 올 거야.
Bié zháojí, tā huì lái de.

4 能

① 어떤 능력을 갖고 있음을 나타낸다.

大卫**能**用汉语谈话(tánhuà, 이야기하다)。 데이비드는 중국어로 이야기할 수 있다.
Dàwèi néng yòng Hànyǔ tánhuà.

② 객관적인 허가를 나타낼 수 있다.

A 你明天上午**能**来吗？ 너 내일 오전에 올 수 있니?
Nǐ míngtiān shàngwǔ néng lái ma?

B **不能**来，明天我有事。 못 와, 내일 일이 있어.
Bù néng lái, míngtiān wǒ yǒu shì.

5 可以

객관적 혹은 이치상의 허가를 나타낸다.

A 我们**可以**走了吗？ 우리 가도 되나요?
Wǒmen kěyǐ zǒu le ma?

B **可以**。 됩니다.
kěyǐ.

A 我们**可以**在这儿玩儿吗？ 우리가 여기서 놀아도 되나요?
Wǒmen kěyǐ zài zhèr wánr ma?

B 不行(xíng, ~해도 좋다)，这儿要上课。 안 돼요, 여기서 수업을 해야 해요.
Bùxíng, zhèr yào shàngkè.

▸ 실전연습

1 동사 '给'와 제시된 어휘를 사용해 이중목적어 구조의 문장을 만들어 보세요.

　① 本子　→ _____
　② 词典　→ _____
　③ 钱　　→ _____
　④ 明信片 → _____
　⑤ 苹果　→ _____

2 질문에 대답해 보세요.

　① 这本书生词多吗?
　② 你的词典是新的吗? 那本书是谁的?
　③ 你会说汉语吗? 你会不会写汉字?

3 제시된 문장으로 회화를 연습해 보세요.

　① 물건 사기

你要买什么?	请问，有……吗?
要多少?	一斤多少钱?
还要别的吗?	多少钱一斤?
请先交钱。	在这儿交钱吗?
找你……钱。	在哪儿交钱?
请数一数。	给你钱。

② 차 타기

这路车到……吗? 　　我去……。
到……还有几站? 　　买……张票。
一张票多少钱? 　　在……上的。
在哪儿换车? 　　在……下车。
换几路车?

③ 환전하기

这儿能换钱吗? 　　你带的什么钱?
……能换多少人民币? 　　换多少?
　　　　　　　　　　请写一下儿钱数和名字。

4 발음을 연습하세요.

① 성조 연습 : 제4성+제3성　　fuxi 03-03

Hànyǔ （汉语）
huì jiǎng Hànyǔ （会讲汉语）
Dàwèi huì jiǎng Hànyǔ （大卫会讲汉语）

② 큰 소리로 읽기　　fuxi 03-04

A Nǐ lěng ma?
B Yǒudiǎnr lěng.

A Gěi nǐ zhè jiàn máoyī.
B Wǒ shìshi.

A Bú dà yě bù xiǎo.
B Shì a. Xièxie!

단문독해 🔊 fuxi 03-05

我跟大卫说好星期天一起去买衣服。
Wǒ gēn Dàwèi shuōhǎo xīngqītiān yìqǐ qù mǎi yīfu.

星期天，我很早就起床了。我家离商店不太远。九点半坐
Xīngqītiān, wǒ hěn zǎo jiù qǐchuáng le. Wǒ jiā lí shāngdiàn bú tài yuǎn. Jiǔ diǎn bàn zuò

车去，十点就到了。买东西的人很多。我在商店前边等大卫。
chē qù, shí diǎn jiù dào le. Mǎi dōngxi de rén hěn duō. Wǒ zài shāngdiàn qiánbian děng Dàwèi.

等到十点半，大卫还没有来，我就先进去了。
Děng dào shí diǎn bàn, Dàwèi hái méiyǒu lái, wǒ jiù xiān jìnqu le.

那个商店很大，东西也很多。我想买毛衣，售货员说在二
Nàge shāngdiàn hěn dà, dōngxi yě hěn duō. Wǒ xiǎng mǎi máoyī, shòuhuòyuán shuō zài èr

层，我就上楼了。
céng, wǒ jiù shàng lóu le.

这儿的毛衣很好看，也很贵。有一件毛衣我穿不长也不短。
Zhèr de máoyī hěn hǎokàn, yě hěn guì. Yǒu yí jiàn máoyī wǒ chuān bù cháng yě bù duǎn.

我去交钱的时候，大卫来了。他说："坐车的人太多了，我来晚
Wǒ qù jiāo qián de shíhou, Dàwèi lái le. Tā shuō: "Zuò chē de rén tài duō le, wǒ lái wǎn

了，真对不起。"我说："没什么。"我们就一起去看别的衣服了。
le, zhēn duìbuqǐ." Wǒ shuō: "Méi shénme." Wǒmen jiù yìqǐ qù kàn biéde yīfu le.

说好 shuōhǎo 정하다, 약속하다　　**先进去** xiān jìnqu 먼저 들어가다
对不起 duìbuqǐ 미안합니다

| 약속 정하기 ❶ |

16 你看过京剧吗?
당신은 경극을 본 적이 있습니까?

🔊 16-01

101 你看过京剧吗? 당신은 경극을 본 적이 있습니까?
Nǐ kànguo jīngjù ma?

102 我没看过京剧。 나는 경극을 본 적이 없습니다.
Wǒ méi kànguo jīngjù.

103 你知道哪儿演京剧吗? 당신은 어디에서 경극을 공연하는지 알고 있습니까?
Nǐ zhīdào nǎr yǎn jīngjù ma?

104 你买到票以后告诉我。 표를 산 후에 나에게 알려 주세요.
Nǐ mǎidào piào yǐhòu gàosu wǒ.

105 我还没吃过北京烤鸭呢! 나는 아직 베이징 오리구이를 먹어 본 적이 없습니다!
Wǒ hái méi chīguo Běijīng kǎoyā ne!

106 我们应该去尝一尝。 우리 꼭 가서 먹어 봐야 합니다.
Wǒmen yīnggāi qù cháng yi cháng.

107 不行。 안 됩니다.
Bùxíng.

108 有朋友来看我。 한 친구가 나를 만나러 옵니다.
Yǒu péngyou lái kàn wǒ.

단어 익히기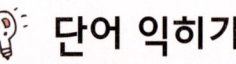

16-02

| 본문 단어 |

过 guo 조 ~한 적이 있다

京剧 jīngjù 명 경극

演 yǎn 동 공연하다

以后 yǐhòu 명 이후

告诉 gàosu 동 말하다, 알리다

烤鸭 kǎoyā 명 오리구이

应该 yīnggāi 조동 ~해야 한다

行 xíng 동 형 ~해도 좋다, 대단하다

有意思 yǒu yìsi 재미있다

当然 dāngrán 부 물론, 당연히

名菜 míng cài 유명한 요리

事 shì 명 일

| 표현 확장 단어 |

酒 jiǔ 명 술

茶 chá 명 차

菜 cài 명 요리, 채소

价钱 jiàqián 명 가격

收 shōu 동 받다

词典 cídiǎn 명 사전

咖啡 kāfēi 명 커피

杂技 zájì 명 서커스

练习 liànxí 명 동 연습문제, 연습하다

| 고유명사 |

人民剧场 Rénmín Jùchǎng
런민극장

| 읽고, 듣고, 쓰고, 반복해서 외우세요 |

회화로 배우기

1 내일 표를 사러 갈게요 🔊 16-03

玛丽 Mǎlì
你看过京剧吗?
Nǐ kànguo jīngjù ma?

大卫 Dàwèi
没看过。
Méi kànguo.

玛丽 Mǎlì
听说很有意思。
Tīngshuō hěn yǒu yìsi.

大卫 Dàwèi
我很想看,你呢?
Wǒ hěn xiǎng kàn, nǐ ne?

玛丽 Mǎlì
我也很想看。你知道哪儿演吗?
Wǒ yě hěn xiǎng kàn. Nǐ zhīdào nǎr yǎn ma?

大卫 Dàwèi
人民剧场常演。
Rénmín Jùchǎng cháng yǎn.

玛丽 Mǎlì
那我们星期六去看,好不好?
Nà wǒmen xīngqīliù qù kàn, hǎo bu hǎo?

大卫 Dàwèi
当然好。明天我去买票。
Dāngrán hǎo. Míngtiān wǒ qù mǎi piào.

玛丽 Mǎlì
买到票以后告诉我。
Mǎidào piào yǐhòu gàosu wǒ.

大卫 Dàwèi
好。
Hǎo.

먹어 본 적 없어요 🔊 16-04

和子 Hézǐ	听说，烤鸭是北京的名菜。 Tīngshuō, kǎoyā shì Běijīng de míng cài.
玛丽 Mǎlì	我还没吃过呢！ Wǒ hái méi chīguo ne!
和子 Hézǐ	我们应该去尝一尝。 Wǒmen yīnggāi qù cháng yi cháng.
玛丽 Mǎlì	二十八号晚上我没事，你呢？ Èrshíbā hào wǎnshang wǒ méi shì, nǐ ne?
和子 Hézǐ	不行，有朋友来看我。 Bùxíng, yǒu péngyou lái kàn wǒ.
玛丽 Mǎlì	三十号晚上怎么样？ Sānshí hào wǎnshang zěnmeyàng?
和子 Hézǐ	可以。 Kěyǐ.

표현으로 확장하기

● 응용 표현 🔊 16-05

① 你看过京剧吗?

去 qù | 长城 Chángchéng
喝 hē | 那种茶 nà zhǒng chá
吃 chī | 那种菜 nà zhǒng cài

喝 hē | 这种酒 zhè zhǒng jiǔ
去 qù | 那个公园 nàge gōngyuán
问 wèn | 价钱 jiàqián

② 我们应该去尝一尝烤鸭。

看 kàn | 京剧 jīngjù
听 tīng | 音乐 yīnyuè

问 wèn | 老师 lǎoshī
找 zhǎo | 他们 tāmen

③ 买到票以后告诉我。

收 shōu | 信 xìn
见 jiàn | 玛丽 Mǎlì

买 mǎi | 词典 cídiǎn
买 mǎi | 咖啡 kāfēi

● 확장 회화 🔊 16-06

① 玛丽，快来，有人找你。
Mǎlì, kuài lái, yǒu rén zhǎo nǐ.

② A 你看杂技吗?
Nǐ kàn zájì ma?

B 不看。昨天的练习我还没做呢。
Bú kàn. Zuótiān de liànxí wǒ hái méi zuò ne.

어법으로 내공쌓기

◎ 동태조사 '过'

1) 동태조사 '过 guo'는 동사 뒤에 쓰여 어떤 동작이 과거에 이미 발생했었음을 나타낸다. 그 경험을 이미 해 보았다는 것을 강조하기 위해 쓴다. 부정형은 동사 앞에 '没(有) méi(yǒu)'를 붙여 표현한다.

> 我去过长城。 나는 만리장성에 가 본 적이 있다.
> Wǒ qùguo Chángchéng.

> 我学过汉语。 나는 중국어를 배워 본 적이 있다.
> Wǒ xuéguo Hànyǔ.

> 我没吃过烤鸭。 나는 오리구이를 먹어 본 적이 없다.
> Wǒ méi chīguo kǎoyā.

2) 의문문은 문장 끝에 '吗 ma'를 쓰거나, '……过 guo ……没有 méiyǒu'를 써서 정반의문문 형식으로 만든다.

> 你去过美国吗? 당신은 미국에 가 본 적이 있습니까?
> Nǐ qùguo Měiguó ma?

> 你去过美国没有? 당신은 미국에 가 본 적이 있습니까?
> Nǐ qùguo Měiguó méiyǒu?

> 你看过那个电影没有? 당신은 그 영화를 본 적이 있습니까?
> Nǐ kànguo nàge diànyǐng méiyǒu?

3) 연동문(9과)에서 과거의 경험을 나타내고자 할 때, '过 guo'는 일반적으로 두 번째 동사의 뒤에 놓인다.

> 我去那个饭店吃过饭。 나는 그 식당에 가서 밥을 먹어 본 적이 있다.
> Wǒ qù nàge fàndiàn chīguo fàn.

◎ 무주어문

거의 모든 문장은 주어와 술어 두 부분으로 구성된다. 하지만 일부 문장은 주어가 없이 단지 술어로만 이루어지기도 하는데, 이런 문장을 무주어문이라고 한다.

> 有人找你。 누군가 당신을 찾아요.
> Yǒu rén zhǎo nǐ.

有人请你看电影。 누군가 당신에게 영화를 보자고 청했어요.
Yǒu rén qǐng nǐ kàn diànyǐng.

'还没(有)……呢'

어떤 동작이 아직 발생하지 않았거나 완성되지 않았음을 나타낸다. '아직 ~하지 않았다'라는 의미이다.

他还没(有)来呢。 그는 아직 오지 않았다.
Tā hái méi(yǒu) lái ne.

这件事我还不知道呢。 이 일에 대해 나는 아직 모른다.
Zhè jiàn shì wǒ hái bù zhīdào ne.

我还没吃过烤鸭呢。 나는 아직 오리구이를 먹어 본 적이 없다.
Wǒ hái méi chīguo kǎoyā ne.

문제로 실력다지기

1 '了'나 '过'를 사용해 문장을 완성하세요.

1) 听说中国的杂技很有意思，我还_____。

2) 昨天我_____。这个电影很好。

3) 他不在，他去_____。

4) 你看_____吗? 听说很好。

5) 你_____? 这种酒不太好喝。

2 '了'나 '过'를 사용해 질문에 대답해 보세요.

1) 你去过中国吗? 在中国去过什么地方?

2) 在中国，你给家里打过电话吗?

3) 昨天晚上你做什么了? 看电视了吗?

4) 你常听录音吗? 昨天听录音了没有?

3 다음 문장이 맞으면 √, 틀리면 X를 표시하세요.

1) 我没找到那个本子。　　　(　　)
   我没找到那个本子了。　　(　　)

2) 你看过没有京剧?　　　　(　　)
   你看过京剧没有?　　　　(　　)

3) 玛丽不去过那个书店。　　(　　)
   玛丽没去过那个书店。　　(　　)

4) 我还没吃过午饭呢。　　　(　　)
   我还没吃午饭呢。　　　　(　　)

4 다음 문장을 부정문으로 고쳐 보세요.

1) 我找到那个本子了。　　→ _____

2) 我看过京剧。　　　　　→ _____

3) 他学过这个汉字。　　　→ _____

4) 我吃过这种菜。　　　　→ _____

5) 玛丽去过那个书店。　　→ _____

5 듣고 따라 말해 보세요. 16-07

以前我没看过中国的杂技，昨天晚上我看了。中国杂技很有意思，以后我还想看。

我也没吃过中国菜。小王说他会做中国菜，星期六请我吃。

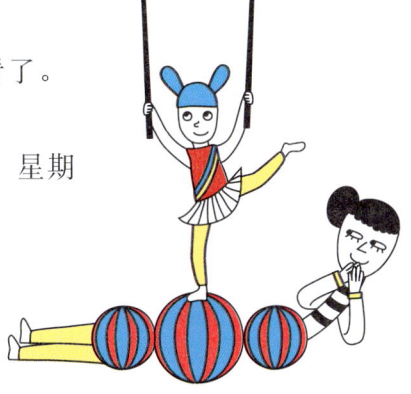

6 발음을 연습하세요.

1) 성조 연습 : 제3성+제3성　16-08

yǒuhǎo	（友好）	wǎndiǎn	（晚点）
yǔfǎ	（语法）	liǎojiě	（了解）
zhǎnlǎn	（展览）	hěn duǎn	（很短）
hǎishuǐ	（海水）	gǔdiǎn	（古典）
guǎngchǎng	（广场）	yǒngyuǎn	（永远）

2) 자주 쓰이는 발음 🔊 16-09

guo	guójì	（国际）	shang	shāngdiàn	（商店）
	shuǐguǒ	（水果）		xīnshǎng	（欣赏）
	guòqù	（过去）		Shànghǎi	（上海）
	chīguo	（吃过）		chē shang	（车上）

| 약속 정하기 ❷ |

17 去动物园
동물원에 갑니다

🔊 17-01

109 这两天天气很好。 요즘 날씨가 매우 좋습니다.
Zhè liǎng tiān tiānqì hěn hǎo.

110 我们出去玩儿玩儿吧。 우리 놀러 갑시다.
Wǒmen chūqu wánrwánr ba.

111 去哪儿玩儿好呢？ 어디로 놀러 가는 게 좋을까요?
Qù nǎr wánr hǎo ne?

112 去北海公园，看看花儿，划划船。
Qù Běihǎi Gōngyuán, kànkan huār, huáhua chuán.
베이하이 공원에 가서 꽃구경도 하고 뱃놀이도 합시다.

113 骑自行车去吧。 자전거를 타고 갑시다.
Qí zìxíngchē qù ba.

114 今天天气多好啊！ 오늘 날씨가 참 좋아요!
Jīntiān tiānqì duō hǎo a!

115 他上午到还是下午到？ 그는 오전에 도착합니까, 아니면 오후에 도착합니까?
Tā shàngwǔ dào háishi xiàwǔ dào?

116 我跟你一起去。 제가 당신과 함께 가겠습니다.
Wǒ gēn nǐ yìqǐ qù.

단어 익히기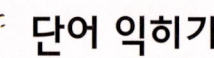

17-02

|본문 단어|

天气 tiānqì 명 날씨

出 chū 동 나가다

划 huá 동 배를 젓다

船 chuán 명 배

骑 qí 동 타다

自行车 zìxíngchē 명 자전거

啊 a 조 감탄을 나타내는 어기조사

还是 háishi 접 또는, 아니면

跟 gēn 개 ~와/과

上 shàng 명 위, 지난번

动物园 dòngwùyuán 명 동물원

大熊猫 dàxióngmāo 명 판다

去年 qùnián 명 작년

学 xué 동 배우다

机场 jīchǎng 명 공항

接 jiē 동 맞이하다

|표현 확장 단어|

考试 kǎoshì 동 명 시험 보다, 시험

地铁 dìtiě 명 지하철

下 xià 명 아래, 다음

条 tiáo 양 줄기, 갈래, 조, 항 [길, 강, 항목 등을 세는 양사]

最 zuì 부 가장

|고유명사|

北海公园 Běihǎi Gōngyuán
베이하이 공원

| 읽고, 듣고, 쓰고, 반복해서 외우세요 |

회화로 배우기

1 우리 놀러 가요 🔊 17-03

张丽英　这两天天气很好。① 我们出去玩儿玩儿吧。
Zhāng Lìyīng　Zhè liǎng tiān tiānqì hěn hǎo. Wǒmen chūqu wánrwánr ba.

和子　去哪儿玩儿好呢?
Hézǐ　Qù nǎr wánr hǎo ne?

张丽英　去北海公园，看看花儿，划划船，多好啊!
Zhāng Lìyīng　Qù Běihǎi Gōngyuán, kànkan huār, huáhua chuán, duō hǎo a!

和子　上星期我去过了，去别的地方吧。
Hézǐ　Shàngxīngqī wǒ qùguo le, qù biéde dìfang ba.

张丽英　去动物园怎么样?
Zhāng Lìyīng　Qù dòngwùyuán zěnmeyàng?

和子　行，还可以看看大熊猫呢。
Hézǐ　Xíng, hái kěyǐ kànkan dàxióngmāo ne.

张丽英　我们怎么去?
Zhāng Lìyīng　Wǒmen zěnme qù?

和子　骑自行车去吧。
Hézǐ　Qí zìxíngchē qù ba.

2 내가 당신과 함께 갈게요 🔊 17-04

和子 你认识李成日吗?
Hézǐ　Nǐ rènshi Lǐ Chéngrì ma?

刘京 当然认识。去年他在这儿学过汉语。
Liú Jīng　Dāngrán rènshi. Qùnián tā zài zhèr xuéguo Hànyǔ.

和子 你知道吗? 明天他来北京。
Hézǐ　Nǐ zhīdào ma?　Míngtiān tā lái Běijīng.

刘京 不知道。他上午到还是下午到?
Liú Jīng　Bù zhīdào.　Tā shàngwǔ dào háishi xiàwǔ dào?

和子 下午两点,我去机场接他。
Hézǐ　Xiàwǔ liǎng diǎn, wǒ qù jīchǎng jiē tā.

刘京 明天下午没有课,我跟你一起去。
Liú Jīng　Míngtiān xiàwǔ méiyǒu kè, wǒ gēn nǐ yìqǐ qù.

和子 好的。
Hézǐ　Hǎo de.

刘京 什么时候去?
Liú Jīng　Shénme shíhou qù?

和子 一点吧。
Hézǐ　Yī diǎn ba.

표현 따라잡기

① **这两天天气很好。** 요즘 날씨가 참 좋습니다.
'这两天'은 '요 며칠'을 의미한다. 이 문장에서 '两'은 대략적인 수를 나타낸다.

표현으로 확장하기

● 응용 표현　🔊 17-05

① 这两天<u>天气很好</u>。

　　我没事 wǒ méi shì
　　他很忙 tā hěn máng
　　小王身体不好 Xiǎo Wáng shēntǐ bù hǎo
　　他们有考试 tāmen yǒu kǎoshì
　　坐地铁的人很多 zuò dìtiě de rén hěn duō

② <u>看</u>看花儿，<u>划</u>划船，多好啊！

　　有意思 yǒu yìsi　　　高兴 gāoxìng

③ 他<u>上午</u>到还是<u>下午</u>到?

　　今天 jīntiān │ 明天 míngtiān
　　下星期 xiàxīngqī │ 这个星期 zhège xīngqī
　　早上八点 zǎoshang bā diǎn │ 晚上八点 wǎnshang bā diǎn

● 확장 회화　🔊 17-06

① A　玛丽在哪儿?
　　　Mǎlì zài nǎr?

　　B　在楼上，你上去找她吧。
　　　Zài lóushàng, nǐ shàngqu zhǎo tā ba.

② A　去动物园哪条路近?
　　　Qù dòngwùyuán nǎ tiáo lù jìn?

　　B　这条路最近。
　　　Zhè tiáo lù zuì jìn.

어법으로 내공쌓기

◎ 선택의문문

접속사 '还是 háishi'를 이용하여 두 가지의 가능한 대답을 열거하고 대답하는 사람이 그 중 하나를 선택하도록 할 수 있는데, 이런 의문문을 선택의문문이라고 한다.

你上午去还是下午去? 당신은 오전에 갑니까, 오후에 갑니까?
Nǐ shàngwǔ qù háishi xiàwǔ qù?

你喝咖啡还是喝茶? 당신은 커피를 마시겠습니까, 차를 마시겠습니까?
Nǐ hē kāfēi háishi hē chá?

你一个人去还是跟朋友一起去? 당신 혼자 갑니까, 친구와 같이 갑니까?
Nǐ yí ge rén qù háishi gēn péngyou yìqǐ qù?

◎ 동작의 방식을 나타내는 연동문

하나의 주어에 대한 술어가 두 개의 동사(구)로 이루어진 문장을 연동문이라고 한다. 연동문에서 앞의 동사(구)는 동작의 방식을 나타낸다.

用汉语介绍 중국어로 소개하다
yòng Hànyǔ jièshào

骑自行车去 자전거를 타고 가다
qí zìxíngchē qù

坐车去机场 차를 타고 공항에 가다
zuò chē qù jīchǎng

◎ 방향보어(1)

'来 lái'와 '去 qù'는 일부 동사의 뒤에서 보어로 쓰여 동작의 방향을 나타내는데, 이런 보어를 방향보어라고 한다. 동작이 말하는 사람을 향해 이루어지면 '来'를 쓰고, 반대 방향으로 이루어지면 '去'를 쓴다.

上课了，快进来吧。 수업 시작하니까 빨리 들어오세요. [화자가 안에 있음]
Shàngkè le, kuài jìnlai ba.

他不在家，出去了。 그는 집에 없어요. 외출했어요. [화자가 집 안에 있음]
Tā bú zài jiā, chūqu le.

玛丽，快下来! 메리야, 빨리 내려와! [화자는 아래층에 있고 메리는 위층에 있음]
Mǎlì, kuài xiàlai!

문제로 실력다지기

1 다음 동사와 어울리는 목적어를 넣어 문장을 만들어 보세요.

1) 坐 → _____

2) 划 → _____

3) 骑 → _____

4) 演 → _____

5) 拿 → _____

6) 换 → _____

7) 穿 → _____

8) 打 → _____

2 그림을 보고 방향보어 '来'와 '去'를 사용해 문장을 완성하세요.

1)

大卫说: "你_____吧."

玛丽说: "你_____吧."

2)

(X의 기준에서 A, B의 동작을 말해 보세요.)

A _____.

B _____.

3 [보기]와 같이 '还是'를 사용해 질문해 보세요.

> | 보기 | 六点半起床   七点起床 → 你六点半起床还是七点起床?

1) 去北海公园　　去动物园　　→ _____
2) 看电影　　　　看杂技　　　→ _____
3) 坐车去　　　　骑自行车去　→ _____
4) 你去机场　　　他去机场　　→ _____
5) 今年回国　　　明年回国　　→ _____

4 듣고 따라 말해 보세요.　🔊 17-07

王兰告诉我，离我们学校不远有一个果园。那个果园有很多水果，可以看，可以吃，也可以买。我们应该去看看。我们想星期天去。我们骑自行车去。

果园 guǒyuán 명 과수원 | 水果 shuǐguǒ 명 과일

5 발음을 연습하세요.

1) 성조 연습 : 제3성+제4성　🔊 17-08

gǎnxiè	（感谢）	kǎoshì	（考试）
yǒuyì	（友谊）	wǎnfàn	（晚饭）
qǐng zuò	（请坐）	zěnyàng	（怎样）
mǎlù	（马路）	fǎngwèn	（访问）
mǎidào	（买到）	yǒu shì	（有事）

2) 자주 쓰이는 발음　🔊 17-09

	chàng gē	（唱歌）		rénmín	（人民）
ge	gǎigé	（改革）	ren	rěnràng	（忍让）
	liǎng ge	（两个）		rènzhēn	（认真）

| 맞이하기 ❶ |

18 路上辛苦了
오시느라 고생하셨습니다

18-01

117 从东京来的飞机到了吗? 도쿄발 비행기가 도착했습니까?
Cóng Dōngjīng lái de fēijī dào le ma?

118 飞机晚点了。 비행기가 연착되었습니다.
Fēijī wǎndiǎn le.

119 飞机快要起飞了。 비행기가 곧 이륙합니다.
Fēijī kuài yào qǐfēi le.

120 飞机大概三点半能到。 비행기는 아마 3시 반경 도착할 것입니다.
Fēijī dàgài sān diǎn bàn néng dào.

121 我们先去喝点儿咖啡，一会儿再来这儿吧。
Wǒmen xiān qù hē diǎnr kāfēi, yíhuìr zài lái zhèr ba.
우리 우선 가서 커피 좀 마시고, 잠시 후에 다시 여기로 옵시다.

122 路上辛苦了。 오시느라 고생하셨습니다.
Lùshang xīnkǔ le.

123 你怎么知道我要来? 내가 온다는 것을 어떻게 알았습니까?
Nǐ zěnme zhīdào wǒ yào lái?

124 是和子告诉我的。 가즈코가 나에게 알려 주었습니다.
Shì Hézǐ gàosu wǒ de.

단어 익히기

🔊 18-02

| 본문 단어 |

从 cóng 개 ~로부터

飞机 fēijī 명 비행기

晚点 wǎndiǎn 동 연착하다

要……了 yào……le 막 ~하려고 하다

起飞 qǐfēi 동 이륙하다

大概 dàgài 부 아마, 대개

先 xiān 부 먼저

辛苦 xīnkǔ 형 고생스럽다, 수고롭다

服务员 fúwùyuán 명 종업원, 안내원

为什么 wèi shénme 왜, 어째서

一会儿 yíhuìr 수량 잠시, 잠깐 동안

感谢 gǎnxiè 동 감사하다, 고맙다

贸易 màoyì 명 무역

公司 gōngsī 명 회사

| 표현 확장 단어 |

毕业 bìyè 동 졸업하다

饮料 yǐnliào 명 음료

啤酒 píjiǔ 명 맥주

出租车 chūzūchē 명 택시

火车 huǒchē 명 기차

开 kāi 동 운전하다

| 읽고, 듣고, 쓰고, 반복해서 외우세요 |

회화로 배우기

1 비행기가 곧 이륙합니다 🔊 18-03

和子 　从东京来的飞机到了吗?
Hézǐ 　Cóng Dōngjīng lái de fēijī dào le ma?

服务员 　还没到。
Fúwùyuán 　Hái méi dào.

和子 　为什么?
Hézǐ 　Wèi shénme?

服务员 　晚点了。飞机现在在上海。
Fúwùyuán 　Wǎndiǎn le. Fēijī xiànzài zài Shànghǎi.

和子 　起飞了吗?
Hézǐ 　Qǐfēi le ma?

服务员 　快要起飞了。
Fúwùyuán 　Kuài yào qǐfēi le.

和子 　什么时候能到?
Hézǐ 　Shénme shíhou néng dào?

服务员 　大概三点半能到。
Fúwùyuán 　Dàgài sān diǎn bàn néng dào.

和子 　刘京,我们先去喝点儿咖啡,一会儿再来这儿吧。
Hézǐ 　Liú Jīng, wǒmen xiān qù hē diǎnr kāfēi, yíhuìr zài lái zhèr ba.

마중 나와 주셔서 감사해요   18-04

和子 / Hézǐ
你看，李成日来了。
Nǐ kàn, Lǐ Chéngrì lái le.

刘京 / Liú Jīng
你好！路上辛苦了。
Nǐ hǎo! Lùshang xīnkǔ le.

李成日 / Lǐ Chéngrì
你们好！刘京，你怎么知道我要来？
Nǐmen hǎo! Liú Jīng, nǐ zěnme zhīdào wǒ yào lái?

刘京 / Liú Jīng
是和子告诉我的。
Shì Hézǐ gàosu wǒ de.

李成日 / Lǐ Chéngrì
感谢你们来接我。
Gǎnxiè nǐmen lái jiē wǒ.

和子 / Hézǐ
我们出去吧！
Wǒmen chūqu ba!

李成日 / Lǐ Chéngrì
等一等，还有贸易公司的人接我呢。
Děng yi děng, hái yǒu màoyì gōngsī de rén jiē wǒ ne.

刘京 / Liú Jīng
好，我们在这儿等你。
Hǎo, wǒmen zài zhèr děng nǐ.

표현으로 확장하기

응용 표현 18-05

① 快要起飞了。

上课 shàngkè   考试 kǎoshì
开车 kāichē   毕业 bìyè

② 我们先去喝点儿咖啡，一会儿再来这儿吧。

换 huàn ｜ 钱 qián ｜ 买饮料 mǎi yǐnliào
吃 chī ｜ 东西 dōngxi ｜ 照相 zhàoxiàng
喝 hē ｜ 啤酒 píjiǔ ｜ 看电影 kàn diànyǐng

③ 是和子告诉我的。

刘京 Liú Jīng ｜ 王兰 Wáng Lán
玛丽 Mǎlì ｜ 大卫 Dàwèi

확장 회화 18-06

① A 他是怎么来的？
   Tā shì zěnme lái de?

B 他(是)坐出租车来的。
   Tā (shì) zuò chūzūchē lái de.

② 火车要开了，快上去吧。
   Huǒchē yào kāi le, kuài shàngqu ba.

어법으로 내공쌓기

◎ '要……了'

1) '곧 ~할 것이다'라는 뜻으로, 어떤 동작이나 상황이 곧 발생할 것임을 나타낸다. '要 yào'는 '곧 ~하려 하다'의 의미로 동사나 형용사 앞에 놓이며, 문장 끝에는 어기조사 '了 le'를 쓴다. '要' 앞에 '就 jiù'나 '快 kuài'를 써서 시간의 긴박함을 나타낼 수도 있다.

火车要开了。 기차가 곧 출발합니다.
Huǒchē yào kāi le.

快要到北京了。 곧 베이징에 도착합니다.
Kuài yào dào Běijīng le.

他就要来了。 그가 곧 올 것입니다.
Tā jiù yào lái le.

2) '就要 jiù yào……了 le' 앞에는 시간사를 넣을 수 있지만, '快要 kuài yào……了 le' 앞에는 시간사를 넣을 수 없다.

他明天就要走了。 그는 내일 갈 것입니다.
Tā míngtiān jiù yào zǒu le.

他明天快要走了。(×)

◎ '是……的'

1) '是 shì……的 de' 구문은 이미 발생한 동작의 시간이나 장소, 방식 등을 강조하는 데 쓰인다. '是'는 강조해야 할 부분의 앞에 놓이며 때로 생략할 수 있다. '的'는 문장의 끝에 놓인다.

他(是)昨天来的。 그는 어제 왔습니다.
Tā (shì) zuótiān lái de.

你(是)在哪儿买的？ 어디에서 샀습니까?
Nǐ (shì) zài nǎr mǎi de?

我(是)坐飞机来的。 나는 비행기를 타고 왔습니다.
Wǒ (shì) zuò fēijī lái de.

2) 때로 동작의 주체를 강조하는 데 쓰이기도 한다.

(是)她告诉我的。 그녀가 내게 알려 주었습니다.
(Shì) tā gàosu wǒ de.

문제로 실력다지기

1 '要……了' '快要……了' '就要……了'를 사용해 문장을 고쳐 보세요.

> |보기| 现在是十月，你应该买毛衣了。 → 天气(快)要冷了，你应该买毛衣了。

1) 八点上课，现在七点五十了，我们快走吧。 → _____

2) 你再等等，他很快就来。　　　　　　　　→ _____

3) 李成日明天回国，我们去看看他吧。　　　→ _____

4) 饭很快就做好，你们在这儿吃饭吧。　　　→ _____

2 '(是)……的'를 사용해 대화를 완성하세요.

1) A 这种橘子真好吃，_____？
   B 是在旁边的商店_____。

2) A 你给玛丽打电话了吗?
   B 打了。我是昨天晚上_____。
   A 她知道开车的时间了吗?
   B 她昨天上午就知道了。
   A _____？
   B 是刘京告诉她的。

3 실제 상황에 근거해 질문에 대답해 보세요.

1) 你从哪儿来的? 你是怎么来的?

2) 你为什么学习汉语?

4 듣고 따라 말해 보세요. 🔊 18-07

我从法国来，我是坐飞机来的。我在北京语言大学学习汉语。在法国我没学过汉语，我不会说汉语，也不会写汉字。现在我会说一点儿了，我很高兴。我应该感谢我们的老师。

5 발음을 연습하세요.

1) 성조 연습 : 제3성+경성 🔊 18-08

zěnme	（怎么）	wǎnshang	（晚上）
xǐhuan	（喜欢）	jiǎozi	（饺子）
zǎoshang	（早上）	sǎngzi	（嗓子）
jiějie	（姐姐）	nǎinai	（奶奶）
shǒu shang	（手上）	běnzi	（本子）

2) 자주 쓰이는 발음 🔊 18-09

	hē jiǔ	（喝酒）		wēixiǎn	（危险）
he	hépíng	（和平）	wei	zhōuwéi	（周围）
	zhùhè	（祝贺）		wěidà	（伟大）
	suíhé	（随和）		wèi shénme	（为什么）

| 맞이하기 ❷ |

19 欢迎你
환영합니다

🔊 19-01

125 别客气。 천만에요.
Bié kèqi.

126 一点儿也不累。 조금도 피곤하지 않습니다.
Yìdiǎnr yě bú lèi.

127 您第一次来中国吗? 당신은 중국에 처음 왔습니까?
Nín dì-yī cì lái Zhōngguó ma?

128 我以前来过(中国)两次。 나는 전에 (중국에) 두 번 와 봤습니다.
Wǒ yǐqián láiguo (Zhōngguó) liǎng cì.

129 这是我们经理给您的信。 이것은 저희 사장님께서 당신께 드리는 편지입니다.
Zhè shì wǒmen jīnglǐ gěi nín de xìn.

130 他问您好。 당신께 안부 전해 달라고 하셨습니다.
Tā wèn nín hǎo.

131 我们在北京饭店请您吃晚饭。
Wǒmen zài Běijīng Fàndiàn qǐng nín chī wǎnfàn.
우리는 베이징호텔에서 당신께 저녁 식사를 대접하겠습니다.

132 我从朋友那儿去饭店。 나는 친구가 있는 곳에서 호텔로 가겠습니다.
Wǒ cóng péngyou nàr qù fàndiàn.

단어 익히기

19-02

| 본문 단어 |

别 bié 부 ~하지 마라

客气 kèqi 형 예의 바르다, 겸손하다, 예의를 차리다

第 dì 접두 제 [수사 앞에 쓰여 순서를 나타냄]

次 cì 양 차례, 번, 회

经理 jīnglǐ 명 사장, 책임자, 지배인

先生 xiānsheng 명 선생님, 씨

翻译 fānyì 명 동 번역가·통역사, 번역하다·통역하다

顺利 shùnlì 형 순조롭다

外边 wàibian 명 밖, 바깥

送 sòng 동 배웅하다, 데려다 주다

以前 yǐqián 명 과거, 이전

麻烦 máfan 동 형 귀찮다, 번거롭다, 귀찮게 하다

不好意思 bù hǎoyìsi 부끄럽다, 쑥스럽다, 미안합니다

不用 búyòng 부 ~할 필요 없다

打车 dǎ chē 택시를 타다

| 표현 확장 단어 |

热 rè 형 덥다, 뜨겁다

慢 màn 형 느리다

分钟 fēnzhōng 명 분

笔 bǐ 명 펜, 필기구

寄 jì 동 (우편으로) 부치다, 보내다

句 jù 양 마디, 구

| 읽고, 듣고, 쓰고, 반복해서 외우세요 |

회화로 배우기

1 오시느라 고생하셨습니다 19-03

王 您好！李先生。我是王大年，公司的翻译。
Wáng　Nín hǎo! Lǐ xiānsheng. Wǒ shì Wáng Dànián, gōngsī de fānyì.

李 谢谢您来接我。
Lǐ　Xièxie nín lái jiē wǒ.

王 别客气。路上辛苦了。累了吧？
Wáng　Bié kèqi. Lùshang xīnkǔ le. Lèi le ba?

李 一点儿也不累，很顺利。
Lǐ　Yìdiǎnr yě bú lèi, hěn shùnlì.

王 汽车在外边，我们送您去饭店。
Wáng　Qìchē zài wàibian, wǒmen sòng nín qù fàndiàn.

李 我还有两个朋友。
Lǐ　Wǒ hái yǒu liǎng ge péngyou.

王 那一起走吧。
Wáng　Nà yìqǐ zǒu ba.

李 谢谢！
Lǐ　Xièxie!

2 우리가 모시러 갈게요

经理 Jīnglǐ	欢迎您，李先生！ Huānyíng nín, Lǐ xiānsheng!
李 Lǐ	谢谢！ Xièxie!
经理 Jīnglǐ	您第一次来中国吗？ Nín dì-yī cì lái Zhōngguó ma?
李 Lǐ	不，我以前来过两次。这是我们经理给您的信。 Bù, wǒ yǐqián láiguo liǎng cì. Zhè shì wǒmen jīnglǐ gěi nín de xìn.
经理 Jīnglǐ	麻烦您了。 Máfan nín le.
李 Lǐ	他问您好。 Tā wèn nín hǎo.
经理 Jīnglǐ	谢谢。今天我们在北京饭店请您吃晚饭。 Xièxie. Jīntiān wǒmen zài Běijīng Fàndiàn qǐng nín chī wǎnfàn.
李 Lǐ	您太客气了，真不好意思。 Nín tài kèqi le, zhēn bù hǎoyìsi.
经理 Jīnglǐ	您有时间吗？ Nín yǒu shíjiān ma?
李 Lǐ	下午我去朋友那儿，晚上没事。 Xiàwǔ wǒ qù péngyou nàr, wǎnshang méi shì.
经理 Jīnglǐ	我们去接您。 Wǒmen qù jiē nín.
李 Lǐ	不用了，我可以打车从朋友那儿去。 Búyòng le, wǒ kěyǐ dǎ chē cóng péngyou nàr qù.

표현으로 확장하기

응용 표현 🔊 19-05

① <u>一点儿</u>也<u>不累</u>。

一点儿 yìdiǎnr | 不热 bú rè
一点儿 yìdiǎnr | 不慢 bú màn
一样东西 yíyàng dōngxi | 没买 méi mǎi
一分钟 yì fēnzhōng | 没休息 méi xiūxi

② 这是<u>我们经理</u><u>给您</u>的<u>信</u>。

我姐姐 wǒ jiějie | 给我 gěi wǒ | 笔 bǐ
他哥哥 tā gēge | 送你 sòng nǐ | 花 huā
我朋友 wǒ péngyou | 给我 gěi wǒ | 明信片 míngxìnpiàn

③ A 您是第一次<u>来中国</u>吗?
　B 不，我以前<u>来</u>过两次。

吃烤鸭 chī kǎoyā | 吃 chī
看京剧 kàn jīngjù | 看 kàn
来我们学校 lái wǒmen xuéxiào | 来 lái

확장 회화 🔊 19-06

① 这次我来北京很顺利。
Zhè cì wǒ lái Běijīng hěn shùnlì.

② 我寄给你的信收到了吗?
Wǒ jì gěi nǐ de xìn shōudào le ma?

③ 我来中国的时候一句汉语也不会说。
Wǒ lái Zhōngguó de shíhou yí jù Hànyǔ yě bú huì shuō.

어법으로 내공쌓기

◎ '从' '在'의 목적어와 '这儿' '那儿'

'从 cóng'과 '在 zài'의 목적어가 사람을 가리키는 명사나 대명사일 경우에는, 반드시 그 뒤에 '这儿 zhèr' 혹은 '那儿 nàr'을 붙여야 장소를 나타낼 수 있다.

他从我这儿去书店。 그는 내가 있는 이곳에서 서점에 갔다.
Tā cóng wǒ zhèr qù shūdiàn.

我从张大夫那儿来。 나는 장 선생님이 계신 곳에서 왔다.
Wǒ cóng Zhāng dàifu nàr lái.

我妹妹在玛丽那儿玩儿。 내 여동생은 메리네에서 놀고 있다.
Wǒ mèimei zài Mǎlì nàr wánr.

我的笔在他那儿。 내 펜은 그에게 있다.
Wǒ de bǐ zài tā nàr.

◎ 동량보어

1) 동량보어란 동작이나 행위와 관련된 '횟수'를 보충하는 성분이다. 수사+동량사의 구조로 결합하며, 동사 뒤에 놓여 '동작이 발생한 횟수'를 나타낸다. 자주 쓰이는 동량사는 '次 cì' '遍 biàn' '趟 tàng' '下 xià' 등이 있다.

他来过一次。 그는 한 번 온 적이 있다.
Tā láiguo yí cì.

我找过他两次，他都不在。 나는 그를 두 번 찾았는데, 그는 모두 없었다.
Wǒ zhǎoguo tā liǎng cì, tā dōu bú zài.

2) 동량보어로서의 '一下儿 yíxiàr'은 동작의 횟수를 나타낼 뿐 아니라, 동작의 지속 시간이 짧고, 가볍고 부담없다는 의미를 나타낼 수 있다.

给你们介绍一下儿。 여러분에게 소개 좀 할게요.
Gěi nǐmen jièshào yíxiàr.

你帮我拿一下儿。 나를 도와서 좀 들어 주세요.
Nǐ bāng wǒ ná yíxiàr.

🔵 동사, 동사구, 주술구 등이 관형어로 쓰일 때

동사나 동사구, 주술구, 개사구가 관형어로 쓰일 때에는 반드시 '的'를 붙여야 한다.

来的人很多。 오는 사람이 많다. [동사가 관형어로 쓰일 때]
Lái de rén hěn duō.

学习汉语的学生不少。 중국어를 배우는 학생이 많다. [동사구가 관형어로 쓰일 때]
Xuéxí Hànyǔ de xuésheng bù shǎo.

这是经理给您的信。 이것은 사장님께서 당신에게 드리는 편지입니다. [주술구가 관형어로 쓰일 때]
Zhè shì jīnglǐ gěi nín de xìn.

从东京来的飞机下午到。 도쿄에서 오는 비행기는 오후에 도착한다. [개사구가 관형어로 쓰일 때]
Cóng Dōngjīng lái de fēijī xiàwǔ dào.

문제로 실력다지기

1 다음 동사를 사용해 문장을 만들어 보세요.

| 接 | 送 | 给 | 收 | 换 |

1) _____
2) _____
3) _____
4) _____
5) _____

2 괄호 안의 단어가 들어갈 알맞은 위치를 고르세요.(A와 B가 모두 가능한 경우도 있음)

1) 我坐过 A 11路汽车 B。（两次）

2) 她去过 A 上海 B。（三次）

3) 动物园我 A 去过 B。（两次）

4) 我哥哥的孩子吃过 A 烤鸭 B。（一次）

5) 你帮我 A 拿 B。（一下儿）

3 '一……也……'를 사용해 [보기]와 같이 문장을 고쳐 보세요.

| 보기 | 我没休息。(天) → 我一天也没休息。

1) 今天我没喝啤酒。（瓶）   → _____

2) 我没去过动物园。（次）   → _____

3) 在北京他没骑过自行车。（次） → _____

4) 今天我没带钱。（分） → _____

5) 他不认识汉字。（个） → _____

4 실제 상황에 근거해 질문에 대답해 보세요.

1) 你来过中国吗？现在是第几次来？

2) 这本书有多少课？这是第几课？

3) 你一天上几节(jié, 수업을 세는 양사)课？现在是第几节课？

4) 你们宿舍楼有几层？你住在几层？

5 다음 상황에 근거해 대화를 나누어 보세요.

1) | 상황 | 공항에 친구를 마중 나간다. (去机场接朋友。)
   | 화제 | 오는 길이 어땠는지 묻고, 그에게 지금 어디로 가는지 며칠간 무엇을 할 것인지 등을 알려 준다.
   (问候路上怎么样；告诉他现在去哪儿；这几天做什么等。)

2) | 상황 | 기차역에 친구를 마중 나갔는데 기차가 연착되었다.
   (去火车站接朋友，火车晚点了。)
   | 화제 | 왜 아직 도착하지 않았는지, 언제 도착할 수 있는지 등을 묻는다.
   (问为什么还没到，什么时候能到等。)

6 듣고 따라 말해 보세요. 🔊 19-07

　　上星期五我去大同了，我是坐火车去的，今天早上回来的。我第一次去大同。我很喜欢这个地方。

　　从北京到大同很近。坐火车去大概要七个小时。现在去，不冷也不热。下星期你也去吧。

大同 Dàtóng 고유 따퉁 [지명] | 小时 xiǎoshí 몡 시간

7 발음을 연습하세요.

1) 성조 연습 : 제4성+제1성 🔊 19-08

qìchē	（汽车）	lùyīn	（录音）
dàyī	（大衣）	chàng gē	（唱歌）
diàndēng	（电灯）	dàjiā	（大家）
hùxiāng	（互相）	hòutiān	（后天）

2) 자주 쓰이는 발음 🔊 19-09

ye	yēzi	（椰子）	qian	qiānwàn	（千万）
	yéye	（爷爷）		qiánbian	（前边）
	yuányě	（原野）		qiǎnxiǎn	（浅显）
	shùyè	（树叶）		dàoqiàn	（道歉）

| 접대하기 |

20 为我们的友谊干杯!
우리의 우정을 위해 건배합시다!

🔊 20-01

133 请这儿坐。 여기에 앉으세요.
Qǐng zhèr zuò.

134 我过得很愉快。 나는 즐겁게 지냈습니다.
Wǒ guò de hěn yúkuài.

135 您喜欢喝什么酒? 당신은 어떤 술을 좋아합니까?
Nín xǐhuan hē shénme jiǔ?

136 为我们的友谊干杯! 우리의 우정을 위해 건배합시다!
Wèi wǒmen de yǒuyì gānbēi!

137 这个鱼做得真好吃。 이 생선은 정말 맛있게 요리되었습니다.
Zhège yú zuò de zhēn hǎochī.

138 你们别客气,像在家一样。 어려워하지 말고 집에서처럼 편하게 하세요.
Nǐmen bié kèqi, xiàng zài jiā yíyàng.

139 我做菜做得不好。 나는 요리를 잘 못합니다.
Wǒ zuò cài zuò de bù hǎo.

140 你们慢慢吃。 천천히 드세요.
Nǐmen mànmàn chī.

단어 익히기

|본문 단어|

- 过 guò 동 지내다, 지나다
- 得 de 조 동사나 형용사의 뒤에 쓰여 정도보어와 연결시키는 구조조사
- 愉快 yúkuài 형 유쾌하다, 기쁘다
- 喜欢 xǐhuan 동 좋아하다
- 为……干杯 wèi……gānbēi ~을 위해 건배하다
- 友谊 yǒuyì 명 우정
- 鱼 yú 명 생선
- 好吃 hǎochī 형 맛있다
- 像 xiàng 동 ~와 같다, 비슷하다
- 一样 yíyàng 형 같다
- 大家 dàjiā 대 모두, 다들

- 健康 jiànkāng 형 건강하다
- 饺子 jiǎozi 명 만두
- 饱 bǎo 형 배부르다

|표현 확장 단어|

- 生活 shēnghuó 동 명 생활하다, 생활
- 睡 shuì 동 잠자다
- 晚 wǎn 형 늦다
- 洗 xǐ 동 씻다
- 干净 gānjìng 형 깨끗하다
- 照片 zhàopiàn 명 사진
- 辆 liàng 양 대 [차량을 세는 양사]

| 읽고, 듣고, 쓰고, 반복해서 외우세요 |

회화로 배우기

1 건배합시다! 🔊 20-03

翻译 李先生，请这儿坐。
Fānyì　Lǐ xiānsheng, qǐng zhèr zuò.

李　　谢谢！
Lǐ　　Xièxie!

经理　这两天过得怎么样？
Jīnglǐ　Zhè liǎng tiān guò de zěnmeyàng?

李　　过得很愉快。
Lǐ　　Guò de hěn yúkuài.

翻译 您喜欢喝什么酒？
Fānyì　Nín xǐhuan hē shénme jiǔ?

李　　啤酒吧。
Lǐ　　Píjiǔ ba.

经理　您尝尝这个菜怎么样？
Jīnglǐ　Nín chángchang zhège cài zěnmeyàng?

李　　很好吃。
Lǐ　　Hěn hǎochī.

经理　多吃点，别客气。
Jīnglǐ　Duō chī diǎn, bié kèqi.

李　　好的，谢谢。
Lǐ　　Hǎo de, xièxie.

经理 来，为我们的友谊干杯！①
Jīnglǐ Lái, wèi wǒmen de yǒuyì gānbēi!

李 为大家的健康干杯！
Lǐ Wèi dàjiā de jiànkāng gānbēi!

翻译 干杯！
Fānyì Gānbēi!

2 천천히 드세요 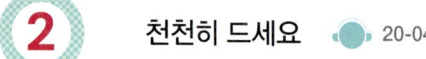 20-04

刘京 我们先喝酒吧。
Liú Jīng Wǒmen xiān hē jiǔ ba.

李成日 这个鱼做得真好吃。
Lǐ Chéngrì Zhège yú zuò de zhēn hǎochī.

刘京妈妈 你们别客气，像在家一样。
Liú Jīng māma Nǐmen bié kèqi, xiàng zài jiā yíyàng.

李成日 好的，谢谢您。
Lǐ Chéngrì Hǎo de, xièxie nín.

刘京妈妈 吃饺子吧。
Liú Jīng māma Chī jiǎozi ba.

和子 我最喜欢吃饺子了。
Hézǐ Wǒ zuì xǐhuan chī jiǎozi le.

刘京 听说你很会做日本菜。
Liú Jīng Tīngshuō nǐ hěn huì zuò Rìběn cài.

和子 哪儿啊②，我做得不好。
Hézǐ Nǎr a, wǒ zuò de bù hǎo.

刘京 Liú Jīng	你怎么不吃了？ Nǐ zěnme bù chī le?
和子 Hézǐ	吃饱了。你们慢慢吃。③ Chī bǎo le. Nǐmen mànmàn chī.

🛈 표현 따라잡기

① **为我们的友谊干杯！** 우리의 우정을 위해 건배합시다!
개사 '为'는 동작의 목적을 설명하는 데 쓰이며, 반드시 동사의 앞에 놓아야 한다.

② **哪儿啊。** 뭘요, 아니에요.
'哪儿啊'는 부정의 의미를 나타낸다. 주로 다른 사람의 칭찬에 대한 대답으로 쓰이는데, 자신은 상대방이 말한 것처럼 그렇게 뛰어나지 않다는 의미를 표현한다.

③ **你们慢慢吃。** 천천히 드세요.
관용적인 인사말이다. 자신은 다 먹었고 다른 사람은 아직 다 먹지 않았을 때 '慢慢吃' 또는 '慢用'이라고 말한다.

표현으로 확장하기

응용 표현 🔊 20-05

① **我过得很愉快。**

　　我们 wǒmen | 生活 shēnghuó | 好 hǎo
　　他 tā | 说 shuō | 快 kuài
　　张先生 Zhāng xiānsheng | 休息 xiūxi | 不错 búcuò
　　大卫 Dàwèi | 睡 shuì | 晚 wǎn

② **这个鱼做得真好吃。**

　　件 jiàn | 衣服 yīfu | 洗 xǐ | 干净 gānjìng
　　张 zhāng | 照片 zhàopiàn | 照 zhào | 好 hǎo
　　辆 liàng | 汽车 qìchē | 开 kāi | 快 kuài

③ **我做菜做得不好。**

　　做 zuò | 饺子 jiǎozi | 好吃 hǎochī
　　写 xiě | 汉字 Hànzì | 好看 hǎokàn
　　翻译 fānyì | 生词 shēngcí | 快 kuài

확장 회화 🔊 20-06

① 他汉语说得真好，像中国人一样。
　Tā Hànyǔ shuō de zhēn hǎo, xiàng Zhōngguórén yíyàng.

② 你说得太快，我没听懂，请你说得慢一点儿。
　Nǐ shuō de tài kuài, wǒ méi tīngdǒng, qǐng nǐ shuō de màn yìdiǎnr.

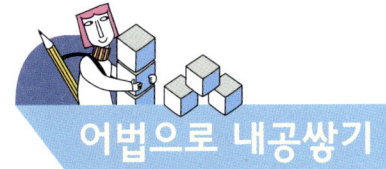

어법으로 내공쌓기

◎ 정도보어

1) 동사나 형용사 뒤에서 동작이나 상태의 수준이 어느 정도에 이르렀는지를 보충 설명하는 보어를 정도보어라고 한다. '술어+得 de+정도보어'의 형식으로 쓰인다.

> 我们休息得很好。 우리는 잘 쉬었다.
> Wǒmen xiūxi de hěn hǎo.

> 玛丽、大卫他们玩儿得很愉快。 메리와 데이비드는 즐겁게 놀았다.
> Mǎlì、Dàwèi tāmen wánr de hěn yúkuài.

2) 정도보어의 부정형은 보어 앞에 부정부사 '不 bù'를 붙이는 것이다. 주의할 점은 '不'를 동사 앞에 놓아서는 안 된다는 것이다.

> 他来得不早。 그는 일찍 오지 않았다.
> Tā lái de bù zǎo.

> 他生活得不太好。 그는 그다지 잘 살지 못한다.
> Tā shēnghuó de bú tài hǎo.

3) 정도보어의 긍정형과 부정형을 함께 나열하여 정반의문문을 만들 수 있다.

> 你休息得好不好? 당신은 잘 쉬었습니까?
> Nǐ xiūxi de hǎo bu hǎo?

> 这个鱼做得好吃不好吃? 이 생선은 맛있게 요리되었습니까?
> Zhège yú zuò de hǎochī bu hǎochī?

◎ 정도보어와 목적어

동사가 목적어를 가질 경우, 동사를 한 번 더 반복하여 목적어 뒤에 쓰고 '得 de+정도보어'를 붙인다.

> 他说汉语说得很好。 그는 중국어를 매우 잘한다.
> Tā shuō Hànyǔ shuō de hěn hǎo.

> 她做菜做得很不错。 그녀는 요리를 꽤 잘한다.
> Tā zuò cài zuò de hěn búcuò.

> 我写汉字写得不太好。 나는 한자를 그다지 잘 쓰지 못한다.
> Wǒ xiě Hànzì xiě de bú tài hǎo.

문제로 실력다지기

1 다음 제시된 어구를 읽고 5개를 골라 문장을 만들어 보세요. 🔊 20-07

> 起得很早
> 生活得很愉快
> 休息得不太好
>
> 走得很快
> 穿得很多
> 来得不晚
>
> 玩儿得很高兴
> 演得好极了
> 写得不太慢

2 정도보어를 사용해 문장을 완성하세요.

1) 他洗衣服_____。

2) 我姐姐做鱼_____。

3) 小王开车_____。

4) 他划船_____。

3 '得+정도보어'를 사용해 대화를 완성하세요.

1) A 你喜欢吃鱼吗? 这鱼做_____?
   B _____很好吃。

2) A 今天的京剧演_____?
   B _____很好。

3) A 昨天晚上你几点睡的?
   B 十二点。
   A _____。你早上起得也很晚吧?
   B 不，_____。

4 '在' '给' '得' '像……一样' '跟……一起'를 사용해 빈칸을 채우세요.

王兰、和子都_____语言大学学习，她们是好朋友，_____姐姐和妹妹_____。上星期我_____她们_____去北海公园玩儿。我_____她们照相，照得很多，都照_____很好。那天我们玩儿_____很愉快。

5 '得+정도보어' 형식을 사용해 당신의 하루 일과를 이야기해 보세요.

| 화제 |

1) 당신은 언제 일어나서 언제 교실에 갑니까? 언제 잡니까? 일찍 잡니까, 늦게 잡니까?
   (你什么时候起床？什么时候去教室？什么时候睡觉？早还是晚？)

2) 당신은 중국어를 배우는 게 어떻습니까? 배우기가 어렵습니까? 매일 몇 시간 공부합니까?
   (你学汉语学得怎么样？学得难不难？每天学习几个小时？)

6 듣고 따라 말해 보세요. 🔊 20-08

昨天我和几个小朋友去划船了。孩子们很喜欢划船，他们划得很好。我坐在船上高兴极了，也像孩子一样玩儿。这一天过得真有意思！

小朋友 xiǎopéngyǒu 명 어린이, 꼬마

7 발음을 연습하세요.

1) 성조 연습 : 제4성+제2성 🔊 20-09

bù lái	（不来）	liànxí	（练习）
qùnián	（去年）	fùxí	（复习）
rìchéng	（日程）	wèntí	（问题）
xìngmíng	（姓名）	gàobié	（告别）
sòngxíng	（送行）	kètáng	（课堂）

2) 자주 쓰이는 발음 🔊 20-10

gong	gōngrén	（工人）	**jiu**	jiūjìng	（究竟）
	gǒnggù	（巩固）		hǎojiǔ	（好久）
	yígòng	（一共）		chéngjiù	（成就）

잰말놀이로 발음 연습 | 绕口令 ràokǒulìng

🔊 rao 06

妈妈种麻，我去放马，马吃了麻，妈妈骂马。
Māma zhòng má, wǒ qù fàng mǎ, mǎ chī le má, māma mà mǎ.
엄마가 마를 심고 나는 말을 풀어놓았다. 말이 마를 먹자 엄마가 말을 혼낸다.

🔊 rao 07

娃娃画画，妈妈绣花。娃娃看妈妈绣娃娃，妈妈看娃娃画妈妈。
Wáwa huà huà, māma xiù huā. Wáwa kàn māma xiù wáwa, māma kàn wáwa huà māma.
아기는 그림을 그리고, 엄마는 수를 놓는다. 아기는 엄마가 아기 수를 놓는 것을 보고, 엄마는 아기가 엄마를 그리는 것을 본다.

🔊 rao 08

妞妞轰牛，牛拗，妞妞拧牛。
Niūniu hōng niú, niú niù, niūniu níng niú.
여자아이가 소를 모는데, 소가 고분고분하지 않아 소를 잡아당긴다.

🔊 rao 09

这是蚕，那是蝉，蚕常在叶里藏，蝉常在林里唱。
Zhè shì cán, nà shì chán, cán cháng zài yèli cáng, chán cháng zài línli chàng.
이것은 누에이고, 저것은 매미이다. 누에는 늘 잎 속에 숨어 있고, 매미는 항상 숲속에서 노래한다.

🔊 rao 10

天上小星星，地上小青青。
Tiānshang xiǎo xīngxīng, dìshang xiǎo qīngqīng.
青青看星星，星星亮晶晶。
Qīngqīng kàn xīngxīng, xīngxīng liàng jīngjīng.
青青数星星，星星数不清。
Qīngqīng shǔ xīngxīng, xīngxīng shǔ bu qīng.
하늘에는 작은 별, 땅에는 작은 새싹. 새싹은 별을 보고, 별은 반짝반짝. 새싹은 별을 세고, 별은 헤아릴 수 없네.

복습 4

16 · 17 · 18 · 19 · 20

▶ 상황회화

1 옛 친구를 만나서 정말 기뻐요  fuxi 04-01

[존의 중국 친구가 오늘 베이징에서 온다. 존이 공항으로 그를 마중 나갔다.]

约翰 啊，小王，路上辛苦了！
Yuēhàn À, Xiǎo Wáng, lùshang xīnkǔ le!

王 不辛苦。谢谢你来接我。
Wáng Bù xīnkǔ. Xièxie nǐ lái jiē wǒ.

约翰 别客气。收到你的信，知道你要来旧金山，我高兴极了。
Yuēhàn Bié kèqi. Shōudào nǐ de xìn, zhīdào nǐ yào lái Jiùjīnshān, wǒ gāoxìng jí le.

王 我很高兴能见到老朋友。刘小华、珍妮他们都好吗？
Wáng Wǒ hěn gāoxìng néng jiàndào lǎo péngyou. Liú Xiǎohuá、Zhēnnī tāmen dōu hǎo ma?

约翰 都很好。他们很忙，今天没时间来接你。
Yuēhàn Dōu hěn hǎo. Tāmen hěn máng, jīntiān méi shíjiān lái jiē nǐ.

王 我们都是老朋友了，不用客气。
Wáng Wǒmen dōu shì lǎo péngyou le, búyòng kèqi.

约翰 为了欢迎你来，星期六我们请你在中国饭店吃饭。
Yuēhàn Wèile huānyíng nǐ lái, xīngqīliù wǒmen qǐng nǐ zài Zhōngguó Fàndiàn chī fàn.

王 谢谢！给你们添麻烦了。
Wáng Xièxie! Gěi nǐmen tiān máfan le.

2 당신은 옛날이랑 똑같네요   fuxi 04-02

珍妮 / Zhēnnī: 小王怎么还没来?
Xiǎo Wáng zěnme hái méi lái?

刘 / Liú: 还没到时间。
Hái méi dào shíjiān.

珍妮 / Zhēnnī: 他第一次来旧金山,能找到这儿吗?
Tā dì-yī cì lái Jiùjīnshān, néng zhǎodào zhèr ma?

约翰 / Yuēhàn: 这个饭店很有名,能找到。
Zhège fàndiàn hěn yǒumíng, néng zhǎodào.

刘 / Liú: 啊,你们看,小王来了!
À, nǐmen kàn, Xiǎo Wáng lái le!

约翰 / Yuēhàn: 小王,快来!这儿坐。
Xiǎo Wáng, kuài lái! Zhèr zuò.

珍妮 / Zhēnnī: 三年没见,你跟以前一样。
Sān nián méi jiàn, nǐ gēn yǐqián yíyàng.

王 / Wáng: 是吗?
Shì ma?

珍妮 / Zhēnnī: 这是菜单。小王,你想吃什么?
Zhè shì càidān. Xiǎo Wáng, nǐ xiǎng chī shénme?

约翰 / Yuēhàn: 我知道,他喜欢吃糖醋鱼,还有……
Wǒ zhīdào, tā xǐhuan chī tángcùyú, hái yǒu……

王 / Wáng: 你们太客气了,我真不好意思。
Nǐmen tài kèqi le, wǒ zhēn bù hǎoyìsi.

刘 / Liú: 我们先喝酒吧。
Wǒmen xiān hē jiǔ ba.

约翰　来，为我们的友谊干杯!
Yuēhàn　Lái, wèi wǒmen de yǒuyì gānbēi!

珍妮、刘、王　干杯!
Zhēnnī、Liú、Wáng　Gānbēi!

 fuxi 04-03

约翰 Yuēhàn 고유 존(John) [인명]　　旧金山 Jiùjīnshān 고유 샌프란시스코(San Francisco)
见到 jiàndào 동 보다, 만나다　　老 lǎo 형 오래된, 옛부터의
刘小华 Liú Xiǎohuá 고유 리우샤오화 [인명]　　珍妮 Zhēnnī 고유 제니(Jenny) [인명]
添 tiān 동 보태다, 더하다　　见 jiàn 동 만나다
菜单 càidān 명 메뉴　　糖醋鱼 tángcùyú 고유 탕수 소스로 맛을 낸 생선요리

▼ 핵심어법

★ 술어의 주요 성분에 따른 4가지 문장 유형

1 명사술어문

명사나 명사구, 수량사 등이 직접 술어가 되는 문장을 명사술어문이라고 한다.

今天**星期六**。　오늘은 토요일이다.
Jīntiān **xīngqīliù**.

他**今年二十岁**。　그는 올해 스무 살이다.
Tā **jīnnián èrshí suì**.

现在**两点钟**。　지금은 2시이다.
Xiànzài **liǎng diǎn zhōng**.

这本书**十八块五**。　이 책은 18위안 5마오이다.
Zhè běn shū **shíbā kuài wǔ**.

2 동사술어문

술어의 주요 성분이 동사인 문장을 동사술어문이라고 한다.

我**写汉字**。　나는 한자를 쓴다.
Wǒ **xiě Hànzì**.

他想**学习汉语**。　그는 중국어를 배우고 싶어한다.
Tā xiǎng **xuéxí Hànyǔ**.

他**来中国旅行**。 그는 중국에 여행 왔다.
Tā lái Zhōngguó lǚxíng.

玛丽和大卫**去看电影**。 메리와 데이비드는 영화를 보러 간다.
Mǎlì hé Dàwèi qù kàn diànyǐng.

3 형용사술어문

술어의 주요 성분이 형용사인 문장을 형용사술어문이라고 한다. 사람이나 사물의 상태에 대해 묘사하거나, 사물의 변화를 설명하는 데 쓰인다.

天气**热了**。 날씨가 더워졌다.
Tiānqì rè le.

张老师**很忙**。 장 선생님은 매우 바쁘시다.
Zhāng lǎoshī hěn máng.

这本汉语书**很便宜**。 이 중국어책은 매우 싸다.
Zhè běn Hànyǔ shū hěn piányi.

4 주술술어문

주술술어문의 술어는 자체가 하나의 주술구로 이루어져 있다. 주로 주어를 설명하거나 묘사한다.

我爸爸**身体很好**。 우리 아버지는 건강하시다.
Wǒ bàba shēntǐ hěn hǎo.

他**工作很忙**。 그는 일이 매우 바쁘다.
Tā gōngzuò hěn máng.

今天**天气很不错**。 오늘 날씨가 좋다.
Jīntiān tiānqì hěn búcuò.

★ 의문문의 6가지 유형

1 '吗'를 이용한 의문문

가장 자주 쓰이는 질문 방식으로, 가능한 대답에 대해 미리 추측하지 않는다.

你是学生**吗**? 당신은 학생입니까?
Nǐ shì xuésheng ma?

你喜欢看中国电影**吗**? 당신은 중국영화 보는 것을 좋아합니까?
Nǐ xǐhuan kàn Zhōngguó diànyǐng ma?

你有明信片**吗**? 당신은 엽서를 가지고 있습니까?
Nǐ yǒu míngxìnpiàn ma?

2 정반의문문

긍정형과 부정형을 함께 나열하여 질문한다.

你**认识不认识**他? 당신은 그를 압니까?
Nǐ rènshi bu rènshi tā?

你们学校**大不大**? 당신들의 학교는 큽니까?
Nǐmen xuéxiào dà bu dà?

你**有没有**弟弟? 당신은 남동생이 있습니까?
Nǐ yǒu méiyǒu dìdi?

明天你**去不去**长城? 내일 당신은 만리장성에 갑니까?
Míngtiān nǐ qù bu qù Chángchéng?

3 의문대명사를 이용한 의문문

'谁 shéi' '什么 shénme' '哪 nǎ' '哪儿 nǎr' '怎么样 zěnmeyàng' '多少 duōshao' '几 jǐ' 등의 의문대명사를 사용하여 질문한다.

谁是你们的老师? 누가 여러분의 선생님입니까?
Shéi shì nǐmen de lǎoshī?

哪本书是你的? 어느 책이 당신의 것입니까?
Nǎ běn shū shì nǐ de?

他身体**怎么样**? 그의 건강은 어떻습니까?
Tā shēntǐ zěnmeyàng?

今天星期**几**? 오늘은 무슨 요일입니까?
Jīntiān xīngqī jǐ?

4 '还是'를 이용한 선택의문문

질문하는 사람이 두 개의 답을 추측할 수 있을 때, '还是 háishi'를 이용해 선택의문문을 만들어 질문한다.

你上午去**还是**下午去? 당신은 오전에 갑니까, 오후에 갑니까?
Nǐ shàngwǔ qù háishi xiàwǔ qù?

他是美国人**还是**法国人? 그는 미국인입니까, 프랑스인입니까?
Tā shì Měiguórén háishi Fǎguórén?

你去看电影**还是**去看京剧? 당신은 영화를 보러 갑니까, 경극을 보러 갑니까?
Nǐ qù kàn diànyǐng háishi qù kàn jīngjù?

5 '呢'를 이용한 생략의문문

我很好，你呢? 나는 잘 지냅니다. 당신은요?
Wǒ hěn hǎo, nǐ ne?

大卫看电视，玛丽呢? 데이비드는 텔레비전을 봅니다. 메리는요?
Dàwèi kàn diànshì, Mǎlì ne?

6 '……, 好吗?'를 이용한 질문

이러한 문장은 주로 건의를 하고 상대방의 의견을 구할 때 쓴다.

我们明天去，好吗? 우리 내일 가는 게 어때요?
Wǒmen míngtiān qù, hǎo ma?

▶ 실전연습

1 방향보어가 있는 문장으로 질문에 대답해 보세요.

① 你带来词典了吗?
② 你妈妈寄来信了吗?
③ 昨天下午你出去了吗?
④ 他买来橘子了吗?

2 실제 상황에 근거해 질문에 대답해 보세요.

① 你是从哪儿来中国的? 怎么来的?
② 你在哪儿上课? 你骑自行车去上课吗?
③ 你常常看电影还是常常看电视?
④ 你们学校外国留学生多吗? 哪个国家的留学生多?
⑤ 你去过长城吗? 你玩儿得高兴不高兴? 你照相了吗? 照得怎么样?

3 제시된 문장으로 회화를 연습해 보세요.

① 감사

谢谢!	感谢你……	麻烦你了!

② 환영

欢迎您!	路上辛苦了。
路上顺利吗?	什么时候到的?

③ 초대

你喜欢什么酒?	很好吃。
别客气，多吃点儿。	不吃(喝)了。
为……干杯!	吃饱了。

4 발음을 연습하세요.

① 성조 연습 : 제4성+제4성　　fuxi 04-04

shàngkè (上课)
zài jiàoshì shàngkè (在教室上课)
xiànzài zài jiàoshì shàngkè (现在在教室上课)

bìyè (毕业)
xià ge yuè bìyè (下个月毕业)
dàgài xià ge yuè bìyè (大概下个月毕业)

② 큰 소리로 읽기　　fuxi 04-05

A　Wǒ zuì xǐhuan dàxióngmāo.
B　Wǒ yě xǐhuan dàxióngmāo.
A　Wǒmen qù dòngwùyuán ba.
B　Hǎo jí le. Xiàwǔ jiù qù.

단문독해 fuxi 04-06

阿里：
Ālǐ:

你好！听说你要去北京语言大学学习了，我很高兴。我给
Nǐ hǎo! Tīngshuō nǐ yào qù Běijīng Yǔyán Dàxué xuéxí le, wǒ hěn gāoxìng. Wǒ gěi
你介绍一下儿那个学校。
nǐ jièshào yíxiàr nàge xuéxiào.

语言大学很大，有很多留学生，也有中国学生。留学生
Yǔyán Dàxué hěn dà, yǒu hěn duō liúxuéshēng, yě yǒu Zhōngguó xuésheng. Liúxuéshēng
学习汉语；中国学生学习外语。
xuéxí Hànyǔ; Zhōngguó xuésheng xuéxí wàiyǔ.

学校里有很多楼。你可以住在留学生宿舍。留学生食堂就
Xuéxiào li yǒu hěn duō lóu. Nǐ kěyǐ zhù zài liúxuéshēng sùshè. Liúxuéshēng shítáng jiù
在宿舍楼旁边。他们做的饭菜还不错。
zài sùshè lóu pángbiān. Tāmen zuò de fàncài hái búcuò.

学校里有个小邮局，那儿可以寄信、买邮票，也可以寄东西。
Xuéxiào li yǒu ge xiǎo yóujú, nàr kěyǐ jì xìn, mǎi yóupiào, yě kěyǐ jì dōngxi.

离学校不远有个商店，那儿东西很多，也很便宜。我在
Lí xuéxiào bù yuǎn yǒu ge shāngdiàn, nàr dōngxi hěn duō, yě hěn piányi. Wǒ zài
语言大学的时候，常去那儿买东西。
Yǔyán Dàxué de shíhou, cháng qù nàr mǎi dōngxi.

你知道吗？娜依就在北京大学学习。北大离语言大学很近。
Nǐ zhīdào ma? Nàyī jiù zài Běijīng Dàxué xuéxí. BěiDà lí Yǔyán Dàxué hěn jìn.
你有时间可以去那儿找她。
Nǐ yǒu shíjiān kěyǐ qù nàr zhǎo tā.

娜依的哥哥毕业了。他上个月从英国回来。现在还没找
Nàyī de gēge bìyè le. Tā shàng ge yuè cóng Yīngguó huílai. Xiànzài hái méi zhǎo
到工作呢。他问你好。
dào gōngzuò ne. Tā wèn nǐ hǎo.

好，不多写了。等你回信。
Hǎo, bù duō xiě le. Děng nǐ huíxìn.

祝你愉快！
Zhù nǐ yúkuài!

你的朋友 莎菲
nǐ de péngyou Shāfēi

2017年8月3日
èr líng yī qī nián bā yuè sān rì

阿里 Ālǐ 고유 아리 [인명]
娜依 Nàyī 고유 나이 [인명]
莎菲 Shāfēi 고유 소피(Sophie) [인명]

外语 wàiyǔ 명 외국어
祝 zhù 동 바라다, 기원하다

| 초대하기 |

21 请你参加
참석해 주세요

🔊 21-01

141 喂，北大中文系吗? 여보세요, 베이징대학 중문과죠?
Wéi, BěiDà Zhōngwénxì ma?

142 我是中文系。 여기는 중문과입니다.
Wǒ shì Zhōngwénxì.

143 您找哪位? 누구를 찾으십니까?
Nín zhǎo nǎ wèi?

144 她在上课呢。 그녀는 수업을 하고 있습니다.
Tā zài shàngkè ne.

145 请她给我回个电话。 저에게 전화해 달라고 그녀에게 전해 주세요.
Qǐng tā gěi wǒ huí ge diànhuà.

146 我一定转告她。 그녀에게 꼭 전해 드리겠습니다.
Wǒ yídìng zhuǎngào tā.

147 现在你做什么呢? 지금 무엇을 하고 있습니까?
Xiànzài nǐ zuò shénme ne?

148 (现在)在休息呢。 (지금) 쉬고 있습니다.
(Xiànzài) zài xiūxi ne.

단어 익히기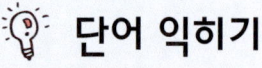

21-02

| 본문 단어 |

喂 wéi/wèi 감 여보세요

中文 Zhōngwén 명 중국어

系 xì 명 학과

位 wèi 양 분, 명 [사람을 세는 양사]

一定 yídìng 부 반드시, 꼭

转告 zhuǎngào 동 전달하다

刚才 gāngcái 명 방금, 막

圣诞节 Shèngdàn Jié 명 크리스마스

晚会 wǎnhuì 명 이브닝 파티

参加 cānjiā 동 참가하다

门口 ménkǒu 명 입구

| 표현 확장 단어 |

通知 tōngzhī 동 명 알리다, 통지

帮助 bāngzhù 동 돕다

报 bào 명 신문

跳舞 tiàowǔ 동 춤추다

新年 xīnnián 명 새해

舞会 wǔhuì 명 댄스 파티, 무도회

里边 lǐbian 명 안쪽, 내부

正在 zhèngzài 부 지금 ~하고 있다

开 kāi 동 열다, 개최하다

唱 chàng 동 노래하다

歌 gē 명 노래

参观 cānguān 동 참관하다, 견학하다

| 고유명사 |

李红 Lǐ Hóng 리훙 [인명]

友谊宾馆 Yǒuyì Bīnguǎn
여우이 호텔

회화로 배우기

1 여기는 중문과입니다 🔊 21-03

玛丽　喂，北大中文系吗?
Mǎlì　Wéi, BěiDà Zhōngwénxì ma?

中文系　对，我是中文系。① 您找哪位?
Zhōngwénxì　Duì, wǒ shì Zhōngwénxì. Nín zhǎo nǎ wèi?

玛丽　李红老师在吗?
Mǎlì　Lǐ Hóng lǎoshī zài ma?

中文系　不在，她在上课呢。您找她有什么事?
Zhōngwénxì　Bú zài, tā zài shàngkè ne. Nín zhǎo tā yǒu shénme shì?

玛丽　她下课以后，请她给我回个电话。我叫玛丽。
Mǎlì　Tā xiàkè yǐhòu, qǐng tā gěi wǒ huí ge diànhuà. Wǒ jiào Mǎlì.

中文系　好，我一定转告她。她知道您的手机号吗?
Zhōngwénxì　Hǎo, wǒ yídìng zhuǎngào tā. Tā zhīdào nín de shǒujī hào ma?

玛丽　知道，谢谢您!
Mǎlì　Zhīdào, xièxie nín!

中文系　不客气。
Zhōngwénxì　Bú kèqi.

지금 무엇을 하고 있어요? 🔊 21-04

李红　喂，玛丽吗？刚才你给我打电话了？
Lǐ Hóng　Wéi, Mǎlì ma?　Gāngcái nǐ gěi wǒ dǎ diànhuà le?

玛丽　是啊，现在你做什么呢？
Mǎlì　Shì a, xiànzài nǐ zuò shénme ne?

李红　在休息呢。
Lǐ Hóng　Zài xiūxi ne.

玛丽　告诉你，明天晚上有个圣诞节晚会，我请你参加。
Mǎlì　Gàosu nǐ, míngtiān wǎnshang yǒu ge Shèngdàn Jié wǎnhuì, wǒ qǐng nǐ cānjiā.

李红　好，我一定去。
Lǐ Hóng　Hǎo, wǒ yídìng qù.

玛丽　晚上八点，我在友谊宾馆门口等你。
Mǎlì　Wǎnshang bā diǎn, wǒ zài Yǒuyì Bīnguǎn ménkǒu děng nǐ.

李红　王老师也去吗？
Lǐ Hóng　Wáng lǎoshī yě qù ma?

玛丽　去，跟她先生一起去。②
Mǎlì　Qù, gēn tā xiānsheng yìqǐ qù.

李红　那好极了！
Lǐ Hóng　Nà hǎo jí le!

🔸 표현 따라잡기

① **我是中文系。** 여기는 중문과입니다.
'我是……'는 전화 통화 시 자주 쓰는 표현으로, 전화 받는 사람이 소속된 단체 또는 기관을 뒤에 이어 말한다.

② **跟她先生一起去。** (그녀는) 그녀의 남편과 함께 갑니다.
'先生'은 자신 또는 다른 사람의 남편을 칭할 때 쓸 수 있는데, 이때 앞에는 반드시 인칭대명사가 와야 한다.

표현으로 확장하기

응용 표현 🔊 21-05

① 我一定<u>转告</u>她。

告诉 gàosu　　　通知 tōngzhī
叫 jiào　　　　　帮助 bāngzhù

② A 现在你做什么呢?
　 B 在休息呢。

照相 zhàoxiàng　　　看报 kàn bào
跳舞 tiàowǔ　　　　 发短信 fā duǎnxìn
做练习 zuò liànxí　　听录音 tīng lùyīn
看电视 kàn diànshì　 上网 shàngwǎng

③ <u>明天晚上</u>我们有个<u>圣诞节晚会</u>。

星期天 xīngqītiān | 新年晚会 xīnnián wǎnhuì
星期六晚上 xīngqīliù wǎnshang | 舞会 wǔhuì
新年的时候 xīnnián de shíhou | 音乐会 yīnyuèhuì

확장 회화 🔊 21-06

① 里边正在开新年晚会，他们在唱歌呢，快进去吧。
Lǐbian zhèngzài kāi xīnnián wǎnhuì, tāmen zài chàng gē ne, kuài jìnqu ba.

② 明天上午去参观，八点在留学生楼前边上车。请通知一下儿。
Míngtiān shàngwǔ qù cānguān, bā diǎn zài liúxuéshēng lóu qiánbian shàngchē. Qǐng tōngzhī yíxiàr.

어법으로 내공쌓기

◉ 동작의 진행

1) 한 동작은 진행이나 지속, 완성 등의 여러 단계에 있을 수 있다. 동작이 진행되고 있음을 나타내려면 동사 앞에 부사 '正在 zhèngzài' '正 zhèng' '在 zài' 중 하나를 붙이거나, 혹은 문장 끝에 어기조사 '呢 ne'를 붙이면 된다. '正在' '正' '在'는 '呢'와 함께 쓸 수도 있다.

学生正在上课(呢)。 학생들이 수업을 받고 있다.
Xuésheng zhèngzài shàngkè (ne).

他来的时候，我正看报纸(呢)。 그가 왔을 때 나는 신문을 보고 있었다.
Tā lái de shíhou, wǒ zhèng kàn bàozhǐ (ne).

他在听音乐(呢)。 그는 음악을 듣고 있다.
Tā zài tīng yīnyuè (ne).

他写信呢。 그는 편지를 쓰고 있다.
Tā xiě xìn ne.

2) '正在 zhèngzài / 正 zhèng / 在 zài……(呢 ne)'로 표현되는 '진행 중인 동작'은 현재 일어나고 있을 수도 있고, 과거에 일어났거나 혹은 미래에 일어날 수도 있다.

A 你做什么呢? 무엇을 하고 있니?
Nǐ zuò shénme ne?

B 休息呢。 쉬고 있어. [현재]
Xiūxi ne.

A 昨天我给你打电话的时候，你做什么呢?
Zuótiān wǒ gěi nǐ dǎ diànhuà de shíhou, nǐ zuò shénme ne?
어제 내가 너에게 전화를 걸었을 때 무엇을 하고 있었어?

B 我做练习呢。 숙제를 하고 있었어. [과거]
Wǒ zuò liànxí ne.

明天上午你去找他，他一定在上课。
Míngtiān shàngwǔ nǐ qù zhǎo tā, tā yídìng zài shàngkè.
내일 오전에 네가 그를 찾아가면, 그는 분명히 수업을 하고 있을 거야. [미래]

문제로 실력다지기

1 '正在……呢'와 괄호 안의 단어를 사용해 문장을 완성해 보세요.

1) 今天有舞会，他们_____。（跳舞）

2) 你看，玛丽_____。（打电话）

3) 今天天气不错，王兰和她的朋友_____。（照相）

4) 和子_____。（洗衣服）

2 [보기]와 같이 '正在……呢'를 사용해 문장을 만들어 보세요.

| 보기 | 去他家　看书　→　昨天我去他家的时候，他正在看书呢。

1) 去邮局　　寄信　　→ _____
2) 去他宿舍　睡觉　　→ _____
3) 去看他　　喝咖啡　→ _____
4) 到动物园　看大熊猫→ _____
5) 到车站　　等汽车　→ _____
6) 到银行　　换钱　　→ _____

3 상황에 맞게 대화를 완성하세요.

A 喂，是张老师家吗?
B 对。_____?
A 我找_____。
B 我就是，你是谁啊?
A _____。今天晚上我请您看电影，好吗?
B _____。什么时候去?
A _____。

4 전화 통화하는 상황에 맞게 대화를 나눠 보세요.

1) |상황| A 邀请(yāoqǐng, 초대하다) B 去音乐会(yīnyuèhuì, 음악회)。(A가 B를 음악회에 초대한다.)

   |화제| 时间，地点(dìdiǎn, 장소)。音乐会怎么样？怎么去？
   (시간, 장소. 음악회는 어떠한가? 어떻게 가는가?)

2) |상황| A 邀请 B 去饭店吃饭。(A가 B를 식사에 초대한다.)

   |화제| 时间，地点。怎么去？吃什么？(시간, 장소. 어떻게 가는가? 무엇을 먹는가?)

5 듣고 따라 말해 보세요. 🔊 21-07

汉斯来了，今天我们公司请他参加欢迎会。
下午两点钟，翻译小王打电话通知他，告诉他五点半在房间等我们，我们开车去接他。
欢迎会开得很好，大家为友谊干杯，为健康干杯，像一家人一样。

汉斯 Hànsī 고유 한스 [인명] | 欢迎会 huānyínghuì 명 환영회

6 발음을 연습하세요.

1) 자주 쓰이는 발음 🔊 21-08

jian	shíjiān	（时间）		xiang	xiāngzi	（箱子）
	jiǎnchá	（检查）			xiǎngxiàng	（想像）
	jiànkāng	（健康）			zhàoxiàng	（照相）

2) 큰 소리로 읽기 🔊 21-09

A Wéi, shì yāo èr líng wǔ fángjiān ma?
B Shì de. Qǐngwèn nǐ zhǎo nǎ wèi?
A Qǐng jiào Dàwèi jiē(接, 받다) diànhuà.
B Hǎo de. Qǐng děng yíxiàr.
A Máfan nǐ le, xièxie!

| 정중히 거절하기 |

22 我不能去
나는 갈 수 없습니다

🔵 22-01

149 我买了两张票。 나는 표 두 장을 샀습니다.
Wǒ mǎi le liǎng zhāng piào.

150 真不巧，我不能去。 정말 공교롭게도 나는 갈 수 없습니다.
Zhēn bù qiǎo, wǒ bù néng qù.

151 今天你不能去，那就以后再说吧。
Jīntiān nǐ bù néng qù, nà jiù yǐhòu zàishuō ba.
오늘 당신이 갈 수 없다면 나중에 다시 이야기합시다.

152 我很想去，可是我有个约会。
Wǒ hěn xiǎng qù, kěshì wǒ yǒu ge yuēhuì.
나는 정말 가고 싶지만 약속이 있습니다.

153 你是跟女朋友约会吗？ 여자 친구와 데이트합니까?
Nǐ shì gēn nǚpéngyou yuēhuì ma?

154 有个同学来看我，我要等他。
Yǒu ge tóngxué lái kàn wǒ, wǒ yào děng tā.
학교 친구가 나를 보러 오기로 해서 그를 기다려야 합니다.

155 我们好几年没见面了。 우리는 여러 해 동안 만나지 못했습니다.
Wǒmen hǎojǐ nián méi jiànmiàn le.

156 这星期我没空儿。 이번 주에는 시간이 없습니다.
Zhè xīngqī wǒ méi kòngr.

 단어 익히기

22-02

| 본문 단어 |

巧 qiǎo 형 공교롭다, 꼭 맞다

再说 zàishuō 동 (후에) 다시 논의하거나 처리하다

可是 kěshì 접 그러나

约会 yuēhuì 명 동 약속, 만날 약속을 하다

女朋友 nǚpéngyou 명 여자 친구

同学 tóngxué 명 학우, 학교 친구

好几 hǎojǐ 수 여러, 몇 [수가 많거나 시간이 오래됨을 나타냄]

见面 jiànmiàn 동 만나다, 보다

空儿 kòngr 명 시간, 짬, 여유

复习 fùxí 동 복습하다

刚 gāng 부 방금, 막

陪 péi 동 모시다, 동반하다

| 표현 확장 단어 |

句子 jùzi 명 문장

封 fēng 양 통 [싸여 있거나 봉해져 있는 물건에 쓰이는 양사]

会 huì 명 모임, 집회

正 zhèng 부 마침, 바로

姑娘 gūniang 명 아가씨, 처녀

漂亮 piàoliang 형 예쁘다

高 gāo 형 (키가) 크다, 높다

个子 gèzi 명 키

| 읽고, 듣고, 쓰고, 반복해서 외우세요 |

회화로 배우기

1 표 두 장을 샀어요 22-03

张丽英 我买了两张票，请你看京剧。
Zhāng Lìyīng Wǒ mǎi le liǎng zhāng piào, qǐng nǐ kàn jīngjù.

玛丽 是吗?① 什么时候的?
Mǎlì Shì ma? Shénme shíhou de?

张丽英 今天晚上七点一刻的。
Zhāng Lìyīng Jīntiān wǎnshang qī diǎn yí kè de.

玛丽 哎呀，真不巧，我不能去。
Mǎlì Āiyā, zhēn bù qiǎo, wǒ bù néng qù.

明天就考试了，晚上要复习。
Míngtiān jiù kǎoshì le, wǎnshang yào fùxí.

张丽英 那就以后再说②吧。
Zhāng Lìyīng Nà jiù yǐhòu zàishuō ba.

표현 따라잡기

① **是吗?** 그래?
어떤 일에 대해 몰랐다가 듣고 난 후 약간 의외라고 느꼈음을 나타낸다. 때로는 그다지 믿을 수 없음을 표현하기도 한다.

② **以后再说** 나중에 다시 이야기하자
'再说'는 어떤 일을 미뤄 두었다가 나중에 다시 처리하거나 고려할 것임을 나타낸다.

③ **怎么? 是跟女朋友约会吗?** 왜? 여자 친구와 데이트 해?
'怎么'는 원인을 물을 때 쓰며, '是'는 뒤에 나오는 내용의 진실성을 강조한다.

2 내일 약속이 있어요  22-04

王兰 明天下午我们去看电影，你能去吗？
Wáng Lán　Míngtiān xiàwǔ wǒmen qù kàn diànyǐng, nǐ néng qù ma?

大卫 我很想去，可是明天我有个约会。
Dàwèi　Wǒ hěn xiǎng qù, kěshì míngtiān wǒ yǒu ge yuēhuì.

王兰 怎么？是跟女朋友约会吗？③
Wáng Lán　Zěnme? Shì gēn nǚpéngyou yuēhuì ma?

大卫 不是，有个同学来看我，我要等他。
Dàwèi　Bú shì, yǒu ge tóngxué lái kàn wǒ, wǒ yào děng tā.

王兰 他也在北京学习吗？
Wáng Lán　Tā yě zài Běijīng xuéxí ma?

大卫 不，他刚从法国来。我们好几年没见面了。
Dàwèi　Bù, tā gāng cóng Fǎguó lái.　Wǒmen hǎojǐ nián méi jiànmiàn le.

王兰 你应该陪他玩儿玩儿。
Wáng Lán　Nǐ yīnggāi péi tā wánrwanr.

大卫 这星期我没空儿，下星期我们再一起看电影吧。
Dàwèi　Zhè xīngqī wǒ méi kòngr, xiàxīngqī wǒmen zài yìqǐ kàn diànyǐng ba.

표현으로 확장하기

◎ 응용 표현 22-05

① 我买了两张票。

翻译 fānyì | 个 ge | 句子 jùzi
寄 jì | 封 fēng | 信 xìn
参加 cānjiā | 个 ge | 会 huì
要 yào | 辆 liàng | 出租车 chūzūchē

② 我们好几年没见面了。

好几天 hǎojǐ tiān　　　好几个月 hǎojǐ ge yuè
好长时间 hǎo cháng shíjiān　　好几个星期 hǎojǐ ge xīngqī

③ 你应该陪他玩儿玩儿。

带 dài | 参观 cānguān
帮 bāng | 问 wèn
帮助 bāngzhù | 复习 fùxí
请 qǐng | 介绍 jièshào

◎ 확장 회화 22-06

① 我正要去找你，你就来了，太巧了。
Wǒ zhèng yào qù zhǎo nǐ, nǐ jiù lái le, tài qiǎo le.

② A 那个姑娘真漂亮。她是谁？
Nàge gūniang zhēn piàoliang. Tā shì shéi?

B 她是那个高个子的女朋友。
Tā shì nàge gāo gèzi de nǚpéngyou.

어법으로 내공쌓기

◎ 동태조사 '了'

1) 동사 뒤에서 동작이 어떤 단계에 있는지 나타내는 조사를 동태조사라고 한다. 동태조사 '了 le'는 동사의 뒤에 쓰여 동작의 '완료'나 '실현'을 나타낸다. 목적어가 있을 때, 목적어는 항상 수량사나 기타 관형어를 동반한다.

他结婚了吗? 그는 결혼했습니까?
Tā jiéhūn le ma?

我昨天看了一个电影。 나는 어제 영화 한 편을 봤다.
Wǒ zuótiān kàn le yí ge diànyǐng.

玛丽买了一辆自行车。 메리는 자전거 한 대를 샀다.
Mǎlì mǎi le yí liàng zìxíngchē.

我收到了他寄给我的东西。 나는 그가 나에게 보낸 물건을 받았다.
Wǒ shōudào le tā jì gěi wǒ de dōngxi.

2) '동사+了 le'의 부정형은 동사 앞에 '没(有) méi(yǒu)'를 붙이고, 동사 뒤에 '了'는 반드시 생략한다.

他没来。 그는 오지 않았다.
Tā méi lái.

我没(有)看电影。 나는 영화를 보지 않았다.
Wǒ méi(yǒu) kàn diànyǐng.

◎ 시간사가 부사어로 쓰일 때

시간을 나타내는 단어나 구가 부사어로 쓰이면, '주어진 시간 내에 어떤 동작이 완성되었거나 어떤 상황이 발생했음'을 나타낸다.

他两天看了一本书。 그는 이틀 동안 책 한 권을 봤다.
Tā liǎng tiān kàn le yì běn shū.

我们好几年没见面了。 우리는 여러 해 동안 만나지 못했다.
Wǒmen hǎojǐ nián méi jiànmiàn le.

문제로 실력다지기

1 '可是'를 사용해 문장을 완성해 보세요.

　1) 他六十岁了，_____。

　2) 今天我去小王家找他，_____。

　3) 他学汉语的时间不长，_____。

　4) 这种苹果不贵，_____。

　5) 我请小王去看电影，_____。

2 괄호 안의 단어가 들어갈 알맞은 위치를 고르세요.

　1) 昨天我复习 A 两课生词 B 。（了）

　2) 我和小王一起参观 A 天安门 B 。（了）

　3) 他 A 没来中国 B 了。（两年）

　4) 你 A 能看完这本书 B 吗?（一个星期）

3 [보기]와 같이 동태조사 '了'를 사용해 문장을 만들어 보세요.

| 보기 | 买　　词典　→　昨天我买了一本词典。

　1) 喝　　啤酒　　　→ _____

　2) 照　　照片　　　→ _____

　3) 复习　两课生词　→ _____

　4) 翻译　几个句子　→ _____

　5) 开　　会　　　　→ _____

　6) 买　　明信片　　→ _____

4 상황에 맞게 대화를 완성하세요.

1) A 今天晚上有舞会，_____?
   B 大概不行。
   A _____?
   B 学习太忙，没有时间。
   A 你知道王兰能去吗?
   B _____。
   A 真不巧。

2) A 圣诞节晚会你唱个中文歌吧。
   B _____。
   A 别客气。
   B 不是客气，我_____。
   A 我听你唱过。
   B 那是英文歌。

5 다음 상황에 근거해 대화를 나누세요.

1) 你请朋友星期天去长城，他说星期天有约会，不能去。
   (당신은 친구에게 일요일에 만리장성에 가자고 하지만, 친구는 일요일에 약속이 있어 갈 수 없다고 한다.)

2) 你请朋友跟你跳舞，他/她说不会跳舞。
   (당신은 친구에게 같이 춤을 추자고 하지만, 그/그녀는 춤을 출 줄 모른다고 한다.)

6 주어진 단어로 빈칸을 채우고 완전한 문장을 다시 읽어 보세요.

演   太巧了   陪   顺利

昨天晚上王兰_____玛丽去看京剧。她们从学校门口坐331路公共汽车去。_____，她们刚走到车站，车就来了。车上人不多，她们很_____。京剧_____得很好，很有意思。

7 발음을 연습하세요.

1) 자주 쓰이는 발음 22-07

	zhúzi	（竹子）		láiguo	（来过）
zhu	zhǔrén	（主人）	lai	hòulái	（后来）
	zhùyì	（注意）		chūlai	（出来）

2) 큰 소리로 읽기 22-08

A Nín hē píjiǔ ma?
B Hē, lái yì bēi ba.
A Hē bu hē pútaojiǔ(葡萄酒, 포도주)?
B Bù hē le.
A Zhè shì Zhōngguó yǒumíng(有名, 유명하다) de jiǔ, hē yìdiǎnr ba.
B Hǎo, shǎo hē yìdiǎnr.
A Lái, gānbēi!

즐거운 문화이야기

> **중국 경제의 중심, 상하이**
>
> 1. 면적: 6,340km²
> 2. 인구: 2419.70만 명(2016년 기준)
> 3. 가치: 중국 총 GDP 1위, 중국 도시 종합 경쟁력 1위(2016년 기준)
> 4. 대표 관광지: 와이탄, 둥팡밍주, 신톈디, 위위안, 난징루, 상하이 타워 등

'동방의 파리' '베이징에 이은 중국 제2의 도시' '중국 경제의 중심지' '중국의 100년을 볼 수 있는 곳' 등 상하이에 대한 수식어는 셀 수 없이 많다. 상하이는 동서양의 문화가 공존하고, 과거의 역사와 새로운 문화가 어우러져 발전하는 곳이다. 세계에서 세 번째로 큰 항구이며, 중국의 경제, 문화, 금융, 무역, 교통, 과학기술, 공업을 이끌고 있는 도시이다.

100년 이상의 동서양 근현대 건축사를 한자리에서 즐길 수 있는 거대한 박물관 '와이탄外灘', 상하이의 상징이자 아시아에서 가장 높은 방송 송신탑인 동양의 진주 '둥팡밍주东方明珠', 중국 전통 양식인 스쿠먼石库门 양식을 개조하여 만든 상하이에서 가장 세련된 거리 '신톈디新天地', '점점 아름다운 경지로 들어간다'라는 뜻의 사자성어 점입가경渐入佳境의 유래가 된 명청明清 시대 정원 '위위안豫园', 세계에서 두 번째로 높은 건물 '상하이 타워上海中心大厦' 등 상하이는 고즈넉한 옛 도시의 낭만과 초고층 빌딩으로 물든 화려한 스카이라인을 함께 경험할 수 있는 매력적인 도시이다.

상하이 스카이라인과 위위안

| 사과하기 |

23 对不起
미안합니다

23-01

157 对不起，让你久等了。 오래 기다리게 해서 미안합니다.
Duìbuqǐ, ràng nǐ jiǔ děng le.

158 你怎么八点半才来？ 왜 8시 반이 되어서야 왔습니까?
Nǐ zěnme bā diǎn bàn cái lái?

159 真抱歉，我来晚了。 늦어서 정말 죄송합니다.
Zhēn bàoqiàn, wǒ láiwǎn le.

160 半路上我的自行车坏了。 오는 길에 자전거가 고장 났습니다.
Bànlù shang wǒ de zìxíngchē huài le.

161 自行车修好了吗？ 자전거는 다 고쳤습니까?
Zìxíngchē xiūhǎo le ma?

162 我怎么能不来呢？ 내가 어떻게 오지 않을 수 있겠습니까?
Wǒ zěnme néng bù lái ne?

163 我们快进电影院去吧。 우리 빨리 영화관에 들어갑시다.
Wǒmen kuài jìn diànyǐngyuàn qù ba.

164 星期天我买到一本新小说。 일요일에 나는 새 소설을 한 권 샀습니다.
Xīngqītiān wǒ mǎidào yì běn xīn xiǎoshuō.

단어 익히기

23-02

| 본문 단어 |

对不起 duìbuqǐ 동 미안합니다

让 ràng 동 ~하게 하다, ~하도록 시키다

久 jiǔ 형 오래다, (시간이) 길다

才 cái 부 이제서야

抱歉 bàoqiàn 형 미안해하다

半路 bànlù 명 도중, 중간

坏 huài 형 상하다, 고장 나다

修 xiū 동 수리하다

电影院 diànyǐngyuàn 명 영화관

小说 xiǎoshuō 명 소설

约 yuē 동 약속하다

可能 kěnéng 조/형 아마도, 가능하다

还 huán 동 돌려주다, 반납하다

用 yòng 동 쓰다

原谅 yuánliàng 동 용서하다, 이해하다

没关系 méi guānxi 괜찮다, 상관없다, 문제없다

英文 Yīngwén 명 영어, 영문

借 jiè 동 빌리다, 빌려주다

| 표현 확장 단어 |

电梯 diàntī 명 엘리베이터

光盘 guāngpán 명 시디(CD)

支 zhī 양 자루, 개피 [가늘고 긴 물건을 세는 양사]

录音笔 lùyīnbǐ 명 보이스펜(voice pen), 녹음 펜

弄 nòng 동 하다, 가지고 놀다

脏 zāng 형 더럽다

| 읽고, 듣고, 쓰고, 반복해서 외우세요 |

회화로 배우기

1 늦어서 정말 미안해요 🔊 23-03

大卫 对不起，让你久等了。
Dàwèi Duìbuqǐ, ràng nǐ jiǔ děng le.

玛丽 我们约好八点，你怎么八点半才来？
Mǎlì Wǒmen yuēhǎo bā diǎn, nǐ zěnme bā diǎn bàn cái lái?

大卫 真抱歉，我来晚了。半路上我的自行车坏了。
Dàwèi Zhēn bàoqiàn, wǒ láiwǎn le. Bànlù shang wǒ de zìxíngchē huài le.

玛丽 修好了吗？
Mǎlì Xiūhǎo le ma?

大卫 修好了。
Dàwèi Xiūhǎo le.

玛丽 我想你可能不来了。
Mǎlì Wǒ xiǎng nǐ kěnéng bù lái le.

大卫 说好的，我怎么能不来呢？
Dàwèi Shuōhǎo de, wǒ zěnme néng bù lái ne?

玛丽 我们快进电影院去吧。
Mǎlì Wǒmen kuài jìn diànyǐngyuàn qù ba.

大卫 好。
Dàwèi Hǎo.

2 용서해 주세요 23-04

玛丽 刘京，还你词典，用的时间太长了，请原谅！
Mǎlì Liú Jīng, huán nǐ cídiǎn, yòng de shíjiān tài cháng le, qǐng yuánliàng!

刘京 没关系，你用吧。
Liú Jīng Méi guānxi, nǐ yòng ba.

玛丽 谢谢，不用了。星期天我买到一本新小说。
Mǎlì Xièxie, búyòng le. Xīngqītiān wǒ mǎidào yì běn xīn xiǎoshuō.

刘京 英文的还是中文的？
Liú Jīng Yīngwén de háishi Zhōngwén de?

玛丽 英文的。很有意思。
Mǎlì Yīngwén de. Hěn yǒu yìsi.

刘京 我能看懂吗？
Liú Jīng Wǒ néng kàndǒng ma?

玛丽 你英文学得不错，我想能看懂。
Mǎlì Nǐ Yīngwén xué de búcuò, wǒ xiǎng néng kàndǒng.

刘京 那借我看看，行吗？
Liú Jīng Nà jiè wǒ kànkan, xíng ma?

玛丽 当然可以。
Mǎlì Dāngrán kěyǐ.

표현으로 확장하기

응용 표현 23-05

① 我们快进电影院去吧。

进电梯 jìn diàntī   进食堂 jìn shítáng
回学校 huí xuéxiào   回家 huí jiā
上楼 shànglóu   下楼 xiàlóu

② 借我看看这本小说，行吗?

骑 qí | 辆 liàng | 自行车 zìxíngchē
用 yòng | 个 ge | 照相机 zhàoxiàngjī
用 yòng | 支 zhī | 笔 bǐ
听 tīng | 张 zhāng | 光盘 guāngpán

확장 회화 23-06

① 那支录音笔我弄坏了。
Nà zhī lùyīnbǐ wǒ nònghuài le.

② A 对不起，弄脏你的本子了。
Duìbuqǐ, nòngzāng nǐ de běnzi le.

B 没什么。
Méi shénme.

어법으로 내공쌓기

◎ 결과보어 '好'

1) 형용사 '好 hǎo'가 결과보어로 쓰이면, 동작이 완성되었거나 완벽한 정도에 이르렀음을 나타낸다.

饭已经(yǐjīng, 이미)**做好了。** 밥이 이미 다 되었다.
Fàn yǐjīng zuòhǎo le.

我一定要学好中文。 나는 반드시 중국어를 마스터할 것이다.
Wǒ yídìng yào xuéhǎo Zhōngwén.

2) 결과보어 '好 hǎo'는 때로 '정하다'라는 의미를 나타내기도 한다.

我们说好了八点去。 우리는 8시에 가기로 정했다.
Wǒmen shuōhǎo le bā diǎn qù.

时间约好了。 시간을 약속했다.
Shíjiān yuēhǎo le.

◎ 부사 '就'와 '才'

부사 '就 jiù'와 '才 cái'는 시간을 나타내는 어휘 뒤에 쓰여 시간의 이름이나 늦음, 빠름이나 느림 등을 나타낼 수 있다. '就'는 일반적으로 일이 일찍, 또는 빨리 발생하거나 일의 진행이 순조로움을 나타낸다. '才'는 반대로 일이 늦게, 또는 느리게 발생하거나 일의 진행이 순조롭지 않음을 나타낸다.

八点上课，他七点半就来了。 8시에 수업을 하는데, 그는 7시 반에 왔다. [이르다]
Bā diǎn shàngkè, tā qī diǎn bàn jiù lái le.

八点上课，他八点十分才来。 8시에 수업을 하는데, 그는 8시 10분이 되어서야 왔다. [늦다]
Bā diǎn shàngkè, tā bā diǎn shí fēn cái lái.

昨天我去北京饭店，八点坐车，八点半就到了。
Zuótiān wǒ qù Běijīng Fàndiàn, bā diǎn zuò chē, bā diǎn bàn jiù dào le.
어제 나는 베이징 호텔에 갔는데, 8시에 차를 타서 8시 반에 도착했다. [빠르다, 순조롭다]

今天我去北京饭店，八点坐车，九点才到。
Jīntiān wǒ qù Běijīng Fàndiàn, bā diǎn zuò chē, jiǔ diǎn cái dào.
오늘 나는 베이징 호텔에 갔는데, 8시에 차를 타서 9시에야 도착했다. [느리다, 순조롭지 않다]

방향보어(2)

1) '동사 + 방향보어' 문장에서 장소를 나타내는 목적어가 올 경우, 장소를 나타내는 목적어는 반드시 동사와 보어의 사이에 놓인다.

   你快下楼来吧。 빨리 아래층으로 내려와.
   Nǐ kuài xià lóu lái ba.

   上课了，老师进教室来了。 수업이 시작되자, 선생님께서 교실로 들어오셨다.
   Shàngkè le, lǎoshī jìn jiàoshì lái le.

   他到上海去了。 그는 상하이로 갔다.
   Tā dào Shànghǎi qù le.

   他回宿舍去了。 그는 기숙사로 돌아갔다.
   Tā huí sùshè qù le.

2) 장소를 나타내지 않는 일반목적어는 동사와 보어의 사이에 놓일 수도 있고, 보어의 뒤에 놓일 수도 있다. 일반적으로 동작이 아직 실현되지 않았을 경우에는 '来 lái / 去 qù'의 앞에 오고, 이미 실현된 동작일 경우에는 '来 / 去'의 뒤에 온다.

   我想带照相机去。 나는 카메라를 가져가고 싶다.
   Wǒ xiǎng dài zhàoxiàngjī qù.

   他没买苹果来。 그는 사과를 안 사 왔다.
   Tā méi mǎi píngguǒ lái.

   我带去了一个照相机。 나는 카메라 한 대를 가져갔다.
   Wǒ dàiqu le yí ge zhàoxiàngjī.

   他买来了一斤苹果。 그는 사과 한 근을 사 왔다.
   Tā mǎilai le yì jīn píngguǒ.

문제로 실력다지기

1 빈칸에 알맞은 결과보어를 넣어 대화를 완성한 후, 큰 소리로 읽어 보세요.

A 小王，你的自行车修_____了吗？
B 还没修_____呢。你要用吗？
A 是。我想借一辆自行车，还没借_____。
B 小刘有一辆，你去问问他。
A 问过了，他的自行车也弄_____了。
B 真不巧。

2 그림을 보고 빈칸에 동사와 방향보어 '来 / 去'를 넣어 대화를 완성하세요.

1)

A 小李，你快_____吧，我在楼下等你。
B 我现在就_____。

2)

A 八点了，你怎么还不_____？
B 今天星期天，我想晚一点儿_____。

3)

A 小王在吗？
B 他不在。他_____家_____了。
A 他什么时候_____家_____的？
B 不知道。

4)

    A 外边太冷，我们_____里边_____吧。
    B 刚_____，一会儿再_____吧。

3 상황에 맞게 대화를 완성하세요.

1) A _____，我来晚了。
   B 上课十分钟了，为什么来晚了?
   A _____。
   B 以后早点儿起床。请坐!
   A _____。

2) A 请借我用一下儿你的词典。
   B _____。
   A 他什么时候能还你?
   B _____，我去问问他。
   A 不用了，我去借小王的吧。
   B _____。

4 다음 상황에 근거해 대화를 나누세요.

1) 你借了同学的自行车，还车的时候你说你骑坏了自行车，表示道歉。
(당신은 학교 친구에게 자전거를 빌렸다. 자전거를 돌려줄 때 친구에게 자전거를 타다가 고장 냈음을 밝히고 사과한다.)

2) 你的朋友要借你的照相机用用，你说别人借去了。
(친구가 당신에게 카메라를 빌려 달라고 하지만, 이미 다른 사람에게 빌려줬다고 말한다.)

5 듣고 따라 말해 보세요. 🔊 23-07

我和小王约好今天晚上去舞厅跳舞。下午我们两个人先去友谊商店买东西。从友谊商店出来以后，我去看一个朋友，小王去王府井。我在朋友家吃晚饭，六点半才从朋友家出来。到舞厅门口的时候，七点多了，小王正在那里等我。我说：''来得太晚了，真抱歉，请原谅！''他说：''没关系。''我们就一起进舞厅去了。

舞厅 wǔtīng 명 무도장, 댄스 클럽

6 발음을 연습하세요.

1) 자주 쓰이는 발음 🔊 23-08

| sheng | liúxuéshēng （留学生）
Shèngdàn Jié （圣诞节）
xuésheng （学生） | dong | dōngtiān （冬天）
dǒngshì （懂事）
huódòng （活动） |

2) 큰 소리로 읽기 🔊 23-09

A Māma, xiànzài wǒ chūqu kàn péngyou.
B Shénme shíhou huílai?
A Dàgài wǎnshang shí diǎn duō.
B Tài wǎn le.
A Wǒmen yǒu diǎnr shì, nín bié děng wǒ, nín xiān shuì.
B Hǎo ba, bié tài wǎn le.

| 유감 표현하기 |

24 真遗憾，我没见到他
그를 만나지 못해서 정말 아쉽습니다

🔊 24-01

165 地上怎么乱七八糟的? 바닥이 왜 엉망진창입니까?
Dì shang zěnme luànqībāzāo de?

166 是不是你出差没关窗户? 창문을 닫지 않고 출장 갔던 거 아닙니까?
Shì bu shì nǐ chūchāi méi guān chuānghu?

167 忘了关窗户了。 창문 닫는 것을 잊었습니다.
Wàng le guān chuānghu le.

168 花瓶也摔碎了。 꽃병도 떨어져서 깨졌습니다.
Huāpíng yě shuāisuì le.

169 太可惜了! 너무 아깝네요!
Tài kěxī le!

170 公司有急事，让他马上回国。
Gōngsī yǒu jí shì, ràng tā mǎshàng huí guó.
회사에 급한 일이 있어서 그를 즉시 귀국하게 했습니다.

171 他让我告诉你，多跟他联系。
Tā ràng wǒ gàosu nǐ, duō gēn tā liánxì.
그가 자주 연락하라고 당신에게 전해 달라고 했습니다.

172 真遗憾，我没见到他。 그를 만나지 못해서 정말 아쉽습니다.
Zhēn yíhàn, wǒ méi jiàndào tā.

단어 익히기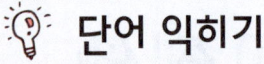

24-02

| 본문 단어 |

地 dì 명 바닥

乱七八糟 luànqībāzāo
엉망진창이다, 아수라장이다

出差 chūchāi 동 출장 가다

关 guān 동 닫다

窗户 chuānghu 명 창문

忘 wàng 동 잊다

花瓶 huāpíng 명 꽃병

摔 shuāi 동 깨지다, 떨어져 부서지다

碎 suì 동 부서지다, 깨지다

可惜 kěxī 형 애석하다, 아깝다

急 jí 형 급하다

马上 mǎshàng 부 곧, 즉시

联系 liánxì 동 연락하다

遗憾 yíhàn 형 유감스럽다, 섭섭하다

见 jiàn 동 만나다, 보다

风 fēng 명 바람

糟糕 zāogāo 형 엉망이 되다, 망치다

出门 chūmén 동 외출하다, 집을 나서다

礼物 lǐwù 명 선물

充电 chōngdiàn 동 충전하다

| 표현 확장 단어 |

红 hóng 형 붉다, 빨갛다

黄 huáng 형 노랗다

白 bái 형 하얗다, 희다

| 고유명사 |

尼娜 Nínà 니나 [인명]

회화로 배우기

1 너무 아깝네요! 24-03

尼娜 我两天不在，地上怎么乱七八糟的？
Nínà Wǒ liǎng tiān bú zài, dì shang zěnme luànqībāzāo de?

张丽英 是不是你出差没关窗户？昨天风很大。
Zhāng Lìyīng Shì bu shì nǐ chūchāi méi guān chuānghu? Zuótiān fēng hěn dà.

尼娜 哎呀，忘了关了，真糟糕！
Nínà Āiyā, wàng le guān le, zhēn zāogāo!

张丽英 以后出门一定要关好窗户。
Zhāng Lìyīng Yǐhòu chūmén yídìng yào guānhǎo chuānghu.

尼娜 你看，花瓶也摔碎了。
Nínà Nǐ kàn, huāpíng yě shuāisuì le.

张丽英 是大卫送给你的那个吗？
Zhāng Lìyīng Shì Dàwèi sòng gěi nǐ de nàge ma?

尼娜 是，那是他给我的生日礼物。
Nínà Shì, nà shì tā gěi wǒ de shēngrì lǐwù.

张丽英 太可惜了！
Zhāng Lìyīng Tài kěxī le!

2 정말 아쉽네요  24-04

刘京   昨天李成日回国了。
Liú Jīng   Zuótiān Lǐ Chéngrì huí guó le.

和子   我怎么不知道?
Hézǐ   Wǒ zěnme bù zhīdào?

刘京   公司有急事,让他马上回国。
Liú Jīng   Gōngsī yǒu jí shì, ràng tā mǎshàng huí guó.

和子   真不巧,我还有事找他呢。
Hézǐ   Zhēn bù qiǎo, wǒ hái yǒu shì zhǎo tā ne.

刘京   昨天我和他都给你打电话,可是你关机了。
Liú Jīng   Zuótiān wǒ hé tā dōu gěi nǐ dǎ diànhuà, kěshì nǐ guānjī le.

和子   不是,是我忘了充电,手机没电了。
Hézǐ   Bú shì, shì wǒ wàng le chōngdiàn, shǒujī méi diàn le.

刘京   他让我告诉你,多跟他联系。
Liú Jīng   Tā ràng wǒ gàosu nǐ, duō gēn tā liánxì.

和子   真遗憾,我没见到他。
Hézǐ   Zhēn yíhàn, wǒ méi jiàndào tā.

표현으로 확장하기

응용 표현 24-05

① 公司让他马上回国。

经理 jīnglǐ │ 出差 chūchāi

老师 lǎoshī │ 翻译生词 fānyì shēngcí

玛丽 Mǎlì │ 关窗户 guān chuānghu

② 他让我告诉你，多跟他联系。

马上去开会 mǎshàng qù kāihuì

常给他打电话 cháng gěi tā dǎ diànhuà

明天见面 míngtiān jiànmiàn

他回国了 tā huí guó le

常给他发电子邮件 cháng gěi tā fā diànzǐ yóujiàn

확장 회화 24-06

① 王先生去上海出差了，是不是？
Wáng xiānsheng qù Shànghǎi chūchāi le, shì bu shì?

② 我家的花儿都开了，有红的、黄的、白的，漂亮极了。
Wǒ jiā de huār dōu kāi le, yǒu hóng de、huáng de、bái de, piàoliang jí le.

어법으로 내공쌓기

◎ '是不是'로 이루어진 정반의문문

어떤 사실이나 상황을 예측하고 있고, 더 나아가 이를 검증하고자 할 때 '是不是 shì bu shì'로 이루어진 정반의문문을 이용하여 질문한다. '是不是'는 술어의 앞에 놓일 수도 있고 문장의 처음이나 끝에 놓일 수도 있다.

李成日先生是不是回国了? 이성일 씨는 귀국하지 않았어요?
Lǐ Chéngrì xiānsheng shì bu shì huí guó le?

是不是你的照相机坏了? 네 카메라가 고장 난 거 아니야?
Shì bu shì nǐ de zhàoxiàngjī huài le?

这个电影大家都看过了，是不是?
Zhège diànyǐng dàjiā dōu kànguo le, shì bu shì?
여러분 모두 이 영화를 본 적이 있죠, 그렇지 않나요?

◎ 동사 '让'을 이용한 겸어문

'请 qǐng'을 이용한 겸어문의 형식과 같으며, 동사 '让 ràng'으로 이루어진 겸어문도 다른 사람에게 어떤 일을 하도록 요구하는 의미를 가진다. 단, '请'을 이용한 겸어문이 좀 더 예의를 갖추는 경우에 쓰인다.

他让我带东西。 그는 나에게 물건을 가져오게 했다.
Tā ràng wǒ dài dōngxi.

公司让他回国。 회사는 그를 귀국하게 했다.
Gōngsī ràng tā huí guó.

我让他给我照张相。 나는 그에게 내 사진을 찍어 달라고 했다.
Wǒ ràng tā gěi wǒ zhào zhāng xiàng.

他让我告诉你，明天去他家。
Tā ràng wǒ gàosu nǐ, míngtiān qù tā jiā.
그가 내일 그의 집에 오라고 당신에게 전해 달래요.

문제로 실력다지기

1 다음 제시된 어구를 읽고 몇 개를 골라 문장을 만들어 보세요. 🔊 24-07

真	可惜		让	我还书
	遗憾			小王修自行车
	糟糕			我跟他见面
	不好意思			我们写汉字
				他们听音乐

2 유감을 표현하는 어휘를 사용해 대화를 완성하세요.

1) A 听说你的手机坏了。
   B 是啊,上个月刚买的。
   A _____。

2) A 昨天晚上的杂技好极了,你怎么没去看?
   B 我有急事,_____。
   A 听说这个星期六还演呢。
   B 那我一定去看。

3 실제 상황에 근거해 질문에 대답해 보세요.

1) 你汉语说得怎么样?
2) 昨天的课你复习没复习?
3) 今天你出门的时候,关好窗户了没有?
4) 你有没有遗憾的事?

4 다음 대화 중 B의 말을 '是不是'를 사용한 의문문으로 고쳐 보세요.

1) A 今天我去找小王，他不在。
   B 他大概回家了。 → _____

2) A 不知道为什么飞机晚点了。
   B 我想可能是天气不好。 → _____

5 듣고 따라 말해 보세요. 24-08

昨天星期天，早上张老师去买菜。中午他爱人要做几个菜，请朋友们在家吃饭。

很快，菜就买回来了。红的、绿的、白的、黄的……他爱人看了说："这菜又新鲜又好看。"张老师说："好吃不好吃，就看你做得怎么样了！"他爱人说："让你买的肉呢？没有肉我怎么做呀？"张老师说："糟糕，我买的肉没拿，交了钱就走了。"他爱人说："那你就去找找吧。今天的菜好吃不好吃，就看你了！"

绿 lǜ 형 푸르다 | 新鲜 xīnxiān 형 신선하다 | 肉 ròu 명 고기

6 발음을 연습하세요.

1) 자주 쓰이는 발음 24-09

zai	zaizhòng	（栽种）	ni	nílóng	（尼龙）
	zǎi kè	（宰客）		nǐ hǎo	（你好）
	xiànzài	（现在）		yóunì	（油腻）

2) 큰 소리로 읽기 24-10

A Nǐ de xīn zìxíngchē zhēn piàoliang!
B Kěshì huài le.
A Zhēn kěxī, néng xiūhǎo ma?
B Bù zhīdào.
A Xiūxiu ba, kàn zěnmeyàng.
B Hǎo.

| 칭찬하기 |

25 这张画儿真美!
이 그림은 정말 아름답습니다!

25-01

173 你的房间布置得好极了。 당신은 방을 정말 잘 꾸몄군요.
Nǐ de fángjiān bùzhì de hǎo jí le.

174 这张画儿真美! 이 그림은 정말 아름답습니다!
Zhè zhāng huàr zhēn měi!

175 你的房间又干净又漂亮。 당신의 방은 깨끗하고 예쁩니다.
Nǐ de fángjiān yòu gānjìng yòu piàoliang.

176 今天没有人来。 오늘은 아무도 오지 않습니다.
Jīntiān méiyǒu rén lái.

177 你的衣服更漂亮。 당신의 옷이 더 예쁩니다.
Nǐ de yīfu gèng piàoliang.

178 这件衣服不是买的，是我妈妈做的。
Zhè jiàn yīfu bú shì mǎi de, shì wǒ māma zuò de.
이 옷은 산 게 아니고, 우리 엄마가 만든 것입니다.

179 你妈妈的手真巧。 어머니 솜씨가 정말 좋으시네요.
Nǐ māma de shǒu zhēn qiǎo.

180 要是你喜欢，就给你女朋友做一件。
Yàoshi nǐ xǐhuan, jiù gěi nǐ nǚpéngyou zuò yí jiàn.
만약 마음에 든다면, 여자 친구에게 한 벌 만들어 주세요.

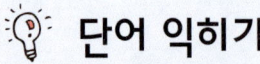 단어 익히기

 25-02

| 본문 단어 |

布置 bùzhì 동 진열하다, 배치하다

画儿 huàr 명 그림

美 měi 형 아름답다

又 yòu 부 또한

更 gèng 부 더욱

手 shǒu 명 손

要是 yàoshi 접 만약 ~라면

马马虎虎 mǎmǎhūhū 형 적당히 하다, 대충하다

桌子 zhuōzi 명 테이블, 탁자

放 fàng 동 놓아두다

衣柜 yīguì 명 옷장

方便 fāngbiàn 형 편리하다

嘛 ma 조 사실을 강조할 때 쓰는 어기조사

样子 yàngzi 명 모양, 모습

觉得 juéde 동 ~라고 여기다, 생각하다

颜色 yánsè 명 색깔

| 표현 확장 단어 |

容易 róngyì 형 쉽다

自己 zìjǐ 대 자신

画 huà 동 그리다

些 xiē 양 몇, 약간

铅笔 qiānbǐ 명 연필

手表 shǒubiǎo 명 손목시계

这么 zhème 대 이렇게, 이런

| 읽고, 듣고, 쓰고, 반복해서 외우세요 |

회화로 배우기

1 깨끗하고 예쁘네요 25-03

王兰 你的房间布置得好极了。
Wáng Lán Nǐ de fángjiān bùzhì de hǎo jí le.

玛丽 哪儿啊，马马虎虎。
Mǎlì Nǎr a, mǎmǎhūhū.

王兰 桌子放在这儿，写字看书都很好。
Wáng Lán Zhuōzi fàng zài zhèr, xiě zì kàn shū dōu hěn hǎo.

玛丽 你看，衣柜放在床旁边，怎么样？
Mǎlì Nǐ kàn, yīguì fàng zài chuáng pángbiān, zěnmeyàng?

王兰 很好。拿东西很方便。这张画儿真美！
Wáng Lán Hěn hǎo. Ná dōngxi hěn fāngbiàn. Zhè zhāng huàr zhēn měi!

玛丽 是吗？刚买的。
Mǎlì Shì ma? Gāng mǎi de.

王兰 你的房间又干净又漂亮。今天谁来啊？
Wáng Lán Nǐ de fángjiān yòu gānjìng yòu piàoliang. Jīntiān shéi lái a?

玛丽 没有人来。新年快到了。
Mǎlì Méiyǒu rén lái. Xīnnián kuài dào le.

王兰 啊！明天晚上有舞会。
Wáng Lán À! Míngtiān wǎnshang yǒu wǔhuì.

玛丽 真的？那明天晚上我们都去跳舞吧。
Mǎlì Zhēn de? Nà míngtiān wǎnshang wǒmen dōu qù tiàowǔ ba.

오늘 정말 예쁘게 입었네요! 25-04

王兰 你今天穿得真漂亮!
Wáng Lán Nǐ jīntiān chuān de zhēn piàoliang!

玛丽 是吗？过新年了嘛。① 你的衣服更漂亮，在哪儿买的?
Mǎlì Shì ma? Guò xīnnián le ma. Nǐ de yīfu gèng piàoliang, zài nǎr mǎi de?

王兰 不是买的，是我妈妈做的。
Wáng Lán Bú shì mǎi de, shì wǒ māma zuò de.

玛丽 你妈妈的手真巧! 衣服的样子也很好。
Mǎlì Nǐ māma de shǒu zhēn qiǎo! Yīfu de yàngzi yě hěn hǎo.

王兰 我也觉得不错。
Wáng Lán Wǒ yě juéde búcuò.

刘京 我很喜欢这个颜色。
Liú Jīng Wǒ hěn xǐhuan zhège yánsè.

玛丽 要是你喜欢，就给你女朋友做一件。
Mǎlì Yàoshi nǐ xǐhuan, jiù gěi nǐ nǚpéngyou zuò yí jiàn.

刘京 我还没有女朋友呢。
Liú Jīng Wǒ hái méiyǒu nǚpéngyou ne.

🔸 **표현 따라잡기**

① **过新年了嘛。** 새해가 되었잖아.
어기조사 '嘛'는 '이치를 명백히 알 수 있다' '당연히 그래야 한다'는 어기를 나타낸다.

표현으로 확장하기

○ 응용 표현   25-05

① 你的房间又干净又漂亮。

英文书 Yīngwén shū | 容易 róngyì | 有意思 yǒu yìsi

衣服 yīfu | 便宜 piányi | 好看 hǎokàn

女朋友 nǚpéngyou | 高 gāo | 漂亮 piàoliang

② 这件衣服不是买的，是我妈妈做的。

个 ge | 菜 cài | 我自己 wǒ zìjǐ | 做 zuò

张 zhāng | 画儿 huàr | 朋友 péngyou | 画 huà

辆 liàng | 自行车 zìxíngchē | 我哥哥 wǒ gēge | 借 jiè

③ 我很喜欢这个颜色。

个 ge | 孩子 háizi   些 xiē | 花 huā

张 zhāng | 照片 zhàopiàn   辆 liàng | 汽车 qìchē

支 zhī | 铅笔 qiānbǐ   块 kuài | 手表 shǒubiǎo

○ 확장 회화   25-06

① 要是明天天气好，我们就去公园划船。
Yàoshi míngtiān tiānqì hǎo, wǒmen jiù qù gōngyuán huá chuán.

② A 今天他们两个怎么穿得这么漂亮？
Jīntiān tāmen liǎng ge zěnme chuān de zhème piàoliang?

B 结婚嘛。
Jiéhūn ma.

어법으로 내공쌓기

◎ '又……又……'

'~하면서 ~하다'라는 뜻으로, 두 가지 상황이나 성질이 동시에 존재함을 나타낸다.

你的房间又干净又漂亮。 당신의 방은 깨끗하고 예쁘네요.
Nǐ de fángjiān yòu gānjìng yòu piàoliang.

那儿的东西又便宜又好。 그곳의 물건은 싸고 좋다.
Nàr de dōngxi yòu piányi yòu hǎo.

他的汉字写得又好又快。 그는 한자를 잘 쓰면서도 빨리 쓴다.
Tā de Hànzì xiě de yòu hǎo yòu kuài.

◎ '要是……就……'

접속사 '要是 yàoshi'는 '만약 ~라면'의 가정을 나타내는데, 뒤 절에는 자주 부사 '就 jiù'를 써서 앞 절에 이어 결론을 도출해 낸다.

你要是有《英汉词典》就带来。 만약 『영중사전』이 있다면, 가지고 오세요.
Nǐ yàoshi yǒu《YīngHàn cídiǎn》jiù dàilai.

要是明天不上课，我们就去北海公园。
Yàoshi míngtiān bú shàngkè, wǒmen jiù qù Běihǎi Gōngyuán.
만약 내일 수업이 없다면, 우리는 베이하이 공원에 갈 것이다.

你要是有时间，就来我家玩儿。 만약 시간이 있으면, 우리 집에 놀러 오세요.
Nǐ yàoshi yǒu shíjiān, jiù lái wǒ jiā wánr.

문제로 실력다지기

1 괄호 안의 단어를 사용해 질문에 대답해 보세요.

1) 北海公园怎么样？（又……又……）

2) 这个星期天你去公园玩儿吗？（要是……就……）

3) 为什么你喜欢这件衣服？（喜欢 / 颜色）

4) 这本词典是你买的吗？（不是……，是……）

2 '很' '真' '极了' '更' '太……了'를 사용해 문장을 완성해 보세요.

1) 这个句子＿＿＿＿＿＿＿＿＿，大家都会翻译。

2) 她很会做中国菜，她做的鱼＿＿＿＿＿＿＿＿＿。

3) 今天天气＿＿＿＿＿＿＿＿＿，听说明天天气＿＿＿＿＿＿＿＿＿。我们应该出去玩儿玩儿。

4) 你这张照片＿＿＿＿＿＿＿＿＿，人很漂亮，那些花儿也很美。

3 괄호 안의 어휘를 사용해 문장을 완성해 보세요.

1) 那个商店的东西＿＿＿＿＿＿＿＿＿＿＿。（又……又……）

2) 这种橘子＿＿＿＿＿＿＿＿＿。（又……又……）

3) 要是我有钱，＿＿＿＿＿＿＿＿＿。（就）

4) 要是明天天气不好，＿＿＿＿＿＿＿＿＿。（就）

4 상황에 맞게 대화를 완성하세요.

1) A 你看，这件毛衣怎么样?
   B _____，贵吗?
   A 一百六十五块。
   B _____，还有吗?
   A 怎么? 你也想买吗?
   B 是啊，_____。

2) A 你的字写得真好!
   B _____，你写得更好。
   A _____，我刚学。

5 듣고 따라 말해 보세요. 🔊 25-07

　　玛丽的毛衣是新疆生产的，样子好看，颜色也漂亮。大卫说，新疆的水果和饭菜也好吃极了。玛丽听了很高兴。她约大卫今年七月去新疆。在新疆可以玩儿，可以吃很多好吃的东西。大卫让玛丽别吃得太多，要是吃得太多，回来以后就不能穿那件毛衣了。

新疆 Xīnjiāng 고유 신장웨이우얼 자치구 | 生产 shēngchǎn 동 생산하다 | 水果 shuǐguǒ 명 과일 | 饭菜 fàncài 명 밥과 반찬, 식사

6 발음을 연습하세요.

1) 자주 쓰이는 발음 🔊 25-08

xiao	xiāoxi （消息）	ke	kēxué （科学）
	xiǎoháir （小孩儿）		kěyǐ （可以）
	xiào le （笑了）		kèqi （客气）

2) 큰 소리로 읽기 25-09

A Zhèxiē huār shì mǎi de ma?
B Bú shì mǎi de, shì wǒ zuò de.
A Nǐ de shǒu zhēn qiǎo!
B Nǎr a, wǒ gāng xué.
A Shì gēn Hézǐ xué de ma?
B Bú shì, shì gēn yí ge Zhōngguó tóngxué xué de.

복습 5

21 · 22 · 23 · 24 · 25

▼ 상황회화

1 방금 샤오린이 당신을 찾아왔어요 fuxi 05-01

A 刚才小林来找你，你不在。
Gāngcái Xiǎo Lín lái zhǎo nǐ, nǐ bú zài.

B 我去朋友那儿，刚回来。他有事吗？
Wǒ qù péngyou nàr, gāng huílai. Tā yǒu shì ma?

A 他让我告诉你，下星期六他结婚，请你去吃喜酒。
Tā ràng wǒ gàosu nǐ, xiàxīngqīliù tā jiéhūn, qǐng nǐ qù chī xǐjiǔ.

B 真的吗？那我一定去。我还没参加过中国人的婚礼呢。
Zhēn de ma? Nà wǒ yídìng qù. Wǒ hái méi cānjiāguo Zhōngguórén de hūnlǐ ne.

A 下星期六我来找你，我们一起去。
Xiàxīngqīliù wǒ lái zhǎo nǐ, wǒmen yìqǐ qù.

B 好的。
Hǎo de.

2 나 혼자 갈게요 fuxi 05-02

A 你怎么了？病了吗？
Nǐ zěnme le? Bìng le ma?

B	是的。真遗憾，今天我不能去参加小林的婚礼了。 Shì de. Zhēn yíhàn, jīntiān wǒ bù néng qù cānjiā Xiǎo Lín de hūnlǐ le.
A	你就在宿舍休息吧，我一个人去。再见！ Nǐ jiù zài sùshè xiūxi ba, wǒ yí ge rén qù. Zàijiàn!
B	再见！ Zàijiàn!

3 누가 왔는지 보세요   fuxi 05-03

A	可以进来吗？ Kěyǐ jìnlai ma?
B	请进。 Qǐng jìn.
A	你看，谁来了？ Nǐ kàn, shéi lái le?
B	啊，小林！对不起，那天我病了，没去参加你们的婚礼。 À, Xiǎo Lín! Duìbuqǐ, nà tiān wǒ bìng le, méi qù cānjiā nǐmen de hūnlǐ.
林 Lín	没关系。你的病好了吗？ Méi guānxi. Nǐ de bìng hǎo le ma?
B	好了。 Hǎo le.
林 Lín	今天我给你送喜糖来了。 Jīntiān wǒ gěi nǐ sòng xǐtáng lái le.
B	谢谢你！听说你爱人很漂亮。 Xièxie nǐ! Tīngshuō nǐ àiren hěn piàoliang.

A	她还会唱歌跳舞呢。那天唱得好听极了。
	Tā hái huì chàng gē tiàowǔ ne. Nà tiān chàng de hǎo tīng jí le.
	他们还表演了两个人吃一块糖。
	Tāmen hái biǎoyǎn le liǎng ge rén chī yí kuài táng.
林	你别听他的。
Lín	Nǐ bié tīng tā de.
B	那是接吻吗?
	Nà shì jiēwěn ma?
A	是的,中国人不在别人面前接吻,这是结婚的时候
	Shì de, Zhōngguórén bú zài biérén miànqián jiēwěn, zhè shì jiéhūn de shíhou
	大家闹着玩儿的。
	dàjiā nàozhe wánr de.

 fuxi 05-04

林 Lín 고유 린 [성]
喜酒 xǐjiǔ 명 결혼 축하주
喜糖 xǐtáng 명 결혼식 때 신랑, 신부가 하객들에게 나누어 주는 사탕
表演 biǎoyǎn 명 연출하다, 공연하다
面前 miànqián 명 면전, 눈앞

婚礼 hūnlǐ 명 결혼식
病 bìng 명 동 병, 병나다
接吻 jiēwěn 동 키스하다
闹着玩儿 nàozhe wánr 장난하다

▶ 핵심어법

★ 어기조사 '了'와 동태조사 '了'

1. 어기조사 '了 le'는 문장 끝에 쓰여 어떤 일이나 상황이 이미 발생했음을 강조한다. 동태조사 '了 le'는 동사 뒤에 쓰여 이 동작이 이미 완료되었거나 반드시 실현될 것임을 강조한다.

   A 昨天你去哪儿了? 어제 너는 어디에 갔었니?
   Zuótiān nǐ qù nǎr le?

   B 我去友谊商店了。 난 여우이 상점에 갔었어. [이 일이 이미 발생함]
   Wǒ qù yǒuyì shāngdiàn le.

   A 你买了什么东西? 넌 무엇을 샀니?
   Nǐ mǎi le shénme dōngxi?

   B 我买了一件毛衣。 난 스웨터 한 벌을 샀어. ['买'라는 동작이 이미 완료됨]
   Wǒ mǎi le yí jiàn máoyī.

2. 동사 뒤에 동태조사 '了 le'가 오고, 또 간단한 목적어가 있을 때 목적어 앞에는 일반적으로 수량사나 기타 관형어가 와야 하며, 혹은 비교적 복잡한 부사어가 있어야 문장을 이룰 수 있다.

   我买了一件毛衣。 나는 스웨터 한 벌을 샀다.
   Wǒ mǎi le yí jiàn máoyī.

   他做了很好吃的菜。 그는 맛있는 요리를 만들었다.
   Tā zuò le hěn hǎochī de cài.

   我很快地转告了她。 나는 급히 그녀에게 전했다.
   Wǒ hěn kuài de zhuǎngào le tā.

3. 구체적인 동작을 나타내지 않는 동사인 '是 shì' '在 zài' '像 xiàng' 등이나 존재를 나타내는 '有 yǒu'에는 일반적으로 동태조사 '了 le'를 쓰지 않는다.

4. 구체적인 동작을 나타내지 않는 동사술어문이나 일반적인 동사술어문의 부정형, 그리고 형용사술어문 등의 문미에는 '了 le'가 올 수 있는데, 이 경우에는 변화를 나타낸다.

   现在是冬天(dōngtiān, 겨울)了。 天气冷了。 이제 겨울이 되었다. 날씨가 추워졌다.
   Xiànzài shì dōngtiān le.   Tiānqì lěng le.

   他现在不是学生，是老师了。 그는 이제 학생이 아니라 선생님이다.
   Tā xiànzài bú shì xuésheng, shì lǎoshī le.

   我不去玛丽那儿了。 나는 메리에게 가지 않겠다.
   Wǒ bú qù Mǎlì nàr le.

▶ 실전연습

1 실제 상황에 근거해 질문에 대답해 보세요.

① 现在你正在做什么? 昨天这个时候你在做什么?

② 放假的时候, 你都去哪儿了? 买了什么?

③ 你说汉语说得怎么样? 汉字会不会写?

④ 你有没有觉得遗憾的事? 请说一说。

2 제시된 문장으로 회화를 연습해 보세요.

① 칭찬하기(옷, 음식, 집)

多好(漂亮、美、好看)啊!	哪儿啊!
真好吃(干净……)!	马马虎虎!
……极了!	是吗?
又……又……	

② 사과하기(지각했을 때, 물건을 망가뜨렸을 때, 물건을 더럽혔을 때)

对不起!	没关系。
请原谅!	没什么。
真抱歉!	

③ 유감 표시하기(좋은 곳에 가지 못했을 때, 좋아하는 물건을 사지 못했을 때)

太可惜了!	真不巧!	真遗憾!

3 상황에 맞게 대화를 완성하세요.

① A 喂, 玛丽吗? 今天我请你吃晚饭。

   B 真的吗? _____?

   A 北京饭店。_____。

   B 不用接我, 七点我自己去。

② A 昨天的京剧好极了，你怎么没去看啊?

　　B ＿＿＿＿＿＿＿。＿＿＿＿＿＿＿! 这个星期还演吗?

　　A 可能还演，你可以打电话问问。

4 발음을 연습하세요.

① 성조 연습: 제2성+제4성　　 fuxi 05-05

yíhàn (遗憾)

bú yào yíhàn (不要遗憾)

yídìng bú yào yíhàn (一定不要遗憾)

② 큰 소리로 읽기　　 fuxi 05-06

A Zhè jiàn máoyī zhēn piàoliang, wǒ hěn xǐhuan zhège yánsè.

B Kěxī yǒudiǎnr duǎn.

A (Duì C) Nǐ bāng wǒ kànkan, yǒu cháng diǎnr de ma?

C Méiyǒu.

A Zhēn yíhàn.

단문독해 　 fuxi 05-07

我昨天晚上到北京。今天早上我对姐姐说，我出去玩儿
Wǒ zuótiān wǎnshang dào Běijīng. Jīntiān zǎoshang wǒ duì jiějie shuō, wǒ chūqu wánr
玩儿。姐姐说："你很累了，昨天晚上也没睡好觉，你今天在家
wánr. JiěJie shuō: "Nǐ hěn lèi le, zuótiān wǎnshang yě méi shuìhǎo jiào, nǐ jīntiān zài jiā
休息，明天我带你去玩儿。"我在家觉得没意思，姐姐出去买
xiūxi, míngtiān wǒ dài nǐ qù wánr." Wǒ zài jiā juéde méi yìsi, jiějie chūqu mǎi
东西的时候，我就一个人坐车出去了。
dōngxi de shíhou, wǒ jiù yí ge rén zuò chē chūqu le.

北京这个地方很大，我第一次来，也不认识路。汽车开到
Běijīng zhè ge dìfang hěn dà, wǒ dì-yī cì lái, yě bú rènshi lù. Qìchē kāi dào
一个公园前边，我就下了车，进了那个公园。
yí ge gōngyuán qiánbian, wǒ jiù xià le chē, jìn le nàge gōngyuán.

公园的花儿开得漂亮极了。玩了一会儿我觉得累了，就坐
Gōngyuán de huār kāi de piàoliang jí le. Wán le yíhuìr wǒ juéde lèi le, jiù zuò
在长椅上休息。
zài chángyǐ shang xiūxi.

"喂，要关门了，快回去吧！"一个公园里的人叫我。哎呀，
"Wéi, yào guānmén le, kuài huíqu ba!" Yí ge gōngyuán li de rén jiào wǒ. Āiyā,
刚才我睡着了。现在已经很晚了，我想姐姐一定在找我呢，得
gāngcái wǒ shuìzháo le. Xiànzài yǐjīng hěn wǎn le, wǒ xiǎng jiějie yídìng zài zhǎo wǒ ne, děi
快回家了。
kuài huí jiā le.

长椅 chángyǐ 명 벤치　　　**关门** guānmén 동 문을 닫다
睡着 shuìzháo 동 잠들다　　　**得** děi 조 ~해야 한다

| 축하하기 |

26 祝贺你
축하합니다

26-01

181 这次考试，成绩还可以。 이번 시험은 성적이 그런대로 괜찮습니다.
Zhè cì kǎoshì, chéngjì hái kěyǐ.

182 他的成绩全班第一。 그의 성적은 반 전체에서 1등입니다.
Tā de chéngjì quán bān dì-yī.

183 考得真好，祝贺你! 시험을 정말 잘 봤군요, 축하합니다!
Kǎo de zhēn hǎo, zhùhè nǐ!

184 祝你生日快乐! 생일 축하합니다!
Zhù nǐ shēngrì kuàilè!

185 祝你身体健康! 건강하세요!
Zhù nǐ shēntǐ jiànkāng!

186 尼娜有事来不了。 니나는 일이 있어서 못 옵니다.
Nínà yǒu shì lái bu liǎo.

187 我送你一件礼物，请收下。 당신에게 선물을 하나 드리니, 받아 주세요.
Wǒ sòng nǐ yí jiàn lǐwù, qǐng shōuxià.

188 你打开盒子看看。 상자를 열어 보세요.
Nǐ dǎkāi hézi kànkan.

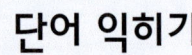 **단어 익히기**

| 본문 단어 |

成绩 chéngjì 명 성적, 성과

全 quán 형 부 전부, 모두

班 bān 명 반

考 kǎo 동 시험을 보다

祝贺 zhùhè 동 축하하다

祝 zhù 동 축복하다, 축하하다

快乐 kuàilè 형 즐겁다, 유쾌하다

了 liǎo 동 동사 뒤에서 得/不와 함께 가능 또는 불가능을 나타냄

打开 dǎkāi 동 열다

盒子 hézi 명 작은 상자

笔试 bǐshì 명 필기시험

分 fēn 명 점수, 점

口试 kǒushì 명 구술시험

蛋糕 dàngāo 명 케이크

只 zhī 양 마리

狗 gǒu 명 개

可爱 kě'ài 형 귀엽다, 사랑스럽다

| 표현 확장 단어 |

幸福 xìngfú 형 명 행복하다, 행복

门 mén 명 문

问题 wèntí 명 문제

难 nán 형 어렵다

微信 wēixìn 명 위챗(WeChat) [중국의 모바일 메신저]

新婚 xīnhūn 동 막 결혼하다

| 읽고, 듣고, 쓰고, 반복해서 외우세요 |

회화로 배우기

1 반 전체에서 1등이에요   26-03

刘京　这次考试成绩怎么样？
Liú Jīng　Zhè cì kǎoshì chéngjì zěnmeyàng?

大卫　还可以。笔试九十分，口试八十五分。
Dàwèi　Hái kěyǐ. Bǐshì jiǔshí fēn, kǒushì bāshíwǔ fēn.

玛丽　你知道吗？他的成绩全班第一。
Mǎlì　Nǐ zhīdào ma? Tā de chéngjì quán bān dì-yī.

刘京　考得真好，祝贺你！
Liú Jīng　Kǎo de zhēn hǎo, zhùhè nǐ!

大卫　玛丽也考得不错。
Dàwèi　Mǎlì yě kǎo de búcuò.

玛丽　这要感谢刘京和王兰的帮助。
Mǎlì　Zhè yào gǎnxiè Liú Jīng hé Wáng Lán de bāngzhù.

2 생일 축하해요!   26-04

玛丽　王兰，祝你生日快乐！
Mǎlì　Wáng Lán, zhù nǐ shēngrì kuàilè!

刘京　我们送你一个生日蛋糕。祝你身体健康！
Liú Jīng　Wǒmen sòng nǐ yí ge shēngrì dàngāo. Zhù nǐ shēntǐ jiànkāng!

王兰 Wáng Lán	谢谢！ Xièxie!
大卫 Dàwèi	这是我给你的花儿。 Zhè shì wǒ gěi nǐ de huār.
王兰 Wáng Lán	这些花儿真漂亮。 Zhèxiē huār zhēn piàoliang.
大卫 Dàwèi	尼娜有事来不了，她祝你生日愉快。 Nínà yǒu shì lái bu liǎo, tā zhù nǐ shēngrì yúkuài.
王兰 Wáng Lán	谢谢。大家请坐。 Xièxie. Dàjiā qǐng zuò.
和子 Hézǐ	我送你一件礼物，请收下。 Wǒ sòng nǐ yí jiàn lǐwù, qǐng shōuxià.
刘京 Liú Jīng	你知道她送的是什么吗？ Nǐ zhīdào tā sòng de shì shénme ma?
王兰 Wáng Lán	不知道。 Bù zhīdào.
和子 Hézǐ	你打开盒子看看。 Nǐ dǎkāi hézi kànkan.
王兰 Wáng Lán	啊，是一只小狗。 À, shì yì zhī xiǎo gǒu.
刘京 Liú Jīng	这个小东西多可爱啊！① Zhège xiǎo dōngxi duō kě'ài a!

🔥 표현 따라잡기

① **这个小东西多可爱啊！** 이거 정말 귀엽다!
여기에서 '小东西'가 가리키는 것은 '장난감 강아지'이다. 때로는 '小东西'가 사람이나 동물을 가리키기도 하는데 이때는 좋아하는 감정이 내포되어 있다.

표현으로 확장하기

응용 표현 26-05

① 祝你生日快乐!

生日愉快 shēngrì yúkuài　　身体健康 shēntǐ jiànkāng
生活幸福 shēnghuó xìngfú　　工作顺利 gōngzuò shùnlì

② 你打开盒子看看。

衣柜 yīguì | 找 zhǎo
窗户 chuānghu | 看 kàn
信箱 xìnxiāng | 看 kàn
门 mén | 看 kàn

③ 这个小东西多可爱啊!

公园 gōngyuán | 美 měi
问题 wèntí | 难 nán
鱼 yú | 好吃 hǎochī
地方 dìfang | 好玩儿 hǎowánr

확장 회화 26-06

① 今天玛丽的一个朋友结婚，玛丽发了微信祝贺他们。
Jīntiān Mǎlì de yí ge péngyou jiéhūn, Mǎlì fā le wēixìn zhùhè tāmen.

② 祝你们新婚愉快，生活幸福!
Zhù nǐmen xīnhūn yúkuài, shēnghuó xìngfú!

어법으로 내공쌓기

◎ 가능보어(1)

동사와 결과보어 사이에 구조조사 '得 de'를 넣으면 가능을 나타내는 가능보어가 된다. 예를 들어, '修得好 xiū de hǎo'는 '能修好 néng xiūhǎo'의 의미이며, '打得开 dǎ de kāi'는 '能打开 néng dǎkāi'의 의미이다. 이 문형의 부정형은 가운데의 '得'를 '不 bu'로 바꾸면 된다.

修得好 고칠 수 있다 [=能修好]
xiū de hǎo

打得开 열 수 있다 [=能打开]
dǎ de kāi

修不好 고칠 수 없다
xiū bu hǎo

打不开 열 수 없다
dǎ bu kāi

◎ 동사 '了'가 가능보어로 쓰일 때

1) 동사 '了 liǎo'는 '끝내다' '종료하다'라는 뜻이다. 주로 동사 뒤에서 가능보어로 자주 쓰이는데, 이때는 어떤 행위의 실현 가능성에 대한 예측을 나타낸다.

明天你去得了公园吗? 내일 너는 공원에 갈 수 있니?
Míngtiān nǐ qù de liǎo gōngyuán ma?

他病了，今天来不了了。 그는 병이 나서, 오늘 올 수 없게 되었다.
Tā bìng le, jīntiān lái bu liǎo le.

2) 때로는 가능보어로 쓰여도 여전히 '끝내다'의 뜻을 나타낸다.

这么多菜，我一个人吃不了。 이렇게 많은 음식을 나 혼자서 다 먹을 수 없다.
Zhème duō cài, wǒ yí ge rén chī bu liǎo.

做这点儿练习，用不了半个小时。 이 정도의 숙제를 하는 데에는 30분도 걸리지 않는다.
Zuò zhè diǎnr liànxí, yòng bu liǎo bàn ge xiǎoshí.

동사 '开'가 결과보어로 쓰일 때

1) 합쳐져 있거나 연결되어 있는 물건이 어떤 동작을 통해 분리됨을 의미한다.

她打开衣柜拿了一件衣服。 그녀는 옷장을 열고 옷을 한 벌 꺼냈다.
Tā dǎkāi yīguì ná le yí jiàn yīfu.

请打开书，看第十五页(yè, 페이지)**。** 책을 펴고 15페이지를 보세요.
Qǐng dǎkāi shū, kàn dì-shíwǔ yè.

2) 어떤 동작을 통해 사람이나 사물을 어떤 장소에서 떠나게 함을 의미한다.

车来了，快走开！ 차가 왔어요. 빨리 비키세요!
Chē lái le, kuài zǒukāi!

快拿开桌子上的东西。 테이블 위의 물건을 어서 치우세요.
Kuài nákāi zhuōzi shang de dōngxi.

동사 '下'가 결과보어로 쓰일 때

1) 사람이나 사물이 어떤 동작에 따라 높은 곳에서 낮은 곳으로 내려옴을 의미한다.

你坐下吧。 앉으세요.
Nǐ zuòxià ba.

他放下书就去吃饭了。 그는 책을 내려놓고, 밥을 먹으러 갔다.
Tā fàngxià shū jiù qù chī fàn le.

2) 사람이나 사물을 어떤 장소에 고정시킴을 의미한다.

写下你的电话号码。 당신의 전화번호를 적으세요.
Xiěxià nǐ de diànhuà hàomǎ.

请收下这个礼物吧。 이 선물을 받으세요.
Qǐng shōuxià zhège lǐwù ba.

문제로 실력다지기

1 다음 제시된 어구를 읽고, 몇 개를 골라 문장을 만들어 보세요. 26-07

全班	生活幸福	买礼物	来得了
全家	全家幸福	送礼物	来不了
全校	幸福的生活	生日礼物	吃得了
全国	幸福的孩子	结婚礼物	吃不了

2 '多……啊'를 사용해 문장을 완성해 보세요.

1) 这件衣服的颜色_____，孩子们穿最好看。

2) 上课的时候，我去晚了，你知道我_____！

3) 你没去过长城？那_____！

4) 你爸爸、妈妈都很健康，你们全家_____！

5) 你新买的自行车坏了，_____！

3 기원이나 축하의 표현을 사용해 대화를 완성하세요.

1) A 听说你的两张画儿参加了画展，_____！
   B 谢谢！ 欢迎参观。

2) A 明天要考试了。
   B _____！

3) A 我妈妈来了，我明天陪她出去玩儿玩儿。
   B _____！

4 결과보어나 가능보어를 사용해 문장을 완성해 보세요.

1) 房间里太热了，请＿＿＿＿＿＿＿＿＿＿＿＿＿＿＿＿。

2) 这是他给你的礼物，请＿＿＿＿＿＿＿＿＿＿＿＿＿＿＿＿。

3) 我的手表坏了，＿＿＿＿＿＿＿＿＿＿＿＿＿＿？

4) 这么多菜，我们＿＿＿＿＿＿＿＿＿＿＿＿＿＿。

5) 这件衣服真脏，＿＿＿＿＿＿＿＿＿＿＿＿＿＿？

6) 明天的会你＿＿＿＿＿＿＿＿＿＿＿＿＿＿？

5 다음 상황에 근거해 대화를 나누세요.

1) 你朋友考试的成绩很好，你向他/她祝贺。
(친구의 시험 성적이 좋아 당신이 그/그녀를 축하해 준다.)

2) 你的朋友结婚，你去祝贺他/她。
(친구가 결혼하게 되어 당신이 그/그녀를 축하해 준다.)

6 듣고 따라 말해 보세요. 26-08

　　上星期英语系的同学用英语唱歌，演话剧。王兰、刘京都参加了。那些同学的英语说得真好，歌唱得更好。以后我们要是能用汉语演话剧就好了。
　　刘京他们班演的话剧是全系第一，王兰唱歌是第三。我们高兴极了，都去祝贺他们。

话剧 huàjù 명 연극

7 발음을 연습하세요.

1) 자주 쓰이는 발음 26-09

yao	yāoqǐng	（邀请）	wu	wūzi	（屋子）
	yáobǎi	（摇摆）		tiàowǔ	（跳舞）
	yàoshi	（钥匙）		fúwùyuán	（服务员）

2) 큰 소리로 읽기 26-10

A Xīnnián hǎo!
B Xīnnián hǎo! Zhù nǐ xīnnián kuàilè!
A Zhù nǐmen quán jiā xìngfú!
B Zhù nǐmen shēntǐ jiànkāng, shēnghuó yúkuài!
A Xièxie!

| 권고하기 |

27 你别抽烟了
담배를 피우지 마세요

27-01

189 我有点儿咳嗽。 나는 기침을 좀 합니다.
Wǒ yǒudiǎnr késou.

190 你别抽烟了。 담배를 피우지 마세요.
Nǐ bié chōuyān le.

191 抽烟对身体不好。 흡연은 건강에 좋지 않습니다.
Chōuyān duì shēntǐ bù hǎo.

192 你去医院看看吧。 병원에 가 보세요.
Nǐ qù yīyuàn kànkan ba.

193 你开车开得太快了。 당신은 차를 너무 빨리 모는군요.
Nǐ kāichē kāi de tài kuài le.

194 开快了容易出事故。 차를 급히 몰면 사고가 나기 쉽습니다.
Kāikuài le róngyì chū shìgù.

195 昨天清华大学前边出交通事故了。
Zuótiān Qīnghuá Dàxué qiánbian chū jiāotōng shìgù le.
어제 칭화대학 앞에서 교통사고가 났습니다.

196 你得注意安全啊! 안전에 주의해야 합니다!
Nǐ děi zhùyì ānquán a!

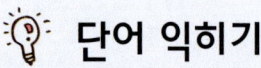
단어 익히기

| 본문 단어 |

有点儿 yǒudiǎnr 부 약간, 조금

咳嗽 késou 동 기침하다

抽 chōu 동 (담배를) 피우다

烟 yān 명 담배

医院 yīyuàn 명 병원

事故 shìgù 명 사고

交通 jiāotōng 명 교통

得 děi 조동 ~해야 한다

注意 zhùyì 동 조심하다, 주의하다

安全 ānquán 형 안전하다

每 měi 대 매, 각

舒服 shūfu 형 편안하다

习惯 xíguàn 동 명 습관이 되다, 버릇, 습관

药 yào 명 약

技术 jìshù 명 기술

| 표현 확장 단어 |

迟到 chídào 동 지각하다

头 tóu 명 머리

疼 téng 형 아프다

感冒 gǎnmào 동 명 감기에 걸리다, 감기

病 bìng 명 동 병, 병나다

不要 búyào 부 ~하지 마라

马路 mǎlù 명 대로, 큰길

| 읽고, 듣고, 쓰고, 반복해서 외우세요 |

회화로 배우기

1 건강에 좋지 않아요 🔊 27-03

李红 (Lǐ Hóng): 老张①，你怎么了?
Lǎo Zhāng, nǐ zěnme le?

老张 (Lǎo Zhāng): 没什么，有点儿咳嗽。
Méi shénme, yǒudiǎnr késou.

李红 (Lǐ Hóng): 你别抽烟了。
Nǐ bié chōuyān le.

老张 (Lǎo Zhāng): 我每天抽得不多。
Wǒ měi tiān chōu de bù duō.

李红 (Lǐ Hóng): 那对身体也不好。
Nà duì shēntǐ yě bù hǎo.

老张 (Lǎo Zhāng): 我想不抽，可是觉得不舒服。
Wǒ xiǎng bù chōu, kěshì juéde bù shūfu.

李红 (Lǐ Hóng): 时间长了就习惯了。
Shíjiān cháng le jiù xíguàn le.

老张 (Lǎo Zhāng): 好，我试试。今天先吃点儿药。
Hǎo, wǒ shìshi. Jīntiān xiān chī diǎnr yào.

李红 (Lǐ Hóng): 你去医院看看吧。
Nǐ qù yīyuàn kànkan ba.

안전에 주의하세요!

| 王兰
Wáng Lán | 你开车开得太快了。这样不安全。
Nǐ kāichē kāi de tài kuài le. Zhèyàng bù ānquán. |

| 大卫
Dàwèi | 我有事，得快点儿去。
Wǒ yǒu shì, děi kuài diǎnr qù. |

| 王兰
Wáng Lán | 那也不能开得这么快。
Nà yě bù néng kāi de zhème kuài. |

| 大卫
Dàwèi | 没关系。我开车的技术好。
Méi guānxi. Wǒ kāichē de jìshù hǎo. |

| 王兰
Wáng Lán | 开快了容易出事故。昨天清华大学前边出交通事故了。
Kāikuài le róngyì chū shìgù. Zuótiān Qīnghuá Dàxué qiánbian chū jiāotōng shìgù le. |

| 大卫
Dàwèi | 真的吗?
Zhēn de ma? |

| 王兰
Wáng Lán | 你得注意安全啊!
Nǐ děi zhùyì ānquán a! |

| 大卫
Dàwèi | 好，我以后不开快车了。
Hǎo, wǒ yǐhòu bù kāikuài chē le. |

표현 따라잡기

① **老张**
50~60세 정도의 동료, 친구, 이웃 등에게 쓰는 호칭으로, 성씨 앞에 '老'를 붙여 부르면 성명을 직접 부르는 것보다 친밀한 어기를 나타낸다. 여성에게는 잘 쓰지 않는다.

표현으로 확장하기

응용 표현 27-05

① 你别<u>抽烟</u>了。

去那儿 qù nàr
喝酒 hē jiǔ
开快车 kāikuài chē
迟到 chídào

② 你<u>开车</u> <u>开</u>得太<u>快</u>了。

写字 xiě zì | 写 xiě | 慢 màn
睡觉 shuìjiào | 睡 shuì | 晚 wǎn
起床 qǐchuáng | 起 qǐ | 早 zǎo
说汉语 shuō Hànyǔ | 说 shuō | 快 kuài

확장 회화 27-06

① 我头疼、咳嗽，可能感冒了。一会儿我去医院看病。
Wǒ tóuténg、késou, kěnéng gǎnmào le. Yíhuìr wǒ qù yīyuàn kànbìng.

② 每个人都要注意交通安全。
Měi ge rén dōu yào zhùyì jiāotōng ānquán.

③ 小孩子不要在马路上玩儿。
Xiǎoháizi búyào zài mǎlù shang wánr.

어법으로 내공쌓기

◎ 부사어 '有点儿'

'有点儿 yǒudiǎnr'은 동사나 형용사 앞에서 부사어로 쓰여 정도가 경미함을 나타내며, 동시에 상황이 여의치 않다는 의미를 가진다.

这件事有点儿麻烦。 이 일은 약간 번거롭다.
Zhè jiàn shì yǒudiǎnr máfan.

今天有点儿热。 오늘은 좀 덥다.
Jīntiān yǒudiǎnr rè.

他有点儿不高兴。 그는 기분이 좀 언짢다.
Tā yǒudiǎnr bù gāoxìng.

◎ 존현문

사람이나 사물이 어떤 장소에 존재하거나 출현했음을, 또는 어떤 장소에서 없어졌음을 나타내는 동사술어문을 존현문이라고 한다. 장소명사가 주어에 오고, '존재' '출현' '소실'의 대상이 목적어에 온다.

昨天清华大学前边出交通事故了。 어제 칭화대학 앞에서 교통사고가 났다.
Zuótiān Qīnghuá Dàxué qiánbian chū jiāotōng shìgù le.

桌子上有一本汉英词典。 테이블 위에 중영사전이 한 권 있다.
Zhuōzi shang yǒu yì běn HànYīng cídiǎn.

前边走来一个外国人。 앞에 외국인 한 명이 걸어온다.
Qiánbian zǒu lái yí ge wàiguórén.

上星期走了一个美国学生。 지난주에 미국 학생 한 명이 떠났다.
Shàngxīngqī zǒu le yí ge Měiguó xuésheng.

문제로 실력다지기

1 '有点儿'이나 '(一)点儿'을 사용해 빈칸을 채우세요.

1) 这件衣服_____长，请换一件短_____的。

2) 刚来中国的时候，我生活_____不习惯，现在习惯_____了。

3) 现在这么忙，你应该注意_____身体。

4) 你病了，得去医院看看，吃_____药。

5) 他刚才喝了_____酒，头_____疼，现在已经好_____了。

2 상황에 맞게 대화를 완성하세요.

1) A 我想骑车去北海公园。
   B 路太远，_____。
   A _____，我不累。
   B 路上车多人多，要_____。
   A 我会的。

2) A 我们唱唱歌吧。
   B _____，现在十一点了，大家都要休息了。
   A 好，_____。

3 다음 상황에 근거해 대화를 나누세요.(권고의 표현 사용하기)

1) 有个人在公共汽车上抽烟，售票员和抽烟人对话。
   (어떤 사람이 버스 안에서 담배를 피워, 매표원과 흡연자가 대화를 나눈다.)

2) 有一个参观的人要照相，可是这里不允许照相。你告诉他并劝阻他。
   (한 관람객이 사진 촬영이 금지된 곳에서 사진을 찍으려고 한다. 당신은 그에게 알려 주고 사진 촬영을 만류한다.)

3) 有一个人骑车，车后还带了一个人，这在中国是不允许的。警察和骑车的人对话。
   (어떤 사람이 뒤에 사람을 한 명 태우고 자전거를 탄다. 이는 중국에서 금지된 행위이다. 경찰과 자전거 운전자가 대화를 나눈다.)

4 [보기]와 같이 다음 문장을 존현문으로 고쳐 보세요.

> |보기| 有两个人往这边走来了。 → 前边来了两个人。

1) 有两个新同学到我们班来了。 → _____
2) 一支铅笔、一个本子放在桌子上。 → _____
3) 两个中国朋友到我们宿舍来了。 → _____
4) 一辆汽车从那边开来了。 → _____

5 듣고 따라 말해 보세요. 🔊 27-07

　　昨天是刘京的生日，我们去他家给他祝贺。他妈妈做的菜很好吃。我们喝酒、吃饭、唱歌、跳舞，高兴极了。大家劝大卫别喝酒。为什么呢？他是骑摩托车去的。他要是喝酒，就太不安全了。

劝 quàn 동 권하다, 권고하다 | 摩托车 mótuōchē 명 오토바이

6 발음을 연습하세요.

1) 자주 쓰이는 발음 🔊 27-08

yu	yì tiáo yú （一条鱼）
	Hànyǔ （汉语）
	yùjiàn （遇见）

jie	jiē diànhuà （接电话）
	jiéhūn （结婚）
	jiějie （姐姐）
	jiè shū （借书）

2) 큰 소리로 읽기 27-09

   A Bié jìnqu le.

   B Wèi shénme?

   A Tā yǒudiǎnr bù shūfu, shuìjiào le.

   B Nǐ zhīdào tā shì shénme bìng ma?

   A Gǎnmào.

   B Chī yào le ma?

   A Gāng chīguo.

즐거운 문화이야기

중국을 대표하는 문화유산, 만리장성

1. 목적: 군사 방어용 성벽
2. 총 길이: 약 6,350㎞
3. 건축 역사: B.C. 7세기 춘추전국 시대~17세기 명대
4. 가치: 유네스코 세계문화유산, 중국 전국중점문물보호단위

'인류 최대의 토목공사' '세계에서 가장 긴 인공 건축물' 등으로 불리는 만리장성长城은 중국 역대 왕조들이 북방 민족의 침입을 막기 위해서 세운 군사 방어용 성벽이다.

명나라 때를 기준으로 연장 길이는 약 2,700㎞이며, 동쪽 산하이관山海关에서 서쪽 자위관嘉峪关까지 동서로 길게 뻗어 있다. 중간에 갈라져 나온 지선들까지 합치면 총 길이가 약 6,350㎞에 이른다고 한다.

만리장성의 건축 역사는 B.C. 7세기 전후 춘추전국春秋战国 시대까지 거슬러 올라간다. 당시 여러 나라는 자국의 영토를 방어하기 위해 중요한 지역에 성벽을 쌓았다. 후에 진秦이 천하를 통일한 후, 진시황秦始皇은 북쪽 흉노족의 침입을 막기 위해 전국 시기의 장성을 연결하고 증축했다. 명나라 때 몽골의 침입을 막기 위해 대대적으로 보수하였고, 오늘날 사람들이 보는 만리장성은 이 시기 건설된 것이다.

1961년 중국 국무원国务院은 만리장성을 제1차 전국중점문물보호단위(국가급 문화유산)로 공표했고, 1987년에는 유네스코 세계문화유산으로 지정되었다.

만리장성

| 비교하기 |

28 今天比昨天冷

오늘은 어제보다 춥습니다

28-01

197 今天比昨天冷。 오늘은 어제보다 춥습니다.
Jīntiān bǐ zuótiān lěng.

198 这儿比东京冷多了。 이곳은 도쿄보다 훨씬 춥습니다.
Zhèr bǐ Dōngjīng lěng duō le.

199 有时候下雨。 때때로 비가 옵니다.
Yǒushíhou xià yǔ.

200 天气预报说，明天有大风。
Tiānqì yùbào shuō, míngtiān yǒu dà fēng.
일기예보에서 내일은 바람이 많이 분다고 했습니다.

201 明天比今天还冷呢。 내일은 오늘보다 더 춥습니다.
Míngtiān bǐ jīntiān hái lěng ne.

202 你要多穿衣服。 옷을 많이 입어야 합니다.
Nǐ yào duō chuān yīfu.

203 那儿的天气跟这儿一样吗? 그곳 날씨는 이곳과 같습니까?
Nàr de tiānqì gēn zhèr yíyàng ma?

204 气温在零下二十多度。 기온이 영하 이십몇 도입니다.
Qìwēn zài língxià èrshí duō dù.

단어 익히기

28-02

| 본문 단어 |

比 bǐ 개 ~보다, ~에 비해

有时候 yǒushíhou 때로(는), 이따금

下 xià 동 내리다, 떨어지다

雨 yǔ 명 비

预报 yùbào 동 명 예보하다, 예보

气温 qìwēn 명 기온

度 dù 양 도 [온도를 재는 단위]

温度 wēndù 명 온도

低 dī 형 (정도가) 낮다

冬天 dōngtiān 명 겨울

雪 xuě 명 눈

夏天 xiàtiān 명 여름

滑 huá 동 미끄러지다

冰 bīng 명 얼음

| 표현 확장 단어 |

暖和 nuǎnhuo 형 따뜻하다

旧 jiù 형 오래되다, 낡다

瘦 shòu 형 마르다

凉快 liángkuai 형 시원하다

胖 pàng 형 뚱뚱하다

秋天 qiūtiān 명 가을

春天 chūntiān 명 봄

刮 guā 동 (바람이) 불다

| 읽고, 듣고, 쓰고, 반복해서 외우세요 |

회화로 배우기

1 날씨가 정말 춥네요 28-03

刘京 今天天气真冷。
Liú Jīng Jīntiān tiānqì zhēn lěng.

和子 是啊。今天比昨天冷，温度比昨天低五度。
Hézǐ Shì a. Jīntiān bǐ zuótiān lěng, wēndù bǐ zuótiān dī wǔ dù.

刘京 这儿的天气你习惯了吗?
Liú Jīng Zhèr de tiānqì nǐ xíguàn le ma?

和子 还不太习惯呢。这儿比东京冷多了。
Hézǐ Hái bú tài xíguàn ne. Zhèr bǐ Dōngjīng lěng duō le.

刘京 你们那儿冬天不太冷吧?
Liú Jīng Nǐmen nàr dōngtiān bú tài lěng ba?

和子 是的。
Hézǐ Shì de.

刘京 东京常下雪吗?
Liú Jīng Dōngjīng cháng xià xuě ma?

和子 很少下雪。有时候下雨。
Hézǐ Hěn shǎo xià xuě. Yǒushíhou xià yǔ.

刘京 天气预报说，明天有大风，比今天还冷呢。
Liú Jīng Tiānqì yùbào shuō, míngtiān yǒu dà fēng, bǐ jīntiān hái lěng ne.

和子 是吗?
Hézǐ Shì ma?

| 刘京 | 你要多穿衣服，别感冒了。 |
| Liú Jīng | Nǐ yào duō chuān yīfu, bié gǎnmào le. |

나는 겨울을 좋아해요 28-04

| 玛丽 | 张老师，北京的夏天热吗？ |
| Mǎlì | Zhāng lǎoshī, Běijīng de xiàtiān rè ma? |

| 张老师 | 很热。你们那儿跟这儿一样吗？ |
| Zhāng lǎoshī | Hěn rè. Nǐmen nàr gēn zhèr yíyàng ma? |

| 玛丽 | 不一样，夏天不热，冬天很冷。 |
| Mǎlì | Bù yíyàng, xiàtiān bú rè, dōngtiān hěn lěng. |

| 张老师 | 有多冷？ |
| Zhāng lǎoshī | Yǒu duō lěng? |

| 玛丽 | 零下二十多度。 |
| Mǎlì | Língxià èrshí duō dù. |

| 张老师 | 真冷啊！ |
| Zhāng lǎoshī | Zhēn lěng a! |

| 玛丽 | 可是我喜欢冬天。 |
| Mǎlì | Kěshì wǒ xǐhuan dōngtiān. |

| 张老师 | 为什么？ |
| Zhāng lǎoshī | Wèi shénme? |

| 玛丽 | 可以滑冰、滑雪。 |
| Mǎlì | Kěyǐ huábīng、huáxuě. |

표현으로 확장하기

◉ 응용 표현 🔊 28-05

① <u>今天</u>比<u>昨天</u><u>冷</u>。

  这儿 zhèr | 那儿 nàr | 暖和 nuǎnhuo
  这本书 zhè běn shū | 那本书 nà běn shū | 旧 jiù
  他 tā | 我 wǒ | 瘦 shòu

② <u>这儿</u>比<u>东京</u><u>冷</u>多了。

  这儿 zhèr | 那儿 nàr | 凉快 liángkuai
  这个练习 zhège liànxí | 那个练习 nàge liànxí | 难 nán
  这条路 zhè tiáo lù | 那条路 nà tiáo lù | 远 yuǎn
  这个歌 zhège gē | 那个歌 nàge gē | 好听 hǎo tīng

③ <u>明天</u>比<u>今天</u>还<u>冷</u>呢。

  那儿的东西 nàr de dōngxi | 这儿 zhèr | 贵 guì
  那个颜色 nàge yánsè | 这个 zhège | 好看 hǎokàn
  那个孩子 nàge háizi | 这个 zhège | 胖 pàng

◉ 확장 회화 🔊 28-06

① 欢迎你秋天来北京。那时候天气最好，不冷也不热。
Huānyíng nǐ qiūtiān lái Běijīng. Nà shíhou tiānqì zuì hǎo, bù lěng yě bú rè.

② 北京的春天常常刮风，不常下雨。
Běijīng de chūntiān chángcháng guā fēng, bù cháng xià yǔ.

어법으로 내공쌓기

◎ '比'를 이용한 비교

1) 개사 '比 bǐ'를 이용해 두 사물의 성질이나 특징 등을 비교할 수 있다.

   他比我忙。 그는 나보다 바쁘다.
   Tā bǐ wǒ máng.

   他二十岁，我十九岁，他比我大。 그는 스무 살이고 나는 열아홉 살이다. 그가 나보다 나이가 많다.
   Tā èrshí suì, wǒ shíjiǔ suì, tā bǐ wǒ dà.

   今天比昨天暖和。 오늘은 어제보다 따뜻하다.
   Jīntiān bǐ zuótiān nuǎnhuo.

   他唱歌唱得比我好。 그는 나보다 노래를 잘 부른다.
   Tā chàng gē chàng de bǐ wǒ hǎo.

2) 대략적인 정도의 차이를 표현하고자 할 때에는 '一点儿 yìdiǎnr'이나 '一些 yìxiē'를 써서 정도 차이가 크지 않음을 나타낼 수 있다. 또는 '多了 duō le'와 '得多 de duō'를 써서 정도 차이가 매우 큼을 나타낼 수도 있다.

   他比我大一点儿(一些)。 그는 나보다 나이가 조금 많다.
   Tā bǐ wǒ dà yìdiǎnr(yìxiē).

   那儿比这儿冷多了。 그곳은 여기보다 훨씬 춥다.
   Nàr bǐ zhèr lěng duō le.

   这个教室比那个教室大得多。 이 교실은 저 교실보다 훨씬 크다.
   Zhège jiàoshì bǐ nàge jiàoshì dà de duō.

   他跳舞跳得比我好得多。 그는 나보다 춤을 훨씬 잘 춘다.
   Tā tiàowǔ tiào de bǐ wǒ hǎo de duō.

3) '比 bǐ'가 쓰인 문장에는 '很 hěn' '非常 fēicháng' '太 tài' 등의 정도부사를 함께 쓸 수 없다.

   他比我很大。(×)

   今天比昨天非常暖和。(×)

◎ 수량보어

1) '比 bǐ'를 이용해 비교를 나타내는 형용사술어에서 만약 두 사물의 구체적인 차이를 설명하고자 한다면 술어의 뒤에 수량사를 보어로 붙여 주면 된다.

今天的温度比昨天低五度。 오늘 온도는 어제보다 5도 낮다.
Jīntiān de wēndù bǐ zuótiān dī wǔ dù.

他比我大两岁。 그는 나보다 두 살 많다.
Tā bǐ wǒ dà liǎng suì.

他家比我家多两口人。 그의 집은 우리 집보다 두 식구 많다.
Tā jiā bǐ wǒ jiā duō liǎng kǒu rén.

○ '多'를 사용한 어림수

'多 duō'는 수량사나 수사 뒤에 쓰여, 앞의 수를 약간 초과함을 나타낸다.

1) 수사+양사+多
'1~9'로 끝나는 수사 및 수사 '10'에서, '多 duō'가 수량사 뒤에 쓰이면 '한 자릿수 이하'의 어림수를 나타낸다.

两岁多 두 살가량 [2세 이상 3세 미만]
liǎng suì duō

56块多 56위안가량 [56위안 이상 57위안 미만]
wǔshíliù kuài duō

378米多长 378미터가량 [378미터 이상 379미터 미만]
sān bǎi qīshíbā mǐ duō cháng

10个多月 10개월가량 [10개월 이상 11개월 미만]
shí ge duō yuè

2) 수사+多+양사
'0'으로 끝나는 수사에서 '多 duō'가 수사의 뒤, 양사의 앞에 위치할 때, '多'는 앞의 수보다 약간 더 큰 어림수를 나타낸다. '多'는 앞의 단위 이하 자리의 수를 나타낸다.

20多岁 20여 세 [20세 이상 30세 미만]
èrshí duō suì

400多块钱 400여 위안 [400위안 이상 500위안 미만]
sì bǎi duō kuàiqián

580多人 580여 명 [580명 이상 590명 미만]
wǔ bǎi bāshí duō rén

10多斤重 10여 근 [10근 이상 20근 미만]
shí duō jīn zhòng

문제로 실력다지기

1 다음 제시된 어구를 읽고, 몇 개를 골라 문장을 만들어 보세요. 28-07

| 上楼 | 上飞机 | 上课 | 楼上 | 卓子上 | 上星期 |
| 下楼 | 下飞机 | 下课 | 楼下 | 床下 | 下星期 |

2 괄호 안의 단어가 들어갈 알맞은 위치를 고르세요.

1) 今天很冷，你要 A 穿 B 衣服。（多）

2) 你 A 喝 B 点儿酒吧。（少）

3) 以后我们 A 联系 B。（多）

4) 老师问你呢，你 A 回答 B！（快）

3 [보기]와 같이 '比'를 사용해 문장을 고쳐 보세요.

| 보기 | 我有五本书，他有二十本书。 → 他的书比我多。/ 我的书比他少。

1) 我二十四岁，他二十岁。　→ _____

2) 昨天气温二十七度，今天二十五度。 → _____

3) 他的毛衣很好看，我的毛衣不好看。 → _____

4) 小王常常感冒，小刘很少生病。 → _____

4 상황에 맞게 대화를 완성하세요.

A 你怎么又感冒了?
B 这儿的春天_____。（比 / 冷）
A _____?
B 二十多度。
A _____。（比 / 暖和）
B 这儿早上和晚上冷，中午暖和，_____。
A 时间长了，你就习惯了。

5 질문에 대답해 보세요.

1) 今天三十四度，昨天三十度，今天比昨天高几度?

2) 张丽英家有五口人，王兰家只有三口人，张丽英家比王兰家多几口人?

3) 刘京二十三岁，王兰二十二岁，刘京比王兰大多了还是大一点儿?

4) 这个楼有四层，那个楼有十六层，那个楼比这个楼高多少层?

6 듣고 따라 말해 보세요. 28-08

　　人们都说春天好，春天是一年的开始，要是有一个好的开始，这一年就会很顺利。一天也是一样，早上是一天的开始。要是从早上就注意怎么样生活、学习、工作，这一天就会过得很好。
　　让我们都爱春天、爱时间吧！要是不注意，以后会觉得遗憾的。

开始 kāishǐ 명동 처음, 시작되다 | 爱 ài 동 사랑하다

7 발음을 연습하세요.

1) 자주 쓰이는 발음 　 28-09

jin	jīntiān	（今天）	chan	chānfú	（搀扶）
	búyào jǐn	（不要紧）		yǎn chán	（眼馋）
	qǐng jìn	（请进）		shēngchǎn	（生产）

2) 큰 소리로 읽기 　 28-10

A Jīnnián dōngtiān bù lěng.
B Shì bǐ qùnián nuǎnhuo.
A Dōngtiān tài nuǎnhuo bù hǎo.
B Wèi shénme?
A Róngyì yǒu bìng.

| 취미 |

29 我也喜欢游泳
나도 수영을 좋아합니다

29-01

205 你喜欢什么运动? 당신은 어떤 운동을 좋아합니까?
Nǐ xǐhuan shénme yùndòng?

206 爬山、滑冰、游泳，我都喜欢。
Pá shān、huábīng、yóuyǒng, wǒ dōu xǐhuan.
등산, 스케이트, 수영을 모두 좋아합니다.

207 你游泳游得好不好? 당신은 수영을 잘합니까?
Nǐ yóuyǒng yóu de hǎo bu hǎo?

208 我游得不好，没有你游得好。
Wǒ yóu de bù hǎo, méiyǒu nǐ yóu de hǎo.
나는 수영을 잘 못합니다. 당신보다 잘하지 못합니다.

209 谁跟谁比赛? 누구와 누가 경기를 합니까?
Shéi gēn shéi bǐsài?

210 北京队对广东队。 베이징 팀 대 광둥 팀입니다.
Běijīng duì duì Guǎngdōng duì.

211 我在写毛笔字，没画画儿。
Wǒ zài xiě máobǐzì, méi huà huàr.
나는 그림을 그리는 게 아니라, 붓글씨를 쓰고 있습니다.

212 我想休息一会儿。 나는 잠시 쉬고 싶습니다.
Wǒ xiǎng xiūxi yíhuìr.

단어 익히기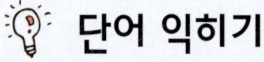

29-02

| 본문 단어 |

运动 yùndòng 명 동 운동, 운동하다

爬 pá 동 기어오르다, 오르다

山 shān 명 산

游泳 yóuyǒng 동 수영하다

游 yóu 동 헤엄치다

比赛 bǐsài 동 명 시합하다, 경기하다, 시합, 경기

队 duì 명 팀

毛笔 máobǐ 명 붓

踢 tī 동 차다, 발길질하다

足球 zúqiú 명 축구

篮球 lánqiú 명 농구

练 liàn 동 연습하다

教 jiāo 동 가르치다

散步 sànbù 동 산책하다

| 표현 확장 단어 |

跑步 pǎobù 동 달리다

回答 huídá 동 대답하다

话 huà 명 말

站 zhàn 동 서다, 멈추다

躺 tǎng 동 눕다

放假 fàngjià 동 방학하다

旅行 lǚxíng 동 여행하다

太极拳 tàijíquán 명 태극권

钥匙 yàoshi 명 열쇠

丢 diū 동 잃다, 잃어버리다

| 고유명사 |

广东 Guǎngdōng 광둥

회화로 배우기

1 어떤 운동을 좋아하세요? 🔵 29-03

刘京 你喜欢什么运动?
Liú Jīng　Nǐ xǐhuan shénme yùndòng?

大卫 爬山、滑冰、游泳，我都喜欢，你呢?
Dàwèi　Pá shān、huábīng、yóuyǒng, wǒ dōu xǐhuan, nǐ ne?

刘京 我常常踢足球、打篮球，也喜欢游泳。
Liú Jīng　Wǒ chángcháng tī zúqiú、dǎ lánqiú, yě xǐhuan yóuyǒng.

大卫 你游得好不好?
Dàwèi　Nǐ yóu de hǎo bu hǎo?

刘京 我游得不好，没有你游得好。明天有足球比赛，你看吗?
Liú Jīng　Wǒ yóu de bù hǎo, méiyǒu nǐ yóu de hǎo. Míngtiān yǒu zúqiú bǐsài, nǐ kàn ma?

大卫 谁跟谁比赛?
Dàwèi　Shéi gēn shéi bǐsài?

刘京 北京队对广东队。
Liú Jīng　Běijīng duì duì Guǎngdōng duì.

大卫 那一定很有意思。
Dàwèi　Nà yídìng hěn yǒu yìsi.

我很想看，票一定很难买吧?
Wǒ hěn xiǎng kàn, piào yídìng hěn nán mǎi ba?

刘京 现在去买，可能买得到。
Liú Jīng　Xiànzài qù mǎi, kěnéng mǎi de dào.

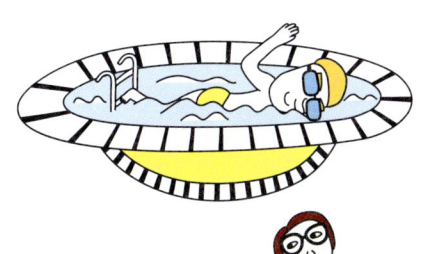

붓글씨를 쓰고 있어요 🔊 29-04

玛丽 你在画画儿吗?
Mǎlì　Nǐ zài huà huàr ma?

大卫 在写毛笔字,没画画儿。
Dàwèi　Zài xiě máobǐzì, méi huà huàr.

玛丽 你写得真不错!
Mǎlì　Nǐ xiě de zhēn búcuò!

大卫 练了两个星期了。我没有和子写得好。
Dàwèi　Liàn le liǎng ge xīngqī le. Wǒ méiyǒu Hézǐ xiě de hǎo.

玛丽 我也很喜欢写毛笔字,可是一点儿也不会。
Mǎlì　Wǒ yě hěn xǐhuan xiě máobǐzì, kěshì yìdiǎnr yě bú huì.

大卫 没关系,你想学,王老师可以教你。
Dàwèi　Méi guānxi, nǐ xiǎng xué, Wáng lǎoshī kěyǐ jiāo nǐ.

玛丽 那太好了!
Mǎlì　Nà tài hǎo le!

大卫 写累了,我想休息一会儿。
Dàwèi　Xiělèi le, wǒ xiǎng xiūxi yíhuìr.

玛丽 走,出去散散步吧。
Mǎlì　Zǒu, chūqu sànsan bù ba.

표현으로 확장하기

○ 응용 표현   29-05

① <u>你</u><u>游泳</u> 游得<u>好</u>不<u>好</u>?

跑步 pǎobù | 跑 pǎo | 快 kuài
打网球 dǎ wǎngqiú | 打 dǎ | 好 hǎo
洗衣服 xǐ yīfu | 洗 xǐ | 干净 gānjìng
回答问题 huídá wèntí | 回答 huídá | 对 duì

② <u>票</u>一定很难<u>买</u>吧?

毛笔字 máobǐzì | 写 xiě
广东话 Guǎngdōnghuà | 懂 dǒng
中国画 Zhōngguó huà | 画 huà
汉语 Hànyǔ | 学 xué

③ 我想<u>休息</u>一会儿。

坐 zuò   睡 shuì
站 zhàn   躺 tǎng

○ 확장 회화   29-06

① 放假的时候，他常去旅行。
Fàngjià de shíhou, tā cháng qù lǚxíng.

② 他每天早上打太极拳，晚饭后散步。
Tā měi tiān zǎoshang dǎ tàijíquán, wǎnfàn hòu sànbù.

③ 糟糕，我的钥匙丢了。
Zāogāo, wǒ de yàoshi diū le.

어법으로 내공쌓기

◎ '有'와 '没有'를 이용한 비교

동사 '有 yǒu'나 그 부정형인 '没有 méiyǒu'는 비교구문에 쓸 수 있는데, 이때 비교주체가 어떤 기준이나 정도에 도달했거나 도달하지 못했음을 나타낸다. 이러한 비교 형식은 주로 의문문이나 부정문에 쓰인다.

你有他高吗? 너는 그 사람만큼 키가 크니?
Nǐ yǒu tā gāo ma?

那棵(kē, 그루)树有五层楼那么高。 그 나무는 5층 건물만큼 높다.
Nà kē shù yǒu wǔ céng lóu nàme gāo.

广州没有北京冷。 광저우는 베이징만큼 춥지 않다.
Guǎngzhōu méiyǒu Běijīng lěng.

我没有你游得好。 나는 너만큼 수영을 잘하지 못한다.
Wǒ méiyǒu nǐ yóu de hǎo.

◎ '吧'를 이용한 의문문

어떤 일에 대해 어느 정도의 추측을 하고 있지만, 확신할 수는 없을 때 어기조사 '吧 ba'를 이용해 질문한다.

你最近很忙吧? 요즘 많이 바쁘지?
Nǐ zuìjìn hěn máng ba?

票一定很难买吧? 표를 사기가 매우 어렵겠지?
Piào yídìng hěn nán mǎi ba?

你很喜欢打球吧? 넌 구기 운동을 좋아하지?
Nǐ hěn xǐhuan dǎqiú ba?

시량보어(1)

시량보어는 술어 뒤에서 동작이나 행위와 관련된 '시간량'을 보충하는 성분으로, 주로 어떤 동작이나 상태가 얼마 동안 지속되었는지를 설명한다.

我练了两个星期了。 나는 2주 동안 연습했다.
Wǒ liàn le liǎng ge xīngqī le.

我们才休息了十分钟。 우리는 겨우 10분 쉬었다.
Wǒmen cái xiūxi le shí fēnzhōng.

火车开走一刻钟了。 기차가 떠난 지 15분 되었다.
Huǒchē kāizǒu yí kè zhōng le.

玛丽病了两天，没来上课。 메리는 이틀간 아파서 수업에 오지 않았다.
Mǎlì bìng le liǎng tiān, méi lái shàngkè.

문제로 실력다지기

1 다음 단어와 어울리는 동사를 찾아 동사─목적어 구조를 만들고, 몇 개를 골라 문장을 만들어 보세요.

| 足球 | 飞机 | 事故 | 礼物 | 问题 | 酒 |
| 汽车 | 电话 | 网球 | 生词 | 饭 | 歌 |

2 다음 '比'자문을 '没有'를 사용해 부정문으로 고쳐 보세요.

1) 他滑冰比我滑得好。　→ _____

2) 王兰爬山比张老师爬得快。 → _____

3) 他的手机比我的好。 → _____

4) 这张照片比那张漂亮。 → _____

3 괄호 안의 단어가 들어갈 알맞은 위치를 고르세요.

1) 我累极了，A 想 B 休息 C 。（一会儿）

2) 他 A 在北京 B 住 C 了 D 了。（十年）

3) 他的宿舍离教室很近，A 走 B 就到了 C 。（一刻钟）

4) 他 A 迟到 B 了 C 。（十分钟）

4 상황에 맞게 대화를 완성하세요.

1) A _____?
   B 我喜欢打篮球，_____?
   A 我不喜欢打篮球。
   B _____?
   A 我喜欢爬山。

2) A _____?
   B 我不喝酒。
   A _____? 少喝一点儿没关系。
   B 我开车，喝酒不安全。

3) A 你喜欢吃什么饭菜？喜欢不喜欢做饭？
   B _____,_____。

4) A 休息的时候你喜欢做什么？
   B _____。

5) A 你喜欢喝什么？为什么？
   B _____。

5 듣고 따라 말해 보세요. 🔊 29-07

　　汉斯有很多爱好。他喜欢运动，冬天滑冰，夏天游泳。到中国以后，他还学会了打太极拳。他画的画儿也不错。他房间里的那张画儿就是他自己画的。可是他也有一个不好的"爱好"，那就是抽烟。现在他身体不太好，要是不抽烟，他的身体一定比现在好。

汉斯 Hànsī 고유 한스 [인명] | 爱好 àihào 명 취미

6 발음을 연습하세요.

1) 자주 쓰이는 발음 🔊 29-08

zuo	zuótiān	（昨天）	jia	huí jiā	（回家）
	zuǒyòu	（左右）		jiǎhuà	（假话）
	zuò liànxí	（做练习）		fàngjià	（放假）

2) 큰 소리로 읽기 🔊 29-09

A Nǐ xǐhuan shénme?
B Wǒ xǐhuan dòngwù.
A Wǒ yě xǐhuan dòngwù.
B Shì ma? Nǐ xǐhuan shénme dòngwù?
A Wǒ xǐhuan xiǎo gǒu, nǐ ne?
B Wǒ xǐhuan dàxióngmāo.

즐거운 문화이야기

숫자에 담긴 뜻

① 숫자 8: 부자가 되다, 돈을 벌다
② 숫자 6: 순조롭다
③ 숫자 9: 영원하다
④ 숫자 4: 죽음

一 二 三 四 五

　나라마다 사람들이 선호하는 숫자와 기피하는 숫자가 있다. 중국에서도 숫자가 단순히 수를 나타내는 기능 외에 각각의 다른 뜻을 내포하고 있다.

　숫자 8은 중국인이 가장 사랑하는 숫자이다. 중국에서 8은 '부富'를 상징한다. '큰돈을 벌다' '부자가 되다'라는 뜻을 가진 '发财(fācái)'의 '发(fā)'와 숫자 '八(bā)'의 발음이 비슷하기 때문이다. 숫자 6과 9 역시 중국에서 좋은 뜻을 가진 숫자이다. '六(liù)'는 '流(liú)'와 발음이 비슷해서 '순조롭다' '막힘이 없다'는 뜻을 가지고, '九(jiǔ)'는 '오래다' '영원하다'는 의미의 '久(jiǔ)'와 발음이 같아서 '변하지 않고 영원하다'는 의미를 가진다. 숫자 6, 8, 9는 전화번호나 차량번호, 가격표, 행사 날짜 등 중국인의 일상생활 곳곳에서 많이 쓰이고 있다.

　반면, 숫자 4는 '四(sì)'와 죽음을 의미하는 '死(sǐ)'의 발음이 비슷하다는 이유로 기피하는 경향이 있다.

　중국인들은 심리적으로 짝수를 좋아한다. 중요한 행사 날짜를 짝수 달과 짝수 일로 택하고, 요일도 짝수인 화요일星期二과 토요일星期六을 선호한다. 선물이나 축의금을 줄 때 가능하면 짝수로 하는 것도 바로 이러한 중국인의 짝수 선호와 관계가 있다.

| 언어 |

30 请你慢点儿说
천천히 말씀해 주세요

30-01

213 我的发音还差得远呢。 내 발음은 아직 멀었습니다.
Wǒ de fāyīn hái chà de yuǎn ne.

214 你学汉语学了多长时间了？ 당신은 중국어를 배운 지 얼마나 됐습니까?
Nǐ xué Hànyǔ xué le duō cháng shíjiān le?

215 你能看懂中文报吗？ 당신은 중국어 신문을 볼 수 있습니까?
Nǐ néng kàndǒng Zhōngwén bào ma?

216 听和说比较难，看比较容易。
Tīng hé shuō bǐjiào nán, kàn bǐjiào róngyì.
듣기와 말하기는 좀 어렵지만, 보는 것은 비교적 쉽습니다.

217 慢点儿说，我听得懂。 천천히 말하면 알아들을 수 있습니다.
Màn diǎnr shuō, wǒ tīng de dǒng.

218 你忙什么呢？ 뭐가 그렇게 바빠요?
Nǐ máng shénme ne?

219 我父亲来了，我要陪他去旅行。
Wǒ fùqīn lái le, wǒ yào péi tā qù lǚxíng.
아버지가 오셔서 나는 아버지를 모시고 여행을 가려고 합니다.

220 除了广州、上海以外，我们还要去香港。
Chúle Guǎngzhōu、Shànghǎi yǐwài, wǒmen hái yào qù Xiānggǎng.
우리는 광저우와 상하이 외에 홍콩에도 가려고 합니다.

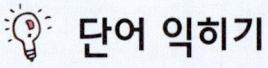
단어 익히기

30-02

| 본문 단어 |

发音 fāyīn 명 발음

比较 bǐjiào 부 비교적

父亲 fùqīn 명 아버지

除了……以外 chúle……yǐwài
~이외에도 또한, ~을 제외하고 모두

清楚 qīngchu 형 분명하다

查 chá 동 검사하다, 조사하다

谈 tán 동 이야기하다

提高 tígāo 동 향상시키다

能力 nénglì 명 능력

收拾 shōushi 동 정리하다

当 dāng 동 담당하다, 맡다

导游 dǎoyóu 명 관광 안내원, 가이드

普通话 pǔtōnghuà 명 현대 중국 표준어

放心 fàngxīn 동 마음 놓다, 안심하다

| 표현 확장 단어 |

后天 hòutiān 명 모레

小时 xiǎoshí 명 시간

打字 dǎzì 동 타자를 치다

包子 bāozi 명 (소가 든) 찐빵

洗衣机 xǐyījī 명 세탁기

冰箱 bīngxiāng 명 냉장고

语法 yǔfǎ 명 어법

预习 yùxí 동 예습하다

记 jì 동 기억하다

| 고유명사 |

广州 Guǎngzhōu 광저우

香港 Xiānggǎng 홍콩

회화로 배우기

1 발음이 정확하네요 30-03

李红   你汉语说得不错，发音很清楚。
Lǐ Hóng   Nǐ Hànyǔ shuō de búcuò, fāyīn hěn qīngchu.

大卫   哪儿啊，还差得远呢。
Dàwèi   Nǎr a, hái chà de yuǎn ne.

李红   你学汉语学了多长时间了？
Lǐ Hóng   Nǐ xué Hànyǔ xué le duō cháng shíjiān le?

大卫   学了半年了。
Dàwèi   Xué le bàn nián le.

李红   你能看懂中文报吗？
Lǐ Hóng   Nǐ néng kàndǒng Zhōngwén bào ma?

大卫   不能。
Dàwèi   Bù néng.

李红   你觉得汉语难不难？
Lǐ Hóng   Nǐ juéde Hànyǔ nán bu nán?

大卫 Dàwèi	听和说比较难，看比较容易，可以查词典。 Tīng hé shuō bǐjiào nán, kàn bǐjiào róngyì, kěyǐ chá cídiǎn.
李红 Lǐ Hóng	我说的话，你能听懂吗？ Wǒ shuō de huà, nǐ néng tīngdǒng ma?
大卫 Dàwèi	慢点儿说，我听得懂。 Màn diǎnr shuō, wǒ tīng de dǒng.
李红 Lǐ Hóng	你应该多跟中国人谈话。 Nǐ yīnggāi duō gēn Zhōngguórén tánhuà.
大卫 Dàwèi	对，这样可以提高听和说的能力。 Duì, zhèyàng kěyǐ tígāo tīng hé shuō de nénglì.

2 알아들을 수 없어요 30-04

王兰 Wáng Lán	你忙什么呢？ Nǐ máng shénme ne?
和子 Hézǐ	我在收拾东西呢。我父亲来了，我要陪他去旅行。 Wǒ zài shōushi dōngxi ne. Wǒ fùqīn lái le, wǒ yào péi tā qù lǚxíng.
王兰 Wáng Lán	去哪儿啊？ Qù nǎr a?
和子 Hézǐ	除了广州、上海以外，我们还要去香港。 Chúle Guǎngzhōu、Shànghǎi yǐwài, wǒmen hái yào qù Xiānggǎng. 我得给他当导游。 Wǒ děi gěi tā dāng dǎoyóu.
王兰 Wáng Lán	那你父亲一定很高兴。 Nà nǐ fùqīn yídìng hěn gāoxìng.

| 和子 | 麻烦的是广东话、上海话我都听不懂。 |
| Hézǐ | Máfan de shì Guǎngdōnghuà、Shànghǎihuà wǒ dōu tīng bu dǒng. |

| 王兰 | 没关系，商店、饭店都说普通话。 |
| Wáng Lán | Méi guānxi, shāngdiàn、fàndiàn dōu shuō pǔtōnghuà. |

| 和子 | 他们能听懂我说的话吗？ |
| Hézǐ | Tāmen néng tīngdǒng wǒ shuō de huà ma? |

| 王兰 | 没问题。 |
| Wáng Lán | Méi wèntí. |

| 和子 | 那我就放心了。 |
| Hézǐ | Nà wǒ jiù fàngxīn le. |

표현으로 확장하기

● 응용 표현 🔊 30-05

① 现在你能看懂中文报吗?

下午 xiàwǔ | 布置好 bùzhìhǎo | 教室 jiàoshì
后天 hòutiān | 修好 xiūhǎo | 电视 diànshì
晚上 wǎnshang | 做完 zuòwán | 翻译练习 fānyì liànxí

② A 你学汉语学了多长时间了?
B 学了半年了。

看比赛 kàn bǐsài | 看 kàn | 一个小时 yí ge xiǎoshí
翻译句子 fānyì jùzi | 翻译 fānyì | 一个半小时 yí ge bàn xiǎoshí
听音乐 tīng yīnyuè | 听 tīng | 二十分钟 èrshí fēnzhōng
打字 dǎzì | 打 dǎ | 半个小时 bàn ge xiǎoshí

③ 除了广州、上海以外,我们还要去香港。

饺子 jiǎozi | 包子 bāozi | 吃菜 chī cài
京剧 jīngjù | 话剧 huàjù | 看杂技 kàn zájì
洗衣机 xǐyījī | 电视 diànshì | 买冰箱 mǎi bīngxiāng

● 확장 회화 🔊 30-06

① 汉语的发音不太难,语法也比较容易。
Hànyǔ de fāyīn bú tài nán, yǔfǎ yě bǐjiào róngyì.

② 我预习了一个小时生词,现在这些生词都记住了。
Wǒ yùxí le yí ge xiǎoshí shēngcí, xiànzài zhèxiē shēngcí dōu jìzhù le.

어법으로 내공쌓기

🔷 시량보어(2)

1) 시량보어가 목적어와 함께 문장에 나올 경우, 동사를 중복하고 시량보어는 두 번째 동사 뒤에 놓는다.

   他昨天等你等了一个小时。 그는 어제 당신을 한 시간 기다렸다.
   Tā zuótiān děng nǐ děng le yí ge xiǎoshí.

   他们开会开了半个小时。 그들은 30분간 회의를 했다.
   Tāmen kāihuì kāi le bàn ge xiǎoshí.

   他念生词念了一刻钟。 그는 새 단어를 15분 동안 읽었다.
   Tā niàn shēngcí niàn le yí kè zhōng.

   他学英语学了两年了。 그는 영어를 2년간 배웠다.
   Tā xué Yīngyǔ xué le liǎng nián le.

2) 목적어가 인칭대명사일 경우, 시량보어는 일반적으로 목적어의 뒤에 온다. 반대로 목적어가 인칭대명사가 아닐 경우, 시량보어는 동사와 목적어 사이에 온다. 이때, 시량보어와 목적어 사이에는 '的 de'를 쓸 수 있다.

   他昨天等了你一个小时。 그는 어제 당신을 한 시간 기다렸다.
   Tā zuótiān děng le nǐ yí ge xiǎoshí.

   他们开了半个小时(的)会。 그들은 30분간 회의를 했다.
   Tāmen kāi le bàn ge xiǎoshí (de) huì.

   他念了一刻钟(的)生词。 그는 새 단어를 15분 동안 읽었다.
   Tā niàn le yí kè zhōng (de) shēngcí.

   他学了两年(的)英语。 그는 영어를 2년간 배웠다.
   Tā xué le liǎng nián (de) Yīngyǔ.

3) 목적어가 비교적 복잡하거나 강조하고자 할 때는 목적어를 문장 맨 앞으로 이동시킨다.

   那件漂亮的毛衣他试了半天。 그 예쁜 스웨터를 그는 한참 동안 입어 보았다.
   Nà jiàn piàoliang de máoyī tā shì le bàntiān.

   那本小说他看了两个星期。 그 소설을 그는 2주 동안 읽었다.
   Nà běn xiǎoshuō tā kàn le liǎng ge xīngqī.

○ '除了……以外'

두 개의 절로 이루어진 복문 구조로, 앞 절의 대상을 포함하거나 배제하는 두 가지 용법으로 쓰인다. 이때 '以外 yǐwài'는 생략해도 된다.

1) '~이외에도 또한'이라는 뜻으로, 뒤에는 '还 hái'나 '也 yě' 등이 호응한다. 앞 절의 대상을 포함한다.

和子和她父亲除了去上海以外，还去广州、香港。
Hézǐ hé tā fùqīn chúle qù Shànghǎi yǐwài, hái qù Guǎngzhōu, Xiānggǎng.
가즈코와 그의 아버지는 상하이 외에 광저우와 홍콩에도 간다.

除了小王以外，小张、小李也会说英语。
Chúle Xiǎo Wáng yǐwài, Xiǎo Zhāng, Xiǎo Lǐ yě huì shuō Yīngyǔ.
샤오왕 외에 샤오장과 샤오리도 영어를 할 줄 안다.

2) '~을 제외하고는 모두'라는 뜻으로, 뒤에는 '都 dōu'가 호응한다. 앞 절에 언급한 대상을 배제한다.

这件事除了老张以外，我们都不知道。
Zhè jiàn shì chúle Lǎo Zhāng yǐwài, wǒmen dōu bù zhīdào.
이 일은 라오장을 제외하고는 우리 모두 모른다.

除了大卫以外，我们都去过长城了。
Chúle Dàwèi yǐwài, wǒmen dōu qùguo Chángchéng le.
데이비드를 제외하고는 우리 모두 만리장성에 가 본 적 있다.

문제로 실력다지기

1 다음 제시된 어구를 읽고, 몇 개를 골라 문장을 만들어 보세요. 🔊 30-07

> 参观了三小时　　　　比赛了一(个)下午
> 修了一会儿　　　　　疼了一天
> 翻译了两天　　　　　旅行了一个星期
> 想了几分钟　　　　　收拾了半个小时

2 [보기]와 같이 시량보어를 사용해 문장을 만들어 보세요.

> | 보기 | 开会　一个半小时　→　我们开会开了一个半小时。

1) 听音乐　二十分钟　　→ _____
2) 跳舞　半个小时　　　→ _____
3) 坐火车　七个小时　　→ _____
4) 找钥匙　好几分钟　　→ _____

3 [보기]와 같이 '除了……以外'를 사용해 문장을 고쳐 보세요.

> | 보기 | 我喜欢小狗, 还喜欢大熊猫。　→　除了小狗以外, 我还喜欢大熊猫。

1) 我每天都散步, 还打太极拳。　　→ _____
2) 他会说英语, 还会说汉语。　　　→ _____
3) 在北京他去过长城, 没去过别的地方。→ _____
4) 我们班大卫会划船, 别的人不会划船。→ _____

4 실제 상황에 근거해 질문에 대답해 보세요.

1) 你什么时候来这个城市的？来这个城市多长时间了？

2) 以前你学过汉语吗？学了多长时间？

3) 每星期你们上几天课？

4) 你每天运动吗？做什么运动？运动多长时间？

5) 每天你几点睡觉？几点起床？大概睡多长时间？

5 상황에 맞게 대화를 완성하세요.

A 昨天的电影你看了吗？
B _____。
A _____？
B 听不懂，说得太快。
A 我也是。_____。（要是……/ 能）
B 我们还要多练习听和说。

6 듣고 따라 말해 보세요. 30-08

　　有一个小孩儿学认字。老师在他的本子上写了一个"人"字，他学会了。第二天，老师见到他，在地上写了个"人"字，写得很大，他不认识了。老师说："这不是'人'字吗？你怎么忘了？"他说："这个人比昨天那个人大多了，我不认识他。"

认 rèn 동 식별하다

7 발음을 연습하세요.

1) 자주 쓰이는 발음 🔊 30-09

xian	xiānsheng	（先生）	quan	yuánquān	（圆圈）
	wēixiǎn	（危险）		tàijíquán	（太极拳）
	xiànzài	（现在）		quàngào	（劝告）

2) 큰 소리로 읽기 🔊 30-10

A nā ná nǎ nà.
B Nǐ liànxí fāyīn ne?
A Shì a, wǒ juéde fāyīn yǒudiǎnr nán.
B Nǐ fāyīn hěn qīngchu.
A Hái chà de yuǎn ne.
B Yàoshi nǐ měi tiān liànxí, jiù néng xué de hěn hǎo.

복습 6

26 · 27 · 28 · 29 · 30

▶ 상황회화

1 그가 잊은 게 아닌가요?   fuxi 06-01

[아리와 샤오왕, 샤오리는 모두 여행가는 것을 좋아한다. 그들은 오늘 톈진에 놀러가기로 약속했다. 지금 아리와 샤오왕은 기차역에서 샤오리를 기다리고 있다.]

阿里　　小李怎么还不来?
Ālǐ　　　Xiǎo Lǐ zěnme hái bù lái?

小王　　他是不是忘了?
Xiǎo Wáng　Tā shì bu shì wàng le?

阿里　　不会的。昨天我给他打电话，说得很清楚，
Ālǐ　　　Bú huì de. Zuótiān wǒ gěi tā dǎ diànhuà, shuō de hěn qīngchu,

　　　　告诉他十点五十开车，今天我们在这儿等他。
　　　　Gàosu tā shí diǎn wǔshí kāichē, jīntiān wǒmen zài zhèr děng tā.

小王　　可能病了吧?
Xiǎo Wáng　Kěnéng bìng le ba?

阿里　　也可能有什么事，不能来了。
Ālǐ　　　Yě kěnéng yǒu shénme shì, bù néng lái le.

小王　　火车马上开了，我们也不去了，回家吧。
Xiǎo Wáng　Huǒchē mǎshàng kāi le, wǒmen yě bú qù le, huí jiā ba.

阿里　　去看看小李，问问他怎么回事。
Ālǐ　　　Qù kànkan Xiǎo Lǐ, wènwen tā zěnme huí shì.

우리 모두 헛걸음했네요  fuxi 06-02

[샤오리가 기숙사에서 잠을 자고 있을 때, 아리와 샤오왕이 들어온다.]

阿里 小李，醒醒。
Ālǐ Xiǎo Lǐ, xǐngxing.

小王 我说得不错吧，他真病了。
Xiǎo Wáng Wǒ shuō de búcuò ba, tā zhēn bìng le.

小李 谁病了？我没病。
Xiǎo Lǐ Shéi bìng le? Wǒ méi bìng.

阿里 那你怎么没去火车站呀？
Ālǐ Nà nǐ zěnme méi qù huǒchē zhàn ya?

小李 怎么没去呀？今天早上四点我就起床了，
Xiǎo Lǐ Zěnme méi qù ya? Jīntiān zǎoshang sì diǎn wǒ jiù qǐchuáng le,

到火车站的时候才四点半。等了你们半天，你们也不来，
dào huǒchē zhàn de shíhou cái sì diǎn bàn. Děng le nǐmen bàntiān, nǐmen yě bù lái,

我就回来了。我又累又困，就睡了。
wǒ jiù huílai le. Wǒ yòu lèi yòu kùn, jiù shuì le.

小王 我们的票是十点五十的，你那么早去做什么？
Xiǎo Wáng Wǒmen de piào shì shí diǎn wǔshí de, nǐ nàme zǎo qù zuò shénme?

小李 Xiǎo Lǐ	什么？十点五十？阿里电话里说四点五十。 Shénme? Shí diǎn wǔshí? Ālǐ diànhuà li shuō sì diǎn wǔshí.
小王 Xiǎo Wáng	我知道了，阿里说"十"和"四"差不多。 Wǒ zhīdào le, Ālǐ shuō "shí" hé "sì" chàbuduō.
小李 Xiǎo Lǐ	啊！我听错了。 À! Wǒ tīngcuò le.
阿里 Ālǐ	真对不起，我发音不好，让你白跑一趟。 Zhēn duìbuqǐ, wǒ fāyīn bù hǎo, ràng nǐ bái pǎo yí tàng.
小李 Xiǎo Lǐ	没什么，我们都白跑了一趟。 Méi shénme, wǒmen dōu bái pǎo le yí tàng.

🔵 fuxi 06-03

阿里 Ālǐ 고유 아리 [인명]
怎么回事 zěnme huí shì 어떻게 된 일인가
困 kùn 형 졸리다
错 cuò 형 틀리다

天津 Tiānjīn 고유 톈진
醒 xǐng 동 잠에서 깨다
差不多 chàbuduō 형 비슷하다
白跑一趟 bái pǎo yí tàng 헛걸음하다

▼ 핵심어법

★ 비교를 나타내는 여러 가지 방법

1 부사 '更'과 '最'를 이용한 비교

他汉语说得很好，他哥哥说得更好。　그는 중국어를 잘하는데, 그의 형은 더 잘한다.
Tā Hànyǔ shuō de hěn hǎo, tā gēge shuō de gèng hǎo.

这次考试他的成绩最好。　이번 시험에서 그의 성적이 제일 좋았다.
Zhè cì kǎoshì tā de chéngjì zuì hǎo.

2 '有'를 이용한 비교

你弟弟有你这么高吗? 네 남동생은 너만큼 키가 크니?
Nǐ dìdi yǒu nǐ zhème gāo ma?

这种苹果没有那种好吃。 이 사과는 저것만큼 맛있지 않다.
Zhè zhǒng píngguǒ méiyǒu nà zhǒng hǎochī.

我没有他唱得好。/ 我唱得没有他好。/ 我唱歌唱得没有他好。
Wǒ méiyǒu tā chàng de hǎo. / Wǒ chàng de méiyǒu tā hǎo. / Wǒ chàng gē chàng de méiyǒu tā hǎo.
나는 그만큼 노래를 잘하지 못한다.

3 '跟……一样'을 이용한 비교

今天的天气跟昨天一样。 오늘의 날씨는 어제와 같다.
Jīntiān de tiānqì gēn zuótiān yíyàng.

我买的毛衣跟你的一样贵。 내가 산 스웨터는 네 것만큼 비싸다.
Wǒ mǎi de máoyī gēn nǐ de yíyàng guì.

위의 세 가지 비교 방법은 모두 다른 점과 같은 점, 혹은 차이가 있음을 나타낼 수는 있지만 구체적인 차이를 표현할 수는 없다.

4 '比'를 이용한 비교

今天比昨天热。 오늘은 어제보다 덥다.
Jīntiān bǐ zuótiān rè.

我的自行车比他的新一点儿。 내 자전거는 그의 것보다 더 새 것이다.
Wǒ de zìxíngchē bǐ tā de xīn yìdiǎnr.

他买的词典比我买的便宜两块钱。 그가 산 사전은 내가 산 것보다 2위안 싸다.
Tā mǎi de cídiǎn bǐ wǒ mǎi de piányi liǎng kuài qián.

他打排球比我打得好得多。 / 他打排球打得比我好得多。
Tā dǎ páiqiú bǐ wǒ dǎ de hǎo de duō. / Tā dǎ páiqiú dǎ de bǐ wǒ hǎo de duō.
그는 배구를 나보다 훨씬 잘한다.

'比 bǐ'를 이용하여 비교하면 단지 차이가 있음을 나타낼 뿐 아니라, 얼마나 차이가 있는지를 표현할 수 있다.

▶ 실전연습

1. 실제 상황에 근거해 질문에 대답해 보세요.

   ① 你有什么爱好？你最喜欢做什么？

   ② 你学过什么外语？你觉得难不难？

   ③ 你在中国旅行过吗？除了普通话以外，哪儿的话容易懂？哪儿的话不容易懂？

   ④ 你们国家的天气跟中国一样不一样？

   ⑤ 一年中你喜欢春天、夏天，还是喜欢秋天、冬天？为什么？

2. 제시된 문장으로 회화를 연습해 보세요.

   ① 축하 또는 기원하기(생일, 결혼, 명절, 졸업 등)

祝你……好（愉快 / 幸福）！	谢谢！
祝贺你(了)！	谢谢你！
我们给你祝贺生日来了！	谢谢大家！
祝你学习(工作)顺利！	多谢朋友们！

   ② '别'를 이용해서 권고하기

你开车，别喝酒。	别急，你的病会好的。
他刚睡，别说话。	学汉语要多说，别不好意思。

   ③ 취미 묻고 답하기

你喜欢什么？	你喜欢做什么？
你最喜欢什么？	

3. 상황에 맞게 대화를 완성하세요.

   A 你学了多长时间汉语了？
   B _____。

   A 你觉得听和说哪个难？
   B _____。

A 写呢?

B _____。

A 现在你能看懂中文报吗?

B _____。

4 발음을 연습하세요.

① 성조 연습 : 제3성+제4성　　fuxi 06-04

kǒushì (口试)

wǒ qù kǒushì (我去口试)

wǔ hào wǒ qù kǒushì (五号我去口试)

② 큰 소리로 읽기　　fuxi 06-05

A Nǐ zhīdào ma? Shànghǎihuà li bù shuō "wǒmen", shuō "ā lā".

B Ò, yǒu yìsi, hé pǔtōnghuà zhēn bù yíyàng.

A Hěn duō fāngyán wǒ yě tīng bu dǒng.

B Suǒyǐ dōu yào xué pǔtōnghuà, shì ba?

A Nǐ shuō de hěn duì.

단문독해 fuxi 06-06

小张吃了晚饭回到宿舍，刚要打开电视机，就听见楼下有人叫他。他打开窗户往下看，是小刘。

小刘给他一张电影票，让他星期天八点一起去看电影。说好在电影院门口见面。

星期天到了。小张先去看了一位朋友，下午去商店买了一些东西。七点四十到电影院。他没看见小刘，就在门口等。

差五分八点，电影就要开始了，可是小刘还没来。小张想，小刘可能有事不来了，就一个人进电影院去了。电影院的人对小张说："八点没有电影，是不是你弄错了？"小张一看电影票，那上面写的是上午八点。小张想：我太马虎了，要是看看票，或者问问小刘就好了。

弄错 nòngcuò 동 실수하다　　**或者** huòzhě 접 혹은, 그렇지 않으면

| 여행하기 ❶ |

31 那儿的风景美极了!

그곳의 풍경은 정말 아름다워요!

🔊 31-01

221 中国的名胜古迹多得很。 중국에는 명승고적이 굉장히 많습니다.
Zhōngguó de míngshèng gǔjì duō de hěn.

222 你说吧，我听你的。 말해 보세요. 당신 말을 따를게요.
Nǐ shuō ba, wǒ tīng nǐ de.

223 从北京到桂林坐火车要坐多长时间?
Cóng Běijīng dào Guìlín zuò huǒchē yào zuò duō cháng shíjiān?
베이징에서 구이린까지 기차로 얼마나 걸립니까?

224 七点有电影，现在去来得及来不及?
Qī diǎn yǒu diànyǐng, xiànzài qù lái de jí lái bu jí?
7시에 영화가 있는데, 지금 가면 늦지 않게 갈 수 있을까요?

225 我们看电影去。 우리는 영화를 보러 갑니다.
Wǒmen kàn diànyǐng qù.

226 上海的东西比这儿多得多。 상하이에는 물건이 여기보다 훨씬 많습니다.
Shànghǎi de dōngxi bǐ zhèr duō de duō.

227 我想买些礼物寄回家去。 나는 선물을 좀 사서 집으로 부치고 싶습니다.
Wǒ xiǎng mǎi xiē lǐwù jì huí jiā qù.

228 你不是要去豫园游览吗? 당신은 위위안으로 놀러 가려는 게 아닙니까?
Nǐ bú shì yào qù Yùyuán yóulǎn ma?

단어 익히기

|본문 단어|

名胜古迹 míngshèng gǔjì
명승고적

来得及 lái de jí 늦지 않다, 제시간에 댈 수 있다

来不及 lái bu jí 늦다, 제시간에 댈 수 없다

游览 yóulǎn 동 유람하다

风景 fēngjǐng 명 풍경, 경치

高铁 gāotiě 명 고속열차, 고속철

然后 ránhòu 접 그런 후에, 그다음에

计划 jìhuà 명 동 계획, 계획하다

办 bàn 동 하다, 처리하다

城市 chéngshì 명 도시

热闹 rènao 형 번화하다, 떠들썩하다

各 gè 대 각, 여러

非常 fēicháng 부 대단히, 매우

小吃 xiǎochī 명 간단한 먹을거리, 간식

有名 yǒumíng 형 유명하다

顺便 shùnbiàn 부 ~하는 김에

开发 kāifā 동 개발하다

区 qū 명 구, 구역

|표현 확장 단어|

博物馆 bówùguǎn 명 박물관

信用卡 xìnyòngkǎ 명 신용카드

动车 dòngchē 명 중국 고속열차

水果 shuǐguǒ 명 과일

圆珠笔 yuánzhūbǐ 명 볼펜

|고유명사|

桂林 Guìlín 구이린

豫园 Yùyuán 위위안

南京路 Nánjīng Lù 난징루

浦东 Pǔdōng 푸둥

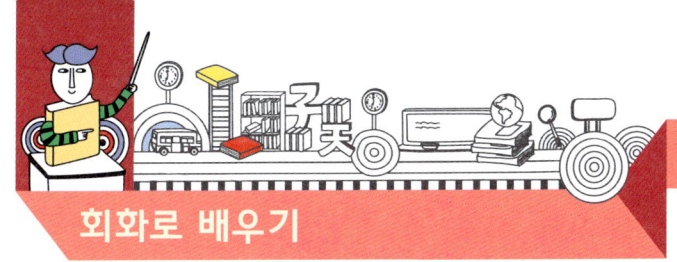

회화로 배우기

1 중국에는 명승고적이 아주 많아요 🔊 31-03

大卫   快放假了，你想不想去旅行？
Dàwèi   Kuài fàngjià le, nǐ xiǎng bu xiǎng qù lǚxíng?

玛丽   当然想。
Mǎli   Dāngrán xiǎng.

大卫   中国的名胜古迹多得很，去哪儿呢？
Dàwèi   Zhōngguó de míngshèng gǔjì duō de hěn, qù nǎr ne?

玛丽   你说吧，我听你的。①
Mǎli   Nǐ shuō ba, wǒ tīng nǐ de.

大卫   先去桂林吧，那儿的风景美极了！
Dàwèi   Xiān qù Guìlín ba, nàr de fēngjǐng měi jí le!

玛丽   从北京到桂林坐火车要坐多长时间？
Mǎli   Cóng Běijīng dào Guìlín zuò huǒchē yào zuò duō cháng shíjiān?

大卫 Dàwèi	坐高铁大概得十多个小时。 Zuò gāotiě dàgài děi shí duō ge xiǎoshí. 我们在桂林玩儿三四天，然后去上海。 Wǒmen zài Guìlín wánr sān sì tiān, ránhòu qù Shànghǎi.
玛丽 Mǎlì	这个计划不错，就这么办吧。 Zhège jìhuà búcuò, jiù zhème bàn ba. 七点有电影，现在去来得及来不及？ Qī diǎn yǒu diànyǐng, xiànzài qù lái de jí lái bu jí?
大卫 Dàwèi	来得及。 Lái de jí.
玛丽 Mǎlì	我们看电影去吧。 Wǒmen kàn diànyǐng qù ba.
大卫 Dàwèi	走吧。 Zǒu ba.

2 상하이는 중국에서 가장 큰 도시예요 🔊 31-04

和子 Hézǐ	上海是中国最大的城市。 Shànghǎi shì Zhōngguó zuì dà de chéngshì.
王兰 Wáng Lán	对，上海的东西比这儿多得多。 Duì, Shànghǎi de dōngxi bǐ zhèr duō de duō.
和子 Hézǐ	去上海的时候，我想买些礼物寄回家去。 Qù Shànghǎi de shíhou, wǒ xiǎng mǎi xiē lǐwù jì huí jiā qù. 你觉得上海哪儿最热闹？ Nǐ juéde Shànghǎi nǎr zuì rènao?

王兰 Wáng Lán	南京路。那儿有各种各样的商店， Nánjīng Lù. Nàr yǒu gèzhǒng gèyàng de shāngdiàn, 买东西非常方便。 mǎi dōngxi fēicháng fāngbiàn.
和子 Hézī	听说上海的小吃也很有名。 Tīngshuō Shànghǎi de xiǎochī yě hěn yǒumíng.
王兰 Wáng Lán	你不是要去豫园游览吗？顺便可以尝尝那儿的小吃。 Nǐ bú shì yào qù Yùyuán yóulǎn ma? Shùnbiàn kěyǐ chángchang nàr de xiǎochī. 对了②，你还可以去参观一下儿浦东开发区。 Duì le, nǐ hái kěyǐ qù cānguān yíxiàr Pǔdōng kāifāqū.

표현 따라잡기

① **你说吧，我听你的。** 말해 봐. 네 말을 따를게.
이 말은 '당신의 의견을 얘기하세요. 저는 당신의 의견대로 하겠습니다.'라는 의미이다. 상대방의 의견에 무조건 동의할 때 이렇게 말한다.

② **对了** 맞아!. 아참!
대화 중 갑자기 해야 할 일이 생각났거나 어떤 일에 대해 보충설명을 하고자 할 때 '对了'라고 말한다.

표현으로 확장하기

🔵 응용 표현 🔊 31-05

① 我们看电影去。

开会 kāihuì 参观博物馆 cānguān bówùguǎn
逛商场 guàng shāngchǎng 看京剧 kàn jīngjù
吃小吃 chī xiǎochī 办信用卡 bàn xìnyòngkǎ

② 坐火车要坐多长时间?

坐船 zuò chuán | 坐 zuò
坐飞机 zuò fēijī | 坐 zuò
骑车 qíchē | 骑 qí
坐动车 zuò dòngchē | 坐 zuò

③ 我想买些礼物寄回家去。

菜 cài | 送 sòng
药 yào | 寄 jì
水果 shuǐguǒ | 带 dài
小吃 xiǎochī | 拿 ná

🔵 확장 회화 🔊 31-06

A 我的圆珠笔找不到了。
　 Wǒ de yuánzhūbǐ zhǎo bu dào le.

B 那不是你的圆珠笔吗?
　 Nà bú shì nǐ de yuánzhūbǐ ma?

A 啊, 找到了。
　 À, zhǎodào le.

어법으로 내공쌓기

방향보어(3)

1) 동사 '上 shàng' '下 xià' '进 jìn' '出 chū' '回 huí' '过 guò' '起 qǐ' '开 kāi'의 뒤에 단순방향보어 '来 lái'나 '去 qù'가 결합하여(起去는 없음), 다른 동사의 뒤에서 보어로 쓰여 동작의 방향을 나타낼 수 있다. 이를 복합방향보어라고 한다.

복합방향보어	上来	下来	进来	出来	回来	过来	起来	开来
	上去	下去	进去	出去	回去	过去		开去

他从教室走出来了。 그는 교실에서 걸어 나왔다.
Tā cóng jiàoshì zǒu chūlai le.

他想买些东西寄回去。 그는 물건을 좀 사서 부쳐 주고 싶어 한다.
Tā xiǎng mǎi xiē dōngxi jì huíqu.

看见老师进来，同学们都站了起来。 선생님이 들어오시는 것을 보고, 학생들은 모두 일어났다.
Kànjiàn lǎoshī jìnlai, tóngxuémen dōu zhàn le qǐlai.

2) 복합방향보어의 '来 lái'와 '去 qù'가 나타내는 방향과 말하는 사람(혹은 언급되는 사물)과의 관계는 단순방향보어와 같다. 목적어가 장소를 나타내는 명사일 때, 목적어는 반드시 복합방향보어의 사이에 놓인다.

上课了，老师走进教室来了。 수업이 시작되자 선생님께서 교실로 걸어 들어오셨다.
Shàngkè le, lǎoshī zǒu jìn jiàoshì lái le.

那些书都寄回国去了。 그 책들은 모두 본국으로 부쳤다.
Nàxiē shū dōu jì huí guó qù le.

'不是……吗?'

'不是 búshì……吗 ma?'로 이루어지는 반어문은 '~가 아닌가요?'라는 뜻으로, 어떤 일에 대해 긍정하면서 동시에 강조하고자 할 때 쓴다.

你不是要去旅行吗? (你要去旅行。)
Nǐ bú shì yào qù lǚxíng ma? (Nǐ yào qù lǚxíng.)
당신은 여행을 가려는 게 아닌가요? (당신은 여행을 가려고 한다.)

这个房间不是很干净吗? (这个房间很干净。)
Zhège fángjiān bú shì hěn gānjìng ma?(Zhège fángjiān hěn gānjìng.)
이 방은 매우 깨끗하지 않나요? (이 방은 매우 깨끗하다.)

문제로 실력다지기

301句로 끝내는 중국어회화

1 알맞은 동사를 골라 동사—목적어 구조의 문장을 만들어 보세요.

| 보기 | 字   ⓐ 写   ⓑ 画 → 那个孩子正在写字。

1) 名胜古迹   ⓐ 游览   ⓑ 旅行   → _____
2) 风景   ⓐ 参观   ⓑ 看   → _____
3) 信用卡   ⓐ 做   ⓑ 办   → _____
4) 能力   ⓐ 提高   ⓑ 练好   → _____
5) 电影   ⓐ 演   ⓑ 开   → _____
6) 自行车   ⓐ 坐   ⓑ 骑   → _____

2 그림을 보고 빈칸에 동사와 방향보어를 넣어 문장을 완성하세요.

1)

注意，前边_____一辆汽车。(开)

2)

楼下有人找你，你快_____吧。(下)

3) 下课了，我们的老师＿＿＿＿＿了。（走）

4) 山上的风景很好，你们快＿＿＿＿＿吧。（爬）

3 [보기]와 같이 다음 문장을 의문문으로 고쳐 보세요.

> |보기| 昨天我们跳舞跳了两个小时。 → 昨天你们跳舞跳了几个小时？
> 　　　　　　　　　　　　　　　　　昨天你们跳舞跳了多长时间？

1) 我来北京的时候，坐飞机坐了十二个小时。
→ ＿＿＿＿＿＿＿＿＿＿＿＿＿＿＿

2) 昨天我爬山爬了三个小时。　　　→ ＿＿＿＿＿＿＿＿＿＿＿＿＿＿＿

3) 今天早上我吃饭吃了一刻钟。　　→ ＿＿＿＿＿＿＿＿＿＿＿＿＿＿＿

4) 从这儿到北海，骑车要骑一个多小时。 → ＿＿＿＿＿＿＿＿＿＿＿＿＿＿＿

5) 昨天我们划船划了两个小时。　　→ ＿＿＿＿＿＿＿＿＿＿＿＿＿＿＿

4 당신이 여행한 명승지 중 한 곳을 소개해 보세요.

> |화제| 风景怎么样？有什么有名的东西？你最喜欢什么？游览了多长时间？
> 　　　（풍경은 어떠한가? 어떤 유명한 것들이 있는가? 무엇이 가장 좋았는가? 얼마 동안 여행하였는가?）

5 듣고 따라 말해 보세요. 🔊 31-07

　　我喜欢旅行，旅行可以游览名胜古迹，旅行还是一种学习汉语的好方法。在学校，我习惯听老师说话，换一个人就不习惯了。可是旅行的时候要跟各种各样的人说话，要问路，要参观，要买东西……这是学习汉语的好机会。放假的时候我就去旅行，提高我的听说能力。

方法 fāngfǎ 명 방법 | 机会 jīhuì 명 기회

6 발음을 연습하세요.

1) 자주 쓰이는 발음 🔊 31-08

	shuōhuà	（说话）		qǔdé	（取得）
shuo	xiǎoshuō	（小说）	qu	qùnián	（去年）
	fēngshuò	（丰硕）		chūqu	（出去）

2) 큰 소리로 읽기 🔊 31-09

A Fàngjià yǐhòu nǐ jìhuà zuò shénme?
B Wǒ xiǎng qù lǚxíng.
A Nǐ qù nǎr?
B Qù Dōngběi.
A Xiànzài Dōngběi duō lěng a!
B Lěng hǎo a, kěyǐ kàn bīngdēng(冰灯, 빙등).

| 여행하기 ❷ |

32 买到票了没有?
표를 샀습니까?

32-01

229 你看见和子了吗? 당신은 가즈코를 봤습니까?
Nǐ kànjiàn Hézǐ le ma?

230 你进大厅去找她吧。 로비에 가서 그녀를 찾아보세요.
Nǐ jìn dàtīng qù zhǎo tā ba.

231 三天以内的机票都没有了。 3일 이내의 비행기 표는 모두 없습니다.
Sān tiān yǐnèi de jīpiào dōu méiyǒu le.

232 您应该早点儿预订飞机票。 비행기 표를 일찍 예약해야 합니다.
Nín yīnggāi zǎo diǎnr yùdìng fēijī piào.

233 我有急事,您帮帮忙吧! 급한 일이 있어요. 좀 도와주세요!
Wǒ yǒu jí shì, nín bāngbang máng ba!

234 有一张十五号的退票。 15일 취소표가 한 장 있습니다.
Yǒu yì zhāng shíwǔ hào de tuì piào.

235 机票上写着十四点零五分起飞。
Jīpiào shang xiězhe shísì diǎn líng wǔ fēn qǐfēi.
비행기 표에 14시 5분에 이륙한다고 쓰여 있습니다.

236 小姐,你的钱包忘在这儿了。 아가씨, 지갑을 여기에 두고 가셨습니다.
Xiǎojiě, nǐ de qiánbāo wàng zài zhèr le.

단어 익히기

| 본문 단어 |

大厅 dàtīng 명 홀, 로비

以内 yǐnèi 명 이내

预订 yùdìng 동 예약하다

帮忙 bāngmáng 동 돕다

退 tuì 동 반환하다, 무르다

着 zhe 조 동작이나 상태의 지속을 나타내는 동태조사

钱包 qiánbāo 명 지갑

窗口 chuāngkǒu 명 창구

直达车 zhídáchē 명 직행차

卖 mài 동 팔다

硬卧 yìngwò 명 딱딱한 침대, (열차의) 일반 침대석

软卧 ruǎnwò 명 푹신한 침대, (열차의) 일등 침대석

护照 hùzhào 명 여권

| 표현 확장 단어 |

广告 guǎnggào 명 광고

检查 jiǎnchá 동 검사하다, 조사하다

签证 qiānzhèng 명 비자

行李 xíngli 명 짐

挂 guà 동 걸다

停 tíng 동 멈추다, 정지하다

图书馆 túshūguǎn 명 도서관

礼堂 lǐtáng 명 강당

讨论 tǎolùn 동 토론하다

办法 bànfǎ 명 방법

| 읽고, 듣고, 쓰고, 반복해서 외우세요 |

회화로 배우기

1 가즈코 봤어요? 32-03

刘京 你看见和子了吗?
Liú Jīng Nǐ kànjiàn Hézǐ le ma?

玛丽 没看见。你进大厅去找她吧。
Mǎlì Méi kànjiàn. Nǐ jìn dàtīng qù zhǎo tā ba.

2 표를 샀어요? 32-04

刘京 和子，买到票了没有?
Liú Jīng Hézǐ, mǎidào piào le méiyǒu?

和子 还没有呢。
Hézǐ Hái méiyǒu ne.

刘京 快到南边六号窗口去买。
Liú Jīng Kuài dào nánbian liù hào chuāngkǒu qù mǎi.

……

和子 买两张去广州的直达车票。
Hézǐ Mǎi liǎng zhāng qù Guǎngzhōu de zhídáchē piào.

售票员 要哪天的?
Shòupiàoyuán Yào nǎ tiān de?

和子 明天的有没有?
Hézǐ Míngtiān de yǒu méiyǒu?

售票员	卖完了。有后天的，要不要？
Shòupiàoyuán	Màiwán le. Yǒu hòutiān de, yào bu yào?

和子	要。我想早上到，买哪次好？
Hézǐ	Yào. Wǒ xiǎng zǎoshang dào, mǎi nǎ cì hǎo?

售票员	买Z35次吧。要硬卧还是软卧？
Shòupiàoyuán	Mǎi Z sānshíwǔ cì ba. Yào yìngwò háishi ruǎnwò?

和子	硬卧。
Hézǐ	Yìngwò.

 일찍 예약하셔야 해요 32-05

尼娜	到北京的飞机票有吗？
Nínà	Dào Běijīng de fēijī piào yǒu ma?

售票员	三天以内的都没有了。你应该早点儿预订。
Shòupiàoyuán	Sān tiān yǐnèi de dōu méiyǒu le. Nǐ yīnggāi zǎo diǎnr yùdìng.

尼娜	我有急事，帮帮忙吧！
Nínà	Wǒ yǒu jí shì, bāngbang máng ba!

售票员	你等等，我再查查。
Shòupiàoyuán	Nǐ děngdeng, wǒ zài chácha.

真巧，有一张十五号的退票。
Zhēn qiǎo, yǒu yì zhāng shíwǔ hào de tuì piào.

尼娜	我要了。这是我的护照。
Nínà	Wǒ yào le. Zhè shì wǒ de hùzhào.

请问，从这儿到北京要多长时间？
Qǐngwèn, cóng zhèr dào Běijīng yào duō cháng shíjiān?

售票员	一个多小时。
Shòupiàoyuán	Yí ge duō xiǎoshí.

尼娜	几点起飞？
Nínà	Jǐ diǎn qǐfēi?

售票员	你看，机票上写着十四点零五分起飞。
Shòupiàoyuán	Nǐ kàn, jīpiào shang xiězhe shísì diǎn líng wǔ fēn qǐfēi.

 **4** 지갑을 여기에 두고 가셨네요  32-06

售票员	小姐，你的钱包忘在这儿了。
Shòupiàoyuán	Xiǎojiě, nǐ de qiánbāo wàng zài zhèr le.

尼娜	太谢谢你了！
Nínà	Tài xièxie nǐ le!

표현으로 확장하기

응용 표현 🔊 32-07

① 你买到票了没有?

　　找到 zhǎodào ｜ 钱包 qiánbāo
　　看到 kàndào ｜ 广告 guǎnggào
　　检查完 jiǎncháwán ｜ 身体 shēntǐ
　　办好 bànhǎo ｜ 签证 qiānzhèng

② 你的钱包忘在这儿了。

　　他 tā ｜ 行李 xíngli ｜ 放 fàng
　　她 tā ｜ 衣服 yīfu ｜ 挂 guà
　　王先生 Wáng xiānsheng ｜ 汽车 qìchē ｜ 停 tíng

③ 你进大厅去找她吧。

　　进 jìn ｜ 图书馆 túshūguǎn　　　回 huí ｜ 宿舍 sùshè
　　到 dào ｜ 她家 tā jiā　　　　　 进 jìn ｜ 礼堂 lǐtáng

확장 회화 🔊 32-08

① A 我的汉语书忘在宿舍里了，怎么办?
　　　Wǒ de Hànyǔ shū wàng zài sùshè li le, zěnme bàn?

　　B 现在马上回宿舍去拿，来得及。
　　　Xiànzài mǎshàng huí sùshè qù ná, lái de jí.

② 大家讨论一下儿，哪个办法好。
　　Dàjiā tǎolùn yíxiàr, nǎ ge bànfǎ hǎo.

어법으로 내공쌓기

◎ '见'이 결과보어로 쓰일 때

'见 jiàn'은 자주 '看 kàn'이나 '听 tīng' 뒤에서 결과보어로 쓰인다. '看见 kànjiàn'은 '看到 kàndào'의 의미이고, '听见 tīngjiàn'은 '听到 tīngdào'의 의미를 나타낸다.

◎ 동작의 지속

1) 동태조사 '着 zhe'가 동사 뒤에 놓이면 동작이나 상태의 지속을 나타낸다. 부정형은 '没(有) méi(yǒu)……着 zhe'이다.

   窗户开着，门没开着。 창문은 열려 있고, 문은 열려 있지 않다.
   Chuānghu kāizhe, mén méi kāizhe.

   衣柜里挂着很多衣服。 옷장 안에 많은 옷이 걸려 있다.
   Yīguì li guàzhe hěn duō yīfu.

   书上边没写着你的名字。 책에 당신의 이름이 쓰여 있지 않아요.
   Shū shàngbian méi xiězhe nǐ de míngzi.

   他没拿着东西。 그는 물건을 들고 있지 않다.
   Tā méi názhe dōngxi.

2) 정반의문문은 '……着 zhe ……没有 méiyǒu' 형식으로 나타낸다.

   门开着没有? 문이 열려 있나요?
   Mén kāizhe méiyǒu?

   你带着护照没有? 당신은 여권을 가지고 있나요?
   Nǐ dàizhe hùzhào méiyǒu?

문제로 실력다지기

1 제시된 상황에 근거하여 방향보어와 주어진 어휘를 사용해 문장을 만들어 보세요.

| 보기 | 进 候机室 (화자가 밖에 있는 경우) → 刚才他进候机室去了。

1) 上 山 (화자가 산 아래 있는 경우) → _____

2) 进 教室 (화자가 교실에 있는 경우) → _____

3) 进 公园 (화자가 공원 밖에 있는 경우) → _____

4) 下 楼 (화자가 아래층에 있는 경우) → _____

5) 回 家 (화자가 바깥에 있는 경우) → _____

2 동사와 동태조사 '着'를 사용해 빈칸을 채우세요.

1) 衣服在衣柜里_____呢。

2) 你找钱包？不是在你手里_____吗？

3) 我的自行车钥匙在桌子上_____，你去拿吧。

4) 九号楼前边_____很多自行车。

5) 我的书上_____我的名字呢，能找到。

6) 参观的时候你_____他去，他不认识那儿。

3 그림을 보고 동태조사 '着'를 사용해 방 안의 모습을 묘사해 보세요.

4 다음 기차시간표를 보고 표를 구입해 보세요.

열차 번호/유형	출발역/종착역	출발시간/도착시간	운행시간
Z19 直达特快(직통 특급)	始 北京西 终 西安	20:41 08:15	11小时34分
Z43 直达特快(직통 특급)	始 北京西 终 西安	19:58 08:33	12小时35分
T231 空调特快(에어컨 특급)	始 北京西 终 西安	18:50 07:42	12小时52分
Z75 直达特快(직통 특급)	始 北京西 西安	16:03 03:29	11小时26分
Z151 直达特快(직통 특급)	始 北京西 西安	15:57 03:23	11小时26分
K1363 快速(쾌속)	始 北京西 西安	22:16 12:42	14小时26分
K629 快速(쾌속)	始 北京西 西安	18:22 11:05	16小时43分
T55 空调特快(에어컨 특급)	北京西 西安	15:18 05:13	13小时55分
G87 高速动车(고속열차)	始 北京西 终 西安	14:00 18:25	4小时25分
G669 高速动车(고속열차)	始 北京西 终 西安	17:37 22:52	5小时15分

1) 买两张三天后晚上从北京出发(chūfā, 출발하다)，早上到西安的火车硬卧车票。
   (3일 후 저녁 베이징을 출발해서 다음날 오전 시안에 도착하는 기차의 일반 침대석 2장 사기)

2) 买三张五天后下午从北京出发、晚上到西安的火车票。
   (5일 후 오후 베이징을 출발해서 저녁 시안에 도착하는 기차표 3장 사기)

5 '从……到……'를 사용해 질문에 대답해 보세요.

1) 每星期你什么时候上课?

2) 你每天从几点到几点上课?

3) 从你们国家到北京远不远?

6 상황에 맞게 대화를 완성하세요.

A 可以预订火车票吗?
B _____。你去哪儿?
A _____。
B _____?
A 我要一张四月十号的直达车票。
B _____?
A 要软卧。

7 듣고 따라 말해 보세요. 32-09

　　张三和李四去火车站。进去以后,离开车只有五分钟了。他们赶紧快跑。张三跑得快,先上了火车。他看见李四还在车外边,急了,就要下车。服务员说:"先生,不能下车,车就要开了,来不及了。"张三说:"不行,要走的是他,我是来送他的。"

只 zhǐ 🔳 단지 | 赶紧 gǎnjǐn 🔳 서둘러, 빨리

8 발음을 연습하세요.

1) 자주 쓰이는 발음 32-10

	chūlai	（出来）		érzi	（儿子）
chu	chúfáng	（厨房）	er	ěrduo	（耳朵）
	dàochù	（到处）		èr yuè	（二月）

2) 큰 소리로 읽기 32-11

A Huǒchē shang yǒudiǎnr rè.
B Kāi chē yǐhòu jiù liángkuai le.
A Zhèxiē dōngxi fàng zài nǎr?
B Fàng zài shàngbian de xíngli jià shang.
A Zhēn gāo a!
B Wǒ bāng nǐ fàng.
A Máfan nǐ le.
B Bú kèqi.

즐거운 문화이야기

중국인이 사랑하는 붉은색

① **붉은색의 상징**: 행운, 복, 성공, 재물, 번영, 화합, 무병장수, 혁명, 생명력 등
② **유래**: 중국 신화 속 태양의 신
③ **대표적인 붉은색**: 오성홍기, 혼례복, 홍빠오, 폭죽, 춘롄 등

홍빠오

중국을 생각하면 자연스럽게 떠오르는 색깔은 바로 붉은색이다. 중국의 국기인 오성홍기五星紅旗도 붉은색이고, 국가 휘장도 붉은색이다. 중국 전통 결혼식에서 신부는 붉은색 옷을 입고, 머리에는 붉은 수건을 쓰며, 신랑은 가슴에 붉은색 꽃을 달고 결혼식을 치른다. 명절에는 대문에 붉은색 춘롄春联을 붙이고, 처마에 붉은 등을 달고, 붉은색 폭죽을 터뜨린다. 아기들에게 붉은 배냇 저고리를 입혀 무병장수를 기원하고, 붉은색 봉투인 '홍빠오红包'에 세뱃돈과 축의금을 주며 축복을 기원한다. 중국인이 이렇듯 붉은색을 선호하는 이유는 무엇일까?

중국인이 자신들의 시조로 여기는 신화 속 '삼황오제三皇五帝'에서 염제炎帝는 '불의 신'이자, '태양의 신'이다. 고대 중국인들은 스스로를 태양의 후손이라고 여겨 붉은색을 숭배하였고, 예로부터 중국에서 붉은색은 황제를 상징하는 색이었다. 이것이 후대로 내려와 일반 백성들에게 전해지면서 붉은색은 축하와 번영, 화합, 무병장수, 재물 등을 상징하는 색이 되어, 중국인의 생활 곳곳에 쓰이며 중국을 대표하는 색깔이 되었다.

중국 전통 혼례복

| 여행하기 ❸ |

33 我们预定了两个房间
우리는 방을 두 개 예약했습니다

33-01

237 终于到桂林了。 마침내 구이린에 도착했습니다.
Zhōngyú dào Guìlín le.

238 哎呀，热死了! 아이고, 더워 죽겠어요!
Āiyā, rèsǐ le!

239 一定要痛痛快快地洗个澡。 시원하게 샤워를 해야겠습니다.
Yídìng yào tòngtòngkuàikuài de xǐ ge zǎo.

240 只要能让我早一点儿洗澡就行。 내가 빨리 샤워할 수만 있으면 됩니다.
Zhǐyào néng ràng wǒ zǎo yìdiǎnr xǐzǎo jiù xíng.

241 我们在网上预订了两个房间。
Wǒmen zài wǎng shang yùdìng le liǎng ge fángjiān.
우리는 인터넷에서 방을 두 개 예약했습니다.

242 请输入密码。请在这里签名。
Qǐng shūrù mìmǎ. Qǐng zài zhèli qiānmíng.
비밀번호를 눌러주세요. 여기에 사인해 주세요.

243 那个包你放进衣柜里去吧。 저 가방을 옷장 안에 넣으세요.
Nàge bāo nǐ fàng jìn yīguì li qù ba.

244 那个包很大，放得进去放不进去?
Nàge bāo hěn dà, fàng de jìnqu fàng bu jìnqu?
저 가방은 매우 큰데, 넣을 수 있습니까?

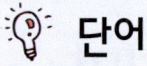 단어 익히기

🔊 33-02

|본문 단어|

终于 zhōngyú 〈부〉 마침내, 결국

死 sǐ 〈동〉〈형〉 죽다, ~해 죽겠다

痛快 tòngkuài 〈형〉 통쾌하다, 시원시원하다

地 de 〈조〉 부사어와 중심어를 연결하는 구조조사

洗澡 xǐzǎo 〈동〉 목욕하다

只要……就…… zhǐyào……jiù……
~하기만 하면 곧 ~

输入 shūrù 〈동〉 입력하다

密码 mìmǎ 〈명〉 비밀번호, 패스워드(password)

签名 qiānmíng 〈동〉 사인하다, 서명하다

包 bāo 〈명〉 가방

填表 tián biǎo 표에 기입하다, 표를 작성하다

房卡 fángkǎ 〈명〉 객실 열쇠, 카드 키

饿 è 〈형〉 배고프다

衬衫 chènshān 〈명〉 셔츠, 블라우스

椅子 yǐzi 〈명〉 의자

|표현 확장 단어|

渴 kě 〈형〉 목마르다

裙子 qúnzi 〈명〉 치마

箱子 xiāngzi 〈명〉 상자, 트렁크

裤子 kùzi 〈명〉 바지

餐厅 cāntīng 〈명〉 식당

|읽고, 듣고, 쓰고, 반복해서 외우세요 |

회화로 배우기

1 마침내 구이린에 도착했어요 🔊 33-03

(在火车站)

大卫 终于到桂林了。
Dàwèi　Zhōngyú dào Guìlín le.

尼娜 哎呀，热死了！①
Nínà　Āiyā, rèsǐ le!

玛丽 到了宾馆，一定要痛痛快快地洗个澡。
Mǎlì　Dào le bīnguǎn, yídìng yào tòngtòngkuàikuài de xǐ ge zǎo.

大卫 我们预定的宾馆不远，怎么去好呢？
Dàwèi　Wǒmen yùdìng de bīnguǎn bù yuǎn, zěnme qù hǎo ne?

玛丽 只要能让我早一点儿洗澡就行。
Mǎlì　Zhǐyào néng ràng wǒ zǎo yìdiǎnr xǐzǎo jiù xíng.

尼娜 前边就有出租车，我们打车去吧。
Nínà　Qiánbian jiù yǒu chūzūchē, wǒmen dǎ chē qù ba.

표현 따라잡기

① **热死了！** 더워 죽겠어!
'死'는 보어로 쓰여 정도가 강함을 나타내는데, '최고조에 이르다'라는 의미이다.

2 여기에 사인해 주세요 🔊 33-04

(在宾馆大厅)

服务员 你好!
Fúwùyuán Nǐ hǎo!

大卫 你好！我们在网上预订了两个房间。
Dàwèi Nǐ hǎo! Wǒmen zài wǎng shang yùdìng le liǎng ge fángjiān.

服务员 我看看你们的护照。你们要住三天，是吗?
Fúwùyuán Wǒ kànkan nǐmen de hùzhào. Nǐmen yào zhù sān tiān, shì ma?

大卫 是的。
Dàwèi Shì de.

服务员 好，请你们填一下儿表。
Fúwùyuán Hǎo, qǐng nǐmen tián yíxiàr biǎo.

大卫 (填完表)给你。这是我的信用卡。
Dàwèi (tiánwán biǎo) Gěi nǐ. Zhè shì wǒ de xìnyòngkǎ.

服务员 请输入密码。请在这里签名。
Fúwùyuán Qǐng shūrù mìmǎ. Qǐng zài zhèli qiānmíng.

这是你们的房卡。房间在五楼。电梯在那边。
Zhè shì nǐmen de fángkǎ. Fángjiān zài wǔ lóu. Diàntī zài nà biān.

大卫 谢谢!
Dàwèi Xièxie!

방이 아주 좋네요 33-05

(在房间里)

玛丽　这个房间不错，窗户很大。
Mǎlì　Zhège fángjiān búcuò, chuānghu hěn dà.

尼娜　我想洗澡。
Nínà　Wǒ xiǎng xǐzǎo.

玛丽　先吃点儿东西吧。
Mǎlì　Xiān chī diǎnr dōngxi ba.

尼娜　我不饿，刚才吃了一块蛋糕。
Nínà　Wǒ bú è, gāngcái chī le yí kuài dàngāo.

玛丽　那个包你放进衣柜里去吧。
Mǎlì　Nàge bāo nǐ fàng jìn yīguì li qù ba.

尼娜　包很大，放得进去放不进去？
Nínà　Bāo hěn dà, fàng de jìnqu fàng bu jìnqu?

玛丽　你试试。
Mǎlì　Nǐ shìshi.

尼娜　放得进去。我的红衬衫怎么不见了？
Nínà　Fàng de jìnqu.　Wǒ de hóng chènshān zěnme bú jiàn le?

玛丽　不是放在椅子上吗？
Mǎlì　Bú shì fàng zài yǐzi shang ma?

尼娜　啊，刚放的就忘了。
Nínà　À, gāng fàng de jiù wàng le.

표현으로 확장하기

◎ 응용 표현 🔊 33-06

① **热死了！**

麻烦 máfan   忙 máng   饿 è
渴 kě   高兴 gāoxìng 难 nán

② **到了宾馆，一定要痛痛快快地洗个澡。**

考完试 kǎowán shì | 好 hǎo | 睡一觉 shuì yí jiào
刚吃饱 gāng chībǎo | 慢 màn | 走回去 zǒu huíqu
放了假 fàng le jià | 快乐 kuàilè | 去旅行 qù lǚxíng
回到家 huídào jiā | 热闹 rènao | 喝一次酒 hē yí cì jiǔ

③ **那个包你放进衣柜里去吧。**

条 tiáo | 裙子 qúnzi | 箱子 xiāngzi
条 tiáo | 裤子 kùzi | 包 bāo
件 jiàn | 毛衣 máoyī | 衣柜 yīguì
瓶 píng | 啤酒 píjiǔ | 冰箱 bīngxiāng

◎ 확장 회화 🔊 33-07

① 餐厅在大门的旁边。
Cāntīng zài dàmén de pángbiān.

② A 你洗个澡吧。
Nǐ xǐ ge zǎo ba.

B 不，我快饿死了，先吃点儿东西再说。
Bù, wǒ kuài èsǐ le, xiān chī diǎnr dōngxi zàishuō.

어법으로 내공쌓기

◎ 형용사의 중첩과 구조조사 '地'

1) 일부 형용사는 중첩할 수 있는데, 중첩을 하면 성질이나 정도가 심화됨을 나타낸다. 단음절 형용사를 중첩하면 두 번째 음절은 제1성으로 바뀌며 '儿 er'화 되기도 한다. 예를 들면 '好好儿 hǎohāor' '慢慢儿 mànmānr' 등과 같다. 이음절 형용사의 중첩형식은 'AABB'이다. 예를 들면 '高高兴兴 gāogaoxìngxìng' '干干净净 gānganjìngjìng' 등과 같다.

2) 단음절 형용사를 중첩하여 부사어로 쓰일 때는 '地'를 써도 되고 쓰지 않아도 되지만, 이음절 형용사를 중첩했을 경우에는 일반적으로 '地'를 써야 한다.

你们慢慢(地)走啊! 좀 천천히 가세요!
Nǐmen mànmàn (de) zǒu a!

他高高兴兴地说："我收到了朋友的来信。"
Tā gāogaoxìngxìng de shuō: "Wǒ shōudào le péngyou de láixìn."
그는 매우 기뻐하며 말했다. "친구가 보낸 편지를 받았어."

玛丽舒舒服服地躺在床上睡了。 메리는 편안하게 침대에 누워서 잤다.
Mǎlì shūshufúfú de tǎng zài chuáng shang shuì le.

◎ 가능보어(2)

1) 동사와 방향보어 사이에 '得 de / 不 bu'를 넣어 가능보어를 만들 수 있다.

他们去公园了，十二点以前回得来。 그들은 공원에 갔는데, 12시 전에 돌아올 수 있을 거예요.
Tāmen qù gōngyuán le, shí'èr diǎn yǐqián huí de lái.

山很高，我爬不上去。 산이 너무 높아서 나는 올라갈 수 없어요.
Shān hěn gāo, wǒ pá bu shàngqu.

2) 가능보어의 긍정형과 부정형을 함께 나열하여 정반의문문을 만들 수 있다.

你们十二点以前回得来回不来? 너희들 12시 전에 돌아올 수 있니?
Nǐmen shí'èr diǎn yǐqián huí de lái huí bu lái?

他们听得懂听不懂中国人说话? 그들은 중국인이 하는 말을 알아들을 수 있습니까?
Tāmen tīng de dǒng tīng bu dǒng Zhōngguórén shuōhuà?

문제로 실력다지기

1 알맞은 양사를 넣어 빈칸을 채우세요.

一_____衬衫　　　两_____裤子　　　一_____裙子

一_____桌子　　　三_____马路　　　一_____衣柜

四_____小说　　　两_____票　　　　一_____自行车

三_____圆珠笔　　一_____小狗　　　三_____客人

2 [보기]와 같이 주어진 문장을 정반의문문으로 고쳐 보세요.

| 보기 |　今天晚上六点你回得来吗?　→　今天晚上六点你回得来回不来?

1) 那个门很小，汽车开得进去吗?
　→ _____

2) 这个包里再放进两件衣服，放得进去吗?
　→ _____

3) 这么多药水你喝得下去吗?
　→ _____

4) 箱子放在衣柜上边，你拿得下来吗?
　→ _____

3 [보기]와 같이 '只要……就……'를 사용해 질문에 대답해 보세요.

| 보기 |　A 明天你去公园吗?
　　　　　B 只要天气好，我就去。

1) A 中国人说话，你听得懂吗?
　 B _____

2) A 你去旅行吗?
   B _____

3) A 明天你去看杂技吗?
   B _____

4) A 你想买什么样的衬衫?
   B _____

4 상황에 맞게 대화를 완성하세요.

A 请问，一个房间_____?
B 一天二百五十八。
A _____?
B 有两张床。
A _____?
B 很方便，一天二十四小时都有热水。
A 房间里能上网吗?
B _____。
A 好，我要一个房间。

5 다음 상황에 근거해 대화를 나누세요.

| 상황 | 在饭店看房间，服务员说这个房间很好，你觉得太贵了，想换一个。
(호텔에서 묵을 방을 보고 있다. 직원이 추천한 방은 가격이 너무 비싸서 다른 방으로 바꾸고 싶다.)

| 화제 | 房间大小，有什么东西，能不能洗澡，是不是干净，一天多少钱，住几个人。
(방의 크기, 어떤 물건이 있는지, 샤워를 할 수 있는지, 깨끗한지, 하루 숙박료는 얼마인지, 몇 명이 묵을 수 있는지 등을 묻고 답한다.)

6 듣고 따라 말해 보세요. 🔊 33-08

这个饭店不错。房间不太大，可是很干净。二十四小时都能洗热水澡，很方便。房间里可以上网。饭店的楼上有咖啡厅和歌厅。客人们白天在外边参观游览了一天，晚上喝杯咖啡，唱唱歌，可以好好儿地休息休息。

歌厅 gētīng 몡 노래방 | 白天 báitiān 몡 낮, 대낮

7 발음을 연습하세요.

1) 자주 쓰이는 발음 🔊 33-09

xing	xīngqī （星期）	hui	huīfù （恢复）
	zìxíngchē （自行车）		huí jiā （回家）
	xìngmíng （姓名）		huì Hànyǔ （会汉语）

2) 큰 소리로 읽기 🔊 33-10

A Nǐ hǎo! Wǒ yùdìng le yí ge fángjiān.
B Nín guìxìng?
A Wǒ xìng Wáng, Wáng Lán.
B Duìbuqǐ, nín lái de tài zǎo le, fúwùyuán hái méiyǒu shōushi fángjiān ne.
A Méi guānxi, wǒ děng yíhuìr. Jǐ diǎn kěyǐ zhù?
B Bā diǎn.

| 진찰 받기 |

34 我头疼
나는 머리가 아픕니다

34-01

245 你怎么了? 어떻게 된 거예요? (왜 그러세요?)
Nǐ zěnme le?

246 我头疼，咳嗽。 머리가 아프고 기침이 납니다.
Wǒ tóu téng, késou.

247 我昨天晚上就开始不舒服了。
Wǒ zuótiān wǎnshang jiù kāishǐ bù shūfu le.
나는 어제저녁부터 몸이 좋지 않았습니다.

248 你把嘴张开，我看看。 입을 벌려 보세요, 좀 볼게요.
Nǐ bǎ zuǐ zhāngkāi, wǒ kànkan.

249 吃两天药就会好的。 약을 이삼일 먹으면 좋아질 겁니다.
Chī liǎng tiān yào jiù huì hǎo de.

250 王兰呢? 왕란은요?
Wáng Lán ne?

251 我一下课就找她。 나는 수업이 끝나자마자 그녀를 찾았습니다.
Wǒ yí xiàkè jiù zhǎo tā.

252 我找了她两次，她都不在。
Wǒ zhǎo le tā liǎng cì, tā dōu bú zài.
나는 그녀를 두 번이나 찾았지만 그녀는 없었습니다.

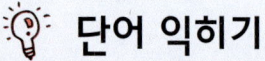
단어 익히기

|본문 단어|

开始 kāishǐ 동 시작하다

把 bǎ 개 ~을(를)

嘴 zuǐ 명 입

张 zhāng 동 열다

一……就…… yī……jiù……
~하자마자 ~하다

嗓子 sǎngzi 명 목소리, 목구멍

量 liáng 동 재다, 측정하다

体温 tǐwēn 명 체온

发烧 fāshāo 동 열이 나다

打针 dǎzhēn 동 주사를 놓다, 주사를 맞다

住院 zhùyuàn 동 입원하다

受 shòu 동 받다, 당하다

伤 shāng 명 동 상처, 상하다, 다치다

人民 rénmín 명 인민, 국민

情况 qíngkuàng 명 상황

重 zhòng 형 심하다, 심각하다

|표현 확장 단어|

文件 wénjiàn 명 문서, 서류

锁 suǒ 동 명 잠그다, 자물쇠

灯 dēng 명 등

锻炼 duànliàn 동 단련하다

眼睛 yǎnjing 명 눈

手术 shǒushù 명 수술

出院 chūyuàn 동 퇴원하다

|고유명사|

人民医院 Rénmín Yīyuàn 런민병원

회화로 배우기

1 머리가 아프고 기침이 나요 🔊 34-03

大夫 你怎么了?
Dàifu Nǐ zěnme le?

玛丽 我头疼,咳嗽。
Mǎlì Wǒ tóu téng, késou.

大夫 几天了?
Dàifu Jǐ tiān le?

玛丽 昨天上午还好好儿的,晚上就开始不舒服了。
Mǎlì Zuótiān shàngwǔ hái hǎohāor de, wǎnshang jiù kāishǐ bù shūfu le.

大夫 你吃药了吗?
Dàifu Nǐ chī yào le ma?

玛丽 吃了一次。
Mǎlì Chī le yí cì.

大夫 你把嘴张开,我看看。
Dàifu Nǐ bǎ zuǐ zhāngkāi, wǒ kànkan.

嗓子有点儿红。
Sǎngzi yǒudiǎnr hóng.

玛丽 Mǎlì	有问题吗? Yǒu wèntí ma?
大夫 Dàifu	没什么。你量一下儿体温吧。 Méi shénme. Nǐ liáng yíxiàr tǐwēn ba.
玛丽 Mǎlì	发烧吗? Fāshāo ma?
大夫 Dàifu	三十七度六,你感冒了。 Sānshíqī dù liù, nǐ gǎnmào le.
玛丽 Mǎlì	要打针吗? Yào dǎzhēn ma?
大夫 Dàifu	不用,吃两天药就会好的。 Búyòng, chī liǎng tiān yào jiù huì hǎo de.

2 그녀는 입원했어요   34-04

和子 Hézǐ	王兰呢?① 我一下课就找她,找了她两次,她都不在。 Wáng Lán ne? Wǒ yí xiàkè jiù zhǎo tā, zhǎo le tā liǎng cì, tā dōu bú zài.
刘京 Liú Jīng	她住院了。 Tā zhùyuàn le.
和子 Hézǐ	病了吗? Bìng le ma?
刘京 Liú Jīng	不是,她受伤了。 Bú shì, tā shòushāng le.
和子 Hézǐ	住哪个医院? Zhù nǎ ge yīyuàn?

| 刘京
Liú Jīng | 可能是人民医院。
Kěnéng shì Rénmín Yīyuàn. |

| 和子
Hézǐ | 现在情况怎么样？伤得重吗？
Xiànzài qíngkuàng zěnmeyàng? Shāng de zhòng ma? |

| 刘京
Liú Jīng | 还不清楚，检查了才能知道。
Hái bù qīngchu, jiǎnchá le cái néng zhīdào. |

표현 따라잡기

① **王兰呢?** 왕란은요?

'명사/대명사+呢'는 어떤 사람이나 사물이 어디에 있는지를 묻는 표현이다. 따라서 '王兰呢?'는 '王兰在哪儿?'의 의미이다.

표현으로 확장하기

◎ 응용 표현 34-05

① 请把<u>嘴</u>张<u>开</u>。

窗户 chuānghu | 开开 kāikai
照片 zhàopiàn | 发过去 fā guòqu
冰箱 bīngxiāng | 打开 dǎkāi
文件 wénjiàn | 放好 fànghǎo
门 mén | 锁好 suǒhǎo

② 我<u>找</u>了她两次，她都不<u>在</u>。

问 wèn | 说 shuō   请 qǐng | 来 lái
给 gěi | 要 yào   约 yuē | 去 qù

③ 我一<u>下课</u>就<u>找她</u>。

到家 dào jiā | 吃饭 chī fàn
放假 fàngjià | 去旅行 qù lǚxíng
关灯 guān dēng | 睡觉 shuìjiào
起床 qǐchuáng | 去锻炼 qù duànliàn

◎ 확장 회화 34-06

① 他发了两天烧，吃药以后，今天好多了。
　Tā fā le liǎng tiān shāo, chī yào yǐhòu, jīntiān hǎo duō le.

② 他眼睛做了手术，下星期可以出院了。
　Tā yǎnjing zuò le shǒushù, xiàxīngqī kěyǐ chūyuàn le.

어법으로 내공쌓기

◎ '把'자문(1)

1) '把 bǎ'자문은 주로 동작이 어떤 사물을 어떻게 처리하는지, 그리고 그 결과가 어떠한지를 강조하여 설명하는 데 쓰인다. '把'자문에서 개사 '把'와 그 목적어(처리되는 사물)는 반드시 주어의 뒤, 동사의 앞에 놓여 부사어의 역할을 한다.

주어 [동작의 주체] + 把 + 목적어 [동작의 대상] + 동사 [타동행위] + 부가성분

你把门开开。 문을 여세요.
Nǐ bǎ mén kāikai.

我把信寄出去了。 나는 편지를 부쳤다.
Wǒ bǎ xìn jì chūqu le.

小王把那本书带来了。 샤오왕이 그 책을 가지고 왔다.
Xiǎo Wáng bǎ nà běn shū dàilai le.

请把那儿的情况给我们介绍介绍。 그곳의 상황을 우리에게 소개해 주세요.
Qǐng bǎ nàr de qíngkuàng gěi wǒmen jièshào jièshào.

2) '把 bǎ'자문에는 다음과 같은 특징이 있다.

a. '把'자문의 목적어는 말하는 사람이나 듣는 사람이 모두 알고 있는 특정한 사물이나 사람이어야 한다. 따라서 '把一杯茶喝了'라고는 할 수 없으며 '把那杯茶喝了'라고 해야 한다.
b. '把'자문에 사용된 주요 동사는 반드시 타동사여야 하며 처리나 지배의 의미를 가져야 한다. 처리의 의미가 없는 '有 yǒu' '是 shì' '在 zài' '来 lái' '回 huí' '喜欢 xǐhuan' '知道 zhīdào' 등의 동사는 '把'자문에 쓰일 수 없다.
c. '把'자문의 동사 뒤에는 반드시 부가성분이 있어야 한다. 예를 들어 '我把门开'라고는 말할 수 없으며, 반드시 '我把门开开'와 같이 말해야 한다.

◎ '一……就……'

1) 때로는 두 사건이 연이어 발생했음을 나타낸다.

他一下车就看见玛丽了。 그는 차에서 내리자마자 메리를 보았다.
Tā yí xiàchē jiù kànjiàn Mǎlì le.

他们一放假就都去旅行了。 그들은 방학을 하자마자 여행을 갔다.
Tāmen yí fàngjià jiù dōu qù lǚxíng le.

2) 때로는 앞 절이 조건을 나타내고, 뒤 절이 결과를 나타낸다.

他一累就头疼。 그는 피곤하면 머리가 아프다.
Tā yí lèi jiù tóuténg.

一下雪，路就很滑。 눈이 내리면 길이 미끄럽다.
Yí xià xuě, lù jiù hěn huá.

문제로 실력다지기

1 알맞은 결과보어를 넣어 빈칸을 채우세요.

关_____窗户   张_____嘴   锁_____门

开_____灯   吃_____饭   修_____自行车

洗_____衣服   接_____一个电话

2 [보기]와 같이 주어진 문장을 '把'자문으로 고쳐 보세요.

| 보기 | 他画好了一张画儿。 → 他把那张画儿画好了。

1) 他打开了桌上的电脑。   → _____

2) 我弄丢了小王的杂志。   → _____

3) 我们布置好了那个房间。 → _____

4) 我摔坏了刘京的手机。   → _____

3 상황에 맞게 대화를 완성하세요.

A _____?
B 我刚一病就住院了。
A _____?
B 现在还正在检查，检查完了才能知道。
A 要我帮你做什么吗?
B 你下次来，_____。（把 / 书）
A 好。

4 다음 상황에 근거해 대화를 나누세요.

| 상황 | 大夫和看病的人的对话。
(의사와 환자의 대화)

| 화제 | 看病的人告诉大夫，他打球的时候，手受伤了，所以来医院看病。
(환자는 의사에게 자신이 공놀이를 하다가 손을 다쳐서 병원에 진찰 받으러 왔다고 말한다.)

5 듣고 따라 말해 보세요. 34-07

　　今天小王一起床就头疼，不想吃东西。他没去上课，去医院看病了。大夫给他检查了身体，问了他这两天的生活情况。
　　他不发烧，嗓子也不红，不是感冒。昨天晚上他玩儿电脑，睡得很晚，睡得也不好。头疼是因为睡得太少了。大夫没给他药，告诉他回去好好儿睡一觉就会好的。

因为 yīnwèi 깨 ~때문에

6 발음을 연습하세요.

1) 자주 쓰이는 발음　🔊 34-08

	zhēngqǔ	（争取）		xībian	（西边）
zheng	zhěngqí	（整齐）	xi	xǐzǎo	（洗澡）
	zhèngzài	（正在）		xìxīn	（细心）

2) 큰 소리로 읽기　🔊 34-09

A Dàifu, wǒ dùzi téng.
B Shénme shíhou kāishǐ de?
A Jīntiān zǎoshang.
B Zuótiān nǐ chī shénme dōngxi le? Chī tài liáng de dōngxi le ma?
A Hē le hěn duō bīng shuǐ.
B Kěnéng shì yīnwèi hē de tài duō le, chī diǎnr yào ba.

| 문병하기 |

35 你好点儿了吗?
좀 좋아졌습니까?

35-01

253 王兰被车撞伤了。 왕란이 차에 부딪쳐 다쳤습니다.
Wáng Lán bèi chē zhuàngshāng le.

254 带些水果什么的吧。 과일 같은 것을 좀 가지고 갑시다.
Dài xiē shuǐguǒ shénmede ba.

255 医院前边修路, 汽车到不了医院门口。
Yīyuàn qiánbian xiū lù, qìchē dào bu liǎo yīyuàn ménkǒu.
병원 앞에서 도로 공사를 해서 차가 병원 입구까지 갈 수 없습니다.

256 从那儿走着去很近。 그곳에서 걸어가면 가깝습니다.
Cóng nàr zǒuzhe qù hěn jìn.

257 你好点儿了吗? 좀 좋아졌습니까?
Nǐ hǎo diǎnr le ma?

258 看样子, 你好多了。 보아하니, 많이 좋아진 것 같군요.
Kàn yàngzi, nǐ hǎo duō le.

259 我觉得一天比一天好。 나날이 좋아지는 것 같습니다.
Wǒ juéde yì tiān bǐ yì tiān hǎo.

260 我们给你带来一些吃的。 우리가 당신이 먹을 것을 좀 가져 왔습니다.
Wǒmen gěi nǐ dàilai yìxiē chī de.

단어 익히기

35-02

| 본문 단어 |

被 bèi 개 (~에게) ~당하다

撞 zhuàng 동 부딪치다

什么的 shénmede 조 ~등, ~같은 것

看样子 kàn yàngzi 보아하니 ~인 것 같다

最近 zuìjìn 명 최근

保证 bǎozhèng 동 보증하다

眼镜 yǎnjìng 명 안경

着急 zháojí 형 조급해하다, 초조해하다

周末 zhōumò 명 주말

准时 zhǔnshí 형 정각에, 제때에

| 표현 확장 단어 |

树 shù 명 나무

倒 dǎo 동 넘어지다, 엎어지다

沙发 shāfā 명 소파(sofa)

病人 bìngrén 명 환자

杂志 zázhì 명 잡지

糖 táng 명 사탕

方便面 fāngbiànmiàn 명 라면

面包 miànbāo 명 빵

黑 hēi 형 검다, 까맣다

戴 dài 동 착용하다, 쓰다

墨镜 mòjìng 명 색안경, 선글라스

| 읽고, 듣고, 쓰고, 반복해서 외우세요 |

회화로 배우기

1 어느 병원이에요? 🔊 35-03

玛丽　听说王兰被车撞伤了，是吗?
Mǎlì　Tīngshuō Wáng Lán bèi chē zhuàngshāng le, shì ma?

刘京　是的，她住院了。
Liú Jīng　Shì de, tā zhùyuàn le.

大卫　哪个医院?
Dàwèi　Nǎ ge yīyuàn?

刘京　人民医院。
Liú Jīng　Rénmín Yīyuàn.

大卫　今天下午我们去看看她吧。
Dàwèi　Jīntiān xiàwǔ wǒmen qù kànkan tā ba.

玛丽　好的。我们带点儿什么去?
Mǎlì　Hǎo de. Wǒmen dài diǎnr shénme qù?

大卫　带些水果什么的①吧。
Dàwèi　Dài xiē shuǐguǒ shénmede ba.

玛丽　好，我们现在就去买。
Mǎlì　Hǎo, wǒmen xiànzài jiù qù mǎi.

刘京　对了，最近人民医院前边修路，
Liú Jīng　Duì le, zuìjìn Rénmín Yīyuàn qiánbian xiū lù,

　　　汽车到不了医院门口。
　　　qìchē dào bu liǎo yīyuàn ménkǒu.

| 玛丽 | 那怎么办？ |
| Mǎlì | Nà zěnme bàn? |

| 大卫 | 我们在前一站下车，从那儿走着去很近。 |
| Dàwèi | Wǒmen zài qián yí zhàn xià chē, cóng nàr zǒuzhe qù hěn jìn. |

 나날이 좋아지는 것 같아요 🔊 35-04

| 玛丽 | 王兰，你好点儿了吗？ |
| Mǎlì | Wáng Lán, nǐ hǎo diǎnr le ma? |

| 刘京 | 看样子，你好多了。 |
| Liú Jīng | Kàn yàngzi, nǐ hǎo duō le. |

| 王兰 | 我觉得一天比一天好。② |
| Wáng Lán | Wǒ juéde yì tiān bǐ yì tiān hǎo. |

| 大卫 | 我们给你带来一些吃的，保证你喜欢。 |
| Dàwèi | Wǒmen gěi nǐ dàilai yìxiē chī de, bǎozhèng nǐ xǐhuan. |

| 王兰 | 谢谢你们。 |
| Wáng Lán | Xièxie nǐmen. |

| 玛丽 | 你在这儿过得怎么样？ |
| Mǎlì | Nǐ zài zhèr guò de zěnmeyàng? |

| 王兰 | 眼镜摔坏了，看不了书。 |
| Wáng Lán | Yǎnjìng shuāihuài le, kàn bu liǎo shū. |

| 刘京 | 别着急，我拿去找人修。 |
| Liú Jīng | Bié zháojí, wǒ ná qù zhǎo rén xiū. |

| 大卫 | 你好好儿休息，下次我们再来看你。 |
| Dàwèi | Nǐ hǎohāor xiūxi, xià cì wǒmen zài lái kàn nǐ. |

王兰 Wáng Lán	不用了，大夫说我下星期就能出院。
	Búyòng le, dàifu shuō wǒ xiàxīngqī jiù néng chūyuàn.

大卫 Dàwèi	真的？下个周末有舞会，我们等你来跳舞。
	Zhēn de? Xià ge zhōumò yǒu wǔhuì, wǒmen děng nǐ lái tiàowǔ.

王兰 Wáng Lán	好，我一定准时到。
	Hǎo, wǒ yídìng zhǔnshí dào.

표현 따라잡기

① **什么的** ~등, ~같은 것
문장의 한 성분이나 병렬된 성분 뒤에 쓰여, '~등' '~따위'의 뜻을 나타낸다. 사람이나 장소에는 쓰지 않는다.
예 喝点儿咖啡、雪碧什么的。 커피, 스프라이트 같은 것을 좀 마시다.
　　洗洗衣服，做做饭什么的。 옷을 빨고, 밥을 하는 등등.

② **我觉得一天比一天好。** 나날이 좋아지는 것 같습니다.
'一天比一天(나날이, 날마다)'은 부사어로 쓰여 시간이 지남에 따라 사물이 변화하는 정도가 증가하거나 감소함을 나타낸다. '一年比一年(해가 갈수록)' 또는 '一次比一次(회를 거듭할수록)' 등과 같은 표현도 있다.

표현으로 확장하기

응용 표현 35-05

① <u>王兰</u>被<u>车</u><u>撞伤</u>了。

树 shù | 风 fēng | 刮倒 guādǎo
沙发 shāfā | 孩子 háizi | 弄脏 nòngzāng
杯子 bēizi | 病人 bìngrén | 摔坏 shuāihuài
杂志 zázhì | 他 tā | 借走 jièzǒu

② 我们给你<u>带</u>来一些<u>吃</u>的。

拿 ná | 糖 táng
买 mǎi | 方便面 fāngbiànmiàn
带 dài | 面包 miànbāo
借 jiè | 英文小说 Yīngwén xiǎoshuō

확장 회화 35-06

① 天很黑，看样子要下雨了。
Tiān hěn hēi, kàn yàngzi yào xià yǔ le.

② 人民的生活一年比一年幸福。
Rénmín de shēnghuó yì nián bǐ yì nián xìngfú.

③ 那个戴墨镜的人是谁?
Nàge dài mòjìng de rén shì shéi?

어법으로 내공쌓기

◯ 피동문

1) 개사 '被 bèi'를 사용해 피동의 의미를 나타내는 문장을 '被'자문이라고 한다. '被'자문의 주어는 동작을 받는 대상을, 목적어는 동작을 하는 주체를 나타낸다. 이러한 문장은 여의치 않다는 의미를 내포한다.

| 주어
[동작의 대상] | + | 被 | + | 목적어
[동작의 주체] | + | 동사 | + | 부가성분 |

王兰被车撞伤了。 왕란이 차에 부딪쳐 다쳤다.
Wáng Lán bèi chē zhuàngshāng le.

树被大风刮倒了。 나무가 강풍에 쓰러졌다.
Shù bèi dàfēng guādǎo le.

2) '被' 뒤의 목적어(동작의 주체)를 개괄적으로 나타낼 수도 있고, 생략할 수도 있다.

自行车被人借走了。 자전거를 누가 빌려 갔다.
Zìxíngchē bèi rén jièzǒu le.

花瓶被打碎了。 꽃병이 깨졌다.
Huāpíng bèi dǎsuì le.

3) 개사 '让 ràng' '叫 jiào'는 동작의 주체를 이끌어 내어 피동문을 만들 수 있으며, 주로 비정식적인 회화체에서 쓰인다. 이때 '让'과 '叫'가 이끄는 목적어(동작의 주체)는 생략할 수 없다.

窗户让风刮开了。 창문이 바람에 열렸다.
Chuānghu ràng fēng guākāi le.

那张画儿叫小孩弄脏了。 그 그림은 어린아이에 의해 더러워졌다.
Nà zhāng huàr jiào xiǎoháir nòngzāng le.

4) '被 bèi' '让 ràng' '叫 jiào' 등의 개사가 없어도 의미상의 피동을 나타낼 수 있다.

眼镜摔坏了。 안경이 깨졌다.
Yǎnjìng shuāihuài le.

衣服洗干净了。 옷이 깨끗하게 빨아졌다.
Yīfu xǐ gānjìng le.

문제로 실력다지기

1 다음 제시된 어구를 읽고, 몇 개를 골라 문장을 만들어 보세요. 🔵 35-07

| 被 | 忘了
拿走了
弄丢了
摔坏了 | 苹果、橘子
电视、电影
游游泳、散散步
看看花、划划船 | 什么的 |

2 [보기]와 같이 주어진 단어로 피동문을 만들어 보세요.

| 보기 | 自行车 撞坏 → 我的自行车被汽车撞坏了。

1) 笔　　　弄丢　　→ _____
2) 杂志　　拿走　　→ _____
3) 照相机　借走　　→ _____
4) 电脑　　弄坏　　→ _____

3 [보기]와 같이 '把'자문을 피동문으로 고쳐 보세요.

| 보기 | 我把眼镜摔坏了。 → 眼镜被我摔坏了。

1) 妹妹把妈妈的手表弄丢了。　→ _____
2) 真糟糕，我把他的名字写错了。→ _____
3) 他把文件忘在出租车上了。　→ _____
4) 他把房卡拿走了。　→ _____
5) 大风把小树刮倒了。　→ _____

4 다음 상황에 근거해 대화를 나누세요.

| 상황 | 去医院看病人，与病人一起谈话。
(병원에 문병을 가서 환자와 대화를 나눈다.)

| 화제 | 医院生活怎么样，病(的)情(况)怎么样，要什么东西等。
(병원 생활은 어떠한가? 병의 상태는 어떠한가? 필요한 물건은 없는가 등을 물어본다.)

5 듣고 따라 말해 보세요. 🔊 35-08

小王住院了，上星期六我们去看她。她住的病房有四张病床。三张病床有人，有一张是空的。我们去看她的时候，她正躺着看书呢。看见我们，她高兴极了。她说想出院。我们劝她不要着急，出院后我们帮她补英语，想吃什么就给她送去。她很高兴，不再说出院的事了。

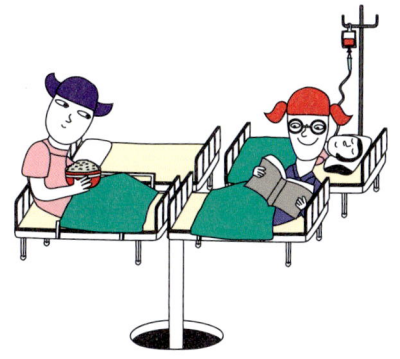

空 kòng 형 비다 | 劝 quàn 동 권고하다, 타이르다 | 补 bǔ 동 보충하다

6 발음을 연습하세요.

1) 자주 쓰이는 발음 🔊 35-09

	bā ge	（八个）		chūfā	（出发）
ba	bàba	（爸爸）	fa	fāngfǎ	（方法）
	zǒu ba	（走吧）		lǐfà	（理发）

2) 큰 소리로 읽기 🔊 35-10

A Qǐngwèn, Wáng Lán zhù zài jǐ hào bìngfáng?
B Tā zài wǔ hào yī chuáng, kěshì jīntiān bù néng kàn bìngrén.
A Wǒ yǒu diǎnr jí shì, ràng wǒ jìnqu ba.
B Shénme shì?
A Tā xiǎng chī bīngqílín, xiànzài bú sòngqu, jiù děi hē bīng shuǐ le.
B Méi guānxi, wǒ kěyǐ bāng nǐ bǎ bīngqílín gěi tā sòng jìnqu.

복습 7

31 · 32 · 33 · 34 · 35

▶ 상황회화

1 나는 쓰촨에 가 본 적 있어요 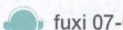 fuxi 07-01

A 你去过四川吗？看过乐山大佛吗？
   Nǐ qùguo Sìchuān ma? Kànguo Lèshān Dàfó ma?

B 我去过四川，可是没看过乐山大佛。
   Wǒ qùguo Sìchuān, kěshì méi kànguo Lèshān Dàfó.

A 没看过？那你一定要去看看这尊有名的大佛！
   Méi kànguo? Nà nǐ yídìng yào qù kànkan zhè zūn yǒumíng de Dàfó!

B 乐山大佛有多大？
   Lèshān Dàfó yǒu duō dà?

A 他坐着从头到脚就有71米。
   Tā zuòzhe cóng tóu dào jiǎo jiù yǒu qīshíyī mǐ.

   他的头有14米长，耳朵有7米长。
   Tā de tóu yǒu shísì mǐ cháng, ěrduo yǒu qī mǐ cháng.

B 啊，真大啊！那他的脚一定更大了。
   À, zhēn dà a! Nà tā de jiǎo yídìng gèng dà le.

A 那当然。大佛的脚有多大，我记不清楚了。
   Nà dāngrán. Dàfó de jiǎo yǒu duō dà, wǒ jì bu qīngchu le.

不过可以这样说，他的一只脚上可以停五辆大汽车。
Búguò kěyǐ zhèyàng shuō, tā de yì zhī jiǎo shang kěyǐ tíng wǔ liàng dà qìchē.

B 真了不起! 这尊大佛是什么时候修建的?
Zhēn liǎo bu qǐ! Zhè zūn Dàfó shì shénme shíhou xiūjiàn de?

A 唐代就修建了。大佛在那儿已经坐了一千多年了。
Táng Dài jiù xiūjiàn le. Dàfó zài nàr yǐjīng zuò le yìqiān duō nián le.

你看，这些照片都是在那儿照的。
Nǐ kàn, zhèxiē zhàopiàn dōu shì zài nàr zhào de.

B 照得不错。那儿的风景也很美。你是什么时候去的?
Zhào de búcuò. Nàr de fēngjǐng yě hěn měi. Nǐ shì shénme shíhou qù de?

A 2012年9月坐船去的。我还想再去一次呢。
Èr líng yī èr nián jiǔ yuè zuò chuán qù de. Wǒ hái xiǎng zài qù yí cì ne.

B 听了你的介绍，我一定要去看看这尊大佛。
Tīng le nǐ de jièshào, wǒ yídìng yào qù kànkan zhè zūn Dàfó.

要是你有时间，我们一起去，就可以请你当导游了。
Yàoshi nǐ yǒu shíjiān, wǒmen yìqǐ qù, jiù kěyǐ qǐng nǐ dāng dǎoyóu le.

A 没问题。
Méi wèntí.

🔊 fuxi 07-02

四川 Sìchuān 고유 쓰촨
脚 jiǎo 명 발
米 mǐ 양 미터
了不起 liǎo bu qǐ 굉장하다
唐代 Táng Dài 당 왕조

乐山大佛 Lèshān Dàfó 고유 러산대불
尊 zūn 양 불상을 세는 단위
耳朵 ěrduo 명 귀
修建 xiūjiàn 동 건설하다
千 qiān 수 천

▶ 핵심어법

★ 보어의 여러 종류

1 상태보어

술어 뒤에 '得 de'를 써서 상태를 나타내는 보어를 상태보어라고 한다. 상태보어는 일반적으로 형용사로 이루어지며, 동사구 등도 상태보어로 쓰일 수 있다. 상태보어에는 반드시 '得'를 붙여야 한다.

老师说得**很慢**。 선생님께서는 천천히 말씀하신다.
Lǎoshī shuō de hěn màn.

他急得**跳了起来**。 그는 초조해서 벌떡 일어났다.
Tā jí de tiào le qǐlai.

他高兴得**不知道说什么好**。 그는 기뻐서 무슨 말을 해야 좋을지 몰랐다.
Tā gāoxìng de bù zhīdào shuō shénme hǎo.

2 정도보어

형용사(구)의 뒤에 쓰여 성질이나 상태의 정도를 나타내는 보어를 정도보어라고 한다. '死了 sǐ le' '极了 jí le'가 정도보어로 쓰일 때는 앞에 '得 de'를 쓰지 않는다. 부사 '很 hěn', 형용사 '多 duō' 등이 정도보어로 쓰일 때는 앞에 '得'를 쓴다.

今天热**死了**。 오늘은 너무 덥다.
Jīntiān rè sǐ le.   '得'를 쓰지 않는 정도보어

那只小狗可爱**极了**。 그 강아지는 매우 귀엽다.
Nà zhī xiǎo gǒu kě'ài jí le.

中国的名胜古迹多得很。 중국에는 명승고적이 매우 많다.
Zhōngguó de míngshèng gǔjì duō de hěn.

'得'를 쓰는 정도보어

这儿比那儿冷得多。 이곳은 그곳보다 훨씬 춥다.
Zhèr bǐ nàr lěng de duō.

3 결과보어

동작의 결과를 설명하는 보어를 말한다.

你看见和子了吗？ 너 가즈코를 봤니?
Nǐ kànjiàn Hézǐ le ma?

你慢点儿说，我能听懂。 네가 천천히 얘기한다면 난 알아들을 수 있어.
Nǐ màndiǎnr shuō, wǒ néng tīngdǒng.

玛丽洗完了衣服。 메리는 옷을 다 빨았다.
Mǎlì xǐwán le yīfu.

我拿走了他的词典。 나는 그의 사전을 가져갔다.
Wǒ názǒu le tā de cídiǎn.

4 방향보어

동사 뒤에서 동작의 방향을 나타내는 보어를 말한다.

王老师从楼上下来了。 왕 선생님이 위층에서 내려오셨다.
Wáng lǎoshī cóng lóushàng xiàlai le.

玛丽进大厅去了。 메리가 로비로 들어갔다.
Mǎlì jìn dàtīng qù le.

他买回来很多水果。 그는 과일을 많이 사 왔다.
Tā mǎi huílai hěn duō shuǐguǒ.

那个包你放进衣柜里去吧。 그 가방을 옷장 안에 넣으세요.
Nàge bāo nǐ fàng jìn yīguì li qù ba.

5 가능보어

동사 뒤에 쓰여 동작의 가능 여부를 나타내는 보어를 가능보어라고 한다. 결과보어나 단순방향보어, 복합방향보어의 앞에 '得 de' 나 '不 bu'를 더하면 가능보어로 만들 수 있다.

练习不太多，今天晚上我做得完。 숙제가 많지 않아서 나는 오늘 저녁에 다 할 수 있다.
Liànxí bú tài duō, jīntiān wǎnshang wǒ zuò de wán.

我听不懂你说的话。　나는 네가 하는 말을 알아들을 수 없다.
Wǒ tīng bu dǒng nǐ shuō de huà.

现在去长城，下午两点回得来回不来？
Xiànzài qù Chángchéng, xiàwǔ liǎng diǎn huí de lái huí bu lái?
지금 만리장성에 가면 오후 두 시에 돌아올 수 있을까?

衣柜很小，这个包放不进去。　옷장이 작아서 이 가방을 넣을 수 없다.
Yīguì hěn xiǎo, zhège bāo fàng bu jìnqu.

6 수량보어

'比 bǐ'를 이용해 비교를 나타내는 문장에서 두 사물의 구체적인 차이를 설명하고자 할 때 형용사 뒤에 수량사를 보어로 붙인다.

姐姐比妹妹大三岁。　언니는 여동생보다 세 살 많다.
Jiějie bǐ mèimei dà sān suì.

大卫比我高一点儿。　데이비드가 나보다 좀 더 크다.
Dàwèi bǐ wǒ gāo yìdiǎnr.

那本词典比这本便宜两块多钱。　그 사전이 이것보다 2위안 정도 저렴하다.
Nà běn cídiǎn bǐ zhè běn piányi liǎng kuài duō qián.

7 동량보어

동사 뒤에 쓰여 동작의 횟수를 나타내는 보어를 말한다.

来北京以后，他只去过一次动物园。　베이징에 온 후 그는 동물원에 딱 한 번 갔다.
Lái Běijīng yǐhòu, tā zhǐ qùguo yí cì dòngwùyuán.

我去找了他两次。　나는 그를 두 번 찾으러 갔었다.
Wǒ qù zhǎo le tā liǎng cì.

8 시량보어

동작이 이루어진 시간의 양을 나타낸다.

我们休息了二十分钟。　우리는 20분간 쉬었다.
Wǒmen xiūxi le èrshí fēnzhōng.

他只学了半年汉语。　그는 중국어를 단지 6개월 배웠다.
Tā zhǐ xué le bàn nián Hànyǔ.

大卫做练习做了一个小时。　데이비드는 한 시간 동안 숙제를 했다.
Dàwèi zuò liànxí zuò le yí ge xiǎoshí.

小王已经毕业两年了。 샤오왕이 졸업한 지 이미 2년이 되었다.
Xiǎo Wáng yǐjīng bìyè liǎng nián le.

9 시지(时地)보어

동작, 행위가 발생한 시간이나 장소를 나타낸다. 시지보어는 개사구로 이루어진다.

他毕业于(yú, ~에)2012年。 그는 2012년에 졸업했다.
Tā bìyè yú èr líng yī èr nián.

玛丽住在九号楼。 메리는 9동에 산다.
Mǎlì zhù zài jiǔ hào lóu.

我把啤酒放在冰箱里了。 나는 맥주를 냉장고에 넣었다.
Wǒ bǎ píjiǔ fàng zài bīngxiāng li le.

★ 구조조사 '的' '得' '地'

구조조사는 단어나 구를 연결해 어떤 구조를 이루는 기능이 있다. '的 de'는 관형어를 만들고, '得 de'는 동사/형용사 뒤에서 그 뒤에 오는 내용을 보어로 만든다. '地 de'는 각종 부사어를 만든다.

1 的

'的 de'는 관형어와 중심어 사이에 쓰인다.

穿白衣服的同学是他的朋友。 흰옷을 입은 학생은 그의 친구이다.
Chuān bái yīfu de tóngxué shì tā de péngyou.

那儿有个很大的商店。 그곳에는 큰 상점이 있다.
Nàr yǒu ge hěn dà de shāngdiàn.

2 得

'得 de'는 동사/형용사와 보어 사이에 쓰인다.

我的朋友在北京过得很愉快。 내 친구는 베이징에서 매우 즐겁게 지낸다.
Wǒ de péngyou zài Běijīng guò de hěn yúkuài.

这些东西你拿得了拿不了? 이 물건들을 너는 들 수 있니?
Zhèxiē dōngxi nǐ ná de liǎo ná bu liǎo?

3 地

'地 de'는 부사어와 동사 사이에 쓰인다.

小刘高兴地说："我今天收到三封信。"
Xiǎo Liú gāoxìng de shuō: "Wǒ jīntiān shōudào sān fēng xìn."
샤오리우가 기뻐하며 말했다. "난 오늘 세 통의 편지를 받았어."

中国朋友热情地欢迎我们。
Zhōngguó péngyou rèqíng de huānyíng wǒmen.
중국 친구가 우리를 열렬히 환영했다.

▶ 실전연습

1 실제 상황에 근거해 질문에 대답해 보세요.

① 说说你的房间是怎么布置的。('着'를 사용해서)

② 说说你一天的生活。(방향보어 '来' 또는 '去'를 사용해서)

③ 介绍一次旅游的情况。(买票 / 找旅馆 / 参观 / 游览)

2 제시된 문장으로 회화를 연습해 보세요.

① 여행

A. 표 사기

到……的票还有吗？	要……次的？
预订……张……(时间)的票。	几点开(起飞)？
要硬卧(软卧)。	坐……要多长时间？

B. 호텔 예약

几个人一个房间？	住一天多少钱？
有洗澡间吗？	餐厅(舞厅、咖啡厅……) 在哪儿？

C. 관광

这儿的风景……	顺便到……
有什么名胜古迹?	跟……一起……
先去……再去……	当导游

② 진찰

你怎么了?	不舒服
量一下儿体温吧。	头疼
发烧，……度。	嗓子疼
感冒了。	咳嗽
吃点儿药。	什么病?
一天吃……次。	一天打……针。
住(出)院吧。	

③ 문병

什么时候能看病人?	谢谢你来看我。
给他买点儿什么?	(你们)太客气了。
你好点儿了吗?	现在好多了。
看样子，你……	别着急，好好儿休息。
你想要什么东西吗?	医院的生活怎么样?
什么时候出院?	

3 상황에 맞게 대화를 완성하세요.

A 玛丽，天津离北京这么近，星期四我们去玩儿玩儿吧。

B 好，我们可以让_____。

A 不行，小刘病了。

B _____?

A 她发烧、咳嗽。

B _____? 我怎么不知道?

A 昨天晚上开始的。

B _____, 我们自己去不方便。

A 也好，等小刘好了再去吧。

4 발음을 연습하세요.

① 성조 연습: 제1성+제3성　　fuxi 07-03

　　yāoqǐng (邀请)
　　yāoqǐng qīnyǒu (邀请亲友)
　　yāoqǐng qīnyǒu hē jiǔ (邀请亲友喝酒)

② 큰 소리로 읽기　　fuxi 07-04

A Dàifu, wǒ sǎngzi téng.

B Yǒudiǎnr hóng, yào duō hē shuǐ.

A Wǒ hē de bù shǎo.

B Bié chī de tài xián.

A Wǒ zhīdào.

B Xiànzài nǐ qù ná yào, yàoshi bù hǎo, zài lái kàn.

A Hǎo, xièxie. Zàijiàn!

| 작별 인사 |

36 我要回国了
나는 귀국하려고 합니다

🔊 36-01

261 好久不见了。 오랜만입니다.
Hǎojiǔ bú jiàn le.

262 你今天怎么有空儿来了? 오늘 어떻게 시간이 나서 왔습니까?
Nǐ jīntiān zěnme yǒu kòngr lái le?

263 我来向你告别。 당신에게 작별 인사를 하러 왔습니다.
Wǒ lái xiàng nǐ gàobié.

264 我常来打扰你,很过意不去。 항상 폐만 끼쳐 드려 정말 죄송합니다.
Wǒ cháng lái dǎrǎo nǐ, hěn guòyìbúqù.

265 你那么忙,不用送我了。 바쁜데 나를 배웅해 주지 않아도 됩니다.
Nǐ nàme máng, búyòng sòng wǒ le.

266 我一边学习,一边工作。 나는 공부하면서 일합니다.
Wǒ yìbiān xuéxí, yìbiān gōngzuò.

267 朋友们有的知道,有的不知道。
Péngyoumen yǒude zhīdào, yǒude bù zhīdào.
어떤 친구는 알고 어떤 친구는 모릅니다.

268 趁这两天有空儿,我去向他们告别。
Chèn zhè liǎng tiān yǒu kòngr, wǒ qù xiàng tāmen gàobié.
요 며칠 시간이 날 때 그들에게 작별 인사를 하러 갈 것입니다.

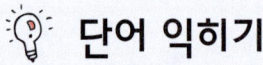 단어 익히기

36-02

| 본문 단어 |

好久 hǎojiǔ 형 (시간이) 오래다

向 xiàng 개 ~에게, ~을 향하여

告别 gàobié 동 작별 인사를 하다

打扰 dǎrǎo 동 폐를 끼치다

过意不去 guòyìbúqù 죄송합니다, 미안합니다

那么 nàme 대 그렇게

一边……一边…… yìbiān…… yìbiān…… ~하면서 ~하다

们 men 접미 ~들 [복수를 나타내는 접미사]

有的 yǒude 대 어떤 것, 어떤 사람 [사람 또는 사물의 전체 중 일부분]

趁 chèn 개 ~을 틈타, (시간, 기회 등을) 이용하여

日子 rìzi 명 시간, 날짜

已经 yǐjīng 부 이미

因为 yīnwèi 접 왜냐하면

照顾 zhàogù 동 돌보다, 보살피다

够 gòu 동 충분하다

准备 zhǔnbèi 동 준비하다

继续 jìxù 동 계속하다

打算 dǎsuàn 동 명 ~하려고 하다, 생각, 계획

研究生 yánjiūshēng 명 대학원생

| 표현 확장 단어 |

离开 líkāi 동 떠나다

新闻 xīnwén 명 새 소식, 뉴스

下载 xiàzài 동 다운로드하다

聊天儿 liáotiānr 동 한담하다, 잡담하다

手续 shǒuxù 명 수속, 절차

老 lǎo 형 오래된

机会 jīhuì 명 기회

| 고유명사 |

欧洲 Ōuzhōu 유럽

회화로 배우기

1 작별 인사를 하러 왔어요 🔊 36-03

玛丽 你好，王先生！
Mǎlì Nǐ hǎo, Wáng xiānsheng!

王 玛丽小姐，好久不见了。今天怎么有空儿来了？
Wáng Mǎlì xiǎojiě, hǎojiǔ bú jiàn le. Jīntiān zěnme yǒu kòngr lái le?

玛丽 我来向你告别。
Mǎlì Wǒ lái xiàng nǐ gàobié.

王 你要去哪儿？
Wáng Nǐ yào qù nǎr?

玛丽 我要回国了。
Mǎlì Wǒ yào huí guó le.

王 日子过得真快，你来北京已经一年了。
Wáng Rìzi guò de zhēn kuài, nǐ lái Běijīng yǐjīng yì nián le.

玛丽 常来打扰你，很过意不去。
Mǎlì Cháng lái dǎrǎo nǐ, hěn guòyìbúqù.

王 哪儿的话①，因为忙，对你的照顾很不够。
Wáng Nǎr de huà, yīnwèi máng, duì nǐ de zhàogù hěn bú gòu.

玛丽 你太客气了。
Mǎlì Nǐ tài kèqi le.

王 哪天走？我去送你。
Wáng Nǎ tiān zǒu? Wǒ qù sòng nǐ.

玛丽	你那么忙，不用送了。
Mǎlì	Nǐ nàme máng, búyòng sòng le.

2 공부하면서 일할 거예요 36-04

刘京	这次回国，你准备工作还是继续学习？
Liú Jīng	Zhè cì huí guó, nǐ zhǔnbèi gōngzuò háishi jìxù xuéxí?

大卫	我打算考研究生，一边学习，一边工作。
Dàwèi	Wǒ dǎsuàn kǎo yánjiūshēng, yìbiān xuéxí, yìbiān gōngzuò.

刘京	那很辛苦啊。
Liú Jīng	Nà hěn xīnkǔ a.

大卫	没什么，我们那儿很多人都这样。
Dàwèi	Méi shénme, wǒmen nàr hěn duō rén dōu zhèyàng.

刘京	你要回国的事，朋友们都知道了吗？
Liú Jīng	Nǐ yào huí guó de shì, péngyoumen dōu zhīdào le ma?

大卫	有的知道，有的不知道。
Dàwèi	Yǒude zhīdào, yǒude bù zhīdào.
	趁这两天有空儿，我去向他们告别。
	Chèn zhè liǎng tiān yǒu kòngr, wǒ qù xiàng tāmen gàobié.

표현 따라잡기

① **哪儿的话** 별말씀을요
상대방에게 칭찬과 고마움의 말을 들었을 때 겸손하게 부정하는 표현이다.

표현으로 확장하기

응용 표현 🔊 36-05

① 你来北京已经一年了。

他 tā | 离开上海 líkāi Shànghǎi | 两年 liǎng nián

我 wǒ | 起床 qǐchuáng | 一刻钟 yí kè zhōng

小王 Xiǎo Wáng | 去欧洲 qù Ōuzhōu | 三个月 sān ge yuè

② 他一边学习，一边工作。

看新闻 kàn xīnwén | 下载文件 xiàzài wénjiàn

跳舞 tiàowǔ | 唱歌 chàng gē

喝茶 hē chá | 讨论 tǎolùn

散步 sànbù | 聊天儿 liáotiānr

③ 朋友们有的知道，有的不知道。

同学 tóngxué | 来 lái | 不来 bù lái

老师 lǎoshī | 参加 cānjiā | 不参加 bù cānjiā

孩子 háizi | 喜欢 xǐhuan | 不喜欢 bù xǐhuan

확장 회화 🔊 36-06

① 这两天我得去办各种手续，没时间去向你告别了。请原谅。
Zhè liǎng tiān wǒ děi qù bàn gè zhǒng shǒuxù, méi shíjiān qù xiàng nǐ gàobié le. Qǐng yuánliàng.

② 有几位老朋友好久不见了，趁出差的机会去看看他们。
Yǒu jǐ wèi lǎo péngyou hǎojiǔ bú jiàn le, chèn chūchāi de jīhuì qù kànkan tāmen.

어법으로 내공쌓기

◎ 시량보어(3)

'来 lái' '去 qù' '到 dào' '下(课) xià(kè)' '离开 líkāi' 등과 같은 일부 동사에 시량보어를 더하면 동작의 지속을 나타내는 것이 아니라, 어떤 일의 발생으로부터 어떤 시점(혹은 말하는 시점)까지의 시간을 의미한다. 동사 뒤에 목적어가 있을 때 시량보어는 목적어의 뒤에 놓인다.

他来北京一年了。 그가 베이징에 온 지 1년이 되었다.
Tā lái Běijīng yì nián le.

下课十五分钟了。 수업 끝난 지 15분 되었다.
Xiàkè shíwǔ fēnzhōng le.

◎ '有的……有的……'

1) 대명사 '有的 yǒude'는 관형어로 쓰여 그것이 수식하는 명사의 일부분을 가리키는데, 단독으로 쓸 수도 있고 두세 개를 연이어 쓸 수도 있다.

有的话我没听懂。 어떤 말을 나는 알아듣지 못했다.
Yǒude huà wǒ méi tīngdǒng.

我们班有的同学喜欢看电影，有的(同学)喜欢听音乐，有的(同学)喜欢看小说。
Wǒmen bān yǒude tóngxué xǐhuan kàn diànyǐng, yǒude (tóngxué) xǐhuan tīng yīnyuè, yǒude (tóngxué) xǐhuan kàn xiǎoshuō.
우리 반에서 어떤 학생은 영화 보기를 좋아하고, 어떤 학생은 음악 듣기를 좋아하며, 어떤 학생은 소설 읽기를 좋아한다.

2) 만약 수식하는 명사가 앞에서 이미 언급되었다면 생략할 수 있다.

他的书很多，有的是中文的，有的是英文的。
Tā de shū hěn duō, yǒude shì Zhōngwén de, yǒude shì Yīngwén de.
그는 책이 많다. 어떤 것은 중국어책이고 어떤 것은 영어책이다.

문제로 실력다지기

1 다음 제시된 어구를 읽고, 몇 개를 골라 문장을 만들어 보세요. 🔊 36-07

| 趁 | 放假的时候
天气好
这几天不忙 | 向 | 他告别
小王学习
前看 | 好 | 多
几个星期
累 |

| 准备 | 回国
结婚
得怎么样了
生日礼物 | 已经 | 毕业了
出院了
修好了
十二点了 |

2 알맞은 단어를 골라 문장을 완성해 보세요.

　　　　有的　　继续　　撞　　老　　出差　　够

1) 你的病还没好，应该_____。

2) 买两本书得三十块钱，我带的_____，买一本吧。

3) 他已经五十岁了，可是看样子_____。

4) 他_____，很少在家。

5) 那棵小树昨天被汽车_____。

6) 我有很多中国朋友，_____。

3 괄호 안의 단어가 들어갈 알맞은 위치를 고르세요.

1) 李成日 A 离开 B 北京 C 了。（一年）

2) 他 A 去 B 医院 C 了。（两个半小时）

3) 他 A 大学 B 毕业 C 了。(两年)

4) 他 A 已经 B 起床 C 了。（半个小时）

5) 他们 A 结 B 婚 C 了。（十多年）

4 실제 상황에 근거해 질문에 대답해 보세요.

1) 你学中文多长时间了？

2) 你什么时候中学毕业的？毕业多长时间了？

3) 你现在穿的这件衣服，买了多长时间了？

4) 你离开你的家乡多长时间了？

5 상황에 맞게 대화를 완성하세요.

A 小王，我要回国了。
B _____?
A 二十号晚上走。
B _____?
A 准备得差不多了。
B _____?
A 不用帮忙，我自己可以。
B _____。
A 你很忙，不用送我了。

6 다음 상황에 근거해 대화를 나누세요.

| 상황 | 你去中国学习的时候向朋友告别。
(당신이 중국에 공부하러 가며 친구들과 작별 인사를 한다.)

| 화제 | 朋友问你学什么，学习多长时间；你问他们有没有要办的事等。
(친구는 당신에게 무엇을 공부하고 얼마 동안 공부하는지 묻는다. 당신은 그들에게 해야 할 일이 있는지 묻는다.)

7 듣고 따라 말해 보세요. 🔊 36-08

明天我要去旅行。这次去的时间比较长，得去向朋友告别一下，可是老张住院了。

在北京的这些日子里，老张像家里人一样照顾我。我也常去打扰他，我觉得很过意不去。今天不能去跟他告别，我就给他写一封信去，问他好吧。希望我回来的时候他已经出院了。

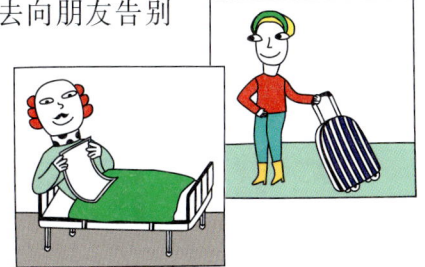

希望 xīwàng 동 바라다, 희망하다

8 발음을 연습하세요.

1) 자주 쓰이는 발음 🔊 36-09

	fūren	（夫人）		yǐjīng	（已经）
fu	fùqīn	（父亲）	jing	jǐngchá	（警察）
	dàifu	（大夫）		ānjìng	（安静）

2) 큰 소리로 읽기 🔊 36-10

A Wáng Lán, wǒ xiàng nǐ gàobié lái le.
B Zhēn qiǎo, wǒ zhèng yào qù kàn nǐ ne. Qǐng jìn.
A Nǐ nàme máng, hái chángcháng zhàogù wǒ, wǒ fēicháng gǎnxiè.
B Nǎr de huà, zhàogù de hěn bú gòu.

즐거운 문화이야기

세계 최고의 지하 무덤, 진시황릉 병마용갱

❶ **위치**: 산시성 시안시 린퉁현
❷ **의미**: 진시황의 무덤
❸ **가치**: 진나라의 군사편제, 갑옷, 무기 등의 연구 자료
　　　　　북방 민족의 외형적 특징, 민족 구성 연구 자료

　　진시황릉秦始皇陵은 중국 최초의 중앙집권적 통일 국가인 진秦나라를 세운 진시황秦始皇의 무덤으로, 중국 산시성陕西省 시안시西安市 린퉁현临潼区에 있다. 사마천司马迁이 저술한「진시황본기秦始皇本纪」에 따르면 진시황릉은 진시황 즉위 초에 착공하여, 통일 후에는 약 70여만 명까지 공사에 동원되었다고 한다. 기원전 246년에서 208년까지 39년간 공사가 진행되었지만, 진시황이 50세에 죽을 때까지 완성되지 못했다. 지금의 진시황릉은 높이 76m, 폭 360m 규모인데, 황릉의 위치만을 알려 주는 전시용이다. 중국 정부는 중국의 발굴·보존 기술이 발전할 때까지 진시황릉의 발굴을 중단하기로 했다.

　　1974년 진시황릉으로부터 동쪽으로 약 1.5㎞ 떨어진 곳에서 한 농부가 수천 개의 사람 토용土俑과 1,000여 필의 말 토용이 지하에 묻혀 있는 부장 갱을 발견했다. 이를 병마용갱兵马俑坑이라 부르는데, 최근 컴퓨터 안면 인식 프로그램으로 지금까지 발굴된 약 8,000개 병용兵俑의 얼굴을 확인해 본 결과, 얼굴이 모두 달랐다고 한다. 현재도 복원 작업을 계속하고 있으며, 1987년에는 유네스코 세계문화유산으로 지정되었다.

병마용갱

| 송별 |

37 真舍不得你们走
당신들이 떠난다니 정말 섭섭합니다

37-01

269 回国的日子越来越近了。 귀국 날짜가 점점 가까워집니다.
Huí guó de rìzi yuèláiyuè jìn le.

270 虽然时间不长，但是我们的友谊很深。
Suīrán shíjiān bù cháng, dànshì wǒmen de yǒuyì hěn shēn.
시간이 길지는 않았지만 우리의 우정은 두텁습니다.

271 我们把通讯地址都留在本子上了。
Wǒmen bǎ tōngxùn dìzhǐ dōu liú zài běnzi shang le.
우리는 연락처를 모두 노트에 남겼습니다.

272 让我们一起照张相吧！ 우리 함께 사진을 찍읍시다!
Ràng wǒmen yìqǐ zhào zhāng xiàng ba!

273 除了去实习的以外，都来了。 실습하러 간 사람을 빼고는 모두 왔습니다.
Chúle qù shíxí de yǐwài, dōu lái le.

274 你用汉语唱个歌吧。 중국어로 노래 한 곡 불러 보세요.
Nǐ yòng Hànyǔ chàng ge gē ba.

275 我唱完就该你们了。 내 노래가 끝나면 당신들 차례입니다.
Wǒ chàngwán jiù gāi nǐmen le.

276 真不知道说什么好。 무슨 말을 해야 좋을지 모르겠습니다.
Zhēn bù zhīdào shuō shénme hǎo.

단어 익히기

37-02

|본문 단어|

越来越…… yuèláiyuè…… 점점 ~하다, 갈수록 ~하다

虽然……但是…… suīrán……dànshì…… 비록 ~하지만

深 shēn 형 깊다, 두텁다

通讯 tōngxùn 명 통신

地址 dìzhǐ 명 주소

留 liú 동 남기다

实习 shíxí 동 실습하다

该 gāi 동 ~의 차례이다

舍不得 shěbude 동 아쉽다, 섭섭하다

欢送会 huānsònghuì 명 환송회

节目 jiémù 명 프로그램

精彩 jīngcǎi 형 훌륭하다, 뛰어나다

热情 rèqíng 형 열정적이다

欢送 huānsòng 동 환송하다

取得 qǔdé 동 얻다, 취득하다

水平 shuǐpíng 명 수준

|표현 확장 단어|

旅游 lǚyóu 동 여행하다

年纪 niánjì 명 나이

黑板 hēibǎn 명 칠판

右边 yòubian 명 오른쪽

墙 qiáng 명 벽, 담장

贴 tiē 동 붙이다

左边 zuǒbian 명 왼쪽

|읽고, 듣고, 쓰고, 반복해서 외우세요|

회화로 배우기

1 귀국 날짜가 점점 가까워지네요 🔊 37-03

和子 Hézǐ
回国的日子越来越近了。
Huí guó de rìzi yuèláiyuè jìn le.

王兰 Wáng Lán
真舍不得你们走。
Zhēn shěbude nǐmen zǒu.

大卫 Dàwèi
是啊，虽然时间不长，但是我们的友谊很深。
Shì a, suīrán shíjiān bù cháng, dànshì wǒmen de yǒuyì hěn shēn.

玛丽 Mǎlì
我们把通讯地址都留在本子上了，以后常联系。
Wǒmen bǎ tōngxùn dìzhǐ dōu liú zài běnzi shang le, yǐhòu cháng liánxì.

刘京 Liú Jīng
我想你们还会有机会来中国的。
Wǒ xiǎng nǐmen hái huì yǒu jīhuì lái Zhōngguó de.

和子 Hézǐ
要是来北京，一定来看你们。
Yàoshi lái Běijīng, yídìng lái kàn nǐmen.

大卫 Dàwèi
让我们一起照张相吧！
Ràng wǒmen yìqǐ zhào zhāng xiàng ba!

玛丽 Mǎlì
好，多照几张，留作纪念。
Hǎo, duō zhào jǐ zhāng, liúzuò jìniàn.

2 환송회에 참석한 사람이 정말 많군요 🔊 37-04

玛丽   参加欢送会的人真多。
Mǎlì   Cānjiā huānsònghuì de rén zhēn duō.

刘京   除了去实习的以外，都来了。
Liú Jīng   Chúle qù shíxí de yǐwài, dōu lái le.

和子   开始演节目了。
Hézǐ   Kāishǐ yǎn jiémù le.

大卫   玛丽，你用汉语唱个歌吧。
Dàwèi   Mǎlì, nǐ yòng Hànyǔ chàng ge gē ba.

玛丽   我唱完就该你们了。
Mǎlì   Wǒ chàngwán jiù gāi nǐmen le.

王兰   各班的节目很多，很精彩。
Wáng Lán   Gè bān de jiémù hěn duō, hěn jīngcǎi.

和子   同学和老师这么热情地欢送我们，
Hézǐ   Tóngxué hé lǎoshī zhème rèqíng de huānsòng wǒmen,

         真不知道说什么好。
         zhēn bù zhīdào shuō shénme hǎo.

刘京   祝贺你们取得了好成绩。
Liú Jīng   Zhùhè nǐmen qǔdé le hǎo chéngjì.

王兰   祝你们更快地提高中文水平。
Wáng Lán   Zhù nǐmen gèng kuài de tígāo Zhōngwén shuǐpíng.

표현으로 확장하기

○ 응용 표현 37-05

① <u>回国的日子</u>越来越<u>近</u>了。

　　他的发音 tā de fāyīn | 好 hǎo
　　旅游的人 lǚyóu de rén | 多 duō
　　他的技术水平 tā de jìshù shuǐpíng | 高 gāo
　　北京的天气 Běijīng de tiānqì | 暖和 nuǎnhuo

② 虽然<u>时间不长</u>，但是<u>我们的友谊很深</u>。

　　年纪很大 niánjì hěn dà | 身体很好 shēntǐ hěn hǎo
　　路比较远 lù bǐjiào yuǎn | 交通比较方便 jiāotōng bǐjiào fāngbiàn
　　学习的时间很短 xuéxí de shíjiān hěn duǎn | 提高得很快 tígāo de hěn kuài

③ 我们把<u>通讯地址</u>都<u>留</u>在<u>本子上</u>了。

　　字 zì | 写 xiě | 黑板上 hēibǎn shang
　　自行车 zìxíngchē | 放 fàng | 礼堂右边 lǐtáng yòubian
　　地图 dìtú | 挂 guā | 墙上 qiáng shang
　　通知 tōngzhī | 贴 tiē | 黑板左边 hēibǎn zuǒbian

○ 확장 회화 37-06

① 他除了英语以外，别的语言都不会。
　　Tā chúle Yīngyǔ yǐwài, biéde yǔyán dōu bú huì.

② 这次篮球赛非常精彩，你没去看，真可惜。
　　Zhè cì lánqiú sài fēicháng jīngcǎi, nǐ méi qù kàn, zhēn kěxī.

어법으로 내공쌓기

◯ '虽然……但是……'

'비록 ~하지만'이라는 뜻으로, 전환관계를 나타내는 복문을 만들 수 있다. '虽然 suīrán'은 앞 절의 주어 앞이나 주어 뒤에 놓이며, '但是(可是) dànshì(kěshì)'는 뒤 절의 앞에 놓인다.

虽然下雪，**但是**天气不太冷。 비록 눈이 내리지만, 날씨는 그다지 춥지 않다.
Suīrán xià xuě, dànshì tiānqì bú tài lěng.

今天我**虽然**很累，**但是**玩得很高兴。 오늘 비록 매우 피곤했지만 재미있게 놀았다.
Jīntiān wǒ suīrán hěn lèi, dànshì wán de hěn gāoxìng.

虽然他没来过北京，**但是**对北京的情况知道得很多。
Suīrán tā méi láiguo Běijīng, dànshì duì Běijīng de qíngkuàng zhīdào de hěn duō.
비록 그는 베이징에 와본 적이 없지만, 베이징의 상황에 대해 많이 알고 있다.

◯ '把'자문(2)

1) 처리되는 사물이나 사람이 동작을 통해 '어떤 장소에 놓이게 됨'을 설명하려고 할 때에는 반드시 '把 bǎ'자문을 사용해야 한다.

我们**把**通讯地址留在本子上了。 우리는 연락처를 노트에 남겼다.
Wǒmen bǎ tōngxùn dìzhǐ liú zài běnzi shang le.

我**把**啤酒放进冰箱里了。 나는 맥주를 냉장고 안에 넣었다.
Wǒ bǎ píjiǔ fàng jìn bīngxiāng li le.

他**把**汽车开到学校门口了。 그는 차를 학교 입구까지 몰았다.
Tā bǎ qìchē kāi dào xuéxiào ménkǒu le.

2) 처리되는 사물이 동작을 통해 '어떤 대상에게 전달됨'을 설명할 때에도, 일정한 조건에서 '把 bǎ'자문을 사용해야 한다.

我**把**钱交给那个售货员了。 나는 돈을 그 점원에게 건네주었다.
Wǒ bǎ qián jiāo gěi nàge shòuhuòyuán le.

把这些饺子留给大卫吃。 이 만두를 데이비드가 먹도록 남겨둘게.
Bǎ zhèxiē jiǎozi liú gěi Dàwèi chī.

문제로 실력다지기

1 알맞은 단어를 골라 빈칸을 채우세요.

舍不得　　精彩　　该　　机会　　留　　热情

1) 昨天的游泳比赛很＿＿＿＿＿，运动员的水平很高。
2) 我都站了一个小时了，现在我们＿＿＿＿＿坐一会儿了。
3) 来中国学习是很好的＿＿＿＿＿，我一定好好儿学习。
4) 我的通讯地址给你＿＿＿＿＿了吧？
5) 那个饭店的服务员很＿＿＿＿＿。
6) 这块蛋糕她＿＿＿＿＿吃，因为妹妹喜欢吃，她要留给妹妹。

2 [보기]와 같이 '越来越……'를 사용해 문장을 고쳐 보세요.

| 보기 | 刚才雪很大，现在更大。 → 雪(下得)越来越大了。

1) 冬天快过去了，天气慢慢地暖和了。　→ ＿＿＿＿＿
2) 他的汉语比刚来的时候好了。　→ ＿＿＿＿＿
3) 张老师的小女儿一年比一年漂亮。　→ ＿＿＿＿＿
4) 参加欢送会的人比刚开始的时候多了。　→ ＿＿＿＿＿
5) 大家讨论以后，这个问题比以前清楚了。　→ ＿＿＿＿＿

3 [보기]와 같이 주어진 단어로 '把'자문을 만들어 보세요.

| 보기 | 汽车　停　九号楼前边 → 他把汽车停在九号楼前边了。

1) 名字　写　本子上　→ ＿＿＿＿＿
2) 词典　放　桌子上　→ ＿＿＿＿＿

3) 钱包　忘　家里　　　　　　　　　　→ _____

4) 衬衫　挂　衣柜里　　　　　　　　　→ _____

4 상황에 맞게 대화를 완성하세요.

A 小张，你要去法国留学了，祝你顺利！
B 祝你学习_____！
张 谢谢你们！为_____干杯！
A _____。
张 我一到那儿就给你们打电话。
B _____。
张 我一定注意身体。谢谢！

5 다음 상황에 근거해 대화를 나누세요.

| 상황 | 说说开茶话会欢送朋友回国的情况。
(귀국하는 친구를 환송해 주기 위한 다과회(茶话会)가 열렸다.)

| 화제 | 一边喝茶一边谈话，你对朋友说些什么，朋友说些什么。
(차를 마시면서 이야기를 나눈다. 당신은 친구에서 무슨 말을 하고, 친구는 당신에게 무슨 말을 하겠는가?)

6 듣고 따라 말해 보세요.　37-07

　　我在这儿学了三个月汉语，下星期一要回国了。虽然我在中国的时间不长，可是认识了不少中国朋友和别的国家的朋友。我们的友谊越来越深。我真舍不得离开他们。要是以后有机会，我一定会再来中国。

7 발음을 연습하세요.

1) 자주 쓰이는 발음 37-08

yuan	yuánlái	（原来）	yan	chōuyān	（抽烟）
	yǒngyuǎn	（永远）		yánjiū	（研究）
	yuànyì	（愿意）		yǎnjìng	（眼镜）

2) 큰 소리로 읽기 37-09

A Míngtiān wǒmen gěi Lǐ Hóng kāi ge huānsònghuì ba.
B Duì, tā chūguó shíjiān bǐjiào cháng.
C Děi zhǔnbèi yìxiē shuǐguǒ hé lěngyǐn(冷饮. 차가운 음료).
A Bié wàng le zhàoxiàng.
B Yě bié wàng le liú tā de tōngxùn dìzhǐ.

즐거운 문화이야기

중국의 마스코트, 판다

1. 분류: 척추동물〉포유강〉식육목〉곰과〉판다속
2. 서식지: 중국 중서부 쓰촨, 산시, 간쑤 지역의 산지
3. 먹이: 대나무
4. 특징: 멸종 위기 동물, 중국 국가1급 보호동물

판다大熊猫는 곰과 판다속의 포유동물로, 중국 중서부 쓰촨四川, 산시陝西, 간쑤甘肅 지역의 산지 대나무숲에서 주로 서식한다. 자이언트 판다는 몸길이가 1.2~1.5m이고, 체중은 약 70~160kg이다. 큰 몸집과 흰색과 검은색으로 구분된 뚜렷한 무늬가 특징적이다. 네 다리는 짧고 머리는 둥글고 넓으며 귀는 삼각형이고 꼬리는 굵다. 식육목에 속하지만 주식은 대나무이며, 야생 판다는 동물이나 새를 잡아먹기도 한다. 다 자란 판다는 하루에 평균 9~14kg의 대나무를 먹는다.

판다

중국의 제4차 전국 판다 야생 개체군 조사에 따르면 야생 판다는 1864마리에 불과하며, 그중 80% 이상이 쓰촨 지역에 분포하고 있다. 2015년 말 기준, 세계 각 지역에서 사육되는 판다는 425마리이다. 야생 판다의 평균 수명은 18~20년 정도이며, 사육 상태에서는 최대 30년까지 생존할 수 있다. 멸종 위기 동물인 판다는 중국 정부의 특별 보호를 받고 있다. 중국은 우호적 관계를 희망하는 나라에 판다를 선물하며 '판다 외교'를 펼치기도 하는데, 그래서 판다를 '중국의 외교 특사'라 칭한다.

| 짐 부치기 |

38 这儿托运行李吗?
여기가 짐을 부치는 곳입니까?

38-01

277 邮局寄不但太贵，而且这么大的行李也不能寄。
Yóujú jì búdàn tài guì, érqiě zhème dà de xíngli yě bù néng jì.
우체국에서 부치면 너무 비쌀 뿐 아니라, 이렇게 큰 짐은 부칠 수도 없습니다.

278 我记不清楚了。 잘 기억나지 않습니다.
Wǒ jì bu qīngchu le.

279 我想起来了。 생각났습니다.
Wǒ xiǎng qǐlai le.

280 我打听一下儿，这儿托运行李吗?
Wǒ dǎting yíxiàr, zhèr tuōyùn xíngli ma?
문의 좀 드리겠습니다. 여기가 짐을 부치는 곳입니까?

281 运费怎么算? 운송비는 어떻게 계산합니까?
Yùnfèi zěnme suàn?

282 按照这个价目表收费。 이 가격표에 따라 요금을 받습니다.
Ànzhào zhège jiàmùbiǎo shōufèi.

283 你可以把东西运来。 물건을 이곳으로 가져오셔도 됩니다.
Nǐ kěyǐ bǎ dōngxi yùnlai.

284 我的行李很大，一个人搬不动。
Wǒ de xíngli hěn dà, yí ge rén bān bu dòng.
내 짐은 너무 커서 혼자서 옮길 수 없습니다.

단어 익히기

38-02

| 본문 단어 |

不但……而且…… búdàn……érqiě…… ~뿐만 아니라 또한

起来 qǐlai 동사 뒤에 쓰여, 동작이 완성되었거나 목표에 도달함을 나타냄

打听 dǎting 동 물어보다, 알아보다

托运 tuōyùn 동 운송을 위탁하다

运费 yùnfèi 명 운송비, 운임

算 suàn 동 계산하다

按照 ànzhào 개 ~에 따라

价目表 jiàmùbiǎo 명 가격표

运 yùn 동 운송하다, 운반하다

搬 bān 동 옮기다

动 dòng 동 움직이다

的话 dehuà 조 (만약) ~하다면

超重 chāozhòng 동 중량을 초과하다

海运 hǎiyùn 동 해상으로 운송하다

为了 wèile 개 ~을 하기 위하여

顾客 gùkè 명 고객

取 qǔ 동 얻다, 가지다

| 표현 확장 단어 |

高速公路 gāosù gōnglù 고속도로

包裹 bāoguǒ 명 소포

国际 guójì 형 국제의

交流 jiāoliú 동 교류하다

中心 zhōngxīn 명 한가운데, 중심

大使馆 dàshǐguǎn 명 대사관

办公 bàngōng 동 사무를 보다, 집무하다

| 읽고, 듣고, 쓰고, 반복해서 외우세요 |

회화로 배우기

1 중량을 초과할 거예요 🔊 38-03

刘京 你这么多行李，坐飞机的话，一定超重。
Liú Jīng Nǐ zhème duō xíngli, zuò fēijī dehuà, yídìng chāozhòng.

和子 那怎么办？
Hézǐ Nà zěnme bàn?

王兰 邮局寄不但太贵，而且这么大的行李也不能寄。
Wáng Lán Yóujú jì búdàn tài guì, érqiě zhème dà de xíngli yě bù néng jì.

刘京 可以海运。
Liú Jīng Kěyǐ hǎiyùn.

和子 海运要多长时间？
Hézǐ Hǎiyùn yào duō cháng shíjiān?

刘京 我记不清楚了，我们可以去托运公司问问。
Liú Jīng Wǒ jì bu qīngchu le, wǒmen kěyǐ qù tuōyùn gōngsī wènwen.

王兰 啊，我想起来了①，去年李成日也托运过。
Wáng Lán À, wǒ xiǎng qǐlai le, qùnián Lǐ Chéngrì yě tuōyùnguo.

和子 那好，明天我去问一下儿。
Hézǐ Nà hǎo, míngtiān wǒ qù wèn yíxiàr.

💧 표현 따라잡기

① **我想起来了。** 생각났어.
잊어버렸던 일이 머리 속에 떠오를 때 하는 표현이다.

짐을 어디로 보내실 건가요? 🔵 38-04

和子 　　我打听一下儿，这儿托运行李吗?
Hézǐ　　Wǒ dǎting yíxiàr, zhèr tuōyùn xíngli ma?

服务员　托运。你要运到哪儿?
Fúwùyuán　Tuōyùn. Nǐ yào yùn dào nǎr?

和子　　日本。要多长时间?
Hézǐ　　Rìběn. Yào duō cháng shíjiān?

服务员　大概一个多月。
Fúwùyuán　Dàgài yí ge duō yuè.

和子　　运费怎么算?
Hézǐ　　Yùnfèi zěnme suàn?

服务员　按照这个价目表收费。你可以把东西运来。
Fúwùyuán　Ànzhào zhège jiàmùbiǎo shōufèi. Nǐ kěyǐ bǎ dōngxi yùnlai.

和子　　我的行李很大，一个人搬不动。
Hézǐ　　Wǒ de xíngli hěn dà, yí ge rén bān bu dòng.

服务员　没关系，为了方便顾客，我们也可以去取。
Fúwùyuán　Méi guānxi, wèile fāngbiàn gùkè, wǒmen yě kěyǐ qù qǔ.

和子　　那太麻烦你们了。
Hézǐ　　Nà tài máfan nǐmen le.

표현으로 확장하기

◎ 응용 표현 38-05

① 坐飞机的话，你的行李一定超重。

上高速公路 shàng gāosù gōnglù | 你们 nǐmen | 要注意安全 yào zhùyì ānquán

坐软卧 zuò ruǎnwò | 他们 tāmen | 觉得很舒服 juéde hěn shūfu

寄包裹 jì bāoguǒ | 你 nǐ | 要包好 yào bāohǎo

放假 fàngjià | 他们 tāmen | 去旅行 qù lǚxíng

② 我记不清楚了。

做 zuò | 完 wán

洗 xǐ | 干净 gānjìng

搬 bān | 动 dòng

去 qù | 了 liǎo

③ 你可以把东西运来。

王大夫 Wáng dàifu | 请来 qǐng lái

这个包 zhège bāo | 带去 dàiqu

修好的手表 xiūhǎo de shǒubiǎo | 取来 qǔlai

◎ 확장 회화 38-06

① 一个月的水费、电费、房费不少。
Yí ge yuè de shuǐfèi、diànfèi、fángfèi bù shǎo.

② 我想起来了，这个人是成日，以前我在国际交流中心见过他。
Wǒ xiǎng qǐlai le, zhège rén shì Chéngrì, yǐqián wǒ zài Guójì Jiāoliú Zhōngxīn jiànguo tā.

③ 我打听一下儿，星期六大使馆办公不办公？
Wǒ dǎting yíxiàr, xīngqīliù dàshǐguǎn bàngōng bu bàngōng?

어법으로 내공쌓기

◎ '不但……而且……'

'~뿐만 아니라 또한 ~하다'라는 뜻으로, 점층관계를 나타내는 복문을 만든다. 두 절의 주어가 서로 같을 경우에는 '不但 búdàn'이 앞 절의 주어 뒤에 놓이며, 두 절의 주어가 서로 다를 경우에는 '不但'이 앞 절의 주어 앞에 놓인다.

他不但是我的老师，而且也是我的朋友。 그는 나의 선생님일 뿐 아니라 친구이기도 하다.
Tā búdàn shì wǒ de lǎoshī, érqiě yě shì wǒ de péngyou.

这个行李不但大，而且很重。 이 짐은 클 뿐만 아니라 매우 무겁다.
Zhège xíngli búdàn dà, érqiě hěn zhòng.

不但他会英语，而且小王和小李也会英语。
Búdàn tā huì Yīngyǔ, érqiě Xiǎo Wáng hé Xiǎo Lǐ yě huì Yīngyǔ.
그가 영어를 할 줄 알 뿐 아니라 샤오왕과 샤오리도 영어를 할 줄 안다.

◎ '把'자문에서 조동사의 위치

조동사는 개사 '把 bǎ'의 앞에 놓인다.

我可以把照相机带来。 나는 사진기를 가져올 수 있다.
Wǒ kěyǐ bǎ zhàoxiàngjī dàilai.

晚上有大风，应该把窗户关好。 저녁에 강풍이 불 것이므로, 창문을 잘 닫아야 한다.
Wǎnshang yǒu dàfēng, yīnggāi bǎ chuānghu guānhǎo.

◎ 가능보어 '动'

동사 '动 dòng'이 가능보어로 쓰이면 어떤 일을 할 역량이 있음을 나타낸다.

这只箱子不重，我拿得动。 이 트렁크는 무겁지 않아서 내가 들 수 있다.
Zhè zhī xiāngzi bú zhòng, wǒ ná de dòng.

走了很多路，我现在走不动了。 너무 많이 걸어서 이제는 걸을 수가 없다.
Zǒu le hěn duō lù, wǒ xiànzài zǒu bu dòng le.

这个行李太重了，一个人搬不动。 이 짐은 너무 무거워서 혼자 옮길 수 없다.
Zhège xíngli tài zhòng le, yí ge rén bān bu dòng.

문제로 실력다지기

1 동사와 가능보어를 사용해 빈칸을 채우세요.

1) 天太黑，我＿＿＿＿＿＿黑板上的字。

2) 这张桌子很重，我一个人＿＿＿＿＿＿。

3) 我的中文水平不高，还＿＿＿＿＿＿中文报。

4) 从这儿海运到东京，一个月＿＿＿＿＿＿吗？

5) 这本小说，你一个星期＿＿＿＿＿＿吗？

6) 我们只见过一面，他的名字我＿＿＿＿＿＿。

2 '不但……而且……'를 사용해 문장을 완성해 보세요.

1) 那儿不但名胜古迹很多，＿＿＿＿＿＿＿＿＿＿。

2) 抽烟＿＿＿＿＿＿＿＿＿＿，而且对别人的身体也不好。

3) 他不但会说汉语，＿＿＿＿＿＿＿＿＿＿。

4) 昨天在欢送会上不但＿＿＿＿＿＿＿＿＿＿，而且别的班的同学也都演了节目。

3 '为了'를 사용해 문장을 완성해 보세요.

1) ＿＿＿＿＿＿＿＿＿＿，我要去旅行。

2) ＿＿＿＿＿＿＿＿＿＿，我们要多听多说。

3) ＿＿＿＿＿＿＿＿＿＿，你别骑快车了。

4) ＿＿＿＿＿＿＿＿＿＿，我买了一张画儿。

4 상황에 맞게 대화를 완성하세요.

A _____?
B 我去托运行李。
A _____?
B 运到上海。
A _____?
B 七八天。
A 运费贵吗?
B _____。
A 你拿得动吗? 要不要我帮忙?
B _____。

5 다음 상황에 근거해 대화를 나누세요.

| 상황 | 去邮局寄包裹。与营业员对话。
(우체국에 소포를 부치러 가서 우체국 직원과 대화를 나눈다.)

| 화제 | 东西是不是超重? 邮费多少? 多长时间能到?
(물건이 중량을 초과하는가? 우편요금은 얼마인가? 도착하기까지 시간이 얼마나 걸리는가?)

6 듣고 따라 말해 보세요. 38-07

　　小刘要去韩国，她不知道可以托运多少行李。小张去过法国，去法国和去韩国一样，可以托运二十公斤，还可以带一个五公斤的小包。小刘东西比较多，从邮局寄太贵。小张让她海运，海运可以寄很多，而且比较便宜。小刘觉得这是个好主意。

公斤 gōngjīn 양 킬로그램(kg) | 主意 zhǔyi 명 생각, 의견

7 발음을 연습하세요.

1) 자주 쓰이는 발음 　38-08

yuan	huāyuán	（花园）	me	shénme	（什么）
	hěn yuǎn	（很远）		zěnmeyàng	（怎么样）
	yuànyì	（愿意）		zhème	（这么）

2) 큰 소리로 읽기 　38-09

A Xiǎojiě, wǒ yào jì shū, hǎiyùn.
B Wǒ kànkan. À, chāozhòng le.
A Yì bāo kěyǐ jì duōshao?
B Wǔ gōngjīn.
A Wǒ náchū jǐ běn lai ba.
B Hǎo.

즐거운 문화이야기

중국의 해음문화

① **해음**: 발음이 같거나 비슷한 글자를 이용하여 다른 의미를 나타내는 중국의 언어문화
② **영향**: 언어문화, 세시풍속, 생활풍습, 금기 등 문화 전반
③ **배경**: 동음자가 많은 중국어의 특징

중국 식당에 식사하러 갔을 때나 중국여행을 다룬 방송 프로그램에서 벽에 거꾸로 붙여 놓은 '福(복)' 자를 본 적 있을 것이다. 복을 기원하면서 '福'자를 붙였을 텐데, 왜 군이 거꾸로 붙여 놓았을까? 중국의 해음 諧音문화를 안다면 이해하기 쉽다. '해음'이란 동음자同音字, 즉 음이 같거나 비슷한 글자를 연결하여 뜻을 연상시키는 것을 말한다.

벽에 '福' 자를 거꾸로 붙여 놓는 이유는 '복이 거꾸로 되다'라는 의미의 '倒福(dàofú)'와 '복이 온다'라는 의미의 '到福(dàofú)'의 발음이 같기 때문이다.

같은 이유로, 중국에서는 새해에 생선요리를 먹는데, 생선을 뜻하는 '鱼(yú)'와 '풍요롭다, 넉넉하다'는 의미를 가진 '余(yú)'의 발음이 같기 때문이다. 새해에 생선을 먹으며 1년 동안 생활이 넉넉하고 풍요롭기를 기원하는 것이다. 또한 '시계를 선물하다'는 뜻의 '送钟(sòngzhōng)'과 '장례를 치르다'는 뜻의 '送终(sòngzhōng)'의 발음이 같기 때문에 중국인에게 시계 선물은 반드시 피해야 한다.

이렇듯 해음문화는 오랜 시간 중국인들의 행동 양식이나 생활풍습, 언어문화 등 문화 전반에 걸쳐 영향을 미쳐왔다. 중국에서 이렇게 해음문화가 발달한 이유는 한자의 개수에 비해 발음 개수가 적어 '동음자'가 많은 중국어의 특징 때문이다.

거꾸로 붙인 '福'

| 배웅하기 ❶ |

39 不能送你去机场了
당신을 공항까지 배웅할 수 없습니다

🔵 39-01

285 你准备得怎么样了? 준비는 잘 돼 갑니까?
Nǐ zhǔnbèi de zěnmeyàng le?

286 你还有什么没办的事，我可以替你办。
Nǐ hái yǒu shénme méi bàn de shì, wǒ kěyǐ tì nǐ bàn.
아직 처리하지 못한 일이 있으면, 내가 대신해 줄 수 있습니다.

287 这几本书我想送给朋友，来不及叫快递了。
Zhè jǐ běn shū wǒ xiǎng sòng gěi péngyou, lái bu jí jiào kuàidì le.
이 몇 권의 책을 친구에게 보내 주고 싶은데, 택배를 부를 겨를이 없었습니다.

288 我正等着你呢! 나는 당신을 기다리고 있었습니다!
Wǒ zhèng děngzhe nǐ ne!

289 你的东西收拾好了吗? 물건은 다 정리했습니까?
Nǐ de dōngxi shōushi hǎo le ma?

290 出门跟在家不一样，麻烦事就是多。
Chūmén gēn zài jiā bù yíyàng, máfan shì jiù shì duō.
밖에 나가면 집에 있는 것과는 달리 번거로운 일이 많습니다.

291 四个小包不如两个大包好。 작은 가방 네 개보다 큰 가방 두 개가 낫습니다.
Sì ge xiǎo bāo bùrú liǎng ge dà bāo hǎo.

292 又给你添麻烦了。 당신에게 또 폐를 끼쳤습니다.
Yòu gěi nǐ tiān máfan le.

단어 익히기

| 본문 단어 |

替 tì 동 개 대신하다, ~을 위하여

叫 jiào 동 부르다, 불러오다

快递 kuàidì 명 특급 우편

不如 bùrú 동 ~만 못하다

添 tiān 동 더하다, 보태다

乱 luàn 형 무질서하다, 어지럽다

手提包 shǒutíbāo 명 손가방, 핸드백

随身 suíshēn 형 휴대하다

或者 huòzhě 접 ~이든가 아니면 ~이다

特别 tèbié 부 특히, 더욱

轻 qīng 형 가볍다

主意 zhǔyi 명 생각, 의견

重新 chóngxīn 부 다시

另外 lìngwài 접 부 이외에, 그 밖에

转 zhuǎn 동 전하다

| 표현 확장 단어 |

报名 bàomíng 동 신청하다, 등록하다

鞋 xié 명 신발

结实 jiēshi 형 단단하다, 견고하다

街 jiē 명 거리

安静 ānjìng 형 조용하다

了解 liǎojiě 동 알다, 이해하다

病房 bìngfáng 명 병실

| 읽고, 듣고, 쓰고, 반복해서 외우세요 |

회화로 배우기

1 물건을 정리하고 있어요 🔊 39-03

王兰 　 准备得怎么样了?
Wáng Lán　Zhǔnbèi de zěnmeyàng le?

玛丽 　 我正收拾东西呢。你看，多乱啊!
Mǎlì　Wǒ zhèng shōushi dōngxi ne. Nǐ kàn, duō luàn a!

王兰 　 路上要用的东西放在手提包里，
Wáng Lán　Lùshang yào yòng de dōngxi fàng zài shǒutíbāo li,

　　　　 这样用起来方便。①
　　　　 zhèyàng yòng qǐlai fāngbiàn.

玛丽 　 对。我随身带的东西不太多，两个箱子都已经托运了。
Mǎlì　Duì.　Wǒ suíshēn dài de dōngxi bú tài duō, liǎng ge xiāngzi dōu yǐjīng tuōyùn le.

王兰 　 真抱歉，我不能送你去机场了。
Wáng Lán　Zhēn bàoqiàn, wǒ bù néng sòng nǐ qù jīchǎng le.

玛丽 　 没关系。你忙吧。
Mǎlì　Méi guānxi.　Nǐ máng ba.

王兰 Wáng Lán	你还有什么没办的事,我可以替你办。 Nǐ hái yǒu shénme méi bàn de shì, wǒ kěyǐ tì nǐ bàn.
玛丽 Mǎlì	这几本书我想送给朋友,来不及叫快递了。 Zhè jǐ běn shū wǒ xiǎng sòng gěi péngyou, lái bu jí jiào kuàidì le.
王兰 Wáng Lán	发短信或者微信把地址告诉我,我帮你快递给她。 Fā duǎnxìn huòzhě wēixìn bǎ dìzhǐ gàosu wǒ, wǒ bāng nǐ kuàidì gěi tā.

2 또 폐를 끼치네요 39-04

大卫 Dàwèi	你来了,我正等着你呢! Nǐ lái le, wǒ zhèng děngzhe nǐ ne!
刘京 Liú Jīng	你的东西收拾好了吗? Nǐ de dōngxi shōushi hǎo le ma?
大卫 Dàwèi	马马虎虎。这次又坐火车又坐飞机,特别麻烦。 Mǎmǎhūhū. Zhè cì yòu zuò huǒchē yòu zuò fēijī, tèbié máfan.
刘京 Liú Jīng	是啊,出门跟在家不一样②,麻烦事就是多。 Shì a, chūmén gēn zài jiā bù yíyàng, máfan shì jiù shì duō. 这几个包都是要带走的吗? Zhè jǐ ge bāo dōu shì yào dài zǒu de ma?
大卫 Dàwèi	是的,都很轻。 Shì de, dōu hěn qīng.
刘京 Liú Jīng	四个小包不如两个大包好。 Sì ge xiǎo bāo bùrú liǎng ge dà bāo hǎo.
大卫 Dàwèi	好主意! Hǎo zhǔyi!

刘京 Liú Jīng	我帮你重新弄弄吧。 Wǒ bāng nǐ chóngxīn nòngnong ba.	
大卫 Dàwèi	又给你添麻烦了。 Yòu gěi nǐ tiān máfan le.	
刘京 Liú Jīng	哪儿的话。 Nǎr de huà.	
大卫 Dàwèi	另外，要是有我的信，请转给我。 Lìngwài, yàoshi yǒu wǒ de xìn, qǐng zhuǎn gěi wǒ.	
刘京 Liú Jīng	没问题。 Méi wèntí.	

표현 따라잡기

① **这样用起来方便。** 이렇게 하면 쓰기가 편해.
'用起来'는 '用的时候(사용할 때)'의 의미이다.

② **出门跟在家不一样。** 밖에 나가면 집에 있는 것과는 다르다.
여기에서 '出门'은 집을 떠나 멀리 가는 것을 의미한다.

표현으로 확장하기

● 응용 표현 🔊 39-05

① 星期六或者星期天我替你去取照片。

哥哥 gēge | 我 wǒ | 报名 bàomíng
我 wǒ | 妈妈 māma | 接人 jiē rén
我 wǒ | 朋友 péngyou | 交电费 jiāo diànfèi

② 四个小包不如两个大包好。

这种鞋 zhè zhǒng xié | 那种鞋 nà zhǒng xié | 结实 jiēshi
这条街 zhè tiáo jiē | 那条街 nà tiáo jiē | 安静 ānjìng
这种茶 zhè zhǒng chá | 那种茶 nà zhǒng chá | 好喝 hǎo hē

③ 你还有什么没办的事，我可以替你办。

不了解的情况 bù liǎojiě de qíngkuàng | 给你介绍 gěi nǐ jièshào
不懂的词 bù dǒng de cí | 帮你翻译 bāng nǐ fānyì
没买的东西 méi mǎi de dōngxi | 帮你买 bāng nǐ mǎi

● 확장 회화 🔊 39-06

① 我走进病房看他的时候，他正安静地躺着呢。
Wǒ zǒu jìn bìngfáng kàn tā de shíhou, tā zhèng ānjìng de tǎngzhe ne.

② 离开车还有十分钟，我来不及回去拿手机了，麻烦你替我关一下儿。
Líkāi chē hái yǒu shí fēnzhōng, wǒ lái bu jí huíqu ná shǒujī le, máfan nǐ tì wǒ guān yíxiàr.

어법으로 내공쌓기

◎ 동작의 지속과 진행

동작의 지속은 동작이 현재 진행되고 있음을 의미한다. 따라서 '着 zhe'는 종종 '正在 zhèngzài' '正 zhèng' '在 zài' '呢 ne' 등의 단어와 함께 쓰인다.

我正等着你呢。 나는 지금 널 기다리고 있다.
Wǒ zhèng děngzhe nǐ ne.

外边下着雨呢。 바깥에는 비가 오고 있다.
Wàibian xiàzhe yǔ ne.

我去的时候，他正躺着看杂志呢。 내가 갔을 때 그는 누워서 잡지를 보고 있었다.
Wǒ qù de shíhou, tā zhèng tǎngzhe kàn zázhì ne.

◎ '不如'를 이용한 비교

'A 不如 bùrú B'는 'A 没有 méiyǒu B(A는 B만 못하다)'의 의미이다.

我的汉语水平不如他高。 내 중국어 실력은 그만큼 높지 못하다.
Wǒ de Hànyǔ shuǐpíng bùrú tā gāo.

这个房间不如那个房间干净。 이 방은 저 방만큼 깨끗하지 못하다.
Zhège fángjiān bùrú nàge fángjiān gānjìng.

문제로 실력다지기

1 '还是'나 '或者'를 사용해 빈칸을 채우세요.

1) 你这星期走_____下星期走?

2) 你坐飞机去_____坐火车去?

3) 今天_____明天，我去看你。

4) 这次旅行，我们先去上海_____先去桂林?

5) 我们走着去_____骑自行车去，别坐公共汽车，公共汽车人太多。

6) 现在，我们收拾行李_____去和同学们告别?

2 '不如'를 사용해 다음 문장을 고쳐 보세요.

1) 她的手提包比我的漂亮。
   → _____

2) 北京的春天冷，我们那儿的春天暖和。
   → _____

3) 那个公园的人太多，这个公园安静。
   → _____

4) 你的主意好，小王的主意不太好。
   → _____

3 '替'를 사용해 문장을 완성해 보세요.

1) 今天有我一个包裹，可是现在我有事。你去邮局的话，请_____，好吗?

2) 我也喜欢这种糖，你去买东西的时候，_____。

3) 现在我出去一下儿，要是有电话来_____。

4) 我头疼，不去上课了，你看见老师的时候，_____。

4 상황에 맞게 대화를 완성하세요.

A 小刘，你去广州出差，_____？

刘 是的。_____？

B 没事。广州比这儿热得多，你要_____！

刘 谢谢！_____，给你们带一些水果。

A 不用了，这儿_____。

刘 不一样，这儿的_____新鲜。

B 那先谢谢你了！

5 다음 상황에 근거해 대화를 나누세요.

| 상황 | 你的中国朋友要去你们国家留学，你去宿舍看他/她，两人会话。
(당신의 중국 친구가 한국으로 유학을 가게 되어, 그/그녀의 기숙사로 찾아가 대화를 나눈다.)

| 화제 | 准备的情况怎样？需要什么帮助？介绍那儿的一些情况。
(준비는 잘 되고 있는지, 도와줄 일은 없는지 묻고, 그곳의 상황을 설명해 준다.)

6 듣고 따라 말해 보세요. 39-07

　　尼娜今天要回国，我们去她的宿舍看她。她把行李都收拾好了，正等出租车呢。我看见墙上还挂着她的大衣，问她是不是忘了，她说不是，走的时候再穿。问她没用完的人民币换了没有，她说到机场换。这样我们就放心了。出租车一到，我们就帮她拿行李，送她上了车。

7 발음을 연습하세요.

1) 자주 쓰이는 발음 🔊 39-08

dong	dōngxi （东西）	tong	tōngzhī （通知）
	dǒng le （懂了）		tóngxué （同学）
	yùndòng （运动）		chuántǒng （传统）

2) 큰 소리로 읽기 🔊 39-09

A À, nǐmen dōu zài zhèr ne!
B Wǒmen yě shì gāng lái.
C Nǐmen dōu lái gěi wǒ sòngxíng(送行, 배웅하다), zhēn guòyìbúqù.
B Lǎo péngyou bù néng bú sòng.
A Shì a, zhēn shěbude nǐ.
C Xièxie dàjiā.
A, B Zhù nǐ yílù shùnlì!

| 배웅하기 ❷ |

40 祝你一路平安
가시는 길에 평안하시길 빕니다

40-01

293 离起飞还早呢。 이륙하려면 아직 멀었습니다.
Lí qǐfēi hái zǎo ne.

294 你快坐下，喝点儿冷饮吧。 어서 앉아서 시원한 음료수 좀 마셔요.
Nǐ kuài zuòxià, hē diǎnr lěngyǐn ba.

295 你没把护照放在箱子里吧？ 여권을 트렁크 안에 넣은 거 아니지요?
Nǐ méi bǎ hùzhào fàng zài xiāngzi li ba?

296 一会儿还要办出境手续呢。 잠시 후에 출국 수속도 해야 합니다.
Yíhuìr hái yào bàn chūjìng shǒuxù ne.

297 一路上多保重。 가시는 길에 몸조심하세요.
Yílù shang duō bǎozhòng.

298 希望你常跟我们联系。 우리와 자주 연락하길 바랍니다.
Xīwàng nǐ cháng gēn wǒmen liánxì.

299 你可别把我们忘了。 우리를 잊지 마세요.
Nǐ kě bié bǎ wǒmen wàng le.

300 我到了那儿，就给你们发微信。 그곳에 도착하면 여러분에게 문자 보낼게요.
Wǒ dào le nàr, jiù gěi nǐmen fā wēixìn.

301 祝你一路平安！ 가시는 길에 평안하시길 빕니다!
Zhù nǐ yílù píng'ān!

단어 익히기

40-02

| 본문 단어 |

冷饮 lěngyǐn 명 차가운 음료, 청량음료

出境 chūjìng 동 출국하다

一路 yílù 명 도중, 여정

保重 bǎozhòng 동 몸조심하다, 건강에 주의하다

希望 xīwàng 명 동 희망, 희망하다

可 kě 부 강조를 나타냄

平安 píng'ān 형 평안하다

候机室 hòujīshì 명 공항 대합실

跑 pǎo 동 달리다

挤 jǐ 형 동 붐비다, 빽빽하게 차다

耽误 dānwu 동 시간을 허비하다, 지체하다

合适 héshì 형 적당하다, 알맞다

汗 hàn 명 땀

海关 hǎiguān 명 세관

问好 wènhǎo 동 안부를 묻다

| 표현 확장 단어 |

帽子 màozi 명 모자

牛奶 niúnǎi 명 우유

认真 rènzhēn 형 착실하다

考虑 kǎolǜ 동 고려하다, 생각하다

进步 jìnbù 동 진보하다

努力 nǔlì 형 노력하다

下班 xiàbān 동 퇴근하다

展览 zhǎnlǎn 동 명 전람하다, 전시회

上班 shàngbān 동 출근하다

入境 rùjìng 동 입국하다

| 고유명사 |

安妮 Ānnī 앤(Anne) [인명]

회화로 배우기

1 이륙하려면 아직 멀었어요 🔊 40-03

刘京　离起飞还早呢。
Liú Jīng　Lí qǐfēi hái zǎo ne.

玛丽　我们去候机室坐一会儿。
Mǎlì　Wǒmen qù hòujīshì zuò yíhuìr.

王兰　张丽英还没来。
Wáng Lán　Zhāng Lìyīng hái méi lái.

刘京　你看，她跑来了。
Liú Jīng　Nǐ kàn, tā pǎolai le.

张丽英　车太挤，耽误了时间，我来晚了。
Zhāng Lìyīng　Chē tài jǐ, dānwu le shíjiān, wǒ láiwǎn le.

刘京　不晚，你来得正合适。
Liú Jīng　Bù wǎn, nǐ lái de zhèng héshì.

王兰　哎呀，你跑得都出汗了。
Wáng Lán　Āiyā, nǐ pǎo de dōu chū hàn le.

玛丽　快坐下，喝点儿冷饮吧。
Mǎlì　Kuài zuòxià, hē diǎnr lěngyǐn ba.

刘京　你没把护照放在箱子里吧？
Liú Jīng　Nǐ méi bǎ hùzhào fàng zài xiāngzi li ba?

玛丽　我随身带着呢。
Mǎlì　Wǒ suíshēn dàizhe ne.

王兰　你该进去了。
Wáng Lán　Nǐ gāi jìnqu le.

| 张丽英 | 一会儿还要办出境手续呢。 |
| Zhāng Lìyīng | Yíhuìr hái yào bàn chūjìng shǒuxù ne. |

우리를 잊지 말아요 🔊 40-04

| 王兰 | 给你行李，拿好。　准备海关检查。 |
| Wáng Lán | Gěi nǐ xíngli, náhǎo.　Zhǔnbèi hǎiguān jiǎnchá. |

| 张丽英 | 一路上多保重。 |
| Zhāng Lìyīng | Yílù shang duō bǎozhòng. |

| 刘京 | 希望你常跟我们联系。 |
| Liú Jīng | Xīwàng nǐ cháng gēn wǒmen liánxì. |

| 王兰 | 你可别把我们忘了。 |
| Wáng Lán | Nǐ kě bié bǎ wǒmen wàng le. |

| 玛丽 | 不会的。我到了那儿，就给你们发微信。 |
| Mǎlì | Bú huì de.　Wǒ dào le nàr, jiù gěi nǐmen fā wēixìn. |

| 刘京 | 向你全家人问好！ |
| Liú Jīng | Xiàng nǐ quán jiārén wènhǎo! |

| 王兰 | 问安妮小姐好！ |
| Wáng Lán | Wèn Ānnī xiǎojiě hǎo! |

| 大家 | 祝你一路平安！ |
| Dàjiā | Zhù nǐ yílù píng'ān! |

| 玛丽 | 再见了！ |
| Mǎlì | Zàijiàn le! |

| 大家 | 再见！ |
| Dàjiā | Zàijiàn! |

표현으로 확장하기

응용 표현 40-05

① 你没把护照放在箱子里吧?

帽子 màozi | 忘 wàng | 汽车上 qìchē shang
钥匙 yàoshi | 锁 suǒ | 房间里 fángjiān li
牛奶 niúnǎi | 放 fàng | 冰箱里 bīngxiāng li

② 你可别把我们忘了。

这件事 zhè jiàn shì | 耽误 dānwu
这支笔 zhè zhī bǐ | 丢 diū
那句话 nà jù huà | 忘 wàng

③ 希望你常来信。

认真学习 rènzhēn xuéxí
好好考虑 hǎohāo kǎolǜ
继续进步 jìxù jìnbù
努力工作 nǔlì gōngzuò

확장 회화 40-06

① 今天我们下了班就去看展览了。
Jīntiān wǒmen xià le bān jiù qù kàn zhǎnlǎn le.

② 昨天我没上班，我去接朋友了。我去的时候，他正在办入境手续。
Zuótiān wǒ méi shàngbān, wǒ qù jiē péngyou le. Wǒ qù de shíhou, tā zhèngzài bàn rùjìng shǒuxù.

어법으로 내공쌓기

◯ '把'자문(3)

1) '把 bǎ'자문의 부정형은 '把'의 앞에 부정부사 '没 méi'나 '不 bù'를 붙이는 것이다.

安娜没把这课练习做完。 안나는 이 과의 연습문제를 다 풀지 않았다.
Ānnà méi bǎ zhè kè liànxí zuòwán.

他没把那件事告诉小张。 그는 그 일을 샤오장에게 알리지 않았다.
Tā méi bǎ nà jiàn shì gàosu Xiǎo Zhāng.

今天晚上不把这本小说看完，就不休息。
Jīntiān wǎnshang bù bǎ zhè běn xiǎoshuō kànwán, jiù bù xiūxi.
오늘 저녁에 이 소설을 다 읽지 않으면 쉬지 않을 것이다.

你不把书带来怎么上课？ 책을 가져오지도 않고 어떻게 수업을 듣겠니?
Nǐ bù bǎ shū dàilai zěnme shàngkè?

2) 시간을 나타내는 부사어는 반드시 '把 bǎ'의 앞에 놓인다.

他明天一定把照片带来。 그는 내일 반드시 사진을 가져올 것이다.
Tā míngtiān yídìng bǎ zhàopiàn dàilai.

小王昨天没把开会的时间通知大家。
Xiǎo Wáng zuótiān méi bǎ kāihuì de shíjiān tōngzhī dàjiā.
샤오왕은 어제 회의 시간을 모두에게 통지하지 않았다.

◯ '……了……就'

첫 번째 동작이 끝나고 바로 이어서 두 번째 동작이 발생함을 나타낸다.

昨天我们下了课就去参观了。 어제 우리는 수업이 끝나고 바로 견학하러 갔다.
Zuótiān wǒmen xià le kè jiù qù cānguān le.

他吃了饭就去外边散步了。 그는 밥을 먹고 바로 바깥으로 산책을 갔다.
Tā chī le fàn jiù qù wàibian sànbù le.

明天我吃了早饭就去公园。 내일 나는 아침밥을 먹고 바로 공원에 갈 것이다.
Míngtiān wǒ chī le zǎofàn jiù qù gōngyuán.

문제로 실력다지기

1 다음 제시된 어구를 읽고, 몇 개를 골라 문장을 만들어 보세요. 🔊 40-07

耽误学习	进步很大	很合适	努力工作
耽误时间	有进步	不合适	很努力
耽误了两天课	学习进步	合适的时间	继续努力

2 '希望'을 사용해 문장을 완성해 보세요.

1) 这次考试＿＿＿＿＿＿＿＿＿＿＿＿＿＿＿＿＿。
2) 你回国以后＿＿＿＿＿＿＿＿＿＿＿＿＿＿＿。
3) 你在医院要听大夫的话，好好儿休息。＿＿＿＿＿＿＿＿＿＿。
4) 爸爸妈妈都＿＿＿＿＿＿＿＿＿＿＿＿＿。
5) 我第一次来中国，＿＿＿＿＿＿＿＿＿＿＿＿＿。
6) 这次旅行＿＿＿＿＿＿＿＿＿＿＿＿＿＿＿。

3 괄호 안의 단어가 들어갈 알맞은 위치를 고르세요.

1) 她昨天 A 把 B 练习 C 做完。(没)
2) 他 A 今天晚上 B 把这张画儿 C 画完，就不休息。(不)
3) 昨天我们下 A 课 B 就去 C 参观 D。(了)
4) 他每天吃 A 饭 B 就去 C 外边散步。(了)

4 알맞은 단어를 골라 빈칸을 채우세요.

　　平安　　特别　　一边……一边……　　演　　替　　为　　希望　　要……了

　　　尼娜_____回国_____，我们_____她开了一个欢送会。那天_____热闹，同学们_____谈话_____喝茶，还_____了不少节目。我们说_____她回国以后常来信，而且_____我们向她全家问好，祝她一路_____。

5 상황에 맞게 대화를 완성하세요.

A 小李，你这次出差去多长时间？
B _____。
A 出差很累，你要_____。
B 谢谢，我一定注意。你要买什么东西吗？
A 不买。太麻烦了。
B _____，我可以顺便给你带回来。
A 不用了。祝你_____！
B 谢谢！

6 자유롭게 이야기해 보세요.

| 주제 | 谈谈你来中国的时候，朋友或家里人给你送行的情况。
(당신이 중국에 올 때 친구나 가족이 당신을 배웅하던 상황에 대해 말해 보세요.)

7 듣고 따라 말해 보세요. 🔊 40-08

妹妹这一次出远门，要到英国去留学。我们全家送她到机场。她有两件行李，我和爸爸替她拿。妈妈很不放心，让她路上要注意安全，别感冒，到了英国就来电话，把那儿的情况告诉我们。爸爸说妈妈说得太多了，妹妹已经不是小孩子了，应该让她到外边锻炼锻炼。妈妈说：" 俗话说，'儿行千里母担忧'，孩子到那么远的地方去，我当然不放心。怎么能不说呢？"

英国 Yīngguó 고유 영국 | 俗话 súhuà 명 속담, 옛말 | 儿行千里母担忧 ér xíng qiān lǐ mǔ dānyōu 자식이 먼 길을 떠나면 어머니의 걱정은 끝이 없다

8 발음을 연습하세요.

1) 자주 쓰이는 발음 🔊 40-09

	shūjià （书架）	
shu	shǔ yi shǔ （数一数）	
	dà shù （大树）	

	jiāo qián （交钱）	
jiao	dà jiǎo （大脚）	
	shuìjiào （睡觉）	

2) 큰 소리로 읽기 🔊 40-10

A Kàn yíxiàr nín de hùzhào hé jīpiào.
B Zěnme tuōyùn xíngli?
A Nín xiān tián yíxiàr zhè zhāng biǎo.
B Tiánwán le.
A Gěi nín hùzhào hé jīpiào, nín kěyǐ qù tuōyùn xíngli le.
B Hǎo, xièxie!

복습 8

36 · 37 · 38 · 39 · 40

▼ 상황회화

1 여기까지만 배웅해 주세요  fuxi 08-01

[한스와 샤오왕은 좋은 친구이다. 한스가 곧 귀국하게 되어, 샤오왕은 그를 배웅하기 위해 기차역에 왔다.]

王 我们进站去吧。
Wáng Wǒmen jìn zhàn qù ba.

汉斯 你就送到这儿，回去吧。
Hànsī Nǐ jiù sòngdào zhèr, huíqu ba.

王 不，我已经买了站台票了。来，你把箱子给我，我帮你拿。
Wáng Bù, wǒ yǐjīng mǎi le zhàntái piào le. Lái, nǐ bǎ xiāngzi gěi wǒ, wǒ bāng nǐ ná.

汉斯 我拿得动。
Hànsī Wǒ ná de dòng.

王 别客气。你拿手提包，我拿箱子。你看，这就是国际列车。
Wáng Bié kèqi. Nǐ ná shǒutíbāo, wǒ ná xiāngzi. Nǐ kàn, zhè jiù shì guójì lièchē.

汉斯 我在9号车厢。
Hànsī Wǒ zài jiǔ hào chēxiāng.

王 前边的车厢就是。
Wáng Qiánbian de chēxiāng jiù shì.

2. 가족들에게 안부 전해 주세요

王 Wáng: 汉斯，箱子放在行李架上。
Hànsī, xiāngzi fàng zài xínglijià shang.

汉斯 Hànsī: 这个手提包也要放在行李架上吗？
Zhège shǒutíbāo yě yào fàng zài xínglijià shang ma?

王 Wáng: 这个包放在座位下边，拿东西方便一些。
Zhège bāo fàng zài zuòwèi xiàbian, ná dōngxi fāngbiàn yìxiē.

汉斯 Hànsī: 现在离开车还早，你坐一会儿吧。
Xiànzài líkāi chē hái zǎo, nǐ zuò yíhuìr ba.

王 Wáng: 你的护照放在身边没有？
Nǐ de hùzhào fàng zài shēnbiān méiyǒu?

汉斯 Hànsī: 哟！我的护照怎么没有了？
Yō! Wǒ de hùzhào zěnme méiyǒu le?

王 Wáng: 别着急，好好儿想想，不会丢了吧？
Bié zháojí, hǎohāor xiǎngxiang, bú huì diū le ba?

汉斯 Hànsī: 对了！放在手提包里了。你看，我的记性真坏。
Duì le! Fàng zài shǒutíbāo li le. Nǐ kàn, wǒ de jìxing zhēn huài.

| 王 Wáng | 马上就要开车了，我下去了。你到了就跟我联系。 |
| | Mǎshàng jiù yào kāichē le, wǒ xiàqu le. Nǐ dào le jiù gēn wǒ liánxì. |

| 汉斯 Hànsī | 一定。 |
| | Yídìng. |

| 王 Wáng | 问你家里人好！祝你一路平安！ |
| | Wèn nǐ jiāli rén hǎo! Zhù nǐ yílù píng'ān! |

| 汉斯 Hànsī | 谢谢！再见！ |
| | Xièxie! Zàijiàn! |

🔵 fuxi 08-03

站台 zhàntái 명 플랫폼
车厢 chēxiāng 명 객실, 화물칸
哟 yō 감 앗, 아니 [가벼운 놀라움을 나타냄]
国际列车 guójì lièchē 명 국제열차
行李架 xínglijià 명 선반
记性 jìxing 명 기억력

▼ 핵심어법

★ 동사의 태

1 동작의 발생

'要 yào……了 le' '快要 kuàiyào……了 le' '就要 jiùyào……了 le'를 사용해 동작이 곧 발생할 것임을 나타낸다.

飞机**就要**起飞**了**。 비행기가 곧 이륙한다.
Fēijī jiùyào qǐfēi le.

快要到北京**了**。 베이징에 곧 도착한다.
Kuàiyào dào Běijīng le.

明天**就要**放假**了**。 내일이면 방학을 한다.
Míngtiān jiùyào fàngjià le.

他**要**考大学**了**。 그는 대입 시험을 볼 것이다.
Tā yào kǎo dàxué le.

2 동작의 진행

'正在 zhèngzài' '正 zhèng' '在 zài' '呢 ne' 혹은 '(正)在 (zhèng)zài……呢 ne'를 사용해 동작의 진행을 나타낸다.

我正在看报呢。 나는 신문을 보고 있다.
Wǒ zhèngzài kàn bào ne.

他正跳舞呢。 그는 춤을 추고 있다.
Tā zhèng tiàowǔ ne.

A 你在写毛笔字吗? 넌 붓글씨를 쓰고 있니?
Nǐ zài xiě máobǐzì ma?

B 我没写毛笔字，我画画儿呢。 난 붓글씨를 쓰는 게 아니라, 그림을 그리고 있어.
Wǒ méi xiě máobǐzì, wǒ huà huàr ne.

3 동작 혹은 상태의 지속

동작 혹은 상태의 지속은 '着 zhe'를 써서 나타낸다. 부정형은 '没(有) méi(yǒu)……着 zhe'이다.

墙上挂着几张照片。 벽에는 몇 장의 사진이 걸려 있다.
Qiáng shang guàzhe jǐ zhāng zhàopiàn.

桌子上放着花儿，花儿旁边放着几本书。
Zhuōzi shang fàngzhe huār, huār pángbiān fàngzhe jǐ běn shū.
테이블 위에는 꽃이 놓여 있고, 꽃 옆에는 몇 권의 책이 놓여 있다.

他一边唱着歌，一边洗着衣服。 그는 노래를 하면서 옷을 빨고 있다.
Tā yìbiān chàngzhe gē, yìbiān xǐzhe yīfu.

通知上没写着他的名字。 통지서에는 그의 이름이 쓰여 있지 않다.
Tōngzhī shang méi xiězhe tā de míngzi.

4 동작의 완성

동작의 완성은 동태조사 '了 le'를 써서 나타낸다. 부정형은 '没(有) méi(yǒu)'이다.

我看了一个电影。 나는 영화 한 편을 봤다.
Wǒ kàn le yí ge diànyǐng.

我买了两支铅笔。 나는 연필 두 자루를 샀다.
Wǒ mǎi le liǎng zhī qiānbǐ.

他喝了一杯茶。 그는 차 한 잔을 마셨다.
Tā hē le yì bēi chá.

他没喝咖啡。 그는 커피를 마시지 않았다.
Tā méi hē kāfēi.

5 과거의 경험

과거의 경험은 '过 guo'를 써서 나타낸다. 부정형은 '没(有) méi(yǒu)……过 guo'이다.

我去过上海。　나는 상하이에 가 본 적 있다.
Wǒ qùguo Shànghǎi.

他以前学过汉语。　그는 전에 중국어를 배운 적이 있다.
Tā yǐqián xuéguo Hànyǔ.

他还没吃过烤鸭呢。　그는 아직 오리구이를 먹어 본 적이 없다.
Tā hái méi chīguo kǎoyā ne.

★ 특수한 동사술어문

1 '是'자문

他是我的同学。　그는 나의 동창이다.
Tā shì wǒ de tóngxué.

前边是一个中学，不是大学。　앞에 있는 것은 중·고등학교이지, 대학교가 아니다.
Qiánbian shì yí ge zhōngxué, bú shì dàxué.

那个电视机是新的。　그 텔레비전은 새것이다.
Nàge diànshìjī shì xīn de.

2 '有'자문

我有汉语书，没有法语书。　나는 중국어책이 있고, 프랑스어책은 없다.
Wǒ yǒu Hànyǔ shū, méiyǒu Fǎyǔ shū.

我有哥哥，没有妹妹。　나는 오빠(형)가 있고, 여동생은 없다.
Wǒ yǒu gēge, méiyǒu mèimei.

他有很多小说和杂志。　그는 많은 소설과 잡지를 가지고 있다.
Tā yǒu hěn duō xiǎoshuō hé zázhì.

3 '是……的' 구문

'是 shì……的 de' 구문을 사용해 동작의 시간이나 지점, 방식 등을 강조한다.

他妹妹是昨天到这儿的。　그의 여동생은 어제 이곳에 도착했다.
Tā mèimei shì zuótiān dào zhèr de.

他**是**从欧洲来**的**。 그는 유럽에서 왔다.
Tā shì cóng Ōuzhōu lái de.

我**是**坐飞机去上海**的**。 나는 비행기를 타고 상하이에 갔다.
Wǒ shì zuò fēijī qù Shànghǎi de.

那本杂志**是**从李红那儿借来**的**。 그 잡지는 리홍에게서 빌려 온 것이다.
Nà běn zázhì shì cóng Lǐ Hóng nàr jièlai de.

4 존현문

床旁边放着一个衣柜。 침대 옆에는 옷장이 놓여 있다.
Chuáng pángbiān fàngzhe yí ge yīguì.

那边走过来一个人。 저쪽에서 한 사람이 걸어온다.
Nà biān zǒu guòlai yí ge rén.

我们班走了两个美国同学。 우리 반에서 두 명의 미국 학생이 떠났다.
Wǒmen bān zǒu le liǎng ge Měiguó tóngxué.

桌子上有一本书。 책상 위에 책 한 권이 있다.
Zhuōzi shang yǒu yì běn shū.

5 연동문

我去商店买东西。 나는 물건을 사러 상점에 간다.
Wǒ qù shāngdiàn mǎi dōngxi.

我有一个问题要问你。 나는 너에게 물어볼 질문이 하나 있다.
Wǒ yǒu yí ge wèntí yào wèn nǐ.

我没有钱花了。 나는 쓸 돈이 없다.
Wǒ méiyǒu qián huā le.

他们去医院看一个病人。 그들은 한 환자를 문병하러 병원에 간다.
Tāmen qù yīyuàn kàn yí ge bìngrén.

6 겸어문

老师让我们听录音。 선생님이 우리에게 녹음을 들으라고 하셨다.
Lǎoshī ràng wǒmen tīng lùyīn.

他请我吃饭。 그는 나를 식사에 초대했다.
Tā qǐng wǒ chī fàn.

外边有人找你。 바깥에서 누군가 너를 찾는다.
Wàibian yǒu rén zhǎo nǐ.

7 '把'자문

他把信给玛丽了。 그는 편지를 메리에게 주었다.
Tā bǎ xìn gěi Mǎlì le.

他想把这件事告诉小王。 그는 이 일을 샤오왕에게 알리고 싶어 한다.
Tā xiǎng bǎ zhè jiàn shì gàosu Xiǎo Wáng.

别把东西放在门口。 물건을 입구에 놓지 마세요.
Bié bǎ dōngxi fàng zài ménkǒu.

他没把那本小说还给小刘。 그는 그 소설을 샤오리우에게 돌려주지 않았다.
Tā méi bǎ nà běn xiǎoshuō huángěi Xiǎo Liú.

她把孩子送到医院了。 그녀는 아이를 병원으로 데리고 갔다.
Tā bǎ háizi sòng dào yīyuàn le.

▶ 실전연습

1 실제 상황에 근거해 질문에 대답해 보세요.

① 你回国的时候，怎么向中国朋友和中国老师告别?
（在中国学习、生活觉得怎么样，怎么感谢他们的帮助等等）

② 你参加过什么样的告别活动?
（欢送会、吃饭、照相、演节目等等）

2 제시된 문장으로 회화를 연습해 보세요.

① 작별 인사하기

我来向你告别。	日子过得真快。
我要……了。	哪天走?
谢谢你对我的照顾。	真舍不得啊!
给你们添了不少麻烦。	对你的照顾很不够。
不用送。	你太客气了。
哪儿的话!	准备得怎么样了?
没什么。	……都收拾好了吗?
不用谢。	我帮你……

② 배웅하기

祝你一路平安!	请问候……
路上多保重。	希望你常来信。
问……好!	

③ 짐 부치기

这儿能托运吗?	运什么?
可以海运吗?	运到哪儿?
要多长时间?	您的地址、姓名?
运费怎么算?	请填一下儿表。
	按照……收费。

3 상황에 맞게 대화를 완성하세요.

A 你什么时候走?

B _____。

A _____?

B 都托运了。谢谢你的照顾。

A _____，照顾得很不够。

B _____。

A 我一定转告。请问你们全家好。

B _____，我也一定转告。

A 祝你_____！再见！

B _____。

4 발음을 연습하세요.

① 성조 연습 : 제1성+제4성　🔊 fuxi 08-04

bāngzhù (帮助)

xiānghù bāngzhù (相互帮助)

xīwàng xiānghù bāngzhù (希望相互帮助)

② 큰 소리로 읽기　🔊 fuxi 08-05

A Wǒ kuài huí guó le, jīntiān lái xiàng nǐ gàobié.

B Shíjiān guò de zhēn kuài! Shénme shíhou zǒu?

A Hòutiān xiàwǔ liǎng diǎn bàn.

B Xīwàng wǒmen yǐhòu hái néng jiànmiàn.

A Xièxie nǐ hé dàjiā duì wǒ de zhàogù.

B Nǎr de huà, nǐ tài kèqi le. Hòutiān wǒ qù sòng nǐ.

A Búyòng sòng le.

B Bié kèqi.

단문독해 🔊 fuxi 08-06

今天晚上有中美两国的排球赛。这两个国家的女排
Jīntiān wǎnshang yǒu ZhōngMěi liǎngguó de páiqiú sài. Zhè liǎng ge guójiā de nǚ pái

打得都很好。我很想看，可是买不到票，只能在宿舍看电视了。
dǎ de dōu hěn hǎo. Wǒ hěn xiǎng kàn, kěshì mǎi bu dào piào, zhǐnéng zài sùshè kàn diànshì le.

这次比赛非常精彩。两局的结果是1比1。现在是第三局，
Zhè cì bǐsài fēicháng jīngcǎi.　Liǎng jú de jiéguǒ shì yī bǐ yī.　Xiànzài shì dì sān jú,

已经打到了12比12了，很快就能知道结果了。正在这时候，
yǐjīng dǎdào le shí'èr bǐ shí'èr le, hěn kuài jiù néng zhīdào jiéguǒ le.　Zhèngzài zhè shíhou,

王兰走了进来，告诉我有两个美国人在楼下大厅等我。
Wáng Lán zǒu le jìnlai, gàosu wǒ yǒu liǎng ge Měiguórén zài lóuxià dàtīng děng wǒ.

他们是刚从美国来的。我不能看排球赛了，真可惜！
Tāmen shì gāng cóng Měiguó lái de. Wǒ bù néng kàn páiqiú sài le, zhēn kěxī!

我一边走一边想，这两个人是谁呢？对了，姐姐发来电子
Wǒ yìbiān zǒu yìbiān xiǎng, zhè liǎng ge rén shì shéi ne? Duì le, Jiějie fā lái diànzǐ

邮件说，她有两个朋友要来北京，问我要带什么东西。
yóujiàn shuō, tā yǒu liǎng ge péngyou yào lái Běijīng, wèn wǒ yào dài shénme dōngxi.

很可能就是我姐姐的朋友来了。
Hěn kěnéng jiù shì wǒ jiějie de péngyou lái le.

我来到大厅一看，啊！是我姐姐和她的爱人。我高兴极了。
Wǒ lái dào dàtīng yí kàn, à!　Shì wǒ jiějie hé tā de àiren.　Wǒ gāoxìng jí le.

马上又问她："你们来，为什么不告诉我？"他们两个都笑了。
Mǎshàng yòu wèn tā: "Nǐmen lái, wèi shénme bú gàosu wǒ?"　Tāmen liǎng ge dōu xiào le.

姐姐说："要是先告诉你，就没有意思了。"
Jiějie Shuō: "Yàoshi xiān gàosu nǐ, jiù méiyǒu yìsi le."

局 jú 양 판, 번, 경기　　　　**结果** jiéguǒ 명 결과, 스코어
发 fā 동 보내다　　　　　　**笑** xiào 동 웃다

301句로 끝내는 중국어회화 합본

부록

1_ **해석** 회화로 배우기 · 표현으로 확장하기 · 문제로 실력다지기

2_ **모범답안**

▶ 본 교재의 부록 PDF 파일을 다락원 홈페이지 학습자료 코너에서 다운로드 할 수 있습니다.

해석 회화로 배우기 · 표현으로 확장하기 · 문제로 실력다지기

01 안녕하세요!

★ 회화로 배우기

① 안녕!
데이비드   메리, 안녕!
메리   안녕, 데이비드!

② 잘 지내니?
왕란   잘 지내니?
리우징   잘 지내. 너는 잘 지내니?
왕란   나도 잘 지내.

★ 표현으로 확장하기

○ 응용 표현
① 안녕!
여러분 안녕하세요!

② 잘 지내요?
여러분 잘 지내요?
그녀는 잘 지내요?
그는 잘 지내요?
그들은 잘 지내요?

○ 확장 회화
① A 너희들 잘 지내니?
B 우리는 모두 잘 지내.
A 너는 잘 지내니?
B 나도 잘 지내.

② A 너 올 거니?
B 올 거야.
A 아버지, 어머니도 오시니?
B 두 분 모두 오셔.

02 건강은 어떻습니까?

★ 회화로 배우기

① 건강은 어떠신가요?
리 선생님   안녕하세요!
왕 선생님   안녕하세요!
리 선생님   건강은 어떠신가요?
왕 선생님   좋아요. 감사합니다!

② 안녕히 가세요!
장 선생님   너희들 잘 지내니?
왕란   저희는 잘 지내요. 선생님 건강은 어떠세요?
장 선생님   나도 매우 좋단다. 또 보자!
리우징   안녕히 가세요!

★ 표현으로 확장하기

○ 응용 표현
① 안녕! [아침 인사]
안녕하세요!
여러분 안녕하세요!
장 선생님 안녕하세요!
리 선생님 안녕하세요!

② 건강은 어떻습니까?(건강하십니까?)
그는 건강합니까?
여러분은 건강합니까?
그들은 건강합니까?
왕 선생님은 건강하십니까?
장 선생님은 건강하십니까?

○ 확장 회화
① 5일   8일   9일   14일   27일   31일
② A 오늘은 6일이야. 리 선생님은 오시니?
B 오실 거야.

03 일이 바쁩니까?

★ 회화로 배우기

① 일이 바쁘신가요?

리 선생님 안녕하세요!
장 선생님 안녕하세요!
리 선생님 일이 바쁘세요?
장 선생님 매우 바빠요. 당신은요?
리 선생님 저는 그다지 바쁘지 않아요.

② 나는 바쁘지 않아요

데이비드 선생님, 안녕하세요!
메리   선생님, 안녕하세요!
장 선생님 안녕!
데이비드 선생님 바쁘세요?
장 선생님 매우 바쁘단다. 너희들은 어떠니?
데이비드 저는 바쁘지 않아요.
메리   저도 바쁘지 않아요.

③ 아버지, 어머니는 건강하신가요?

왕란   리우징, 안녕!
리우징   안녕!
왕란   아버지, 어머니께서는 건강하시니?
리우징   두 분 모두 건강하셔. 고마워!

★ 표현으로 확장하기

○ 응용 표현

① 선생님 바쁘세요?
  선생님 잘 지내세요?
  선생님 피곤하세요?

② A 아버지, 어머니는 건강하세요?
  B 두 분 모두 건강하세요.
  A 형(오빠), 누나(언니)는 건강합니까?
  A 남동생, 여동생은 건강합니까?

○ 확장 회화

① 1월 2월 6월 12월

② 오늘은 10월 31일이다.
  내일은 11월 1일이다.
  올해는 2017년이고, 내년은 2018년이다.

04 당신의 성씨는 무엇입니까?

★ 회화로 배우기

① 내 이름은 왕란이에요

메리   내 이름은 메리예요. 당신의 성씨는 무엇인가요?
왕란   나는 왕씨예요. 내 이름은 왕란이에요.
메리   만나서 반가워요.
왕란   저도 만나서 반가워요.

② 당신의 성씨는 무엇인가요?

데이비드 선생님, 성씨가 어떻게 되십니까?
장 선생님 내 성은 장이네. 자네는 이름이 뭔가?
데이비드 제 이름은 데이비드입니다. 그녀의 성씨는 무엇인가요?
장 선생님 그녀는 왕씨야.
데이비드 그녀는 선생님인가요?
장 선생님 그녀는 선생님이 아니고 학생이네.

★ 표현으로 확장하기

○ 응용 표현

① 나는 당신을 압니다.
  나는 그를 압니다.
  나는 메리를 압니다.
  나는 그 학생을 압니다.
  나는 그들의 선생님을 압니다.

해석 회화로 배우기 · 표현으로 확장하기 · 문제로 실력다지기

나는 이 사람을 압니다.
② A 그녀(그)는 선생님입니까?
B 그녀(그)는 선생님이 아니고 학생입니다.
A 그는 의사입니까?
B 그는 의사가 아니고 유학생입니다.
A 그녀는 당신의 여동생입니까?
B 그녀는 내 여동생이 아니고 친구입니다.
A 그는 당신의 친구입니까?
B 그는 내 친구가 아니고 형(오빠)입니다.

○ **확장 회화**
A 나는 저 사람을 모르는데, 그녀의 이름은 무엇입니까?
B 그녀는 메리라고 합니다.
A 그녀는 미국인입니까?
B 네, 그녀는 미국인입니다.

★ **문제로 실력다지기**
3 듣고 따라 말해 보세요.

나는 왕잉을 안다. 그녀는 학생이다. 그녀를 알게 되어 매우 기쁘다. 그녀의 아버지는 의사이고, 어머니는 선생님이다. 그분들은 모두 건강하시고, 일도 매우 바쁘시다. 그녀의 여동생도 학생인데, 그녀는 그다지 바쁘지 않다.

05 제가 소개해 드리겠습니다

★ **회화로 배우기**

① 저 사람은 누구예요?
메리   왕란, 그는 누구니?
왕란   메리, 내가 소개해 줄게. 이쪽은 우리 오빠야.
왕린   나는 왕린이라고 해. 만나서 반갑다.
메리   만나 뵙게 되어 저도 기뻐요.
왕란   너 어디 가니?
메리   베이징대학에 가. 어디 가?
왕린   우리는 상점에 가.

메리   안녕히 가세요!
왕란, 왕린 잘 가!

② 장 선생님 집에 계세요?
가즈코 장 선생님 집에 계시니?
샤오잉 계시는데요. 당신은…….
가즈코 나는 장 선생님의 학생이야, 성은 야마시타고 이름은 가즈코라고 해. 넌…….
샤오잉 저는 샤오잉이라고 해요. 장 선생님은 제 아버지세요. 들어오세요!
가즈코 고마워!

★ **표현으로 확장하기**

○ **응용 표현**
① 제가 좀 소개할게요.
좀 와 보세요.
내가 좀 볼게요.
좀 들어 보세요.
나는 좀 쉴게요.

② A 당신은 어디에 갑니까?
B 나는 베이징대학에 갑니다.
B 나는 상점에 갑니다.
B 나는 기숙사에 갑니다.
B 나는 교실에 갑니다.
B 나는 술집에 갑니다.
B 나는 슈퍼마켓에 갑니다.

③ 장 선생님 집에 계시니?
너희 아버지 집에 계시니?
너희 어머니 집에 계시니?
네 여동생 집에 있니?

○ **확장 회화**
① A 너 상점에 가니?
B 나는 상점에 가는 게 아니고 집에 가.

② A 데이비드는 기숙사에 있니?
B 없어, 그는 302호 교실에 있어.

✱ 문제로 실력다지기

4 듣고 따라 말해 보세요.

내 소개를 하겠습니다. 내 이름은 메리이고, 미국 유학생입니다. 저쪽은 데이비드이고, 제 친구입니다. 그도 유학생이고, 프랑스인입니다. 리우징과 왕란은 우리의 친구입니다. 우리는 그들을 알게 되어서 매우 기쁩니다.

복습 1 01·02·03·04·05

▼ 상황회화

① 만나서 반갑습니다

린 　안녕!
A 　린 선생님, 안녕하세요!
린 　아버지, 어머니는 건강하시니?
A 　두 분 모두 건강하세요. 감사합니다!
린 　여기는······.
A 　얘는 제 친구예요. 마샤오민이라고 하고요. [마샤오민에게] 린 선생님은 우리 아버지 친구분이셔.
마 　린 선생님, 안녕하세요! 만나 뵙게 되어 기쁩니다.
린 　나도 만나서 반갑다. 너희들 어디에 가니?
마 　집에 가요.
A 　저도 얘네 집에 가요. 선생님은요?
린 　난 상점에 간다. 잘 가거라!
A.마 　안녕히 가세요!

② 내 이름은 마샤오칭입니다

까오 　마샤오민 집에 있습니까?
B 　있는데요. 성함이 어떻게 되세요?
까오 　제 성은 까오이고, 마샤오민의 선생님입니다.
B 　까오 선생님, 들어오세요.
까오 　당신은······.
B 　저는 마샤오민의 누나, 마샤오칭이라고 합니다.

▼ 단문독해

그의 이름은 데이비드이고, 프랑스인이다. 그는 베이징어언대학에서 공부한다.

메리는 미국인이다. 그녀는 데이비드를 안다. 그들은 학교 친구이다.

리우징과 왕란은 중국인이다. 그들은 모두 메리와 데이비드를 안다. 그들은 자주 메리와 데이비드를 만나러 유학생 기숙사에 간다.

메리와 데이비드의 선생님은 장씨이다. 장 선생님은 매우 바쁘시다. 그는 건강이 그다지 좋지 않다. 장 선생님의 아내는 의사이다. 그녀는 건강하고, 일이 매우 바쁘다.

06 당신의 생일은 몇 월 며칠입니까?

✱ 회화로 배우기

① 오늘은 며칠인가요?

메리 　오늘 며칠이지?
데이비드 　오늘은 8일이야.
메리 　오늘 목요일이야?
데이비드 　오늘은 목요일이 아니야. 어제가 목요일이었어.
메리 　내일은 토요일이구나. 저녁에 너 뭐 할 거야?
데이비드 　나는 영화 볼 거야. 너는?
메리 　나는 술집에 갈 거야.

② 무슨 요일인가요?

메리 　너 생일이 몇 월 며칠이야?
왕란 　3월 17일이야. 너는?
메리 　5월 9일이야.
왕란 　4일은 장리잉의 생일이야.
메리 　4일이 무슨 요일이지?
왕란 　일요일이야.
메리 　너 그녀의 집에 갈 거니?
왕란 　갈 거야. 넌?
메리 　나도 가.
왕란 　우리 오전에 가는 게 어때?
메리 　좋아.

해석 회화로 배우기 · 표현으로 확장하기 · 문제로 실력다지기

✱ 표현으로 확장하기

○ 응용 표현

① 오늘이 며칠이에요?
어제가 며칠이에요?
내일이 며칠이에요?
이번 주 토요일이 며칠이에요?
이번 주 일요일이 며칠이에요?

② A 저녁에 당신은 무엇을 해요?
B 나는 영화를 봅니다.
B 나는 책을 봅니다.
B 나는 음악을 듣습니다.
B 나는 텔레비전을 봅니다.
B 나는 편지를 씁니다.

③ 우리 오전에 그녀의 집에 가는 게 어때요?
우리 저녁에 술집에 가는 게 어때요?
우리 오후에 서점에 가는 게 어때요?
우리 일요일에 음악을 듣는 게 어때요?
우리 내일 물건을 사러 가는 게 어때요?

○ 확장 회화

① A 내일은 몇 월 며칠, 무슨 요일이지?
B 내일은 11월 28일, 일요일이야.

② 이번 주 금요일은 내 친구의 생일이다. 그는 올해 스무 살이다. 오후에 나는 그를 만나러 그의 집에 갈 것이다.

✱ 문제로 실력다지기

4 듣고 따라 말해 보세요.

오늘은 일요일이라 나는 공부를 하지 않는다. 오전에는 상점에 가고, 오후에는 친구를 만나러 간다. 밤에는 편지를 쓸 것이다.

07 당신의 가족은 몇 명입니까?

✱ 회화로 배우기

① 가족이 몇 명이에요?

데이비드 리우징, 너희 가족은 몇 명이니?
리우징 네 명이야. 너희 집은?
데이비드 두 명이야, 어머니와 나.
리우징 너의 어머니는 어떤 일을 하시니?
데이비드 어머니는 선생님이야. 대학에서 근무하셔.

② 아버지, 어머니, 그리고 남동생이 한 명 있어요

이성일 가즈코, 너희 가족은 누구누구 있니?
가즈코 아버지, 어머니 그리고 남동생이 한 명 있어.
이성일 남동생은 학생이야?
가즈코 응. 그는 영어를 공부해.
이성일 너희 어머니는 일하시니?
가즈코 일 안 하셔.

③ 언니는 은행에서 일해요

왕란 너희 가족은 누구누구 있니?
메리 아버지, 어머니 그리고 언니가 있어.
왕란 너희 언니는 일하니?
메리 일해. 은행에서 일하는 직원이야. 너희 오빠는 어떤 일을 하시니?
왕란 그는 의사야.
메리 결혼했어?
왕란 결혼했어. 오빠의 아내는 간호사야.
메리 그들은 아이가 있니?
왕란 없어.

✱ 표현으로 확장하기

○ 응용 표현

① 그는 영어를 공부한다.
그는 중국어를 공부한다.
그는 일본어를 공부한다.
그는 한국어를 공부한다.

② 그녀는 은행에서 일한다.
그녀는 교실에서 수업한다.

그녀는 기숙사에서 인터넷을 한다.
그녀는 집에서 텔레비전을 본다.

③ 그들은 아이가 있습니까?
당신은 누나(언니)가 있습니까?
그는 여동생이 있습니까?
당신은 영어책이 있습니까?
그는 중국어책이 있습니까?
당신은 컴퓨터가 있습니까?
그는 휴대전화가 있습니까?

확장 회화
① 나는 베이징어언대학에서 공부한다.
② 오늘은 중국어 수업이 있고, 내일은 수업이 없다.
③ 수업이 끝났으니 나는 기숙사에 돌아가 쉴 것이다.

★ 문제로 실력다지기
4 듣고 따라 말해 보세요.
    샤오밍은 다섯 살이다. 그는 형이 한 명 있는데, 형은 학생이다. 아버지, 어머니는 모두 일을 하신다. 샤오밍은 가족이 다섯 명이라고 한다. 그러면 한 명은 누구일까? 그의 고양이이다.

08 지금 몇 시입니까?

★ 회화로 배우기

① **지금 7시 25분이에요**

메리   지금 몇 시야?
왕란   지금 7시 25분이야.
메리   너 몇 시 수업이야?
왕란   8시.
메리   교실에 언제 가?
왕란   8시 15분 전에 가.
메리   지금 교실에 가는 거야?
왕란   아니, 나 밥 먹으러 가.

② **몇 시에 일어나요?**

리우징   내일 만리장성에 가는 게 어때?
데이비드   좋아, 언제 갈까?
리우징   아침 7시.
데이비드   너무 이르잖아. 7시 반에 가자. 넌 몇 시에 일어나니?
리우징   6시 반. 너는?
데이비드   나도 6시 반에 일어나.

★ 표현으로 확장하기

응용 표현
① A 지금 몇 시입니까?
   B 지금 7시 25분입니다.
   B 지금 10시 15분입니다.
   B 지금 3시 45분입니다.
   B 지금 11시 35분입니다.
   B 지금 12시 10분입니다.
   B 지금 2시 30분입니다.
   B 지금 8시 15분입니다.
   B 지금 2시 55분입니다.
   B 지금 5시 20분입니다.

② A 당신은 언제 교실에 갑니까?
   B 8시 15분 전에 갑니다.
   A 당신은 언제 교실에 옵니까?
   B 2시에 옵니다.
   A 당신은 언제 내 기숙사에 옵니까?
   B 4시에 옵니다.
   A 당신은 언제 식당에 갑니까?
   B 11시 55분에 갑니다.
   A 당신은 언제 상하이에 갑니까?
   B 7월 28일에 갑니다.
   A 당신은 언제 일본에 갑니까?
   B 1월 25일에 갑니다.

③ 나는 밥을 먹으러 갑니다.
   나는 꽃을 사러 갑니다.
   나는 음악을 들으러 갑니다.
   나는 테니스를 치러 갑니다.
   나는 영화를 보러 갑니다.
   나는 물을 사러 갑니다.
   나는 잠을 자러 갑니다.

해석 회화로 배우기 · 표현으로 확장하기 · 문제로 실력다지기

○ **확장 회화**
① 지금은 2시 5분이다. 나는 데이비드의 기숙사에 그를 보러 간다.
② 아침 7시 15분에 아침밥을 먹는다.

★ **문제로 실력다지기**

5 듣고 따라 말해 보세요.

오늘은 토요일이라서 우리는 수업이 없다. 샤오왕이 밤에 괜찮은 영화가 있으니 함께 보러 가자고 했다. 나는 매우 기뻤다.
오후 6시에 나는 식당에 가서 밥을 먹고, 6시 반에 샤오왕의 기숙사에 갔다. 7시에 우리는 영화를 보러 갔다.

09 당신은 어디에 삽니까?

★ **회화로 배우기**

① 어디에 살아요?

리우징   너는 어디 사니?
데이비드 나는 유학생 기숙사에 살아.
리우징   몇 동이야?
데이비드 9동이야.
리우징   몇 호실이야?
데이비드 308호실이야. 너희 집은 어디에 있니?
리우징   우리 집은 쉬에위안루 25호에 있어. 놀러 와.
데이비드 고마워!

② 나는 몰라요

이성일 장리잉의 집은 어디에 있니?
메리   몰라. 왕란이 알 거야. 그녀는 자주 가거든.
이성일 그래, 그녀에게 물어볼게.

③ 우리 함께 가요

이성일 왕란, 장리잉의 집은 어디에 있니?
왕란   칭화대학 옆이야. 그녀의 집에 가려고?
이성일 응, 내일 그녀의 집에 갈 거야.

왕란   넌 길을 잘 모를 테니까 우리 같이 가자.
이성일 그럼 정말 좋지!

★ **표현으로 확장하기**

○ **응용 표현**
① A 당신은 어디에 살아요?
   B 나는 유학생 기숙사에 살아요.
   B 나는 9동 308호에 살아요.
   B 나는 5동 204호에 살아요.
   B 나는 상하이에 살아요.
   B 나는 베이징호텔에 묵어요.

② 당신이 놀러 오는 것을 환영합니다.
   당신이 우리 집에 놀러 오는 것을 환영합니다.
   당신이 베이징에 일하러 오는 것을 환영합니다.
   당신이 어언대학에 공부하러 오는 것을 환영합니다.

③ 그녀는 자주 장리잉의 집에 간다.
   그녀는 자주 그 공원에 간다.
   그녀는 자주 그 우체국에 간다.
   그녀는 자주 유학생 기숙사에 간다.
   그녀는 자주 그들의 학교에 간다.

○ **확장 회화**
A 너 어디에 가니?
B 우표 사러 우체국에 가. 너 왕 선생님이 어디에 묵으시는지 아니?
A 호텔 2층 234호실에 묵고 계셔.

10 우체국이 어디에 있습니까?

★ **회화로 배우기**

① 우체국 옆에 있어요

A   말씀 좀 여쭙겠습니다. 8동이 어디에 있어요?
이성일 우체국 옆에 있어요.
A   8동에 가려면 어떻게 가나요?
이성일 보세요, 저 건물이 바로 8동이에요.

2 그다지 멀지 않아요

가즈코 말씀 좀 여쭐게요. 우체국이 어디에 있어요?
B 앞으로 쭉 가면 바로 우체국이에요.
가즈코 여기에서 멀어요?
B 그다지 멀지 않아요. 바로 은행 앞에 있어요.

3 어떻게 갈 거예요?

메리 말씀 좀 여쭐게요. 백화점이 어디에 있어요?
C 왕푸징에 있어요.
메리 톈안먼에서 먼가요?
C 멀지 않아요. 어떻게 가시려고요?
메리 버스를 타고 가려고요. 실례지만 어디에서 차를 타요?
C 바로 저기에서요.
메리 감사합니다!

✱ 표현으로 확장하기

○ 응용 표현

① A 8동은 어디에 있어요?
  B 우체국 옆에 있어요.
  B 유학생 식당 서쪽에 있어요.
  B 그 건물 남쪽에 있어요.
  B 그의 기숙사 북쪽에 있어요.
  B 운동장 동쪽에 있어요.

② 우체국은 여기에서 멀어요?
  그의 집은 베이징어언대학에서 멀어요?
  베이징호텔은 여기에서 멀어요?
  식당은 기숙사에서 멀어요?

③ 어디에서 차를 타요?
  어디에서 중국어를 공부해요?
  어디에서 일해요?
  어디에서 밥을 먹어요?
  어디에서 쉬어요?
  어디에서 컴퓨터를 사요?

○ 확장 회화

그의 아버지는 상점에서 일한다. 그 상점은 그의 집에서 매우 가깝다. 그의 아버지는 아침 7시 반에 일하러 가서, 오후 5시 반에 집에 돌아온다.

✱ 문제로 실력다지기

4 듣고 따라 말해 보세요.

우체국은 은행에서 멀지 않다. 나는 자주 그곳에 가서 우표도 사고 편지도 부친다. 서점은 은행 옆에 있다. 그 서점은 매우 크고 책도 많아서, 나는 자주 책을 사러 그곳에 간다.

복습 2
06·07·08·09·10

▼ 상황회화

① 그곳을 알아요?

왕 샤오웨이, 우리 언제 샤오리의 집에 갈까?
웨이 일요일이 어때?
왕 좋아. 그의 집은 상하이호텔 옆이지?
웨이 샤오리의 집은 이사해서 지금은 중화루 38호에 있어. 너 그곳 알아?
왕 몰라. 샤오마에게 물어보자.

② 여기에서 멀어요?

웨이 샤오마, 중화루가 어디에 있어? 너 알고 있니?
마 중화루는 우리 할머니 댁에서 가까워. 너희는 거기에 뭐하러 가는데?
왕 친구를 만나려고. 거기가 여기에서 머니?
마 그리 멀지 않아. 일요일에 할머니 댁에 갈 거니까 나랑 같이 가자.

③ 우리는 안 갈래요

왕 샤오마, 너희 할머니는 너희와 함께 살지 않으시니?
마 함께 살지 않아. 할머니 혼자 사시고, 나랑 아버지, 어머니는 자주 할머니를 뵈러 가.
웨이 할머니는 건강하시고?
마 아주 건강하셔. 올해 연세가 67세이셔. 이 앞이 할머니 댁인데, 잠깐 들렀다 가.
왕 열 시잖아. 우리는 안 갈게.
마 잘 가!
웨이, 왕 잘 가!

해석 회화로 배우기 · 표현으로 확장하기 · 문제로 실력다지기

▼ **단문독해**

　　장리잉의 가족은 4명이다. 아버지, 어머니, 언니 그리고 그녀가 있다.
　　그녀의 아버지는 의사이다. 57세이며 매우 건강하시다. 아버지는 일이 매우 바빠서 일요일에도 종종 쉬지 못하신다.
　　그녀의 어머니는 은행 직원이고, 올해 55세이다.
　　그녀의 언니는 선생님이다. 올해 2월에 결혼했다. 언니는 부모님의 집에서 살지 않는다.
　　어제는 금요일이었는데, 오후에 수업이 없었다. 우리는 그녀의 집에 갔다. 그녀의 집은 베이징호텔 옆에 있다.
　　우리가 그녀의 집에 갔을 때, 그녀의 아버지와 어머니는 집에 계시지 않았다. 우리와 그녀는 함께 얘기도 하고 음악도 듣고 텔레비전도 보고…….
　　5시 반이 되자 장리잉의 아버지, 어머니가 집에 돌아오셨다. 그녀의 언니도 왔다. 우리는 그녀의 집에서 저녁을 먹고, 저녁 8시 반에 학교로 돌아왔다.

11 나는 귤을 사려고 합니다

★ **회화로 배우기**

① **한 근에 얼마예요?**

판매원　뭐 드릴까요?
데이비드　사과를 사려고요. 한 근에 얼마예요?
판매원　7위안 5마오입니다.
데이비드　저건요?
판매원　9위안 3마오입니다.
데이비드　이걸로 주세요.
판매원　얼마나 드릴까요?
데이비드　두 근 주세요.
판매원　더 필요한 거 있으세요?
데이비드　없습니다.

② **너무 비싸요**

판매원　무엇을 사시겠어요?
메리　귤을 사려고요. 한 근에 얼마예요?

판매원　6위안 8마오입니다.
메리　너무 비싸네요.
판매원　저쪽 건 싸요.
메리　좋은 거예요?
판매원　맛 좀 보세요.
메리　좋네요. 4개 주세요.
판매원　한 근 반이라서, 8위안 5마오입니다. 더 사실 거 있으세요?
메리　없습니다.

★ **표현으로 확장하기**

○ **응용 표현**

① A 무엇을 원하세요?
　B 나는 사과를 원합니다.
　A 무엇을 보세요?
　B 나는 중국어책을 봅니다.
　A 무엇을 마셔요?
　B 나는 콜라를 마십니다.
　A 무엇을 들어요?
　B 나는 녹음을 듣습니다.
　A 무엇을 공부하세요?
　B 나는 중국어를 공부합니다.

② 맛 좀 보세요.
　봐 보세요.
　들어 보세요.
　물어보세요.

③ 나는 귤을 사려고 합니다.
　나는 텔레비전을 보려고 합니다.
　나는 사과를 먹으려고 합니다.
　나는 물을 마시려고 합니다.
　나는 인터넷을 하려고 합니다.
　나는 이메일을 보내려고 합니다.

○ **확장 회화**

① 나는 자주 백화점에 가서 물건을 산다. 그곳에는 물건이 많고 가격도 싸다.

② A 무엇을 마시겠습니까?
　B 콜라 있나요?
　A 있습니다.
　B 두 병 주세요.

* 문제로 실력다지기

5 듣고 따라 말해 보세요.
　　나는 중국어책을 사려고 하는데, 어디 가서 사야 할지 모르겠다. 오늘 왕란에게 물었더니, 신화서점에 있고, 그곳에는 중국어책이 아주 많다고 했다. 나는 내일 오후에 한번 가 볼 것이다.

12 나는 스웨터를 사고 싶습니다

* 회화로 배우기

① 스웨터를 사고 싶어요

데이비드　날씨가 추워졌네. 스웨터를 한 벌 사야겠어.
메리　　　나도 물건을 사야 하는데. 우리 언제 갈까?
데이비드　일요일에 가는 게 어때?
메리　　　일요일에는 사람이 너무 많잖아.
데이비드　그럼 내일 오후에 가자.

② 이 옷은 너무 짧아요

데이비드　아가씨, 저 스웨터 좀 볼게요.
판매원　　네.
데이비드　입어 봐도 될까요?
판매원　　입어 보세요.
메리　　　이건 너무 짧네요.
판매원　　저걸로 입어 보세요.
데이비드　그러죠, 다시 입어 볼게요.
메리　　　이건 딱 맞네.
데이비드　아주 좋은데. 나 이걸로 살래.

* 표현으로 확장하기

○ 응용 표현

① 나는 스웨터를 사고 싶어요.
　나는 중국어를 배우고 싶어요.
　나는 영화를 보고 싶어요.
　나는 문자메시지를 보내고 싶어요.
　나는 물을 마시고 싶어요.

② 저 스웨터를 좀 볼게요.
　그 새 단어를 좀 써 볼게요.
　저 옷을 좀 입어 볼게요.
　저 귤을 좀 맛볼게요.

③ 이 스웨터는 크지도 않고, 작지도 않다.
　이 옷은 길지도 않고, 짧지도 않다.
　이 새 단어는 많지도 않고, 적지도 않다.

○ 확장 회화

① 오늘은 업무가 많아서 나는 너무 피곤하다.
② 저 영화는 별로 좋지 않아서 나는 보고 싶지 않다.
③ 베이징에 대해 소개 좀 해 주세요.

* 문제로 실력다지기

5 듣고 따라 말해 보세요.
A 이것은 장리잉이 산 스웨터야. 그녀가 입으면 너무 작고, 내가 입으면 너무 커. 네가 입어 보는 게 어때?
B 길지도 않고 짧지도 않고. 정말 좋네. 얼마야?
A 몰라. 그다지 비싸지 않아.
B 우리 가서 리잉에게 물어보자
A 그녀는 지금 없어. 오후에 다시 물어보러 가자.

13 차를 갈아타야 합니다

* 회화로 배우기

① 이 버스는 톈안먼에 가나요?

메리　　　말씀 좀 여쭙겠습니다. 이 버스는 톈안먼에 가나요?
매표원　　갑니다. 타세요.
데이비드　표 두 장 살게요. 한 장에 얼마에요?
매표원　　2위안입니다.
데이비드　5위안 드릴게요.
매표원　　1위안 거슬러 드릴게요.
메리　　　말씀 좀 여쭐게요. 톈안먼까지 몇 정거장 남았어요?
A　　　　세 정거장이요. 당신들 중국어를 할 줄 알아요?

해석 회화로 배우기 · 표현으로 확장하기 · 문제로 실력다지기

데이비드	조금 할 줄 알아요.
메리	제가 중국어로 하는 말을 알아들을 수 있으세요?
A	네. 당신들은 어느 나라 사람이에요?
데이비드	저는 프랑스인이에요.
메리	저는 미국인이에요.
매표원	톈안먼에 도착했습니다. 내리세요.

② 331번 버스로 갈아타세요

데이비드	표 한 장 주세요.
매표원	어디 가세요?
데이비드	어언대학에 가요. 버스를 갈아타야 하나요?
매표원	갈아타야 해요.
데이비드	어디에서 갈아타요?
매표원	베이징사범대학에서요.
데이비드	몇 번 버스로 갈아타야 하죠?
매표원	331번으로 갈아타세요.
데이비드	표 한 장에 얼마예요?
매표원	2위안입니다.
데이비드	감사합니다!
매표원	천만에요.

★ 표현으로 확장하기

◯ 응용 표현

① 표 두 장을 사다.
 콜라 두 잔을 사다.
 지도 두 장을 사다.
 귤 두 근을 사다.
 사과 두 개를 사다.

② 당신에게 5위안을 줄게요.
 그에게 책 다섯 권을 줄게요.
 나에게 노트 다섯 권을 주세요.
 당신에게 음료 다섯 잔을 줄게요.
 당신에게 귤 다섯 개를 줄게요.

③ A 당신은 어느 나라 사람입니까?
 B 나는 프랑스인입니다.
 B 나는 중국인입니다.
 B 나는 미국인입니다.
 B 나는 한국인입니다.
 B 나는 영국인입니다.
 B 나는 일본인입니다.
 B 나는 인도네시아인입니다.

◯ 확장 회화

A 당신들은 영어를 할 줄 압니까?
B 그는 조금 할 줄 알고, 나는 할 줄 모릅니다.

★ 문제로 실력다지기

5 듣고 따라 말해 보세요.

 나는 중국 친구를 한 명 아는데, 그는 베이징대학에서 공부한다. 어제 나는 그를 보러 가려고 리우징에게 베이징대학에 가려면 어떻게 가는지 물었다. 리우징은 베이징대학은 여기에서 매우 가깝고, 375번 버스를 타면 갈 수 있다고 했다. 나는 375번 버스를 타러 갔다.
 375번 버스 정류장은 바로 앞에 있었다. 차가 와서, 나는 매표원에게 베이징대학에 가는지 물었다. 매표원이 간다고 해서 매우 기뻤고, 바로 버스를 탔다.

14 나는 환전하러 가려고 합니다

★ 회화로 배우기

① 돈을 다 썼어요

메리	돈을 다 써서 이제 돈이 없어. 나 환전하러 가야겠어.
데이비드	듣자 하니 호텔에서 환전할 수 있다고 하던데.
메리	우리 가서 물어보자.

② 한번 세어 보세요

메리	말씀 좀 여쭐게요. 여기에서 환전할 수 있나요?
직원	할 수 있습니다. 어느 나라 돈을 가지고 계시죠?
메리	미국 달러인데요.
직원	얼마나 바꾸실 거에요?
메리	500달러요. 1달러가 런민비로 얼마나 되죠?
직원	6위안 1마오 9편입니다. 여기에 금액을 써 주시고, 여기에 이름을 써 주세요.

메리	이렇게 쓰면 되나요?
직원	맞습니다. 여기 있습니다, 한번 세어 보세요.
메리	감사합니다!
데이비드	늦었다. 빨리 가자!

✱ 표현으로 확장하기

○ 응용 표현

① 듣자 하니 호텔에서 환전할 수 있다고 한다.
듣자 하니 그가 귀국했다고 한다.
듣자 하니 데이비드는 중국어를 할 줄 안다고 한다.
듣자 하니 샤오왕은 영어를 조금 할 줄 안다고 한다.

② 금액을 써 주세요.
전화번호를 물어봐 주세요
새 단어를 읽어 주세요
이 한자를 써 주세요.
메리를 기다려 주세요.

③ 우리 빨리 가요!
빨리 오세요!
당신들 빨리 가세요!
우리 빨리 먹어요!
메리 빨리 쓰렴!

○ 확장 회화

① 시간이 없으니, 그를 기다리지 맙시다.
② 이것은 그의 편지입니다. 그에게 전해 주세요.

✱ 문제로 실력다지기

5 듣고 따라 말해 보세요.

　가즈코는 환전을 하고 싶었다. 그녀는 학교 은행에서 환전할 수 있다는 말을 듣고 (그곳에) 갔다. 은행원은 그녀에게 어떤 돈을 가져왔으며, 얼마를 바꿀지 물었다. 또 금액과 이름을 쓰라고 해서, 가즈코는 모두 썼다. 환전하려 할 때, 가즈코가 은행원에게 말했다. "미안합니다, 돈을 깜박 잊고 안 가져왔어요."

15 나는 사진을 찍으려고 합니다

✱ 회화로 배우기

① 엽서 있어요?

　　　　〔우체국에서〕
가즈코	엽서 있어요?
판매원	있어요. 이건 새로 나온 거예요.
가즈코	예쁜 것이 더 있나요?
판매원	한번 보세요. 이런 종류는 어떠세요?
가즈코	저를 도와 몇 가지 골라 주시겠어요?
판매원	제가 보기에 이 네 가지가 좋은 것 같아요.
가즈코	그럼 종류별로 한 세트씩 살게요.
판매원	더 사실 거 있으세요?
가즈코	없어요.

② 내가 전화를 걸게요

가즈코	이 공원 꽤 좋은걸.
장리잉	저 꽃 정말 예쁘다. 사진 찍어야지.
가즈코	메리한테 전화해서 오라고 하자.
장리잉	이런, 휴대전화 배터리가 없네.
가즈코	내가 전화를 걸게.
장리잉	그래. 난 음료수 좀 사러 갈게.
	·······
장리잉	전화 통화했어?
가즈코	통화가 안 됐어. 그 애 휴대전화가 꺼져 있어.

✱ 표현으로 확장하기

○ 응용 표현

① 이것은 새로 나온 엽서입니다.
이것은 새로 산 카메라입니다.
이것은 새로 산 컴퓨터입니다.
이것은 새로 만든 옷입니다.
이쪽은 새로 오신 선생님입니다.

② 나를 도와 엽서 몇 가지를 골라 주세요.
나를 도와 전화 요금 몇 위안을 내 주세요.
나를 도와 책 몇 권을 찾아 주세요.
나를 도와 스웨터 몇 벌을 입어 봐 주세요.
나를 도와 물건 몇 개를 들어 주세요.

해석 회화로 배우기 · 표현으로 확장하기 · 문제로 실력다지기

③ 당신은 전화 통화를 했습니까?
당신은 밥을 다 먹었습니까?
당신은 그 책을 다 봤습니까?
당신은 메리를 찾았습니까?
당신은 컴퓨터를 샀습니까?

○ **확장 회화**
① 나는 그에게 이메일을 보낸다.
② 나는 도쿄의 친구에게 전화를 걸었다. 내가 중국어로 말하자 그는 알아듣지 못했고, 영어로 말하니까 알아들었다.

★ **문제로 실력다지기**

5 듣고 따라 말해 보세요.

이 카메라는 데이비드가 새로 산 것이다. 어제 베이징대학의 중국 학생 두 명이 놀러 와서, 우리는 함께 사진을 찍었다. 베이징대학의 친구가 우리에게 일요일에 놀러 오라고 했다. 그들은 베이징대학 동문에서 우리를 기다릴 것이고, 우리는 갈 때 먼저 그들에게 전화할 것이다.

복습 3   11·12·13·14·15

▌ **상황회화**

① 우리는 당신을 만나러 왔어요

리 누구세요?
왕 샤오리, 안녕!
웨이 우리 널 만나러 왔어.
리 너희들이구나! 어서 들어와! …… 앉아서 차 좀 마셔.
왕, 웨이 고마워!
리 너희들 여기를 어떻게 찾아왔어?
왕 샤오마가 우리를 데려다줬어.
웨이 샤오마의 할머니 댁이 여기에서 가깝거든. 걔가 할머니 댁에 간다고 해서 함께 왔어.
리 너희 걷느라 피곤하지?
왕 안 피곤해. 차에서 내리자마자 바로 이 건물을 찾았거든.
웨이 너희 집은 네가 일하는 곳에서 멀지?
리 멀지 않아. 18번 버스를 타면 바로 도착해. 공부하느라 바쁘지?
왕 바빠. 매일 수업이 있고, 숙제도 많거든.
웨이 오늘은 어떻게 집에 너 혼자 있어? 아버지와 어머니는?
리 아버지, 어머니의 친구 한 분이 미국에 가신다고 해서, 오늘 그 친구분을 만나러 가셨어.
왕 아, 열한 시 반이다. 우리 식당에 밥 먹으러 가자.
리 식당에 가서 밥을 먹으려면 오래 기다려야 하고, 가격도 비싸니까 우리 집에서 먹자. 내가 제일 잘하는 요리를 너희에게 맛보여 줄게.
왕, 웨이 널 귀찮게 하는구나!

▌ **단문독해**

나는 데이비드와 일요일에 함께 옷을 사러 가기로 했다.

일요일에 나는 아주 일찍 일어났다. 우리 집에서 상점은 그리 멀지 않다. 9시 반에 차를 타서, 10시에 도착했다. 물건을 사는 사람이 매우 많았다. 나는 상점 앞에서 데이비드를 기다렸다. 10시 반이 되었는데도 데이비드가 오지 않아서, 나는 먼저 들어갔다.

그 상점은 매우 크고, 물건도 아주 많았다. 나는 스웨터를 사고 싶었는데, 점원이 2층에 있다고 해서 2층으로 올라갔다.

이곳의 스웨터는 아주 예뻤지만, 매우 비쌌다. 나에게 딱 맞는 스웨터 한 벌이 있었다. 내가 돈을 내러 가는데, 데이비드가 왔다. 그는 "차를 타는 사람이 너무 많아서 늦었어. 정말 미안해."라고 했다. 나는 "괜찮아."라고 말했다. 우리는 함께 다른 옷을 보러 갔다.

16 당신은 경극을 본 적이 있습니까?

✱ 회화로 배우기

① 내일 표를 사러 갈게요

메리　　너 경극을 본 적 있니?
데이비드　본 적 없어.
메리　　듣자 하니 아주 재미있대.
데이비드　난 굉장히 보고 싶은데, 너는?
메리　　나도 꼭 보고 싶어. 어디에서 공연하는지 아니?
데이비드　런민극장에서 상시 공연이래.
메리　　그럼 우리 토요일에 보러 가자, 어때?
데이비드　물론 좋지. 내일 내가 표를 사러 갈게.
메리　　표를 산 후에 나에게 알려 줘.
데이비드　알았어.

② 먹어 본 적 없어요

가즈코　듣자 하니 오리구이가 베이징의 유명 요리라고 하던데.
메리　　난 아직도 못 먹어 봤어!
가즈코　우리 꼭 가서 먹어 보자.
메리　　28일 저녁에 난 시간이 괜찮은데, 너는?
가즈코　안 돼. 친구가 나를 만나러 오기로 했어.
메리　　30일 저녁은 어때?
가즈코　괜찮아.

✱ 표현으로 확장하기

○ 응용 표현

① 당신은 경극을 본 적이 있습니까?
　당신은 만리장성에 가 본 적이 있습니까?
　당신은 이런 술을 마셔 본 적이 있습니까?
　당신은 저런 차를 마셔 본 적이 있습니까?
　당신은 저 공원에 가 본 적이 있습니까?
　당신은 저런 요리를 먹어 본 적이 있습니까?
　당신은 가격을 물어본 적이 있습니까?

② 우리는 오리고기를 맛보러 꼭 가야 해요.
　우리는 경극을 보러 꼭 가야 해요.
　우리는 선생님께 물어보러 꼭 가야 해요.
　우리는 음악을 들으러 꼭 가야 해요.
　우리는 그들을 찾으러 꼭 가야 해요.

③ 표를 산 후에 나에게 알려 주세요.
　편지를 받은 후에 나에게 알려 주세요.
　사전을 산 후에 나에게 알려 주세요.
　메리를 본 후에 나에게 알려 주세요.
　커피를 산 후에 나에게 알려 주세요.

○ 확장 회화

① 메리야, 빨리 와 봐, 어떤 사람이 널 찾아.

② A 서커스 볼래?
　B 안 볼래. 어제 숙제를 아직 안 했거든.

✱ 문제로 실력다지기

5 듣고 따라 말해 보세요.

　전에 나는 중국서커스를 본 적이 없었는데, 어제 저녁에 보았다. 중국서커스는 매우 재미있었고, 앞으로도 더 보고 싶었다.
　나는 또 중국요리를 먹어 본 적이 없다. 샤오왕은 자신이 중국요리를 잘 만든다면서, 토요일에 나를 식사에 초대했다.

17 동물원에 갑니다

✱ 회화로 배우기

① 우리 놀러 가요

장리잉　요즘 날씨가 참 좋다. 우리 놀러 가자.
가즈코　어디로 놀러 가는 게 좋을까?
장리잉　베이하이 공원에 가서 꽃구경도 하고, 뱃놀이도 하면 정말 좋겠다!
가즈코　난 지난주에 가 봤어. 다른 곳에 가자.
장리잉　동물원에 가는 건 어때?
가즈코　좋아. 판다도 볼 수 있잖아.
장리잉　우리 어떻게 갈까?
가즈코　자전거를 타고 가자.

② 내가 당신과 함께 갈게요

가즈코　너 이성일 아니?

해석　483

해석 회화로 배우기 · 표현으로 확장하기 · 문제로 실력다지기

리우징	당연히 알지. 작년에 그가 여기에서 중국어를 배웠거든.
가즈코	알고 있어? 그가 내일 베이징에 온대.
리우징	몰랐어. 오전에 도착해, 아니면 오후에 도착해?
가즈코	오후 2시. 나는 공항으로 그를 마중 나갈 거야.
리우징	내일 오후에 수업이 없으니까 나도 너와 같이 갈게.
가즈코	좋아.
리우징	언제 갈까?
가즈코	1시에 가자.

✱ 표현으로 확장하기

○ 응용 표현

① 요즘 날씨가 매우 좋습니다.
요즘 나는 괜찮습니다.
요즘 그는 바쁩니다.
요즘 샤오왕은 건강이 좋지 않습니다.
요 며칠 그들은 시험이 있습니다.
요즘 지하철을 타는 사람이 매우 많습니다.

② 꽃구경도 하고, 뱃놀이도 하면 얼마나 좋을까!
꽃구경도 하고, 뱃놀이도 하면 얼마나 재미있을까!
꽃구경도 하고, 뱃놀이도 하면 얼마나 즐거울까!

③ 그는 오전에 도착합니까, 오후에 도착합니까?
그는 오늘 도착합니까, 내일 도착합니까?
그는 다음 주에 도착합니까, 이번 주에 도착합니까?
그는 아침 8시에 도착합니까, 저녁 8시에 도착합니까?

○ 확장 회화

① A 메리는 어디에 있어?
   B 위층에 있어. 네가 올라가서 찾아 봐.

② A 동물원에 가려면 어느 길이 가깝습니까?
   B 이 길이 가장 가깝습니다.

✱ 문제로 실력다지기

4 듣고 따라 말해 보세요.

왕란이 나에게 우리 학교에서 멀지 않은 곳에 과수원이 하나 있다고 했다. 그 과수원에는 과일이 아주 많은데 볼 수도 있고, 먹을 수도 있고, 살 수도 있다. 우리는 꼭 가 봐야 한다. 우리는 일요일에 가려고 한다. 자전거를 타고 갈 것이다.

18 오시느라 고생하셨습니다

✱ 회화로 배우기

① 비행기가 곧 이륙합니다

가즈코	도쿄발 비행기가 도착했나요?
안내원	아직 도착하지 않았습니다.
가즈코	왜요?
안내원	연착되었어요. 비행기는 지금 상하이에 있습니다.
가즈코	이륙했어요?
안내원	곧 이륙할 겁니다.
가즈코	언제쯤 도착할 수 있어요?
안내원	아마 3시 반경 도착할 겁니다.
가즈코	리우징, 우리 우선 가서 커피 좀 마시고, 잠시 후에 여기로 오자.

② 마중 나와 주셔서 감사해요

가즈코	봐, 이성일이 왔어.
리우징	안녕! 오느라 고생했어.
이성일	안녕! 리우징, 내가 오는 거 어떻게 알았어?
리우징	가즈코가 알려 줬어.
이성일	마중 나와 줘서 고마워.
가즈코	우리 나가자!
이성일	잠깐만, 무역회사 사람이 마중 나오기로 했거든.
리우징	그래, 우리는 여기서 기다릴게.

✱ 표현으로 확장하기

○ 응용 표현

① 곧 이륙합니다.
   곧 수업합니다.
   곧 시험을 봅니다.
   곧 운전합니다.
   곧 졸업합니다.

② 우리 우선 가서 커피 좀 마시고, 잠시 후에 여기로 오자.
   우리 우선 가서 환전을 좀 하고 잠시 후에 음료수를 사자.
   우리 우선 가서 뭘 좀 먹고 잠시 후에 사진을 찍자.
   우리 우선 가서 맥주 좀 마시고 잠시 후에 영화를 보자.

③ 가즈코가 내게 알려 준 거야.
   리우징이 왕란에게 알려 준 거야.
   메리가 데이비드에게 알려 준 거야.

○ 확장 회화

① A 그는 어떻게 왔니?
   B 그는 택시를 타고 왔어.

② 기차가 곧 출발합니다. 빨리 타세요.

✱ 문제로 실력다지기

4 듣고 따라 말해 보세요.

나는 프랑스에서 왔고, 비행기를 타고 왔다. 나는 베이징어언대학에서 중국어를 배운다. 프랑스에서는 중국어를 배워 본 적이 없어서, 중국어를 할 줄 모르고, 한자를 쓸 줄도 몰랐다. 지금은 조금 말할 줄 알게 되어서 너무 기쁘다. 나는 마땅히 우리 선생님께 감사드려야 한다.

19 환영합니다

✱ 회화로 배우기

① 오시느라 고생하셨습니다

왕 안녕하십니까! 이 선생님. 저는 회사의 통역사인 왕따니엔이라고 합니다.
이 마중 나와 주셔서 감사합니다.
왕 천만에요. 오시느라 고생하셨습니다. 피곤하시죠?
이 조금도 피곤하지 않습니다. 매우 순조로웠습니다.
왕 차는 바깥에 있습니다. 저희가 호텔까지 모셔다 드리겠습니다.
이 제 친구 두 명이 같이 있는데요.
왕 그럼 함께 가시죠.
이 감사합니다!

② 우리가 모시러 갈게요

사장 환영합니다! 이 선생님.
이   감사합니다!
사장 중국에는 처음 오신 거죠?
이   아닙니다. 이전에 두 번 온 적이 있습니다. 이것은 저희 사장님께서 드리는 편지입니다.
사장 수고하셨습니다.
이   사장님께서 안부를 전해 달라고 하셨습니다.
사장 감사합니다. 오늘 베이징호텔에서 저녁 식사를 대접하겠습니다.
이   너무 신경 써주시니 몸 둘 바를 모르겠습니다.
사장 시간이 괜찮으십니까?
이   오후에는 친구에게 갈 거고, 저녁에는 특별한 일이 없습니다.
사장 저희가 모시러 가겠습니다.
이   괜찮습니다. 그곳에서 택시를 타고 가면 됩니다.

✱ 표현으로 확장하기

○ 응용 표현

① 조금도 피곤하지 않다.
   조금도 덥지 않다.
   조금도 느리지 않다.

해석 회화로 배우기 · 표현으로 확장하기 · 문제로 실력다지기

어떤 것도 사지 않았다.
1분도 쉬지 않았다.

② 이것은 저희 사장님이 당신에게 드리는 편지입니다.
이것은 우리 누나(언니)가 나에게 준 펜입니다.
이것은 그의 형(오빠)이 당신에게 준 꽃입니다.
이것은 내 친구가 나에게 준 엽서입니다.

③ A 당신은 중국에 처음 왔어요?
B 아니요. 전에 두 번 와 본 적 있어요.
A 당신은 오리구이를 처음 먹어 봤어요?
B 아니요. 전에 두 번 먹어 본 적 있어요.
A 당신은 경극을 처음 봤어요?
B 아니요. 전에 두 번 본 적 있어요.
A 당신은 우리 학교에 처음 와 봤어요?
B 아니요. 전에 두 번 와 본 적 있어요.

○ 확장 회화
① 이번에 베이징에 오는 길은 매우 순조로웠습니다.
② 내가 당신에게 부친 편지를 받았습니까?
③ 내가 중국에 왔을 때 중국어를 한마디도 할 줄 몰랐다.

★ 문제로 실력다지기

6 듣고 따라 말해 보세요.

지난주 금요일에 나는 따퉁에 갔다. 기차를 타고 갔는데, 오늘 아침에 돌아왔다. 처음 따퉁에 간 것인데, 그곳이 너무 마음에 든다.
베이징에서 따퉁은 매우 가깝다. 기차를 타고 가면 대략 7시간 정도 걸린다. 지금 가면 날씨가 춥지도 덥지도 않다. 다음 주에 당신도 가 봐라.

20 우리의 우정을 위해 건배합시다!

★ 회화로 배우기

① 건배합시다!

통역사 이 선생님, 여기 앉으세요.
이 감사합니다!
사장 요 며칠 어떻게 지냈습니까?
이 즐겁게 지냈습니다.
통역사 어떤 술을 좋아하세요?
이 맥주로 하겠습니다.
사장 이 요리 어떤지 한번 드셔 보세요.
이 정말 맛있네요.
사장 사양 말고 드십시오.
이 그럼 잘 먹겠습니다.
사장 자, 우리의 우정을 위해 건배합시다!
이 모두의 건강을 위해 건배합시다!
통역사 건배!

② 천천히 드세요

리우징 우리 술 먼저 마시자.
이성일 이 생선요리 정말 맛있다.
리우징 엄마 집에서처럼 편히 먹어요.
이성일 잘 먹겠습니다.
리우징 엄마 만두 좀 먹어요.
가즈코 전 만두를 제일 좋아해요.
리우징 너 일본요리를 아주 잘한다던데?
가즈코 아니야, 잘 못해.
리우징 너는 왜 안 먹어?
가즈코 난 배불러. 너희들 천천히 먹어.

★ 표현으로 확장하기

○ 응용 표현

① 나는 즐겁게 지낸다.
우리는 잘 지낸다.
그는 말을 빨리한다.
장 선생님은 잘 쉬고 있다.
데이비드는 늦게 잔다.

② 이 생선은 정말 맛있게 요리되었다.
이 옷은 매우 깨끗하게 세탁되었다.
이 사진은 정말 잘 찍었다.
이 차는 정말 빨리 간다.

③ 나는 요리를 잘 못한다.
나는 만두를 맛있게 만들지 못한다.
나는 한자를 예쁘게 쓰지 못한다.
나는 새 단어를 빨리 번역하지 못한다.

확장 회화

① 그는 중국어를 정말 잘해서, 마치 중국인 같다.

② 당신이 말을 너무 빨리해서, 못 알아들었습니다. 좀 천천히 말해 주세요.

✱ 문제로 실력다지기

6 듣고 따라 말해 보세요.

어제 나는 몇몇 꼬마 친구들과 배를 타러 갔다. 아이들은 모두 배 타는 것을 좋아했고, 노를 아주 잘 저었다. 나는 배 위에서 무척 즐거워 아이처럼 놀았다. 이날 정말 재미있게 보냈다!

복습 4   16·17·18·19·20

▼ 상황회화

① 옛 친구를 만나서 정말 기뻐요

존   아, 샤오왕, 오느라 고생했어.
왕   힘들지 않았어. 마중 나와 줘서 고마워.
존   천만에. 네 편지 받고 네가 샌프란시스코에 온다는 거 알고 굉장히 기뻤어.
왕   옛 친구를 만나니까 정말 기쁘다. 리우샤오화랑 제니도 모두 잘 지내지?
존   모두 잘 지내. 그들은 바빠서 오늘 마중 나올 시간이 없었어.
왕   다 오랜 친구인데, 괜찮아.
존   네가 온 걸 환영하는 의미에서 토요일에 차이나호텔에서 식사를 대접하려고 해.
왕   고마워! 너희들을 번거롭게 하네.

② 당신은 옛날이랑 똑같네요

제니   샤오왕은 왜 아직 안 오지?
리우   아직 시간 안 됐어.
제니   그는 샌프란시스코에 처음 왔는데, 여길 찾을 수 있을까?
존   이 호텔은 유명하니까 찾을 수 있을 거야.
리우   아, 저기 봐. 샤오왕이 왔어!
존   샤오왕, 어서 와! 여기에 앉아.
제니   3년 동안 못 만났는데, 너 옛날이랑 똑같네.
왕   그래?
제니   여기 메뉴가 있어. 샤오왕, 너 뭐 먹고 싶니?
존   내가 알기로 샤오왕은 탕추위를 좋아했었는데, 그리고…….
왕   너희들이 그렇게까지 신경 써 주니 내가 미안하잖아.
리우   우리 술 먼저 마시자.
존   자, 우리의 우정을 위해 건배!
제니, 리우, 왕   건배!

▼ 단문독해

아리에게

안녕! 네가 베이징어언대학에 가서 공부하려고 한다는 말을 듣고, 매우 기뻤어. 너에게 그 학교를 소개해 줄게.

어언대학은 매우 크고, 유학생이 아주 많아. 중국 학생도 많고. 유학생들은 중국어를 배우고, 중국 학생들은 외국어를 배워.

학교 안에는 건물이 아주 많아. 너는 유학생 기숙사에 묵을 수 있어. 유학생 식당은 기숙사 옆에 있고, 그곳의 음식은 괜찮은 편이야.

학교 안에는 작은 우체국이 있는데, 거기서 편지를 부치고, 우표를 사고, 또 물건을 부칠 수도 있어.

학교에서 멀지 않은 곳에 상점이 하나 있는데, 거기에는 물건이 아주 많고 가격도 저렴해. 내가 어언대학에 있었을 때 항상 그곳에 가서 물건을 샀어.

너 알고 있니? 나이는 베이징대학에서 공부하고 있어. 베이징대학은 어언대학에서 아주 가까워. 시간이 나면 그곳으로 그녀를 찾아가도 돼.

나이의 오빠는 졸업했어. 그는 지난달에 영국에서 돌아왔는데, 아직 일자리를 구하지 못했어. 그가 너에게 안부를 전해 달래.

자, 그만 써야겠다. 너의 답장을 기다릴게.

즐겁게 지내!

너의 친구 소피가
2017년 8월 3일

해석   회화로 배우기 · 표현으로 확장하기 · 문제로 실력다지기

21 참석해 주세요

★ 회화로 배우기

① 여기는 중문과입니다

메리　　　여보세요, 베이징대학 중문과죠?
중문과　　예, 중문과입니다. 누구를 찾으시나요?
메리　　　리훙 교수님 계세요?
중문과　　안 계세요. 수업 중이신데, 무슨 일로 찾으시나요?
메리　　　수업 끝나시면 저에게 전화 좀 부탁드린다고 전해 주세요. 저는 메리라고 합니다.
중문과　　네, 꼭 전해 드리겠습니다. 교수님께서 당신의 전화번호를 알고 계시나요?
메리　　　아세요. 감사합니다!
중문과　　별말씀을요.

② 지금 무엇을 하고 있어요?

리훙　　　여보세요, 메리니? 좀 전에 나한테 전화했었니?
메리　　　예, 지금 뭐하고 계세요?
리훙　　　쉬고 있어.
메리　　　내일 저녁에 크리스마스 파티가 있다고 알려 드리려고요. 참석해 주세요.
리훙　　　좋아, 꼭 갈게.
메리　　　저녁 8시에 여우이 호텔 입구에서 기다릴게요.
리훙　　　왕 교수님도 가시니?
메리　　　네, 남편분과 같이 오신대요.
리훙　　　그거 잘됐네!

★ 표현으로 확장하기

○ 응용 표현

① 내가 꼭 그녀에게 전해 줄게요.
　　내가 꼭 그녀에게 알려 줄게요.
　　내가 꼭 그녀에게 통지할게요.
　　내가 꼭 그녀를 부를게요.
　　내가 꼭 그녀를 도울게요.

② A 지금 당신은 무엇을 하고 있어요?
　　B 쉬고 있어요.
　　B 사진을 찍고 있어요.
　　B 신문을 보고 있어요.
　　B 춤을 추고 있어요.
　　B 문자메시지를 보내고 있어요.
　　B 숙제를 하고 있어요.
　　B 녹음을 듣고 있어요.
　　B 텔레비전을 보고 있어요.
　　B 인터넷을 하고 있어요.

③ 내일 저녁에 크리스마스 파티가 있어요.
　　일요일에 신년 파티가 있어요.
　　토요일 저녁에 댄스 파티가 있어요.
　　새해에 음악회가 있어요.

○ 확장 회화

① 안에서는 신년 파티가 열리고 있고, 그들은 노래를 부르고 있어요. 빨리 들어가세요.
② 내일 오전에 견학을 가는데, 8시에 유학생 기숙사 앞에서 차를 탑니다. 공지해 주세요.

★ 문제로 실력다지기

5 듣고 따라 말해 보세요.

　　한스가 왔다. 오늘 우리 회사에서는 그를 환영회에 초대했다.
　　오후 2시, 통역사인 샤오왕이 그에게 전화를 걸어 5시 반에 방에서 우리를 기다리면 차를 몰아 그를 데리러 가겠다고 알려 주었다.
　　환영회는 잘 치러졌고, 모두의 우정과 건강을 위해 건배를 했다. 마치 한 가족 같았다.

22 나는 갈 수 없습니다

★ 회화로 배우기

① 표 두 장을 샀어요

장리잉　　내가 표 두 장을 샀어. 경극 보러 가자.
메리　　　그래? 언제 하는 건데?
장리잉　　오늘 저녁 7시 15분이야.
메리　　　아이고! 정말 공교롭게도 난 갈 수가 없어. 내일 시험이어서 저녁에 복습해야 하거든.
장리잉　그럼 나중에 다시 이야기하자.

② 내일 약속이 있어요
왕란　　내일 오후에 우리 영화 보러 가는데, 너 갈 수 있어?
데이비드　가고 싶은데, 내일은 약속이 있어.
왕란　　왜? 여자 친구랑 데이트해?
데이비드　아니야, 학교 친구가 오기로 해서 그를 기다려야 해.
왕란　　그 애도 베이징에서 공부하니?
데이비드　아니, 프랑스에서 막 왔어. 우리는 몇 년 동안 만나지 못했어.
왕란　　그 친구랑 놀아야겠구나.
데이비드　이번 주에는 시간이 없어. 우리 다음 주에 영화 보러 가자.

✯ 표현으로 확장하기

○ **응용 표현**

① 나는 표 두 장을 샀다.
　나는 두 문장을 번역했다.
　나는 편지 두 통을 부쳤다.
　나는 두 회의에 참석했다.
　나는 택시 두 대를 불렀다.

② 우리는 몇 년 동안 만나지 못했다.
　우리는 며칠 동안 만나지 못했다.
　우리는 몇 개월 동안 만나지 못했다.
　우리는 오랫동안 만나지 못했다.
　우리는 몇 주일 동안 만나지 못했다.

③ 당신은 그를 데리고 놀아야 해요.
　당신은 그를 데리고 참관해야 해요.
　당신은 그가 묻는 것을 도와야 해요.
　당신은 그가 복습하는 것을 도와야 해요.
　당신은 그에게 소개를 청해야 해요.

○ **확장 회화**

① 내가 너를 찾아가려던 참인데, 네가 마침 오다니. 타이밍 절묘하네.

② A　저 아가씨 참 예쁘다. 누구야?
　 B　그녀는 저 키 큰 사람의 여자 친구야.

23 미안합니다

✯ 회화로 배우기

① 늦어서 정말 미안해요
데이비드　미안해, 오래 기다렸지.
메리　　8시에 약속했는데, 왜 8시 반이 되어서야 온 거니?
데이비드　늦어서 정말 미안해. 오는 도중에 자전거가 고장 났어.
메리　　수리했어?
데이비드　수리했어.
메리　　네가 안 오는 줄 알았어.
데이비드　약속했는데 내가 어떻게 안 올 수가 있겠니?
메리　　우리 빨리 극장에 들어가자.
데이비드　그래.

② 용서해 주세요
메리　　리우징, 네 사전을 돌려줄게. 너무 오랫동안 썼네, 미안해!
리우징　괜찮아. 네가 써.
메리　　고맙지만 괜찮아. 나 일요일에 새 소설을 한 권 샀어.
리우징　영문으로 된 거니, 중문으로 된 거니?
메리　　영문으로 된 거야. 아주 재미있어.
리우징　내가 읽고 이해할 수 있을까?
메리　　넌 영어를 잘하니까 이해할 수 있을 거야.
리우징　그러면 나 좀 빌려줄래?
메리　　당연하지.

✯ 표현으로 확장하기

○ **응용 표현**

① 우리 빨리 극장에 들어가자.
　우리 빨리 엘리베이터에 타자.

해석 회화로 배우기 · 표현으로 확장하기 · 문제로 실력다지기

우리 빨리 식당에 들어가자.
우리 빨리 학교에 돌아가자.
우리 빨리 집에 돌아가자.
우리 빨리 위층에 올라가자.
우리 빨리 아래층에 내려가자.

② 이 소설을 내가 보게 빌려줄 수 있어요?
이 자전거를 내가 타게 빌려줄 수 있어요?
이 카메라를 내가 쓰게 빌려줄 수 있어요?
이 펜을 내가 쓰게 빌려줄 수 있어요?
이 시디(CD)를 내가 듣게 빌려줄 수 있어요?

○ 확장 회화
① 내가 그 보이스펜을 고장 냈습니다.
② A 미안해, 네 노트를 더럽혔어.
B 괜찮아.

★ 문제로 실력다지기

5 듣고 따라 말해 보세요.

　나와 샤오왕은 오늘 저녁 댄스 클럽에 가기로 했다. 오후에 우리 둘은 먼저 여우이 상점에 가서 물건을 샀다. 여우이 상점에서 나온 후, 나는 친구를 보러 갔고 샤오왕은 왕푸징에 갔다. 나는 친구 집에서 저녁을 먹고, 6시 반이 되어서야 나왔다. 댄스 클럽 입구에 도착했을 때는 이미 7시가 지났고, 샤오왕이 입구에서 나를 기다리고 있었다. 내가 "너무 늦게 와서 정말 미안해. 용서해 줘."라고 말했더니, 그는 "괜찮아."라고 대답했다. 우리는 함께 댄스 클럽으로 들어갔다.

24 그를 만나지 못해서 정말 아쉽습니다

★ 회화로 배우기

① 너무 아깝네요!

니나　내가 이틀 동안 없었는데, 바닥이 어째서 엉망진창이지?
장리잉　너 출장 가면서 창문을 안 닫았던 거 아니야? 어제 바람이 세게 불었어.
니나　어머, 닫는 걸 잊었어. 야단났네!
장리잉　앞으로 외출할 때는 창문을 꼭 잘 닫도록 해.
니나　봐, 꽃병도 떨어져서 깨졌어.
장리잉　데이비드가 너에게 선물한 거 말이야?
니나　그래, 그가 나에게 준 생일 선물이야.
장리잉　너무 아깝다!

② 정말 아쉽네요

리우징　이성일이 어제 귀국했어.
가즈코　난 왜 몰랐지?
리우징　회사에 급한 일이 있어서, 그에게 즉시 귀국하라고 했대.
가즈코　정말 공교롭게 되었네. 그를 찾을 일이 있었는데.
리우징　어제 나와 그가 너에게 전화를 했었는데, 휴대전화가 꺼져 있더라고.
가즈코　아니, 충전하는 걸 깜박해서 휴대전화 배터리가 없었어.
리우징　그가 자주 연락하라고 너에게 전해 달래.
가즈코　그를 만나지 못해서 정말 아쉽네.

★ 표현으로 확장하기

○ 응용 표현
① 회사가 그에게 즉시 귀국하도록 했다.
사장이 그에게 즉시 출장 가도록 했다.
선생님이 그에게 즉시 단어를 번역하도록 했다.
메리가 그에게 즉시 창문을 닫도록 했다.

② 그가 자주 연락하라고 당신에게 전해 달래요.
그가 곧 회의에 간다고 당신에게 전해 달래요.
그가 자주 전화하라고 당신에게 전해 달래요.
그가 내일 만나자고 당신에게 전해 달래요.
그가 귀국한다고 당신에게 전해 달래요.
그가 자주 이메일 보내라고 당신에게 전해 달래요.

○ 확장 회화
① 왕 선생님은 상하이에 출장 가셨어, 그렇지 않니?
② 우리 집 꽃이 모두 피었어요. 빨간색, 노란색, 흰색 꽃이 있는데, 굉장히 예뻐요.

✱ 문제로 실력다지기

5 듣고 따라 말해 보세요.

　　어제는 일요일이었다. 아침에 장 선생님은 장을 보러 갔다. 점심에 그의 아내는 몇 가지 요리를 해서, 친구들을 초대해 집에서 식사할 것이다.

　　금방 장을 봐서 돌아왔다. 붉은 것, 푸른 것, 하얀 것, 노란 것……. 아내가 보고 말하길 "이 채소들은 신선하고 보기에도 좋네요." 장 선생님이 말했다. "맛있을지 맛없을지는 당신이 어떻게 하느냐에 달렸어." 그의 아내가 말했다. "사 오라고 한 고기는요? 고기가 없는데 내가 어떻게 만드나요?" 장 선생님이 말했다. "야단났군, 산 고기를 안 들고 왔네, 돈만 내고 그냥 온 거야." 그의 아내가 말했다. "그러면 어서 가서 찾아요. 오늘 요리가 맛있을지 맛없을지는 당신에게 달렸네요."

25 이 그림은 정말 아름답습니다!

✱ 회화로 배우기

① 깨끗하고 예쁘네요

왕란　방을 정말 잘 꾸몄네.
메리　무슨, 그냥 그렇지.
왕란　책상을 이곳에 놓으니까, 글씨를 쓰거나 책을 보기에 좋은 것 같아.
메리　네가 보기에 옷장을 침대 옆에 놓으니까 어때?
왕란　좋아. 물건을 꺼내기도 편하겠어. 이 그림 정말 아름답다!
메리　그래? 최근에 샀어.
왕란　네 방은 깨끗하고 예쁘구나. 오늘 누가 오니?
메리　아무도 안 와. 곧 새해잖아.
왕란　아! 내일 저녁에 댄스 파티가 있어.
메리　정말? 그럼 우리 내일 저녁에 같이 춤추러 가자.

② 오늘 정말 예쁘게 입었네요!

왕란　너 오늘 정말 예쁘게 입었네!
메리　그래? 새해가 되었잖아. 네 옷이 더 예쁜데, 어디에서 산 거야?
왕란　산 게 아니라 우리 엄마가 만든 거야.

메리　너희 어머니 솜씨가 정말 좋으시구나! 디자인도 아주 좋다.
왕란　나도 괜찮은 거 같아.
리우징　이 색깔 마음에 든다.
메리　마음에 들면 네 여자 친구에게 한 벌 만들어 줘.
리우징　아직 여자 친구가 없는걸.

✱ 표현으로 확장하기

◯ 응용 표현

① 당신의 방은 깨끗하고 예쁘네요.
　당신의 영어책은 쉽고 재미있네요.
　당신의 옷은 싸고 예쁘네요.
　당신의 여자 친구는 키가 크고 예쁘네요.

② 이 옷은 산 게 아니라 우리 엄마가 만든 거예요.
　이 음식은 산 게 아니라 내가 직접 만든 거예요.
　이 그림은 산 게 아니라 친구가 그린 거예요.
　이 자전거는 산 게 아니라 우리 형이 빌린 거예요.

③ 나는 이 색깔이 마음에 들어요.
　나는 이 아이가 마음에 들어요.
　나는 이 꽃들이 마음에 들어요.
　나는 이 사진이 마음에 들어요.
　나는 이 차가 마음에 들어요.
　나는 이 연필이 마음에 들어요.
　나는 이 손목시계가 마음에 들어요.

◯ 확장 회화

① 만약 내일 날씨가 좋으면 우리는 공원에 가서 배를 탈 것이다.
② A 오늘 저 두 사람 왜 저렇게 예쁘게 차려입었지?
　B 결혼하잖아.

✱ 문제로 실력다지기

5 듣고 따라 말해 보세요.

　　메리의 스웨터는 신장에서 생산된 것으로, 디자인도 좋고, 색깔도 예쁘다. 데이비드는 신장의 과일과 음식도 아주 맛있다고 했다. 메리는 그 말을 듣고 너무 기뻤다. 그녀는 데이비드와 올 7월에 신

해석 회화로 배우기 · 표현으로 확장하기 · 문제로 실력다지기

장에 가기로 약속했다. 신장에서는 놀 수도 있고, 맛있는 것도 먹을 수 있다. 데이비드는 메리에게 너무 많이 먹지 말라고 했다. 만약 너무 많이 먹으면, 돌아온 후에 그 스웨터를 입을 수 없을 것이다.

복습 5 21·22·23·24·25

▎상황회화

① 방금 샤오린이 당신을 찾아왔어요
- A 방금 샤오린이 널 찾아왔었는데, 네가 없었어.
- B 친구네 갔다가 지금 막 돌아왔어. 무슨 일 있어?
- A 너에게 전해 달라고 하더라. 다음 주 토요일에 결혼한다고 결혼식에 참석해 달래.
- B 정말? 그렇다면 꼭 가야지. 난 아직 중국인의 결혼식에 참석해 본 적이 없거든.
- A 다음 주 토요일에 내가 올게. 우리 같이 가자.
- B 좋아.

② 나 혼자 갈게요
- A 왜 그래? 어디 아파?
- B 응. 정말 아쉽지만 난 오늘 샤오린의 결혼식에 참석할 수 없을 거 같아.
- A 기숙사에서 쉬도록 해. 나 혼자 갈게. 안녕!
- B 안녕!

③ 누가 왔는지 보세요
- A 들어가도 될까요?
- B 들어오세요.
- A 누가 왔는지 봐 봐.
- B 아, 샤오린! 미안해. 그날 내가 아파서, 네 결혼식에 참석할 수가 없었어.
- 린 괜찮아. 몸은 다 나았어?
- B 다 나았어.
- 린 오늘 너에게 결혼식 사탕을 주러 왔어.
- B 고마워! 듣자 하니 네 아내가 아주 예쁘다던데.
- A 그녀는 노래도 잘하고 춤도 잘 춰. 그날 노래 부르는데, 정말 듣기 좋았어. 그날 두 사람이 사탕 한 개를 같이 먹는 이벤트도 선보였는걸.

- 린 그의 말을 듣지 마.
- B 그거 키스한 거지?
- A 응, 중국인들은 다른 사람 앞에서 키스를 안 하잖아. 이건 결혼할 때 다들 장난으로 그러는 거야.

▎단문독해

나는 어제저녁에 베이징에 도착했다. 오늘 아침 내가 누나에게 나가서 놀겠다고 했더니 누나가 말했다. "피곤하잖아. 어제저녁에도 잠을 잘 자지 못했으니, 오늘은 집에서 쉬어. 내일 내가 너를 데리고 놀러 나갈게." 나는 집에 있는 게 지루해 누나가 물건을 사러 나갔을 때 혼자 버스를 타고 나갔다.

베이징이라는 곳은 매우 크고 또 처음 와 본 곳이라 길도 몰랐다. 차가 어느 공원 앞에 도착했을 때, 나는 버스에서 내려 그 공원에 들어갔다.

공원에는 꽃들이 아주 예쁘게 피어 있었다. 잠시 놀고 나니 피곤해서, 나는 벤치에 앉아 쉬었다.

"이봐요. 곧 문을 닫으니까 어서 돌아가세요!" 공원에서 한 사람이 나에게 외쳤다. 아이고, 방금 잠이 들었나 보다. 이미 시간이 너무 늦어서 누나가 분명히 나를 찾고 있을 텐데, 빨리 집으로 돌아가야겠다.

26 축하합니다

★ 회화로 배우기

① 반 전체에서 1등이에요

- 리우징 이번 시험 성적은 어때?
- 데이비드 그런대로 괜찮아. 필기시험은 90점, 구술시험은 85점이야.
- 메리 너 알고 있니? 그의 성적이 반 전체에서 1등이야.
- 리우징 시험을 정말 잘 봤구나, 축하해!
- 데이비드 메리도 잘 봤어.
- 메리 리우징과 왕란이 도와줘서 고맙지.

② 생일 축하해요!

메리 왕란, 생일 축하해!
리우징 우리가 생일 케이크를 가져왔어. 항상 건강하 길 바란다!
왕란 고마워!
데이비드 이건 내가 너에게 주는 꽃이야.
왕란 꽃 정말 예쁘다.
데이비드 니나는 일이 있어서 못 왔어. 그녀도 네 생일을 축하한대.
왕란 고마워, 모두 앉아.
가즈코 너에게 선물을 하나 가져왔어, 받아.
리우징 그녀가 준 것이 뭔지 알겠니?
왕란 모르겠는데.
가즈코 상자를 열어 봐.
왕란 아, 강아지네.
리우징 이거 정말 귀엽다!

✱ 표현으로 확장하기

○ 응용 표현

① 생일 축하합니다!
즐거운 생일 보내세요!
건강하세요!
행복하세요!
일이 순조롭기를 바랍니다!

② 상자를 열어서 보세요.
옷장을 열어서 찾아 보세요.
창문을 열어서 보세요.
우편함을 열어서 보세요.
문을 열어서 보세요.

③ 이거 너무 귀엽다!
이 공원 너무 아름답다!
이 문제 너무 어려워!
이 생선 정말 맛있다!
이곳 정말 재미있다!

○ 확장 회화

① 오늘 메리의 친구가 결혼한다. 메리는 그들을 축하하는 위챗 메시지를 보냈다.
② 즐거운 신혼 보내시고, 행복하세요!

✱ 문제로 실력다지기

5 듣고 따라 말해 보세요.

지난주 영어과 학생들은 영어로 노래를 부르고 연극을 공연했는데, 왕란과 리우징이 참가했다. 그들의 영어 실력은 좋았고, 노래 실력은 더 훌륭했다. 나중에 우리도 중국어로 연극을 할 수 있다면 좋을 것이다.

리우징의 반은 연극 공연에서 전체 1등을 하고, 왕란은 노래 부르기에서 3등을 했다. 우리는 매우 기뻐하며 가서 그들을 축하해 주었다.

27 담배를 피우지 마세요

✱ 회화로 배우기

① 건강에 좋지 않아요

리홍 장 선생님, 왜 그러세요?
라오장 별거 아니에요, 기침이 좀 나서요.
리홍 담배 피우지 마세요.
라오장 많이 피우지는 않아요.
리홍 건강에도 좋지 않아요.
라오장 나도 안 피우고 싶은데, 힘드네요.
리홍 시간이 지나면 곧 익숙해지실 거예요.
라오장 좋아요, 한번 해 볼게요. 오늘은 우선 약을 좀 먹어야겠어요.
리홍 병원에 가 보세요.

② 안전에 주의하세요!

왕란 너는 차를 너무 빨리 모는구나. 이러면 위험해.
데이비드 일이 있어서 빨리 가야 해.
왕란 그래도 이렇게 빨리 달리면 안 돼.
데이비드 괜찮아. 나 운전 잘하거든.
왕란 차를 급히 몰면 사고가 나기 쉬워. 어제 칭화대학 앞에서 교통사고가 났었어.
데이비드 정말?
왕란 안전에 주의해야 해!
데이비드 알았어. 앞으로 차를 빨리 몰지 않을게.

해석 회화로 배우기 · 표현으로 확장하기 · 문제로 실력다지기

✱ 표현으로 확장하기

○ **응용 표현**

① 담배를 피우지 마세요.
   그곳에 가지 마세요.
   술을 마시지 마세요.
   차를 빨리 몰지 마세요.
   지각하지 마세요.

② 당신은 차를 너무 빨리 운전합니다.
   당신은 글씨를 너무 느리게 씁니다.
   당신은 잠을 너무 늦게 잡니다.
   당신은 너무 빨리 일어납니다.
   당신은 중국어를 너무 빨리 말합니다.

○ **확장 회화**

① 난 머리가 아프고 기침이 난다. 감기에 걸린 것 같다. 좀 있다가 병원에 가서 진찰을 받아야겠다.
② 모든 사람은 교통안전에 주의해야 한다.
③ 아이들은 도로에서 놀면 안 된다.

✱ 문제로 실력다지기

5 듣고 따라 말해 보세요.

어제는 리우징의 생일이었다. 우리는 그의 집에 가서 축하해 주었다. 그의 어머니가 만드신 요리는 정말 맛있었다. 우리는 술 마시고, 밥 먹고, 노래 부르고, 춤도 추고 무척 즐거웠다. 모두 데이비드에게 술을 마시지 말라고 했다. 그는 오토바이를 타고 가야 하는데, 술을 마시면 너무 위험하기 때문이다.

28 오늘은 어제보다 춥습니다

① 날씨가 정말 춥네요

리우징 오늘은 날씨가 정말 춥다.
가즈코 맞아. 오늘이 어제보다 추워. 온도가 어제보다 5도 낮거든.
리우징 넌 이곳의 날씨에 적응이 됐니?
가즈코 아직 다 적응하진 못했어. 여긴 도쿄보다 훨씬 춥거든.
리우징 너희 나라의 겨울은 별로 춥지 않니?
가즈코 응.
리우징 도쿄에는 자주 눈이 와?
가즈코 눈은 아주 적게 오고, 가끔 비가 와.
리우징 일기예보에서 내일은 바람이 많이 불어서 오늘보다 더 추울 거라고 했어.
가즈코 그래?
리우징 너 감기에 걸리지 않으려면 옷을 많이 입어야겠다.

② 나는 겨울을 좋아해요

메리 장 선생님, 베이징의 여름은 덥나요?
장 선생님 매우 더워. 너희 나라도 이곳과 같니?
메리 달라요. 여름은 덥지 않고, 겨울은 몹시 추워요.
장 선생님 얼마나 추운데?
메리 영하 이십 도 넘어요.
장 선생님 정말 춥구나!
메리 하지만 전 겨울이 좋아요.
장 선생님 왜?
메리 스케이트와 스키를 탈 수 있어서요.

✱ 표현으로 확장하기

○ **응용 표현**

① 오늘은 어제보다 추워요.
   여기는 저기보다 따뜻해요.
   이 책은 저 책보다 낡았어요.
   그는 나보다 말랐어요.

② 여기는 도쿄보다 훨씬 추워요.
   여기는 저기보다 훨씬 시원해요.
   이 연습문제는 저 연습문제보다 훨씬 어려워요.
   이 길은 저 길보다 훨씬 멀어요.
   이 노래는 저 노래보다 훨씬 듣기 좋아요.

③ 내일은 오늘보다 더 추워요.
   그곳의 물건이 이곳보다 더 비싸요.
   저 색깔이 이 색깔보다 더 예뻐요.
   그 아이가 이 아이보다 더 뚱뚱해요.

○ **확장 회화**
① 가을에 베이징에 오는 것을 환영합니다. 그때는 날씨가 춥지도 덥지도 않아 가장 좋습니다.
② 베이징의 봄은 자주 바람이 불고, 비는 자주 오지 않습니다.

★ **문제로 실력다지기**

6 듣고 따라 말해 보세요.
　사람들은 모두 봄이 좋다고 말한다. 봄은 일 년의 시작이고, 시작이 좋다면 일 년은 매우 순조로울 것이다. 하루도 마찬가지이다. 아침은 하루의 시작이고, 아침부터 어떻게 생활하고, 공부하고, 일할 것인지 신경 쓴다면 하루를 잘 보낼 수 있을 것이다.
　우리는 봄과 시간을 사랑해야 한다. 만약 그것에 신경 쓰지 않는다면 나중에 후회할 것이다.

29 나도 수영을 좋아합니다

★ **회화로 배우기**

① 어떤 운동을 좋아하세요?
리우징　넌 어떤 운동을 좋아하니?
데이비드　등산, 스케이트, 수영, 다 좋아해. 너는?
리우징　나는 축구와 농구를 자주 해. 수영도 좋아하고.
데이비드　너 수영 잘하니?
리우징　별로 잘하지 못해. 너보다 잘하지 못해. 내일 축구 경기가 있는데 보러 갈래?
데이비드　누구와 누구의 경기인데?
리우징　베이징 팀 대 광둥 팀의 경기야.
데이비드　그럼 분명 재미있겠구나. 보고 싶은데 표를 사기가 어렵겠지?
리우징　지금 사러 가면 아마 살 수 있을 거야.

② 붓글씨를 쓰고 있어요
메리　그림을 그리고 있니?
데이비드　그림 그리는 게 아니라 붓글씨를 쓰고 있어.
메리　정말 잘 쓰는구나!
데이비드　두 주 동안 연습한 거야. 난 가즈코보다 잘 쓰지 못해.
메리　나도 붓글씨 쓰는 거 좋아하는데, 하지만 전혀 쓸 줄 몰라.
데이비드　괜찮아. 네가 배우고 싶다면 왕 선생님께서 가르쳐 주실 거야.
메리　그럼 정말 좋겠다!
데이비드　힘들어서 좀 쉬고 싶네.
메리　가자, 산책하러 나가자.

★ **표현으로 확장하기**

○ **응용 표현**
① 당신은 수영을 잘합니까?
　당신은 빨리 달립니까?
　당신은 테니스를 잘합니까?
　당신은 옷을 깨끗하게 세탁했습니까?
　당신은 문제에 대답을 맞게 했습니까?

② 표를 사기 어렵겠죠?
　붓글씨는 쓰기 어렵겠죠?
　광둥어는 이해하기 어렵겠죠?
　중국화는 그리기 어렵겠죠?
　중국어는 배우기 어렵겠죠?

③ 잠시 쉬고 싶어요.
　잠시 앉고 싶어요.
　잠시 자고 싶어요.
　잠시 서고 싶어요.
　잠시 눕고 싶어요.

○ **확장 회화**
① 방학이 되면 그는 항상 여행을 간다.
② 그는 매일 아침 태극권을 하고, 저녁 식사 후에는 산책을 한다.
③ 큰일 났네. 열쇠를 잃어버렸어.

★ **문제로 실력다지기**

5 듣고 따라 말해 보세요.
　한스는 취미가 아주 많다. 그는 운동을 좋아하는데, 겨울에는 스케이트를 타고, 여름에는 수영을 한다. 중국에 온 후, 태극권도 배워서 할 줄 안다.

해석 회화로 배우기 · 표현으로 확장하기 · 문제로 실력다지기

그가 그린 그림도 썩 괜찮다. 그의 방에 있는 그 그림도 그가 그린 것이다. 그러나 그에게는 좋지 않은 취미가 있는데, 바로 흡연이다. 지금 그는 건강이 별로 좋지 않다. 그가 담배를 끊는다면 그의 건강은 분명 지금보다 좋아질 것이다.

30 천천히 말씀해 주세요

★ 회화로 배우기

① 발음이 정확하네요

리홍 너 중국어를 아주 잘하는구나. 발음이 아주 분명해.
데이비드 아니에요, 아직 멀었어요.
리홍 중국어를 배운 지 얼마나 됐지?
데이비드 배운 지 반년 됐어요.
리홍 중국어 신문을 읽을 수 있니?
데이비드 아니요.
리홍 중국어가 어렵니?
데이비드 듣기와 말하기는 좀 어렵지만, 보는 건 비교적 쉬워요. 사전을 찾을 수 있으니까요.
리홍 내가 하는 말을 알아들을 수 있니?
데이비드 천천히 말씀하시면 알아들을 수 있어요.
리홍 중국인과 대화를 많이 나눠야 해.
데이비드 맞아요, 그럼 듣기와 말하기 능력을 향상시킬 수 있어요.

② 알아들을 수 없어요

왕란 뭐가 그리 바빠?
가즈코 짐을 싸고 있어. 아버지가 오셔서 모시고 여행을 가려고.
왕란 어디로 가는데?
가즈코 광저우랑 상하이, 그리고 홍콩에도 갈 거야. 아버지께 가이드를 해 드려야 해.
왕란 너희 아버지께서 무척 기뻐하시겠구나.
가즈코 문제는 내가 광둥어와 상하이어를 알아들을 수 없다는 거야.
왕란 괜찮아. 상점이나 호텔에서는 모두 표준어를 쓰니까.
가즈코 내가 하는 말을 그들이 알아들을 수 있을까?

왕란 당연하지.
가즈코 그렇다면 안심이 된다.

★ 표현으로 확장하기

○ 응용 표현

① 지금 당신은 중국어 신문을 읽고 이해할 수 있습니까?
   오후에 당신은 교실을 다 꾸밀 수 있습니까?
   모레 당신은 텔레비전을 다 고칠 수 있습니까?
   저녁에 당신은 연습문제 번역을 다 할 수 있습니까?

② A 당신을 중국어를 배운 지 얼마나 되었습니까?
   B 배운 지 반년 되었습니다.
   A 당신은 경기를 본 지 얼마나 되었습니까?
   B 본 지 1시간 되었습니다.

   A 당신은 문장을 번역한 지 얼마나 되었습니까?
   B 번역한 지 1시간 반 되었습니다.

   A 당신은 음악을 들은 지 얼마나 되었습니까?
   B 들은 지 20분 되었습니다.

   A 당신은 타자를 친 지 얼마나 되었습니까?
   B 친 지 30분 되었습니다.

③ 광저우, 상하이 외에 우리는 또 홍콩에 갈 거예요.
   만두와 찐빵 외에 우리는 또 요리를 먹을 거예요.
   경극과 연극 외에 우리는 또 서커스를 볼 거예요.
   세탁기와 텔레비전 외에 우리는 또 냉장고를 살 거예요.

○ 확장 회화

① 중국어의 발음은 그다지 어렵지 않고, 문법도 비교적 쉽다.
② 나는 새 단어를 한 시간 동안 예습해서, 지금은 이 새 단어를 모두 암기했다.

★ 문제로 실력다지기

6 듣고 따라 말해 보세요.

   한 아이가 글자를 배우고 있었다. 선생님이 공책에 '人' 자를 썼고, 아이는 그 글자를 배웠다. 다음 날, 선생님은 아이를 만났을 때 땅에 '人' 자를 썼다. 큼지막하게 썼는데, 아이는 글자를 알아보지 못했

다. 선생님이 "이것은 '人' 자잖아, 어떻게 잊었니?"라고 말하자, 아이는 "이 사람은 어제 그 사람보다 훨씬 큰데요. 저는 그를 몰라요."라고 대답했다.

복습 6   26·27·28·29·30

🔻 상황회화

① 그가 잊은 게 아닌가요?

아리　샤오리가 왜 아직 안 오지?
샤오왕　잊어버린 거 아니야?
아리　그럴 리가 없어. 어제 내가 그에게 전화를 걸어서 확실히 얘기했는걸. 10시 50분에 기차가 출발하고, 우리가 여기에서 그를 기다릴 거라고 알려 줬어.
샤오왕　어쩌면 병이 났을지도 몰라.
아리　무슨 일이 있어서 못 올 수도 있어.
샤오왕　기차가 곧 출발한다. 우리도 가지 말고 집으로 돌아가자.
아리　샤오리를 보러 가자. 어떻게 된 일인지도 물어보고.

② 우리 모두 헛걸음했네요

아리　샤오리, 일어나!
샤오왕　내 말이 맞았어. 정말 병이 났네.
샤오리　누가 병났대? 나 병 안 났는데.
아리　그럼 너 왜 기차역에 오지 않은 거야?
샤오리　왜 안 갔겠어? 난 오늘 아침 4시에 일어났어. 기차역에 도착해 보니 겨우 4시 반이었다고. 한참을 기다렸는데도 너희가 오지 않아서 난 돌아와 버렸어. 피곤하고 졸려서 잠을 잔 거야.
샤오왕　우리 기차표는 10시 50분 건데, 그렇게 일찍 가서 뭐 한 거야?
샤오리　뭐? 10시 50분? 아리가 전화할 때 4시 50분이라고 했는데.
샤오왕　알겠다. 아리는 '十'와 '四'를 비슷하게 발음하잖아.
샤오리　아! 내가 잘못 들었구나.
아리　정말 미안해. 내 발음이 안 좋아서 널 헛걸음하게 했구나.

샤오리　괜찮아. 우리 모두가 헛걸음했는걸.

🔻 단문독해

　샤오장은 저녁밥을 먹은 후 기숙사로 돌아왔다. 막 텔레비전을 켜려고 하는데 아래층에서 누군가가 그를 부르는 소리를 들었다. 그가 창문을 열고 아래를 내려다보니 샤오리우였다.
　샤오리우는 그에게 영화표 한 장을 주며, 일요일 8시에 함께 영화를 보러 가자고 했다. 극장 입구에서 만나기로 약속했다.
　일요일이 되었다. 샤오장은 먼저 친구를 만난 후, 오후에 상점에 가서 몇 가지 물건을 샀다. 7시 40분에 극장에 도착했다. 샤오리우가 보이지 않아서 그는 입구에서 기다렸다.
　7시 55분이 되었고 영화가 곧 시작하려고 하는데 샤오리우는 오지 않았다. 샤오장은 샤오리우가 무슨 일이 생겨서 오지 못한다고 생각하고 혼자 극장으로 들어갔다. 극장 직원이 샤오장에게 말했다. "8시에는 영화가 없는데요. 잘못 아신 게 아닌가요?" 샤오장이 영화표를 보니 거기에는 오전 8시라고 쓰여 있었다. 샤오장은 생각했다. '내가 세심하지 못했구나. 표를 보든지 샤오리우에게 물어봤으면 좋았을걸.'

31 그곳의 풍경은 정말 아름다워요!

★ 회화로 배우기

① 중국에는 명승고적이 아주 많아요

데이비드　곧 방학이구나. 너 여행 가고 싶지 않니?
메리　당연히 가고 싶지.
데이비드　중국에는 명승고적이 아주 많은데, 어디로 갈까?
메리　네가 말해 봐. 나는 네 의견에 따를게.
데이비드　먼저 구이린에 가자. 그곳의 풍경은 정말 아름다워!
메리　베이징에서 구이린까지 기차로 얼마나 걸리지?
데이비드　고속열차를 타면 대략 열 몇 시간이 걸려. 우리 구이린에서 3, 4일 논 다음에 상하이에 가자.
메리　좋은 계획이야. 그렇게 하자. 7시에 영화가 있는데 지금 가면 늦지 않게 갈 수 있을까?

해석 회화로 배우기 · 표현으로 확장하기 · 문제로 실력다지기

데이비드 늦지 않게 갈 수 있을 거야.
메리 우리 영화 보러 가자.
데이비드 가자.

② 상하이는 중국에서 가장 큰 도시예요

가즈코 상하이는 중국에서 가장 큰 도시야.
왕란 맞아, 상하이에는 물건이 여기보다 훨씬 많아.
가즈코 상하이에 가면 선물을 좀 사서 집에 부치고 싶어. 너는 상하이의 어디가 가장 번화하다고 생각하니?
왕란 난징루야. 그곳에는 각양각색의 상점이 있어서 물건을 사기가 아주 편리해.
가즈코 상하이의 먹거리도 꽤 유명하다고 들었어.
왕란 너 위위안에 놀러 가려는 거 아니야? 가는 김에 그곳의 음식을 먹어 봐도 되지. 참, 푸둥개발구를 구경하러 가도 되겠다.

★ 표현으로 확장하기

○ 응용 표현

① 우리는 영화를 보러 갑니다.
  우리는 회의를 하러 갑니다.
  우리는 박물관을 견학하러 갑니다.
  우리는 쇼핑을 하러 갑니다.
  우리는 경극을 보러 갑니다.
  우리는 간식을 먹으러 갑니다.
  우리는 신용카드를 만들러 갑니다.

② 기차를 타면 얼마나 걸립니까?
  배를 타면 얼마나 걸립니까?
  비행기를 타면 얼마나 걸립니까?
  자전거를 타면 얼마나 걸립니까?
  고속열차를 타면 얼마나 걸립니까?

③ 나는 선물을 좀 사서 집에 부치고 싶어요.
  나는 요리를 좀 사서 집에 보내고 싶어요.
  나는 약을 좀 사서 집에 보내고 싶어요.
  나는 과일을 좀 사서 집에 가져가고 싶어요.
  나는 간식을 좀 사서 집에 들고 가고 싶어요.

○ 확장 회화

① A 내 볼펜을 찾을 수가 없네.
  B 저거 네 볼펜 아니야?
  A 아, 찾았다.

★ 문제로 실력다지기

5 듣고 따라 말해 보세요.

  나는 여행을 좋아한다. 여행을 하면 명승고적을 관람할 수 있다. 여행은 또한 중국어를 배우는 좋은 방법이다. 나는 학교에서 선생님 말씀을 듣는 것에 익숙해져서, 사람이 바뀌면 적응이 안 된다. 그러나 여행할 때는 다양한 사람과 이야기해야 하고, 길도 물어야 하며, 관람도 하고, 물건도 사야 한다. 이것은 중국어를 배우는 좋은 기회이다. 나는 방학 때 여행을 가서 듣기와 말하기 실력을 향상시킬 것이다.

32 표를 샀습니까?

★ 회화로 배우기

① 가즈코 봤어요?

리우징 너 가즈코 봤니?
메리 못 봤어. 로비에 가서 그녀를 찾아봐.

② 표를 샀어요?

리우징 가즈코, 표 샀어?
가즈코 아직 못 샀어.
리우징 빨리 남쪽 6번 창구로 가서 사.

가즈코 광저우 가는 직행열차 표 두 장 주세요.
매표원 며칠 것으로 드릴까요?
가즈코 내일 거 있나요?
매표원 매진되었어요. 모레 거는 있는데, 드릴까요?
가즈코 주세요. 오전에 도착하고 싶은데, 어떤 열차 표를 사는 게 좋을까요?
매표원 Z35편으로 사세요. 일반 침대석으로 하시겠어요, 일등 침대석으로 하시겠어요?
가즈코 일반 침대석으로 주세요.

③ 일찍 예약하셔야 해요

니나   베이징 가는 비행기 표 있어요?
매표원 3일 이내의 표는 매진되었습니다. 일찍 예약하셔야 해요.
니나   급한 일이 있는데, 좀 도와주세요!
매표원 기다려 보세요, 제가 다시 찾아볼게요. 마침 15일 취소표가 한 장 있네요.
니나   주세요. 여기 제 여권이요. 여쭤볼 게 있는데요, 여기에서 베이징까지 얼마나 걸리나요?
매표원 한 시간 좀 넘게 걸립니다.
니나   몇 시에 이륙하죠?
매표원 거기 보시면 비행기 표에 14시 5분에 이륙한다고 쓰여 있습니다.

④ 지갑을 여기에 두고 가셨네요

매표원 아가씨, 지갑을 여기에 두고 가셨습니다.
니나   정말 감사합니다!

★ 표현으로 확장하기

○ 응용 표현

① 당신은 표를 샀습니까?
  당신은 지갑을 찾았습니까?
  당신은 광고를 봤습니까?
  당신은 신체검사를 마쳤습니까?
  당신은 비자를 발급했습니까?

② 당신의 지갑을 여기에 두고 갔어요.
  그의 짐을 여기에 두었어요.
  그녀의 옷을 여기에 걸었어요.
  왕 선생님의 차를 여기에 세웠어요.

③ 로비에 가서 그녀를 찾아보세요.
  도서관에 가서 그녀를 찾아보세요.
  기숙사로 돌아가서 그녀를 찾아보세요.
  그녀의 집에 가서 그녀를 찾아보세요.
  강당에 가서 그녀를 찾아보세요.

○ 확장 회화

① A 내 중국어책을 기숙사에 놓고 왔어. 어떻게 하지?
  B 지금 바로 기숙사에 가서 가져오면 늦지 않을 거야.
② 어떤 방법이 좋은지 모두 토론해 봅시다.

★ 문제로 실력다지기

7 듣고 따라 말해 보세요.

  장싼과 리쓰는 기차역에 갔다. 역 안으로 들어갔을 때, 기차 출발까지 5분밖에 남지 않았다. 그들은 서둘러 뛰었다. 장싼이 빨라서 먼저 기차에 올랐다. 그는 리쓰가 아직 기차 밖에 있는 것을 보고 마음이 급해져서 기차에서 내리려고 했다. 승무원이 "선생님, 내리실 수 없습니다. 기차가 곧 떠나요. 시간이 없어요."라고 말했다. 장싼은 "안 돼요. 갈 사람은 저 사람이에요. 나는 그를 배웅하러 왔어요."라고 말했다.

33 우리는 방을 두 개 예약했습니다

★ 회화로 배우기

① 마침내 구이린에 도착했어요

        (기차역에서)
데이비드 마침내 구이린에 도착했구나.
니나   아이고, 더워 죽겠어!
메리   호텔에 도착하면 시원하게 씻어야겠어.
데이비드 우리가 예약한 호텔이 멀지 않은데, 어떻게 가는 게 좋을까?
메리   내가 빨리 샤워할 수 있게만 해 주면 돼.
니나   앞에 택시가 있어. 우리 택시 타고 가자.

② 여기에 사인해 주세요

        (호텔 로비에서)
직원   안녕하세요!
데이비드 안녕하세요! 인터넷으로 방을 두 개 예약했는데요.
직원   여권 좀 보여 주세요. 3일 묵으시는 거 맞죠?
데이비드 맞아요.
직원   네. 이 표를 작성해 주세요.
데이비드 (표를 작성한 후) 여기 있어요. 이것은 제 신

해석 회화로 배우기 · 표현으로 확장하기 · 문제로 실력다지기

용카드입니다.
직원　비밀번호를 눌러 주세요. 여기 사인해 주시고요. 여기 방 열쇠입니다. 방은 5층입니다. 엘리베이터는 저쪽에 있습니다.
데이비드　감사합니다!

③ 방이 아주 좋네요

(방에서)
메리　이 방 꽤 괜찮네. 창문도 크고.
니나　난 샤워하고 싶어.
메리　먼저 뭘 좀 먹자.
니나　배 안 고파. 좀 전에 케이크를 한 조각 먹었어.
메리　저 가방을 옷장 안에 넣어.
니나　가방이 큰데 들어갈까?
메리　한번 해 봐.
니나　들어가네. 내 빨간 셔츠가 왜 안 보이지?
메리　의자 위에 있는 거 아냐?
니나　아, 방금 놓고는 잊어버렸네.

★ 표현으로 확장하기

○ 응용 표현

① 더워 죽겠어!
　귀찮아 죽겠어!
　바빠 죽겠어!
　배고파 죽겠어!
　목말라 죽겠어!
　너무 기뻐!
　너무 어려워!

② 호텔에 도착하면 시원하게 샤워해야겠다.
　시험이 끝나면 한숨 푹 자야겠다.
　막 배부르게 먹었으니 천천히 걸어서 돌아가야겠다.
　방학하면 즐겁게 여행을 가야겠다.
　집에 도착하면 시끌벅적하게 술을 마셔야겠다.

③ 그 가방을 옷장 안에 넣어요.
　그 치마를 상자 안에 넣어요.
　그 바지를 가방 안에 넣어요.
　그 스웨터를 옷장 안에 넣어요.
　그 맥주를 냉장고 안에 넣어요.

○ 확장 회화

① 식당은 정문 옆에 있다.
② A 목욕하렴.
　B 아니, 나 배고파 죽을 것 같아. 먼저 뭐 좀 먹은 다음에 할래.

★ 문제로 실력다지기

6 듣고 따라 말해 보세요.

　　이 호텔은 꽤 괜찮다. 방은 그다지 크지 않지만 깨끗하다. 24시간 더운물로 샤워할 수 있어 편리하다. 방에서 인터넷을 할 수 있다. 호텔 위층에는 커피숍과 노래방이 있다. 손님들은 낮에는 밖에서 관광하고, 밤에는 커피를 마시거나 노래를 부르며 편안히 쉴 수 있다.

34 나는 머리가 아픕니다

★ 회화로 배우기

① 머리가 아프고 기침이 나요

의사　증상이 어떠세요?
메리　머리가 아프고, 기침이 나요.
의사　며칠 됐어요?
메리　어제 오전까지는 괜찮았는데, 저녁부터 몸이 좋지 않았어요.
의사　약은 먹었나요?
메리　한 번 먹었어요.
의사　입을 벌려 보세요, 좀 볼게요. 목이 조금 빨갛군요.
메리　무슨 문제 있나요?
의사　괜찮아요. 체온을 좀 재 봅시다.
메리　열이 있나요?
의사　37.6도네요. 감기에 걸렸어요.
메리　주사 맞아야 해요?
의사　아뇨. 약을 이삼일 먹으면 좋아질 거예요.

② 그녀는 입원했어요

가즈코　왕란은? 수업이 끝나자마자 그녀를 찾았어.

두 번이나 찾아봤는데, 없던걸.
리우징 왕란 입원했어.
가즈코 병이 난 거야?
리우징 아니, 다쳤어.
가즈코 어느 병원에 입원했는데?
리우징 아마 런민병원일 거야.
가즈코 지금 상태가 어때? 많이 다친 거야?
리우징 아직은 잘 몰라. 검사해 봐야 알 수 있어.

✱ 표현으로 확장하기

○ 응용 표현

① 입을 벌려 보세요.
창문을 열어 주세요.
사진을 보내 주세요.
냉장고를 열어 보세요.
서류를 잘 놓아 주세요.
문을 잘 잠가 주세요.

② 나는 그녀를 두 번 찾았는데, 그녀는 없었다.
나는 그녀에게 두 번 물어봤는데, 그녀는 말을 하지 않았다.
나는 그녀를 두 번 초대했는데, 그녀는 오지 않았다.
나는 그녀에게 두 번 주었는데, 그녀는 원하지 않았다.
나는 그녀와 두 번 약속했는데, 그녀는 오지 않았다.

③ 나는 수업이 끝나자마자 그녀를 찾는다.
나는 집에 도착하자마자 밥을 먹는다.
나는 방학을 하자마자 여행을 간다.
나는 전등을 끄자마자 잠이 든다.
나는 일어나자마자 운동하러 간다.

○ 확장 회화

① 그는 이틀 동안 열이 났는데, 약을 먹고 오늘은 많이 좋아졌다.
② 그는 눈 수술을 했는데, 다음 주에는 퇴원할 수 있을 것이다.

✱ 문제로 실력다지기

5 듣고 따라 말해 보세요.

샤오왕은 오늘 일어나자마자 머리가 아파서 아무것도 먹고 싶지 않았다. 그는 수업에 결석하고, 병원에 가서 진찰을 받았다. 의사는 그를 진찰한 후, 그의 요 며칠간의 생활 상태를 물었다. 그는 열도 나지 않고, 목도 빨갛지 않아 감기는 아니다.
그는 어제저녁에 컴퓨터를 하느라 늦게 잤고, 잠도 잘 자지 못했다. 머리가 아픈 것은 수면 부족 때문이었다. 의사는 그에게 약을 주지 않고, 돌아가서 한숨 푹 자고 나면 곧 좋아질 거라고 말했다.

35 좀 좋아졌습니까?

✱ 회화로 배우기

① 어느 병원이에요?

메리   왕란이 차에 치여서 다쳤다던데, 맞아?
리우징 그래, 입원했어.
데이비드 어느 병원인데?
리우징 런민병원이야.
데이비드 우리 오늘 오후에 그녀를 보러 가자.
메리   좋아. 우리 뭘 가지고 갈까?
데이비드 과일 같은 것 좀 가지고 가자.
메리   좋아. 우리 지금 사러 가자.
리우징 참, 요즘 런민병원 앞 도로 공사를 해서 차가 병원 입구까지 갈 수 없어.
메리   그럼 어떻게 하지?
데이비드 전 정거장에서 내리자. 거기에서 걸어가도 가까워.

② 나날이 좋아지는 것 같아요

메리   왕란, 몸은 좀 괜찮아졌니?
리우징 보니까 많이 좋아진 것 같은데.
왕란   나날이 좋아지는 것 같아.
데이비드 우리가 먹을 걸 좀 가져왔어. 분명 네가 좋아할 거야.
왕란   고마워.
메리   여기서 지내는 건 어때?
왕란   안경이 깨져서 책을 볼 수가 없어.
리우징 걱정하지 마, 내가 가져가서 고쳐 올게.

해석
회화로 배우기 · 표현으로 확장하기 · 문제로 실력다지기

데이비드　푹 쉬어. 다음에 다시 보러 올게.
왕란　　　괜찮아, 의사 선생님 말씀이 다음 주면 퇴원할 수 있대.
데이비드　정말? 다음 주 주말에 댄스 파티가 있는데, 네가 오길 기다릴게.
왕란　　　좋아, 꼭 시간 맞춰서 갈게.

✱ 표현으로 확장하기

○ 응용 표현

① 왕란이 차에 치여서 다쳤다.
　나무가 바람에 쓰러졌다.
　소파가 아이들에 의해 더러워졌다.
　컵이 환자에 의해 떨어져 깨졌다.
　잡지를 그가 빌려 갔다.

② 우리가 먹을 것을 좀 가져왔어요.
　우리가 사탕을 좀 가져왔어요.
　우리가 라면을 좀 사 왔어요.
　우리가 빵을 좀 가져왔어요.
　우리가 영문소설을 좀 빌려 왔어요.

○ 확장 회화

① 날이 어두워졌다. 보아하니 비가 올 것 같다.
② 국민의 생활이 해마다 행복해진다.
③ 저기 선글라스를 쓴 사람은 누구예요?

✱ 문제로 실력다지기

5　듣고 따라 말해 보세요.

　샤오왕이 병원에 입원해서 지난주 토요일에 우리는 그녀를 보러 갔다. 그녀가 입원한 병실에는 네 개의 침대가 있었는데, 세 개의 병상에는 사람이 있었고, 하나는 비어 있었다. 우리가 그녀를 보러 갔을 때 그녀는 누워서 책을 보고 있었다. 우리를 보자 그녀는 무척 기뻐했다. 그녀가 퇴원하고 싶다고 말해서, 우리는 조급해하지 말라고 타일렀다. 퇴원하면 우리가 영어를 보충할 수 있도록 도와주고, 먹고 싶은 게 있으면 가져다 주겠다고도 했다. 그녀는 기뻐하며 더는 퇴원에 대해 말하지 않았다.

복습 7　　　　　　　　31·32·33·34·35

▼ 상황회화

① 나는 쓰촨에 가 본 적 있어요

A 너 쓰촨에 가 본 적이 있니? 러산대불을 본 적 있어?
B 쓰촨에는 가 봤지만 러산대불은 본 적이 없어.
A 못 봤다고? 그렇다면 너 유명한 러산대불을 꼭 보러 가야 해.
B 러산대불이 얼마나 큰데?
A 앉아 있는데 머리에서 발끝까지 총 71m야. 머리가 14m이고 귀는 7m야.
B 와, 정말 크다! 그럼 발은 훨씬 크겠구나.
A 그야 당연하지. 러산대불의 발이 얼마나 큰지는 확실히 기억나지 않아. 하지만 이렇게는 얘기해 줄 수 있어. 그의 한쪽 발에 다섯 대의 대형차를 세워 놓을 수 있다고.
B 정말 굉장하다! 그 러산대불은 언제 만들어진 거야?
A 당대에 만들어졌어. 러산대불은 그 자리에 이미 1천 년 동안 앉아 있었던 거지. 봐, 이 사진은 모두 그곳에서 찍은 거야.
B 잘 찍었네. 그곳은 풍경도 매우 아름답구나. 넌 언제 갔었어?
A 2012년 9월에 배를 타고 갔었어. 한 번 더 가고 싶어.
B 네 설명을 듣고 나니 꼭 러산대불을 보러 가야겠다. 너 시간이 있으면 우리 같이 가자. 네가 가이드를 해 줘.
A 그래.

36　나는 귀국하려고 합니다

✱ 회화로 배우기

① 작별 인사를 하러 왔어요

메리　안녕하세요. 왕 선생님!
왕　　메리 양, 오랜만이야. 오늘 어떻게 시간이 나서 왔어?

메리	선생님께 작별 인사를 드리러 왔어요.
왕	어디 가는데?
메리	저 귀국해요.
왕	시간이 정말 빨리 지나간다. 네가 베이징에 온 지 벌써 일 년이 되다니.
메리	항상 선생님께 폐만 끼쳐 드려 정말 죄송해요.
왕	무슨 말이야, 바빠서 잘 챙겨 주지도 못했는데.
메리	무슨 그런 말씀을 하세요.
왕	언제 가니? 내가 배웅하러 갈게.
메리	바쁘신데 배웅해 주시지 않아도 돼요.

② **공부하면서 일할 거예요**

리우징	이번에 귀국하면 넌 취업할 거야, 아니면 계속 공부할 거야?
데이비드	대학원 시험을 보려고 해. 공부하면서 일하려고.
리우징	그건 너무 힘들 텐데.
데이비드	괜찮아. 우리나라에서는 많은 사람이 그렇게 하고 있어.
리우징	네가 귀국하는 거 친구들이 다 알고 있어?
데이비드	아는 친구도 있고 모르는 친구도 있어. 요 며칠 시간이 날 때 그들에게 작별 인사를 하러 가려고 해.

★ **표현으로 확장하기**

○ **응용 표현**

① 당신이 베이징에 온 지 벌써 1년이 되었어요.
그가 상하이를 떠난 지 벌써 2년이 되었어요.
내가 일어난 지 벌써 15분 되었어요.
샤오왕이 유럽에 간 지 벌써 3개월이 되었어요.

② 그는 공부하면서 일을 한다.
그는 뉴스를 보면서 파일을 내려받는다.
그는 춤을 추면서 노래를 부른다.
그는 차를 마시면서 토론을 한다.
그는 산책하면서 한담을 나눈다.

③ 어떤 친구는 알고, 어떤 친구는 모른다.
어떤 학생은 왔고, 어떤 학생은 오지 않았다.
어떤 선생님은 참석했고, 어떤 선생님은 참석하지 않았다.
어떤 아이는 좋아하고, 어떤 아이는 좋아하지 않는다.

○ **확장 회화**

① 요 며칠 여러 가지 수속을 밟느라 너에게 작별 인사를 하러 갈 시간이 없었어. 이해해 줘.
② 몇몇 옛 친구들을 오랫동안 만나지 못했는데, 출장을 이용해서 그들을 만나러 가야겠다.

★ **문제로 실력다지기**

7 듣고 따라 말해 보세요.

나는 내일 여행을 간다. 이번 여행은 비교적 길어서 친구에게 작별 인사를 하러 가야 한다. 그런데 라오장이 병원에 입원했다.

베이징에 있는 동안 라오장은 나를 한 가족처럼 보살펴 주었다. 나는 그에게 자주 폐를 끼쳐서 미안했다. 오늘 그에게 작별 인사를 하러 갈 수가 없어서 나는 편지 한 통을 써서 그의 안부를 물었다. 내가 돌아왔을 때 그가 퇴원했기를 바란다.

37 당신들이 떠난다니 정말 섭섭합니다

★ **회화로 배우기**

① **귀국 날짜가 점점 가까워지네요**

가즈코	귀국 날짜가 점점 가까워지고 있어.
왕란	너희들이 간다니까 정말 섭섭하다.
데이비드	그래, 비록 긴 시간은 아니었지만, 우리의 우정은 매우 두텁잖아.
메리	우리 연락처를 노트에 적어 놓았으니까 앞으로 자주 연락해.
리우징	너희들이 다시 올 기회가 있을 거라고 생각해.
가즈코	만약 베이징에 오면 꼭 너희들을 보러 올게.
데이비드	우리 같이 사진 찍자!
메리	좋아, 여러 장 찍어서 기념으로 남기자.

② **환송회에 참석한 사람이 정말 많군요**

메리	환송회에 참석한 사람이 정말 많구나.
리우징	실습 간 사람을 빼고는 모두 왔어.

해석 회화로 배우기 · 표현으로 확장하기 · 문제로 실력다지기

가즈코 프로그램이 시작됐어.
데이비드 메리야, 중국어로 노래 한 곡 불러 봐.
메리 내가 다 부르면 너희들 차례야.
왕란 각 반의 프로그램이 다양하고 훌륭하네.
가즈코 선생님과 친구들이 이렇게 열정적으로 환송해 주니까 무슨 말을 해야 좋을지 모르겠어.
리우징 너희들 좋은 성적을 거둔 거 축하해.
왕란 너희들의 중국어 실력이 더 빨리 향상되길 기원할게.

★ 표현으로 확장하기

○ 응용 표현
① 귀국 날짜가 점점 가까워지고 있다.
그의 발음이 점점 좋아지고 있다.
여행하는 사람이 점점 많아지고 있다.
그의 기술 수준이 점점 높아지고 있다.
베이징의 날씨가 점점 따뜻해지고 있다.

② 비록 긴 시간은 아니었지만, 우리의 우정은 매우 두텁다.
비록 나이는 많지만, 몸이 건강하다.
비록 길은 좀 멀지만, 교통이 비교적 편리하다.
비록 공부한 시간은 짧지만, 매우 빨리 향상되었다.

③ 우리는 연락처를 노트에 남겼다.
우리는 글자를 칠판에 썼다.
우리는 자전거를 강당 오른쪽에 놓았다.
우리는 지도를 벽에 걸었다.
우리는 통지를 칠판 왼쪽에 붙였다.

○ 확장 회화
① 그는 영어 외에 다른 언어는 할 줄 모른다.
② 이번 농구경기는 너무 재미있었는데, 네가 보러 가지 못했다니 정말 안타깝다.

★ 문제로 실력다지기

6 듣고 따라 말해 보세요.

나는 이곳에서 중국어를 3개월 배웠고, 다음 주 월요일에 귀국한다. 비록 내가 중국에서 머문 시간은 길지 않지만, 많은 중국 친구들과 다른 나라 친구들을 알게 되었다. 우리들의 우정은 점점 깊어졌고, 나는 그들과 헤어지기가 정말 서운하다. 나중에 기회가 된다면 나는 꼭 다시 중국에 올 것이다.

38 여기가 짐을 부치는 곳입니까?

★ 회화로 배우기

① 중량을 초과할 거예요
리우징 짐이 이렇게 많으니 비행기를 타면 분명 중량을 초과할 거야.
가즈코 그럼 어떻게 하지?
왕란 우체국에서 부치면 비쌀 뿐 아니라, 이렇게 큰 짐은 부칠 수도 없어.
리우징 배로 부칠 수 있어.
가즈코 배로 부치면 시간이 얼마나 걸릴까?
리우징 확실히 기억나지는 않는데, 운송회사에 가서 물어보면 될 거야.
왕란 아, 생각났다. 작년에 이성일도 짐을 부쳤었어.
가즈코 잘됐다, 내가 내일 가서 물어볼게.

② 짐을 어디로 보내실 건가요?
가즈코 문의 좀 드릴게요. 여기가 짐을 부치는 곳인가요?
직원 네. 어디로 보내려고 하시는데요?
가즈코 일본이요. 시간이 얼마나 걸릴까요?
직원 한 달 좀 넘게 걸립니다.
가즈코 운송비는 어떻게 계산하죠?
직원 이 가격표에 따라 요금을 받습니다. 짐을 가지고 오세요.
가즈코 짐이 너무 커서 혼자 옮길 수가 없는데요.
직원 괜찮습니다, 고객 편의를 위해 저희가 가지러 갈 수도 있습니다.
가즈코 너무 번거롭게 해드리는군요.

★ 표현으로 확장하기

○ 응용 표현

① 비행기를 탄다면 당신의 짐은 분명 중량을 초과할 거예요.
고속도로를 탄다면 여러분은 꼭 안전에 주의해야 해요.
일등 침대석을 탄다면 그들은 편안할 거예요.
소포를 보낸다면 당신은 (물건을) 잘 싸야 해요.
방학하면 그들은 꼭 여행을 떠나요.

② 나는 잘 기억나지 않습니다.
나는 다 할 수 없습니다.
나는 깨끗이 빨 수 없습니다.
나는 옮길 수 없습니다.
나는 갈 수 없습니다.

③ 당신은 물건을 운반해 와도 됩니다.
당신은 왕 의사 선생님을 모셔 와도 됩니다.
당신은 이 가방을 가져가도 됩니다.
당신은 수리한 손목시계를 가져와도 됩니다.

○ 확장 회화

① 1개월의 수도세와 전기세, 방세가 적지 않다.
② 생각났어, 이 사람은 성일이야, 전에 국제교류센터에서 그를 본 적이 있어.
③ 문의 좀 드릴게요. 토요일에 대사관이 업무를 보나요?

★ 문제로 실력다지기

6 듣고 따라 말해 보세요.

샤오리우는 한국에 가려고 하는데, 어느 정도의 짐을 부칠 수 있는지 몰랐다. 샤오장은 프랑스에 가 본 적이 있는데, 프랑스에 갈 때와 한국에 갈 때는 같다. 짐을 20kg 부칠 수 있고, 5kg의 작은 가방을 가지고 갈 수 있다. 샤오리우는 물건이 많은 편이어서 우체국에서 부치면 너무 비싸다. 샤오장은 샤오리우에게 배를 이용하면 많이 부칠 수 있고 게다가 가격이 비교적 싸다고 했다. 샤오리우는 그게 좋은 생각이라고 생각했다.

39 당신을 공항까지 배웅할 수 없습니다

★ 회화로 배우기

1 물건을 정리하고 있어요

왕란   준비는 잘 돼 가?
메리   지금 짐을 정리하고 있어. 봐, 어지럽지?
왕란   도중에 쓸 물건은 핸드백에 넣어. 그래야 쓰기 편하니까.
메리   그래. 몸에 지니고 가는 물건은 많지 않아. 트렁크 두 개는 이미 부쳤어.
왕란   정말 미안한데, 공항까지 널 배웅할 수 없어.
메리   괜찮아. 볼일 봐.
왕란   아직 처리하지 못한 일이 있으면 내가 대신해 줄게.
메리   여기 책 몇 권을 친구에게 보내 주고 싶은데, 택배 부를 틈이 없었어.
왕란   문자나 위챗으로 주소를 알려 줘. 내가 대신 택배 불러서 보내 줄게.

2 또 폐를 끼치네요

데이비드   왔구나, 기다리고 있었어!
리우징   짐 정리는 다 했니?
데이비드   대충 했어. 이번에는 기차도 타고 비행기도 타야 해서 굉장히 번거로워.
리우징   그래, 밖에 나가면 집에 있는 것과는 달리 번거로운 일이 많지. 이 가방 몇 개는 들고 가야 하는 거야?
데이비드   응. 다 가벼워.
리우징   작은 가방 네 개보다 큰 가방 두 개가 나을 텐데.
데이비드   좋은 생각이다!
리우징   새로 정리하는 걸 도와줄게.
데이비드   또 너에게 폐를 끼치네.
리우징   무슨 소리야.
데이비드   그리고 만약 나에게 온 편지가 있으면 전해 줘.
리우징   그래.

해석
회화로 배우기 · 표현으로 확장하기 · 문제로 실력다지기

✱ 표현으로 확장하기

○ **응용 표현**

① 토요일이나 일요일에 내가 너를 대신해 사진을 찾으러 갈게.
토요일이나 일요일에 형이 나를 대신해 등록하러 간다.
토요일이나 일요일에 내가 엄마를 대신해 마중 나갈게요.
토요일이나 일요일에 내가 친구를 대신해 전기요금을 내러 간다.

② 큰 가방 두 개가 작은 가방 두 개보다 낫다.
저 신발이 이 신발보다 튼튼하다.
저 길이 이 길보다 조용하다.
저 차가 이 차보다 맛있다.

③ 당신이 아직 처리 못한 일이 있으면 내가 대신 처리할게요.
당신이 아직 이해하지 못한 상황이 있으면 내가 설명할게요.
당신이 아직 모르는 어휘가 있으면 내가 번역할게요.
당신이 아직 못 산 물건이 있으면 내가 살게요.

○ **확장 회화**

① 내가 병실에 들어가 그를 보았을 때, 그는 평온하게 누워 있었다.
② 차가 출발하려면 아직 10분 남았지만, 돌아가서 휴대전화를 가져올 시간은 안 될 것 같아요. 죄송하지만 저 대신 전원을 꺼 주세요.

✱ 문제로 실력다지기

6 듣고 따라 말해 보세요.

니나는 오늘 귀국한다. 우리는 그녀를 보러 그녀의 기숙사에 갔다. 그녀는 짐을 다 정리하고, 택시를 기다리고 있었다. 벽에 그녀의 외투가 걸려 있는 게 보여 잊어버린 거 아니냐고 물었더니, 그녀는 아니라면서 갈 때 다시 입을 거라고 했다. 다 쓰지 못한 런민비를 바꿨는지 그녀에게 물었더니 공항에서 바꿀 거라고 했다. 그제야 우리는 안심이 되었다. 택시가 도착하자, 우리는 그녀의 짐을 들어 주고 그녀가 차에 탈 때까지 배웅했다.

40 가시는 길에 평안하시길 빕니다

✱ 회화로 배우기

① 이륙하려면 아직 멀었어요

리우징	이륙하려면 아직 멀었어.
메리	우리 대합실 가서 잠시 앉아 있자.
왕란	장리잉이 아직 안 왔어.
리우징	저기 봐, 뛰어오고 있네.
리잉	차가 너무 막혀서 시간이 지체되어서 늦었어.
리우징	안 늦었어. 너 딱 맞춰서 왔어.
왕란	아이고, 땀까지 흘리며 뛰어왔구나.
메리	어서 앉아서 시원한 음료수 좀 마셔.
리우징	너 여권을 트렁크 안에 넣은 거 아니지?
메리	몸에 잘 가지고 있어.
왕란	너 들어가야겠다.
리잉	이따가 출국 수속도 해야 하니까.

② 우리를 잊지 말아요

왕란	짐 여기 있어, 잘 챙겨. 세관검사 준비해.
리잉	가는 길에 몸조심하고.
리우징	우리와 자주 연락하자.
왕란	너 우리를 잊지 마.
메리	잊을 리가 없지. 내가 도착하면 문자 보낼게.
리우징	가족들에게 안부 전해 줘!
왕란	앤 양에게도 안부 전해 줘!
모두	조심히 잘 가!
메리	안녕!
모두	안녕!

✱ 표현으로 확장하기

○ **응용 표현**

① 너 여권을 트렁크 안에 넣지 않았지?
너 모자를 자동차에 두고 오지 않았지?
너 열쇠를 방 안에 두고 잠그지 않았지?
너 우유를 냉장고에 넣지 않았지?

② 우리를 잊지 말아요.
이 일을 지체하지 말아요.
이 펜을 잃어버리지 말아요.
그 말을 잊지 말아요.

③ 자주 편지 보내길 바랍니다.
열심히 공부하기 바랍니다.
잘 생각하기 바랍니다.
계속해서 발전하기 바랍니다.
열심히 일하기 바랍니다.

● **확장 회화**

① 오늘 우리는 퇴근하고 전시회를 보러 갔다.
② 어제 나는 출근하지 않고 친구를 마중 나갔다. 내가 갔을 때, 그는 입국수속을 하고 있었다.

★ **문제로 실력다지기**

7 듣고 따라 말해 보세요.

　　여동생이 이번에 집을 떠나 영국으로 유학을 떠난다. 온 가족이 그녀를 공항까지 배웅한다. 여동생의 두 개의 짐은 나와 아버지가 대신해 들었다. 엄마는 걱정스러운지 여동생에게 안전에 주의하고 감기에 걸리지 말라고 말씀하셨다. 또 영국에 도착하면 전화해서 그곳의 상황을 알려 달라고 하셨다. 아버지는 어머니가 말이 많다며 동생은 어린아이가 아니니 밖에서 단련해야 한다고 하셨다. 어머니는 "속담 중에 '자식이 먼 길을 떠나면 어머니의 걱정은 끝이 없다'라는 말이 있어요. 자식이 그렇게 먼 곳으로 가는데, 당연히 마음을 놓을 수 없죠. 내가 어떻게 말을 안 할 수가 있어요?"라고 말했다.

복습 8   36·37·38·39·40

▼ **상황회화**

① **여기까지만 배웅해 주세요**

왕　　우리 역으로 들어가자.
한스　여기까지만 배웅해 주고 너는 돌아가.
왕　　아니야. 이미 플랫폼 표를 샀는걸. 자, 트렁크 이리 줘. 내가 들어 줄게.
한스　내가 들 수 있어.
왕　　괜찮아. 넌 가방을 들어, 내가 트렁크를 들게. 봐, 이게 국제열차야.

한스　난 9호 객실이야.
왕　　앞에 있는 객실이 9호야.

② **가족들에게 안부 전해 주세요**

왕　　한스, 트렁크는 선반 위에 올려놔.
한스　이 가방도 선반 위에 올려놓아야 하나?
왕　　그 가방은 좌석 아래에 둬. 물건 꺼내기 편하게.
한스　차가 출발하려면 아직 멀었으니 좀 앉아 있어.
왕　　너 여권은 지니고 있니?
한스　앗! 내 여권이 왜 없지?
왕　　서두르지 말고 잘 생각해 봐. 잃어버린 건 아니지?
한스　맞다! 가방 안에 두었어. 내 기억력 정말 안 좋다니까.
왕　　차가 곧 출발하겠다. 난 내릴게. 도착하면 연락해.
한스　꼭 할게.
왕　　가족들에게 안부 전해 줘! 조심히 잘 가!
한스　고마워! 안녕!

▼ **단문독해**

　　오늘 저녁에 중미 양국의 배구 경기가 있다. 양국의 여자 배구팀은 실력이 매우 훌륭하다. 나는 보고 싶었지만, 표를 사지 못했기 때문에 기숙사에서 텔레비전을 보는 수밖에 없었다.
　　이번 경기는 매우 흥미진진했다. 2세트까지의 스코어는 1대1이었다. 지금은 3세트인데 벌써 12대12이다. 곧 결과를 알 수 있을 것이다. 바로 이때 왕란이 들어와 미국인 두 명이 아래층 접수실에서 나를 기다리고 있다고 했다. 그들은 막 미국에서 온 사람들이었다. 나는 배구 경기를 볼 수 없어서 너무 안타까웠다.
　　나는 걸어가면서 생각했다. 이 두 사람은 누구일까? 맞아. 언니가 이메일을 보내서 친구 두 명이 베이징에 오는데 어떤 물건들을 가지고 가야 하는지 물어봤었지. 분명히 언니의 친구들이 온 것이다.
　　로비에 도착해서 보니, 아! 바로 언니와 형부였다. 난 너무 기뻤다. 바로 언니에게 물어보았다. "왜 온다고 나에게 알리지 않았어?" 두 사람은 웃었다. 그리고 언니가 말했다. "너에게 먼저 말해 주면 재미가 없잖아."

모범답안

01

1. 1) A 你好!
      B 你好!
      A 他好吗?
      B 他很好。

   2) A, B 你好!
      C 你们好!

   3) 玛丽 你好吗?
      王兰 我很好。你好吗?
      玛丽 我也很好。刘京好吗?
      王兰 他也很好。我们都很好。

2. 1) 大卫 玛丽,你好吗?
      玛丽 我很好。你好吗?
      大卫 我也很好。

   2) 玛丽 王兰爸爸你好吗?
      王兰爸爸 我很好。
      玛丽 王兰妈妈你好吗?
      王兰妈妈 我也很好。我们都很好。

   3) 学生们 老师好!
      老师 你们好!

02

1. 1) 大卫,玛丽 老师,您好(您早)!
      老师 你们好(你们早)!

   2) 大卫 刘京,你身体好吗?
      刘京 我身体很好,谢谢!
      大卫 王兰也好吗?
      刘京 她也很好。我们都很好。

   3) 王兰 妈妈,您身体好吗?
      妈妈 我身体很好。
      王兰 爸爸身体好吗?
      妈妈 他也很好。

3. 1) A 你好!
      B 你好!
      A 你妈妈身体好吗?
      B 她身体很好,谢谢!
      A 你爸爸身体好吗?
      B 他也很好。

   2) 学生A 你身体好吗?
      学生B 我很好,谢谢。你身体好吗?
      学生A 我也很好,谢谢!

      学生 老师,您身体好吗?
      老师 我很好,谢谢! 你身体好吗?
      学生 我也很好,谢谢您!

      A 你们身体好吗?
      B, C 我们都很好,谢谢! 你身体好吗?
      A 我也很好,谢谢!

      A, B, C 你们身体好吗?
      D, E, F 我们身体很好,谢谢! 你们身体好吗?
      A, B, C 我们也很好!

03

1. A 你身体好吗?
   B 不好。你身体好吗?
   A 我也不太好。

508

A 你忙吗?
B 我不忙。
A 刘京忙吗?
B 他也不忙。我们都不忙。

A 你爸爸忙吗?
B 他很忙。
A 你妈妈忙吗?
B 她也很忙,他们都很忙。

A 你累吗?
B 我不累。
A 玛丽累吗?
B 她也不太累。我们都不累。

2 1) A 今天你来吗?
   B 我今天来。
   A 明天呢?
   B 明天我也来。

2) A 今天你累吗?
   B 我不太累。你呢?
   A 我也不累。
   B 明天你来吗?
   A 明天我不来。

3) A 你爸爸忙吗?
   B 他很忙。
   A 你妈妈呢?
   B 她也很忙。我爸爸、妈妈都很忙。

3 1) 我身体很好。
  2) 我很忙。
  3) 今天我不累。
  4) 明天我来。
  5) 我爸爸(妈妈、哥哥、姐姐)身体很好。

6) 他们都很忙。

04

1 1) A 大夫,您贵姓?
     B 我姓张。
     A 那个大夫姓什么?
     B 他姓李。

2) A 她是你妹妹吗?
   B 是,她是我妹妹。
   A 她叫什么名字?
   B 她叫京京。

3) A 你是留学生吗?
   B 是,我是留学生。
   A 你忙吗?
   B 我不忙(我很忙)。你呢?
   A 我也不忙(我也很忙)。

4) A 今天你高兴吗?
   B 我很高兴。你呢?
   A 我也很高兴。

2 1) A 你好!
     B 你好!
     A 我叫玛丽,你姓什么?
     B 我姓刘,我叫刘京。你是留学生吗?
     A 是,我是留学生。你是老师吗?
     B 不,我不是老师,我也是学生。
     A 认识你,很高兴。
     B 认识你,我也很高兴。

2) A 他叫什么名字?
   B 他叫刘京。
   A 他身体好吗?

모범답안

B 他身体很好。
A 他工作忙吗?
B 他不忙。

05

1　你叫什么名字?
　　我去商店。
　　你认识谁?
　　这是我妈妈的朋友。
　　王兰在哪儿?
　　他是王兰的哥哥。

2　1) A 王兰在哪儿?
　　　 B 她在教室。
　　　 A 你去教室吗?
　　　 B 不。我回宿舍。

　　2) A 你认识王林的妹妹吗?
　　　 B 我不认识。你呢?
　　　 A 我认识。
　　　 B 她叫什么名字?
　　　 A 她叫王兰。

　　3) A 你去商店吗?
　　　 B 去。
　　　 A 这个商店好吗?
　　　 B 这个商店很好。

3　1) 他是谁的老师?
　　2) 她姓什么?
　　3) 她叫什么名字?
　　4) 谁认识王林?
　　5) 王老师去哪儿?
　　6) 玛丽在哪儿?

06

1　你买什么?
　　今天是他的生日。
　　A 明天上午你做什么?
　　B 明天上午我在教室看书。
　　A 星期天下午你做什么?
　　B 星期天下午我看电视。

2　1) A 明天星期几?
　　　 B 明天星期四。
　　　 A 明天晚上你做什么?
　　　 B 我看电视。

　　2) A 这个星期六是几月几号?
　　　 B 这个星期六是9月30号。
　　　 A 你去商店吗?
　　　 B 我不去商店，我工作很忙。

　　3) A 这个星期天晚上你做什么?
　　　 B 我在宿舍看电视。你呢?
　　　 A 我去看电影。

3　1) 我的生日是3月14号。
　　2) 我明天上午看书。
　　　 我星期天晚上看电视。
　　　 我下午听音乐。
　　　 我今天晚上写信。
　　　 我星期六下午看电影。

07

1　1) 叫什么名字　　2) 有几口人
　　3) 是学生　　　　4) 学习汉语
　　5) 听音乐　　　　6) 写信
　　7) 看电视

2　1) A 明天星期几?

B 明天星期四。
A 明天是几月几号?
B 明天是六月一号。

2) A 王老师家有几口人?
B 王老师家有四口人。
A 他有孩子吗?
B 他有孩子。
A 他有几个孩子?
B 他有一个孩子。

3 1) 我家有四口人，爸爸妈妈，哥哥和我。我爸爸是职员，他在银行工作。我妈妈是护士。他们都很忙。我哥哥是学生，我也是学生，我们不太忙。
2) 我在北京语言大学学习，我学习汉语。

08

1 我八点零五分(8:05)上课。
我四点三十五分(4:35)打网球。
我六点半(6:30)起床。
我七点一刻(7:15)吃早饭。
我十二点十分(12:10)睡觉。

2 1) A 你们几点上课?
B 我们八点上课。
A 你几点去教室?
B 我差一刻八点去教室。现在几点?
A 现在是七点半。

2) A 你几点吃午饭?
B 十二点半吃午饭。
A 你几点去食堂?
B 我十二点十分去食堂。

3 1) 我六点半起床。我七点吃早饭。
2) 我八点上课，十二点下课。十二点半吃午饭。

3) 我六点吃晚饭。十点睡觉。
4) 星期六我八点起床，十一点睡觉。

4 我早上六点半起床，七点半去食堂吃早饭，差一刻八点去教室，八点上课，我学习汉语。十二点半吃午饭。我下午在宿舍看书，听音乐，晚上看电视。

09

1 我和姐姐一起玩儿。
我和哥哥一起看电影。

我在家常常看电视。
我在宿舍常常听音乐。

哥哥在北京学习汉语。
我爸爸在银行工作。

我问老师几点上课。
王林问大夫什么时候回家。

我去书店买书。
我去商店买东西。

2 1) 我家在北京大学。宿舍在图书馆旁边。
2) 我住在3号楼，我的房间是109号。
3) 星期天我常常去商店。晚上我看书、听音乐。我不常写信。

3 1) 商店在学校旁边。
2) 谁认识王老师?
3) 我和哥哥一起听音乐。

4 我的朋友是留学生。他住在学校的留学生宿舍。他在北京语言大学学习汉语。他身体很好。他学习不太忙。这个星期天下午，我和他一起看电影。

모범답안

10

1. 1) 八号楼<u>离</u>九号楼不太远。
   2) 食堂<u>在</u>宿舍旁边。
   3) 邮局很近，<u>往</u>前走就是。
   4) 今天晚上我不学习，<u>回</u>家看电视。
   5) 我们<u>去</u>宿舍休息一下儿吧。
   6) 这本书很好，你<u>买</u>不<u>买</u>?

2. 1) 我哥哥在学校工作。（✓）
      我哥哥工作在学校。（✗）
   2) 操场宿舍很近。（✗）
      操场离宿舍很近。（✓）
   3) 我在食堂吃早饭。（✓）
      我吃早饭在食堂。（✗）
   4) 他去银行早上八点半。（✗）
      他早上八点半去银行。（✓）

3. 1) 刘京坐在我旁边。和子坐在我前边。
   2) 玛丽住在我旁边的房间。
   3) 邮局在北京饭店东边。银行在邮局前边。

복습 2

1. ① 一年有十二个月。一个月有四个星期。一个星期有七天。
   ② 今天5月19号。明天是星期天。星期天是5月20号。
   ③ 我家有四口人。爸爸妈妈、哥哥和我。我妈妈工作。我住在学生宿舍。我家离学校很远。

2. ① A 你好!
      B 你好!
      A 你身体好吗?
      B 我身体很好!
      A 你工作忙不忙?
      B 我不忙! 你忙吗?
      A 我也不忙。

   ② A 您贵姓?
      B 我姓张。
      A 你叫什么名字?
      B 我叫张东。认识你很高兴!
      A 认识你，我也很高兴!

      ...

      A 他是谁?
      B 我介绍一下，他是我朋友，张东。

   ③ A. 시각 묻기
      A 5月6号是星期几?
      B 5月6号是星期六。
      A 你的生日是几月几号?
      B 我的生日是10月25号。
      A 你什么时候上课?
      B 我明天上午十点上课。

      B. 길 묻기
      A 银行在哪儿?
      B 在学校旁边。

      ...

      A 请问，去百货大楼怎么走?
      B 往前走。
      A 离这儿远吗?
      B 不太远。

      C. 주소 묻기
      A 你家在哪儿?
      B 我家在北京饭店旁边。

      ...

      A 你住哪儿?
      B 我住留学生宿舍。
      A 你住在多少号房间?
      B 我住在109号房间。

D. 가족 관계 묻기

A 你家有几口人?
B 我家有四口人。
A 你家有什么人?
B 爸爸，妈妈，哥哥和我。

A 你有弟弟，妹妹吗?
B 我没有弟弟妹妹。

A 你姐姐做什么工作?
B 她是职员，她在银行工作。

11

1. 6.54元：六元五角四分(六块五毛四)
   10.05元：十元零五分(十块零五分)
   2.30元：两元三角(两块三)
   8.20元：八元两角(八块二)
   42.52元：四十二元五角两分(四十二块五毛二)
   1.32元：一元三角两分(一块三毛二)
   9.06元：九元零六分(九块零六分)
   57.04元：五十七元零四分(五十七块零四分)
   100元：一百元(一百块)
   24.9元：二十四元九角(二十四块九)

2. 1) 你介绍介绍你的学校。
   2) 你看看这本书，这本书很好。
   3) 你可以听听英语电影。
   4) 我学习学习汉语。
   5) 今天是星期六，我在家休息休息。
   6) 我们去天安门玩儿玩儿。

3. 1) B 我姐姐不去书店了。
   2) B 他明天不来上课了。
   3) B 您还要别的吗?
   4) B, B 这是两斤半，还买别的吗?

4. 1) A 一瓶可乐多少钱?
      B 一瓶可乐三块五毛钱。

   2) A 您买什么?
      B 我买苹果。
      A 您要多少?
      B 我买两斤。一斤橘子多少钱?
      A 一斤橘子三块钱。还要别的吗?
      B 不要了。

12

1. 1) 我想买一瓶可乐。→ 你要几瓶可乐?
   2) 我要买两件衣服。→ 你要买几件衣服?
   3) 我家有五口人。→ 你家有几口人?
   4) 两个苹果要五元六角。→ 两个苹果多少钱?
   5) 这是六斤苹果。→ 这是几斤苹果?
   6) 那个银行有二十五位职员。→ 那个银行有多少位职员?
   7) 这课有十七个生词。→ 这课有多少个生词?

2. 1) 这种太贵了，那种便宜，我买那种。
   2) 我很忙，今天累极了，想休息休息。
   3) 这件衣服不大也不小，你穿好极了。
   4) 今天不上课，我们可以去看电影。
   5) 明天星期天，我想去商店买一件毛衣。

3. 1) A 你要吃苹果吗?（✓）
      B 我要不吃苹果。(×) → 我不要吃苹果。

   2) A 星期天你想去不去玩儿?（×）
      → 星期天你想不想去玩儿?
      B 我想去。你想不想去?（✓）

   3) A 请问，这儿能上不上网?（×）

모범답안 513

모범답안

→ 请问，这儿能不能上网？
B 不能，这儿没有网。（✓）

4) A 商店里人多吗？（✓）
B 商店里很多人。（✗）→ 商店里人很多。

4 星期天上午，我在商店里买了一件毛衣，这件毛衣100块，不太贵。毛衣不大也不小，好极了。商店里还有别的两种毛衣，太贵了。

13

1 给你一本汉语书。
找你15块钱。
我要吃一点儿苹果。
我不会说英语。
你可以给他发短信。

2 1) 大卫**在北京大学**学习汉语。
2) 我去王府井，不知道**在哪儿**坐车。
3) **往前**走，就是331路车站。
4) 请问，**去商店**怎么走？
5) 我**家在北京师范大学**，欢迎你来玩儿。

3 1) A 你会说汉语吗？
B **我会说一点儿**。

2) A **一张票多少钱**？
B 一张票四块钱。
A 给你十块。
B **找你六块钱**。

3) A 现在晚上九点半了，他会来吗？
B **他不会来了**。

4 1) 山下和子是哪国留学生？
2) 你有几个本子，几本书？

3) 谁认识大卫的妹妹？
4) 今天晚上你做什么？
5) 你在哪儿坐车？
6) 他爸爸的身体怎么样？

14

1 1) 明天我有课，**今天不能玩儿（今天可以玩儿）**。
2) 听说那个电影很好，**我想去看**。
3) 你**会说汉语**吗？
4) 这个本子不太好，**可以换一个**吗？
5) 现在我**要上课**，请你明天再来吧。

2 这个汉字我不**会**写，张老师说，我**可以**去问他。我**想**明天去。大卫说，张老师很忙，明天不要去，星期天**再**去吧。

3 1) 昨天我没给你发短信。
2) 他常常去食堂吃饭。
3) 昨天的生词很多。
4) 昨天我没去商店，明天我去商店。

4 1) A **昨天你去哪儿了**？
B 我去朋友家了。
A **现在你去哪儿**？
B 现在我回学校。

2) A **我们去商店**，好吗？
B 好。你等一下儿，我去换件衣服。
A **好的**。
B 这件衣服**好吗**？
A 很好，我们走吧。

15

1 我买了一本新书。

我可以帮你找找。
　　我买了一件毛衣,要去交钱。

2　1) 这台电脑是妹妹的。
　　2) 那本书是新的。
　　3) 这个照相机是大卫的。
　　4) 这个电影是美国的。

3　1) 我的钱<u>用完了</u>,我要去换钱。
　　2) 这个月的手机费你<u>交了</u>吗?
　　3) 我给玛丽打电话,没<u>打通</u>,明天再打。
　　4) 这种<u>真好看</u>,我也想买。

4　1) A 你找什么?
　　　 B <u>我在找我的书</u>。
　　　 A 你的书是新的吗?
　　　 B <u>我的书不是新的</u>。
　　2) A <u>你有明信片吗</u>?
　　　 B 我没有。你有明信片吗?
　　　 A 有。
　　　 B <u>这个明信片是新出的吗</u>?
　　　 A 对,是新出的。
　　3) A 这个照相机是谁的?
　　　 B <u>这个照相机是我的</u>(这是我的照相机)。
　　　 A 这个照相机是新的吗?
　　　 B 对。你看,很新。

복습 3

1　① 妈妈给我本子。
　　② 我给刘京一本词典。
　　③ 我给服务员钱。
　　④ 姐姐给我几张明信片。
　　⑤ 我给妹妹一个苹果。

2　① 这本书生词不多。
　　② 我的词典不是新的。那本书是老师的。
　　③ 我会说汉语。我会写汉字。

3　① A 你要买什么?
　　　 B 我要买苹果。
　　　 A 你要多少?
　　　 B 我要五斤。多少钱一斤?
　　　 A 三块钱一斤。还要别的吗?
　　　 B 不要了,在哪儿交钱?
　　　 A 在这儿交钱。一共15块。
　　　 B 给你20块。
　　　 A 找你5块钱。请数一数。
　　　 B 对了,谢谢。

　　② A 请问,这路车到北京大学吗?
　　　 B 到北京大学。
　　　 A 到北京大学还有几站?
　　　 B 还有5站。
　　　 A 一张票多少钱?
　　　 B 一张票一块。
　　　 A 买三张票。给你钱。
　　　　　　……
　　　 A 你去哪儿?
　　　 B 我去王府井。
　　　 A 你在哪儿上的车?
　　　 B 我在北海公园上的车。一张票多少钱?
　　　 A 一张票一块。
　　　 B 给你钱。
　　　　　　……
　　　 A 您好,请问去北京图书馆在哪儿换车?
　　　 B 在前面下车。
　　　 A 换几路车?
　　　 B 坐331路车,在图书馆下车就到了。

　　③ A 您好,这儿能换钱吗?
　　　 B 你带的什么钱?

모범답안

A 美元。
B 换多少?
A 500美元。
B 请写一下儿钱数和名字。
A 写完了。能换多少钱?
B 3430.5元人民币。给您钱,请数数。
A 对了。谢谢。

4) 我没吃过这种菜。
5) 玛丽没去过那个书店。

16

1 1) 听说中国的杂技很有意思,我还<u>没看过</u>。
   2) 昨天我<u>去看了一个电影</u>。这个电影很好。
   3) 他不在,他去<u>上课了</u>。
   4) 你看<u>过中国的京剧</u>吗? 听说很好。
   5) 你<u>喝过这种酒</u>吗? 这种酒不太好喝。

2 1) 我去过中国。在中国的时候,我去过北京和上海。
   2) 在中国,我给家里打过电话。
   3) 昨天晚上我去商店买东西了,没看电视。
   4) 我常常听录音,昨天也听录音了。

3 1) 我没找到那个本子。(✓)
      我没找到那个本子了。(✗)
   2) 你看过没有京剧? (✗)
      你看过京剧没有? (✓)
   3) 玛丽不去过那个书店。(✗)
      玛丽没去过那个书店。(✓)
   4) 我还没吃过午饭呢。(✗)
      我还没吃午饭呢。(✓)

4 1) 我没找到那个本子。
   2) 我没看过京剧。
   3) 他没学过这个汉字。

17

1 1) 坐<u>车</u> → 我们可以坐车去天安门。
   2) 划<u>船</u> → 我想去北海公园划船。
   3) 骑<u>车</u> → 明天不上课,我们骑车出去玩儿吧。
   4) 演<u>京剧</u> → 你看过他演京剧吗?
   5) 拿<u>书</u> → 我要去教室拿书。
   6) 换<u>钱</u> → 我的钱都花了,我要去银行换钱。
   7) 穿<u>毛衣</u> → 天冷了,我要穿毛衣。
   8) 打<u>电话</u> → 他在上课,不要给他打电话。

2 1) 大卫说:"你<u>出来</u>吧。"
      玛丽说:"你<u>进来</u>吧。"
   2) A <u>下楼来</u>。
      B <u>下楼去</u>。

3 1) 你去北海公园还是去动物园?
   2) 你看电影还是看杂技?
   3) 你坐车去还是骑自行车去?
   4) 你去机场还是他去机场?
   5) 大卫今年回国还是明年回国?

18

1 1) 快要上课了,我们快走吧。
      要上课了,我们快走吧。
      八点就要上课了,我们快走吧。
   2) 你再等等,他快要来了。
   3) 李成日明天就要回国了,我们去看看他吧。

李成日明天要回国了，我们去看看他吧。
李成日快要回国了，我们去看看他吧。

4) 饭快要做好了，你们在这儿吃饭吧。
饭就要做好了，你们在这儿吃饭吧。
饭要做好了，你们在这儿吃饭吧。

2 1) A 这种橘子真好吃，你是在哪儿买的？
B 是在旁边的商店买的。

2) A 你给玛丽打电话了吗？
B 打了。我是昨天晚上打的。
A 她知道开车的时间了吗？
B 她昨天上午就知道了。
A 是谁告诉她的？
B 是刘京告诉她的。

3 1) 我是从韩国来的。我是坐飞机来的。
2) 我是想跟中国人交流(jiāoliú, 교류하다)学习汉语的。

19

1 1) 今天下午我要去机场接朋友。
2) 今天是王兰的生日，我们送她花吧。
3) 我要买两斤苹果，给你钱。
4) 我今天收到了妈妈给我写的信。
5) 今天太冷了，换一件衣服吧。

2 1) A 我坐过两次11路汽车。
2) A/B 她去过三次上海。她去过上海三次。
3) B 动物园我去过两次。
4) A 我哥哥的孩子吃过一次烤鸭。
5) B 你帮我拿一下儿。

3 1) 今天我一瓶啤酒也没喝。

2) 我一次动物园也没去过。
3) 在北京他一次自行车也没骑过。
4) 今天我一分钱也没带。
5) 他一个汉字也不认识。

4 1) 我没来过中国，这是第一次来。
2) 这本书有二十课，现在是第十九课。
3) 我一天上六节课，现在是第二节课。
4) 我们宿舍有六层，我住在五层。

5 1) 刘京 欢迎你来北京。
朋友 谢谢。
刘京 路上辛苦了，累了吧？
朋友 一点也不累，很顺利。
刘京 汽车在外边，我送你去饭店。下午我们去天安门，北海公园。晚上我请你吃烤鸭。
朋友 好的，谢谢你。

2) 我 你好，从北京来的火车为什么还没到？
服务员 你好，今天火车晚点了。
我 火车什么时候能到？
服务员 半个小时后就要到了。

20

1 今天我要去机场接朋友，我起得很早。
他要去上课，走得很快。
我们今天在公园玩儿得很高兴。
我在中国生活得很愉快。
今天很冷，我穿得很多。

2 1) 他洗衣服洗得很干净。
2) 我姐姐做鱼做得很好吃。
3) 小王开车开得很快。
4) 他划船划得很好。

모범답안

3 1) A 你喜欢吃鱼吗？这鱼做<u>得好吃吗</u>？
   B <u>这鱼做得</u>很好吃。
   2) A 今天的京剧演<u>得好不好</u>？
   B <u>今天的京剧演得</u>很好。
   3) A 昨天晚上你几点睡的？
   B 十二点。
   A <u>你睡得太晚了</u>。你早上起得也很晚吧？
   B 不，<u>我起得很早</u>。

4 王兰、和子都<u>在</u>语言大学学习，她们是好朋友，<u>像</u>姐姐和妹妹<u>一样</u>。上星期我<u>跟</u>她们<u>一起</u>去北海公园玩儿。我<u>给</u>她们照相，照得很多，都照<u>得</u>很好。那天我们玩儿<u>得</u>很愉快。

5 1) 我今天起得很早，我是六点半起床的。我去教室也去得很早。今天睡得很晚。
   2) 我汉语学得很好。我觉得有点儿难，可是很有意思。我每天学习两个小时。

복습 4

1 ① 带来了。
   ② 没寄来。
   ③ 出去了。
   ④ 买来了。

2 ① 我是从韩国来中国的。我是坐飞机来的。
   ② 我在北京大学上课。我不是骑自行车去上课的。
   ③ 我常常看电视。
   ④ 我们学校中国留学生很多。
   ⑤ 我去过长城，玩儿得很高兴。我照相了，照得很好。

3 ① A 我帮你拿书。
   B 谢谢！
   A 请你帮我打开门好吗？麻烦你了！
   B 不客气。
   ② A 您好，张先生，欢迎您来我们公司。
   B 谢谢。
   A 路上辛苦了。路上顺利吗？
   B 不辛苦，很顺利。
   A 您是什么时候到北京的？
   B 我是昨天晚上到的。
   ③ A 你喜欢喝什么酒？
   B 我喜欢喝啤酒。
   A 这里的饭菜很好吃，别客气，多吃点儿！
   B 谢谢，我吃得很多。
   A 再吃点儿吧！
   B 不吃了，吃饱了。
   A 来，为我们的友谊干杯！
   B 干杯！

21

1 1) 今天有舞会，他们<u>正在跳舞呢</u>。
   2) 你看，玛丽<u>正在打电话呢</u>。
   3) 今天天气不错，王兰和她的朋友<u>正在照相呢</u>。
   4) 和子<u>正在洗衣服呢</u>。

2 1) 刚才我去邮局的时候，他正在寄信呢。
   2) 昨天我去他宿舍的时候，他正在睡觉呢。
   3) 今天我去看他的时候，他正在喝咖啡呢。
   4) 今天我到动物园的时候，他正在看大熊猫呢。

5) 刚才我到车站的时候，他正在等汽车呢。
6) 昨天我到银行的时候，他正在换钱呢。

3　A 喂，是张老师家吗？
　　B 对。请问你找谁？
　　A 我找张老师。
　　B 我就是，你是谁啊？
　　A 张老师，我是大卫。今天晚上我请您看电影，好吗？
　　B 好的。什么时候去？
　　A 今天晚上七点在学校门口见吧。

4　1) A 今天晚上有音乐会，你想和我一起去吗？
　　　 B 好啊，是什么音乐会？
　　　 A 是新年音乐会，很好的。
　　　 B 那我们几点见面？
　　　 A 我们六点半在友谊宾馆前见面。
　　　 B 怎么去呢？
　　　 A 从友谊宾馆坐车去，一刻钟就到了。

　　2) A 今天晚上你有时间吗？我想请你吃饭。
　　　 B 好啊，去哪儿？
　　　 A 就在学校旁边的饭店，我请你吃烤鸭。
　　　 B 好的，我们几点见面？
　　　 A 今天晚上六点怎么样？
　　　 B 可以，我们就在饭店门口见吧。
　　　 A 好的，晚上见。

22

1　1) 他六十岁了，可是他还在工作。
　　2) 今天我去小王家找他，可是他不在家。
　　3) 他学汉语的时间不长，可是他汉语说得非常好。
　　4) 这种苹果不贵，可是很好吃。
　　5) 我请小王去看电影，可是他说没有时间。

2　1) A 昨天我复习了两课生词。
　　2) A 我和小王一起参观了天安门。
　　3) A 他两年没来中国了。
　　4) A 你一个星期能看完这本书吗？

3　1) 昨天晚上我喝了一瓶啤酒。
　　2) 星期天我们去公园照了很多照片。
　　3) 昨天下午我复习了两课生词。
　　4) 刚才我翻译了几个句子。
　　5) 今天上午老师开了一个会。
　　6) 今天我去邮局买了两张明信片。

4　1) A 今天晚上有舞会，你能去吗？
　　　 B 大概不行。
　　　 A 为什么？
　　　 B 学习太忙，没有时间。
　　　 A 你知道王兰能去吗？
　　　 B 她也有考试，也不能去。
　　　 A 真不巧。

　　2) A 圣诞节晚会你唱个中文歌吧。
　　　 B 我不会唱歌。
　　　 A 别客气。
　　　 B 不是客气，我真的不会唱中文歌。
　　　 A 我听你唱过。
　　　 B 那是英文歌。

5　1) A 星期天你有时间吗？我们一起去爬长城吧。
　　　 B 星期天我有约会了，不能和你一起去，真不好意思。
　　　 A 真不巧。

　　2) A 明天晚上你有时间吗？我想请你去

모범답안

跳舞。
B 可是我不会跳舞。
A 真不巧。

6　昨天晚上王兰**陪**玛丽去看京剧。她们从学校门口坐331路公共汽车去。**太巧了**，她们刚走到车站，车就来了。车上人不多，她们很**顺利**。
　　京剧**演**得很好，很有意思。

23

1 A 小王，你的自行车修**好**了吗?
　B 还没修**好**呢。你要用吗?
　A 是。我想借一辆自行车，还没借**到**。
　B 小刘有一辆，你去问问他。
　A 问过了，他的自行车也弄**坏**了。
　B 真不巧。

2 1) A 小刘，你快**下来**吧，我在楼下等你。
　　B 我现在就**下去**。

　2) A 八点了，你怎么还不**起来**?
　　B 今天星期天，我想晚一点儿**起来**。

　3) A 小王在吗?
　　B 他不在。他**回家去**了。
　　A 他什么时候**回家去**的?
　　B 不知道。

　4) A 外边太冷，我们**到里边去**吧。
　　B 刚**从里边出来**，一会儿再**进去**吧。

3 1) A **老师，对不起**，我来晚了。
　　B 上课十分钟了，为什么来晚了?
　　A **今天起得晚了**。
　　B 以后早点儿起床。请坐!
　　A **好的，谢谢老师**。

　2) A 请借我用一下儿你的词典。

B **刘京借去了**。
A 他什么时候能还你?
B **我也不知道**，我去问问他。
A 不用了，我去借小王的吧。
B **真抱歉**。

4 1) A 真抱歉，我弄坏了你的自行车。
　　B 没关系，可以修好。
　　A 修车费我会给你的。
　　B 不用，你太客气了。
　　A 这是应该的。

　2) A 可以借你的照相机用用吗?
　　B 小王借去了，还没还给我。
　　A 真不巧，我再问问别人吧。

24

1 真可惜，花瓶都摔碎了。
昨天的京剧你没看真遗憾。
老师让我去图书馆还书。
我让小王帮我修自行车。

2 1) A 听说你的手机坏了。
　　B 是啊，上个月刚买的。
　　A **真可惜**。

　2) A 昨天晚上的杂技好极了，你怎么没去看?
　　B 我有急事，**太遗憾了**。
　　A 听说这个星期六还演呢。
　　B 那我一定去看。

3 1) 我的汉语说得不太好。
　2) 昨天的课我复习了。
　3) 今天出门的时候，窗户没关好。
　4) 我有遗憾的事。

4 1) 他是不是回家了?
   2) 是不是天气不好?

25

1 1) 北海公园又干净又漂亮。
   2) 要是天气好, 我就去公园玩儿。
   3) 我喜欢这件衣服的颜色。
   4) 这本词典不是我的, 是刘京的。

2 1) 这个句子 很简单, 大家都会翻译。
   2) 她很会做中国菜, 她做的鱼 好吃极了。
   3) 今天天气 真好, 听说明天天气 更好。我们应该出去玩儿玩儿。
   4) 你这张照片 太漂亮了, 人很漂亮, 那些花儿也很美。

3 1) 那个商店的东西 又便宜又好。
   2) 这种橘子 又好吃又不贵。
   3) 要是我有钱, 我就可以买很多东西。
   4) 要是明天天气不好, 我们就不去爬长城了。

4 1) A 你看, 这件毛衣怎么样?
      B 真漂亮, 贵吗?
      A 一百六十五块。
      B 很便宜, 还有吗?
      A 怎么? 你也想买吗?
      B 是啊, 我想买一件送给我的妹妹。

   2) A 你的字写得真好!
      B 马马虎虎, 你写得更好。
      A 哪儿啊, 我刚学。

복습 5

1 ① 现在我正在上课, 昨天这个时候我在复习。
   ② 放假的时候, 我去了长城、北海公园, 我还买了好吃的东西。
   ③ 我汉语说得不太好, 我会写汉字。
   ④ 我有一件遗憾的事, 我还不会唱中国歌。

2 ① A 你今天穿的衣服好看极了。
      B 哪儿啊!

      A 你的房间又干净又漂亮。
      B 马马虎虎!

   ② A 对不起, 我来晚了。
      B 没关系。

      A 真抱歉, 弄坏了你的自行车。
      B 没什么。

   ③ A 真遗憾, 你昨天没和我们一起去爬长城。
      B 昨天我有考试。

      A 那件衣服又漂亮又不贵, 你没买太可惜了!
      B 我没带钱。

3 ① A 喂, 玛丽吗? 今天我请你吃晚饭。
      B 真的吗? 去哪儿吃饭?
      A 北京饭店。晚上七点我去接你。
      B 不用接我, 七点我自己去。

   ② A 昨天的京剧好极了, 你怎么没去看啊?
      B 昨天我有事。太可惜了! 这个星期还演吗?
      A 可能还演, 你可以打电话问问。

모범답안

26

1. 祝你们全家生活幸福。
   今天是你的生日，送你一个生日礼物。
   明天六点就要来学校，你来得了吗？

2. 1) 这件衣服的颜色多漂亮啊，孩子们穿最好看。
   2) 上课的时候，我去晚了，你知道我多不好意思啊！
   3) 你没去过长城？那多遗憾啊！
   4) 你爸爸，妈妈都很健康，你们全家多幸福啊！
   5) 你新买的自行车坏了，多可惜啊！

3. 1) A 听说你的两张画儿参加了画展，祝贺你！
      B 谢谢！欢迎参观。
   2) A 明天要考试了。
      B 祝你考出好成绩！
   3) A 我妈妈来了，我明天陪她出去玩儿玩儿。
      B 祝你们玩儿得愉快！

4. 1) 房间里太热了，请打开窗户。
   2) 这是他给你的礼物，请收下。
   3) 我的手表坏了，修得好吗？
   4) 这么多菜，我们吃不了。
   5) 这件衣服真脏，洗得干净吗？
   6) 明天的会你参加得了吗？

5. 1) A 你这次考得真好，祝贺你！
      B 谢谢。
   2) A 祝你和爱人生活幸福！
      B 谢谢。

27

1. 1) 这件衣服有点儿长，请换一件短点儿的。
   2) 刚来中国的时候，我生活有点儿不习惯，现在习惯一点儿了。
   3) 现在这么忙，你应该注意点儿身体。
   4) 你病了，得去医院看看，吃点儿药。
   5) 他刚才喝了点儿酒，头有点儿疼，现在已经好点儿了。

2. 1) A 我想骑车去北海公园。
      B 路太远，骑车去有点儿累。
      A 骑的时候慢点儿，我不累。
      B 路上车多人多，要注意安全。
      A 我会的。
   2) A 我们唱唱歌吧。
      B 别唱歌了，现在十一点了，大家都要休息了。
      A 好，我听你的。

3. 1) 售票员 您好，请不要在公共汽车上抽烟。
      乘客 好的，对不起。
   2) 管理员 您好，这里不可以拍照。
      游客 对不起，我不知道。
      管理员 没关系。
   3) 警察 您好，在中国骑自行车的时候不可以带人。
      A 对不起，我马上让朋友下车。
      警察 下次请注意安全。
      A 好的，谢谢。

4. 1) 我们班来了两个新同学。
   2) 桌子上放着一支铅笔，一个本子。
   3) 我们宿舍来了两个中国朋友。
   4) 那边开来了一辆汽车。

28

1. 要上课了，快上楼去吧。
   飞机要开了，上飞机吧。
   楼上有很多留学生在上课。
   上星期天气很好，不冷也不热。

2. 1) A 今天很冷，你要多穿衣服。
   2) A 你少喝点儿酒吧。
   3) A 以后我们多联系。
   4) A 老师问你呢，你快回答！

3. 1) 我比他大。/ 他比我小。
   2) 昨天比今天热。/ 今天比昨天凉快。
   3) 他的毛衣比我的好看。/ 我的毛衣比他的难看。
   4) 小刘的身体比小王的好。/ 小王的身体比小刘的差。

4. A 你怎么又感冒了？
   B 这儿的春天比我们国家的春天冷。
   A 你们国家的春天多少度？
   B 二十多度。
   A 你们国家春天比我们国家春天暖和。
   B 这儿早上和晚上冷，中午暖和，我还不太习惯。
   A 时间长了，你就习惯了。

5. 1) 今天比昨天高四度。
   2) 张丽英家比王兰家多两口人。
   3) 刘京比王兰大一点儿。
   4) 那个楼比这个楼高十二层。

29

1. 踢足球　　坐飞机　　出事故　　送礼物
   问问题　　喝酒　　　开汽车　　打电话
   打网球　　背生词　　吃饭　　　唱歌
   我喜欢的运动是踢足球。
   我是坐飞机来中国的。
   你开车开得太快了，会出事故的。
   今天是王兰的生日，我想送她一个礼物。

2. 1) 我滑冰没有他滑得好。
   2) 张老师爬山没有王兰爬得快。
   3) 我的手机没有他的手机好。
   4) 那张照片没有这张照片漂亮。

3. 1) C 我累极了，想休息一会儿。
   2) D 他在北京住了十年了。
   3) B 他的宿舍离教室很近，走一刻钟就到了。
   4) C 他迟到了十分钟。

4. 1) A 你喜欢什么运动？
      B 我喜欢打篮球，你呢？
      A 我不喜欢打篮球。
      B 你喜欢什么运动？
      A 我喜欢爬山。
   2) A 你喝啤酒吗？
      B 我不喝酒。
      A 为什么？少喝一点儿没关系。
      B 我开车，喝酒不安全。
   3) A 你喜欢吃什么饭菜？喜欢不喜欢做饭？
      B 我喜欢吃中国菜，不喜欢做饭。
   4) A 休息的时候你喜欢做什么？
      B 休息的时候我喜欢看书，听音乐。
   5) A 你喜欢喝什么？为什么？
      B 我喜欢喝啤酒，因为啤酒很好喝。

모범답안

30

1. 昨天我们在故宫参观了三小时。
   我的电脑坏了，请小王帮我修了一会儿。
   这个课文很难，我们翻译了两天。
   昨天我们学校和别的学校比赛了一个下午。
   昨天我牙疼，疼了一天。
   他都旅行了一个星期了，下周就回来了。

2. 1) 我们听音乐听了二十分钟。
   2) 我们跳舞跳了半个小时。
   3) 我们坐火车坐了七个小时。
   4) 我找钥匙找了好几分钟。

3. 1) 我每天除了散步(以外)，还打太极拳。
   2) 他除了会说英语(以外)，还会说汉语。
   3) 在北京，他除了去过长城(以外)，没去过别的地方。
   4) 我们班除了大卫会划船(以外)，别的人都不会划船。

4. 1) 我是去年来这个城市的，我来这个城市一年了。
   2) 以前我学过汉语，学了一年。
   3) 我们每星期上五天课。
   4) 我每天运动，每天跑步一个小时。
   5) 我每天十一点睡觉，六点起床，每天睡七个小时。

5. A 昨天的电影你看了吗？
   B 看了一点儿。
   A 你都能听得懂吗？
   B 听不懂，说得太快。
   A 我也是。要是能说慢点儿，就能听懂了。
   B 我们还要多练习听和说。

복습 6

1. ① 我的爱好是看书。我喜欢看书，听音乐。
   ② 我学过英语，我觉得很难。
   ③ 我在中国旅行过，除了普通话以外，北京话容易懂，上海话不容易懂。
   ④ 我们国家的天气跟中国一样。
   ⑤ 我喜欢春天，春天天气好，不冷不热。

2. ① A 祝您在中国生活幸福！
      B 谢谢你。

      A 你考得非常好，祝贺你！
      B 谢谢你。

      A 我们给你祝贺生日来了，祝你生日快乐！
      B 谢谢大家！

      A 祝你工作顺利！
      B 多谢朋友们！

   ② A 张东，你开车，别喝酒了。
      B 好吧，听你的。

      A 医生，我的病怎么还没有好呢？
      B 别急，你的病会好的。

      A 他刚睡，别说话。
      B 好的。

      A 老师，汉语怎么才能学得好呢？
      B 学汉语要多说，别不好意思。

   ③ A 你喜欢什么？
      B 我喜欢音乐。

      A 你喜欢做什么？
      B 我喜欢看书，听音乐。

A 你最喜欢什么?
B 我最喜欢打篮球。

3 A 你学了多长时间汉语了?
B 我学了一年汉语了。
A 你觉得听和说哪个难?
B 我觉得说比听难。
A 写呢?
B 我觉得写不太难。
A 现在你能看懂中文报吗?
B 现在还看不懂中文报。

31

1 1) 我们正在游览名胜古迹。
2) 我们正在看风景。
3) 我正在银行办信用卡。
4) 我正在提高我的口语能力。
5) 他们正在演电影。
6) 他正在骑自行车。

2 1) 注意,前边开来一辆汽车。
2) 楼下有人找你,你快下去吧。
3) 下课了,我们的老师走出去了。
4) 山上的风景很好,你们快爬上来吧。

3 1) 你来北京的时候,坐飞机坐了多长时间?
2) 昨天你爬山爬了几个小时? / 昨天你爬山爬了多长时间?
3) 今天早上你吃早饭吃了多长时间?
4) 从这儿到北海,骑车要骑几个小时? / 从这儿到北海,骑车要骑多长时间?
5) 昨天你们划船划了几个小时? / 昨天你们划船划了多长时间?

4 我去过长城,那里风景很美。我喜欢长城的风景。我们爬长城爬了两个小时。

32

1 1) 刚才他上山去了。
2) 刚才他进教室来了。
3) 刚才他进公园去了。
4) 刚才他下楼来了。
5) 刚才他回家去了。

2 1) 衣服在衣柜里挂着呢。
2) 你找钱包? 不是在你手里拿着吗?
3) 我的自行车钥匙在桌子上放着,你去拿吧。
4) 九号楼前边停着很多自行车。
5) 我的书上写着我的名字呢,能找到。
6) 参观的时候你带着他去,他不认识那儿。

3 这里是玛丽的宿舍,门关着,窗户开着,桌子在窗户前放着。书和词典在桌子上放着。

4 1) A 买两张三天后晚上从北京出发,早上到西安的火车硬卧车票。
B 可以买Z19,Z43。
2) A 买三张五天后下午从北京出发,晚上到西安的火车票。
B 可以买G669。

5 1) 我从周一到周五上课。
2) 我每天从八点到十二点上课。
3) 从我们国家到北京不太远。

6 A 可以预定火车票吗?
B 可以预定。您去哪儿?
A 我要去广州。

모범답안

B 您要买几号的火车票?
A 我要一张四月十号的直达车票。
B 要硬卧还是软卧?
A 要软卧。

33

1 一<u>件</u>衬衫　　两<u>条</u>裤子　　一<u>条</u>裙子
  一<u>张</u>桌子　　三<u>条</u>马路　　一<u>个</u>衣柜
  四<u>本</u>小说　　两<u>张</u>票　　　一<u>辆</u>自行车
  三<u>支</u>圆珠笔　一<u>只</u>小狗　　三<u>位</u>客人

2 1) 那个门很小，汽车开得进去开不进去?
  2) 这个包里再放两件衣服，放得进去放不进去?
  3) 这么多药水你喝得下去喝不下去?
  4) 箱子放在衣柜上边，你拿得下来拿不下来?

3 1) A 中国人说话，你听得懂吗?
     B <u>只要说得慢点儿，就能听懂。</u>
  2) A 你去旅行吗?
     B <u>只要有时间，就去旅行。</u>
  3) A 明天你去看杂技吗?
     B <u>只要不考试，就去看杂技。</u>
  4) A 你想买什么样的衬衫?
     B <u>只要穿着好看，就可以。</u>

4 A 请问，一个房间<u>一天多少钱</u>?
  B 一天二百五十八。
  A <u>有几张床</u>?
  B 有两张床。
  A <u>洗澡方便吗</u>?
  B 很方便，一天二十四小时都有热水。
  A 房间里能上网吗?
  B <u>可以上网。</u>

A 好，我要一个房间。

5 A 你好，双人间一天多少钱?
  B 一天四百元。
  A 太贵了，有没有便宜一点儿的房间?
  B 没有了，这个房间很好。
  A 房间里洗澡方便吗?
  B 房间里都是24小时热水，洗澡很方便。
  A 房间干净吗?
  B 房间里每天都打扫，很干净。

34

1 关<u>上</u>窗户　　张<u>开</u>嘴　　锁<u>上</u>门
  开<u>开</u>灯　　　吃<u>完</u>饭　　修<u>好</u>自行车
  洗<u>干净</u>衣服　接<u>到</u>一个电话

2 1) 他把桌上的电脑打开了。
  2) 我把小王的杂志弄丢了。
  3) 我们把那个房间布置好了。
  4) 我把刘京的手机摔坏了。

3 A <u>你是什么时候住院的?</u>
  B 我刚一病就住院了。
  A <u>你什么时候能出院?</u>
  B 现在还在检查，检查完了才能知道。
  A 要我帮你做什么吗?
  B 你下次来，<u>帮我把书带来吧</u>。
  A 好。

4 A 医生，我打球的时候把手弄伤了，请您帮我看看。
  B 伤得不重，休息几天就好了。
  A 可是我明天有比赛，我能去吗?
  B 真遗憾，不能去比赛了。

35

1. 大卫的字典被别人拿走了。
   王兰的自行车被弄丢了。
   我喜欢吃苹果、橘子什么的。
   周末我经常看电视、电影什么的。

2. 1) 我的笔被朋友弄丢了。
   2) 刘京的杂志被老师拿走了。
   3) 我的照相机被刘京借走了。
   4) 王兰的电脑被哥哥弄坏了。

3. 1) 妈妈的手表被妹妹弄丢了。
   2) 真糟糕，他的名字被我写错了。
   3) 文件被他忘在出租车上了。
   4) 房卡被他拿走了。
   5) 小树被大风刮倒了。

4. A 小王，你的病好点儿了吗?
   B 谢谢你，好多了。医生说下周就可以出院了。
   A 你住在这儿生活方便吗?
   B 很方便。
   A 我明天给你带几本书来吧?
   B 太好了，谢谢你。

복습 7

1. ① 我的宿舍里有衣柜、床、书桌。衣柜放在床旁边，书桌放在窗前。桌子上放着书和词典。床在房间的南边。
   ② 我早上七点起床，八点到学校去。中午十二点半回宿舍来。下午在宿舍看书，复习。有的时候去图书馆学习。晚上六点去学校食堂吃饭。
   ③ 我买了星期六上午到北京的火车票。到北京以后，我们先找旅馆住下，然后就去了故宫和北海公园参观。星期天上午，我们去游览了长城，长城的风景很美。

2. ① A. 표 사기
   A 您好，请问到广州的票还有吗?
   B 有，您要哪天的?
   A 我想要明天的，要三张。
   B 好的，要硬卧还是软卧?
   A 硬卧。要坐多长时间?
   B 21小时20分。
   A 几点开车?
   B 中午11点49分。

   B. 호텔 예약
   A 您好，请问还有房间吗?
   B 有，有单人间和双人间。
   A 双人间一天多少钱?
   B 双人间一天二百二。
   A 洗澡方便吗?
   B 二十四小时都有热水，洗澡很方便。
   A 这附近有餐厅，咖啡厅吗?
   B 有，出门往左走就是一个餐厅。旁边也有咖啡厅。

   C. 관광
   A 这儿的风景真美。这附近还有什么名胜古迹?
   B 这儿离故宫很近，我们可以去那儿看看! 还可以顺便看看天安门。
   A 好，那我们就先去故宫，再去天安门吧。
   B 跟我一起走就放心吧，这里的名胜古迹我都知道。
   A 我要请你当导游!

   ② A 你怎么了?
   B 头疼，嗓子也疼。还有点咳嗽。
   A 先量一下儿体温吧。

모범답안

B 38°C。
A 有点发烧，打个针吧。
B 大夫，我不想打针。
A 那就吃药吧，这个药，一天吃三次，一次一个。
B 谢谢您。

③ A 听说小王生病住院了，我们去看看他吧?
B 好，医院什么时候能看病人?
A 上午可以。我们给他买点儿什么好呢?
B 买点吃的吧。
A,B 小王，听说你生病了，我们来看看你。
王 谢谢你们。
A 你现在好点儿了吗?
王 现在已经好多了。我想快点儿出院。
B 别着急，好好休息。你想要什么东西吗? 我可以帮你带来。
王 不用了，谢谢你。
A 医院的生活怎么样? 方便吗?
王 这里生活很方便，医生都很好。
B 什么时候可以出院?
王 医生说，下周就可以出院了。

3 A 玛丽，天津离北京这么近，星期四我们去玩儿玩儿吧。
B 好，我们可以让小刘带着我们去。
A 不行，小刘病了。
B 她怎么了?
A 她发烧、咳嗽。
B 她是什么时候生病的? 我怎么不知道?
A 昨天晚上开始的。
B 那我们等小刘的身体好了再去吧，我们自己去不方便。
A 也好，等小刘好了再去吧。

36

1 我想趁放假的时候去旅行。
大卫要回国了，朋友们来向他告别。
我有好几个星期没去爬山了。
你的考试准备得怎么样了?
他的身体好了，已经出院了。

2 1) 你的病还没好，应该继续住院治疗。
2) 买两本书得三十块钱，我带的钱不够，买一本吧。
3) 他已经五十岁了，可是看样子一点儿也不老。
4) 他经常出差，很少在家。
5) 那棵小树昨天被汽车撞倒了。
6) 我有很多中国朋友，有的人英语说得很好。

3 1) C 李成日离开北京一年了。
2) C 他去医院两个半小时了。
3) C 他大学毕业两年了。
4) C 他已经起床半个小时了。
5) C 他们结婚十多年了。

4 1) 我中文学了一年了。
2) 我是2006年中学毕业的。毕业十多年了。
3) 我穿的这件衣服买了一年多了。
4) 我离开家乡一年多了。

5 A 小王，我要回国了。
B 你什么时候走?
A 二十号晚上走。
B 你的东西都准备好了吗?
A 准备得差不多了。
B 要我帮忙吗?
A 不用帮忙，我自己可以。
B 你走的时候我去送你好吗?

A 你很忙，不用送我了。

6　A 你要去中国学习什么？
　　B 我想去学习汉语和中国文化。
　　A 你要在中国学习多长时间？
　　B 我可能在中国学习两年。还有什么要我办的事？
　　A 你出国前跟朋友们都告别一下吧。

37

1　1) 昨天的游泳比赛很精彩，运动员的水平很高。
　　2) 我都站了一个小时了，现在我们该坐一会儿了。
　　3) 来中国学习是很好的机会，我一定好好儿学习。
　　4) 我的通讯地址给你留了吧?
　　5) 那个饭店的服务员很热情。
　　6) 这块蛋糕她舍不得吃，因为妹妹喜欢吃，她要留给妹妹。

2　1) 冬天快过去了，天气越来越暖和了。
　　2) 他的汉语越来越好了。
　　3) 张老师的小女儿越来越漂亮了。
　　4) 参加欢送会的人越来越多了。
　　5) 大家讨论以后，这个问题越来越清楚了。

3　1) 他把名字写在本子上了。
　　2) 他把词典放在桌子上了。
　　3) 她把钱包忘在家里了。
　　4) 她把衬衫挂在衣柜里了。

4　A 小张，你要去法国留学了，祝你顺利!
　　B 祝你学习取得好成绩!
　　张 谢谢你们! 为我们的友谊干杯!
　　A 一定要常常和我们联系。

张　我一到那儿就给你们打电话。
B 你一定要注意身体。
张　我一定注意身体。谢谢!

5　A 时间过得真快，你来中国已经一年多了。
　　大卫 是啊。虽然学习很紧张，但是我过得很愉快。
　　B 刚来中国的时候，你的汉语不太好，现在已经好多了。
　　大卫 谢谢你们对我的帮助。
　　C 我们的通讯地址和电话号码都留在本子上了，希望以后我们能常联系。
　　大卫 好的，我一定常常给你们打电话，写信。
　　A 祝你回国后，生活愉快。
　　大卫 谢谢，也祝大家生活愉快。
　　A 祝你一路顺风。
　　大卫 谢谢你。

38

1　1) 天太黑，我看不清楚黑板上的字。
　　2) 这张桌子很重，我一个人搬不动。
　　3) 我的中文水平不高，还看不懂中文报。
　　4) 从这儿海运到东京，一个月到得了吗？
　　5) 这本小书，你一个星期看得完吗？
　　6) 我们只见过一面，他的名字我记不住。

2　1) 那儿不但名胜古迹很多，而且风景很美。
　　2) 抽烟不但对自己的身体不好，而且对别人的身体也不好。
　　3) 他不但会说汉语，而且会说英语。
　　4) 昨天在欢送会上不但我们班的同学表演了节目，而且别的班的同学也都演了节目。

모범답안

3
1) <u>为了学习更多的中国文化</u>，我要去旅行。
2) <u>为了提高汉语水平</u>，我们要多听多说。
3) <u>为了安全</u>，你别骑快车了。
4) <u>为了布置房间</u>，我买了一张画儿。

4
A <u>你去哪儿</u>?
B 我去托运行李。
A <u>要运到哪儿</u>?
B 运到上海。
A <u>从这儿到上海要几天</u>?
B 七八天。
A 运费贵吗?
B <u>不太贵</u>。
A 你拿得动吗? 要不要我帮忙?
B <u>不用了，谢谢你，我拿得动</u>。

5
A 你好，我有一个包裹要寄。
B 您要寄到哪里?
A 寄到上海，多少钱?
B 不超重是15元，超重的一公斤加4元。
A 几天能到上海?
B 应该一周就能到。
A 好的，谢谢。

39

1
1) 你这星期走<u>还是</u>下星期走?
2) 你坐飞机去<u>还是</u>坐火车去?
3) 今天<u>或者</u>明天，我去看你。
4) 这次旅行，我们先去上海<u>还是</u>先去桂林?
5) 我们走着去<u>或者</u>骑自行车去，别坐公共汽车，公共汽车人太多。
6) 现在，我们收拾行李<u>还是</u>去和同学们告别?

2
1) 我的手提包不如她的漂亮。
2) 北京的春天不如我们那儿暖和。
3) 那个公园不如这个公园安静。
4) 小王的主意不如你的好。

3
1) 今天有我一个包裹，可是现在我有事。你去邮局的话，请<u>你替我取一下包裹</u>，好吗?
2) 我也喜欢这种糖，你去买东西的时候，<u>替我买一包糖吧</u>。
3) 现在我出去一下儿，要是有电话来<u>你替我接一下吧</u>。
4) 我头疼，不去上课了，你看见老师的时候，<u>替我请一天假吧</u>。

4
A 小刘，你去广州出差，<u>是吗</u>?
刘 是的。<u>你们有什么事要我替你们做吗</u>?
B 没事。广州比这儿热得多，你要<u>多注意身体</u>!
刘 谢谢! <u>我回来的时候</u>，给你们带一些水果。
A 不用了，这儿<u>也有很多水果</u>。
刘 不一样，这儿的<u>水果不如广州的</u>新鲜。
B 那先谢谢你了!

5
A 你什么时候出国?
B 下个星期二。
A 你的东西都整理好了吗?
B 都整理好了。
A 我们国家冬天比中国冷，你要多注意身体。
B 好的，谢谢你。

40

1 这两天看足球比赛耽误了学习。
路上车太多，耽误了时间。

大卫最近学习很努力，进步很大。
这件衣服不大不小穿着很合适。
我想学习汉语，可是没有合适的时间。
回国后，我会努力工作。

2 1) 这次考试希望取得好成绩。
　 2) 你回国以后希望你常常跟我们联系。
　 3) 你在医院要听大夫的话，好好儿休息。希望你能快点儿好起来。
　 4) 爸爸妈妈都希望我能找到一个好工作。
　 5) 我第一次来中国，希望能在中国生活得很愉快。
　 6) 这次旅行希望你们玩儿得高兴。

3 1) A　她昨天没把练习做完。
　 2) B　他今天晚上不把这张画儿画完，就不休息。
　 3) A, D　昨天我们下了课就去参观了。
　 4) A　他每天吃了饭就去外边散步。

4 尼娜要回国了，我们为她开了一个欢送会。那天特别热闹，同学们一边谈话一边喝茶，还演了不少节目。我们说希望她回国以后常来信，而且替我们向她全家问好，祝她一路平安。

5 A　小李，你这次出差去多长时间？
　 B　可能要去一个星期。
　 A　出差很累，你要注意身体。
　 B　谢谢，我一定注意。你要买什么东西吗？
　 A　不买。太麻烦了。
　 B　不麻烦，我可以顺便给你带回来。
　 A　不用了。祝你一路平安！
　 B　谢谢！

6 我来中国的时候，家里人给我开了欢送会。那天我家人都来了，大家一边吃饭，一边聊天。我妈妈很舍不得我。虽然妈妈很高兴我能来中国留学，但是她也很担心我在中国生活不习惯。爸爸说要经常给家里打电话。他们都会非常想念我。来中国那天，家人都到机场去送我。哥哥工作太忙，没有来，除了哥哥以外，其他人都来了。而且还带来了很多礼物。原来家人很担心我在中国的生活。但是现在我告诉他们我在中国生活得很愉快，他们都放心了。

복습 8

1 ①　回国前，我向老师和同学们告别，我告诉大家，我在中国生活得非常愉快，虽然学习很紧张，但是很有意思。在生活中，同学和老师给我很多帮助，我生病的时候同学和老师都很关心我，照顾我。我一定不会忘了大家，回国后，也会常常给大家打电话，发短信，欢迎老师和同学们到我们国家来玩儿！

　 ②　我参加过同学的欢送会，在欢送会上，老师准备了很多好吃的，还有饮料。同学们表演了精彩的节目，有汉语节目，也有英语、韩语的节目，都非常有意思。最后，同学们留下了自己的通讯地址，大家都说要常常打电话，发短信。要常常联系。大家还一起拍了照片留作纪念。

2 ① A　张东，我下周要回国了，我来向你告别。
　　 B　日子过得真快，你来中国已经一年多了。真舍不得你走。
　　 A　我也很舍不得你和朋友们。这段时间，谢谢你对我的照顾。
　　 B　你太客气了，对你的照顾很不够。

모범답안　531

모범답안

A 给你们添了不少麻烦。
B 哪儿的话。对了，你的行李都收拾好了吗?
A 都收拾好了。
B 你哪天走? 到时候我去机场送你。
A 你的学习很忙，不用送，谢谢你。
B 没什么。祝你一路平安!
A 谢谢!

② A 我要走了，大家再见!
B 祝你一路平安!
A 谢谢! 你们也多保重。
B 请替我们向你的家人问好。
A 谢谢，我一定告诉他们。
B 通讯地址都留在本子上了，希望你常来信。
A 我会的，一定常常联系。再见!
B 再见!

③ A 请问，这里可以托运吗?
B 可以，你要托运什么?
A 我要托运衣服和书。可以海运吗?
B 可以，运到哪儿?
A 运到韩国。需要多长时间?
B 到韩国大概一周。请在这里写一下您的姓名、地址、电话。
A 运费怎么算?
B 按照重量和路程收费。
A 给您表，我填写完了。
B 好的，可以了。

3 A 你什么时候走?
B <u>我下周三走</u>。
A <u>你的行李怎么带回去?</u>
B 都托运了。谢谢你的照顾。
A <u>哪儿啊，照顾得很不够</u>。
B <u>请替我向你的家人问好</u>。
A 我一定转告。请问你们全家好。

B 谢谢你，我也一定转告。
A 祝你<u>一路平安</u>! 再见!
B 再见。

한어병음자모 배합표

	a	o	★e	i(-i)	u	ü	ai	ao	an	ang	ou	ong	★ei	★en	★eng	er	ia
b	ba	bo		bi	bu		bai	bao	ban	bang			bei	ben	beng		
p	pa	po		pi	pu		pai	pao	pan	pang	pou		pei	pen	peng		
m	ma	mo	me	mi	mu		mai	mao	man	mang	mou		mei	men	meng		
f	fa	fo			fu				fan	fang	fou		fei	fen	feng		
d	da		de	di	du		dai	dao	dan	dang	dou	dong	dei	den	deng		
t	ta		te	ti	tu		tai	tao	tan	tang	tou	tong			teng		
n	na		ne	ni	nu	nü	nai	nao	nan	nang	nou	nong	nei	nen	neng		
l	la		le	li	lu	lü	lai	lao	lan	lang	lou	long	lei		leng		lia
g	ga		ge		gu		gai	gao	gan	gang	gou	gong	gei	gen	geng		
k	ka		ke		ku		kai	kao	kan	kang	kou	kong	kei	ken	keng		
h	ha		he		hu		hai	hao	han	hang	hou	hong	hei	hen	heng		
j				ji		ju											jia
q				qi		qu											qia
x				xi		xu											xia
zh	zha		zhe	zhi	zhu		zhai	zhao	zhan	zhang	zhou	zhong	zhei	zhen	zheng		
ch	cha		che	chi	chu		chai	chao	chan	chang	chou	chong		chen	cheng		
sh	sha		she	shi	shu		shai	shao	shan	shang	shou		shei	shen	sheng		
r			re	ri	ru			rao	ran	rang	rou	rong		ren	reng		
z	za		ze	zi	zu		zai	zao	zan	zang	zou	zong	zei	zen	zeng		
c	ca		ce	ci	cu		cai	cao	can	cang	cou	cong		cen	ceng		
s	sa		se	si	su		sai	sao	san	sang	sou	song		sen	seng		
성모가 없을 때	a	o	e	yi	wu	yu	ai	ao	an	ang	ou		ei	en	eng	er	ya

운모 'ü'가 성모 'j', 'q', 'x'와 결합할 때 각각 'ju', 'qu', 'xu'로 표기한다.

'i'의 발음은 우리말 '으' 발음과 유사한데, 구강의 앞부분에서 발음하도록 한다.

운모 'i', 'u', 'ü'가 성모 없이 단독으로 쓰일 때 각각 'yi', 'wu', 'yu'로 표기한다.

★ 주의해야 할 발음

- 'e'가 성모와 결합할 때는 [ɣ]로 발음한다. 단, 'e'가 '了(le)'와 같이 경성으로 쓰일 때는 [ə]로 발음한다.
- 'ei'와 'e'는 [e]로 발음한다.
- 'en'과 'eng'의 'e'는 [ə]로 발음한다.

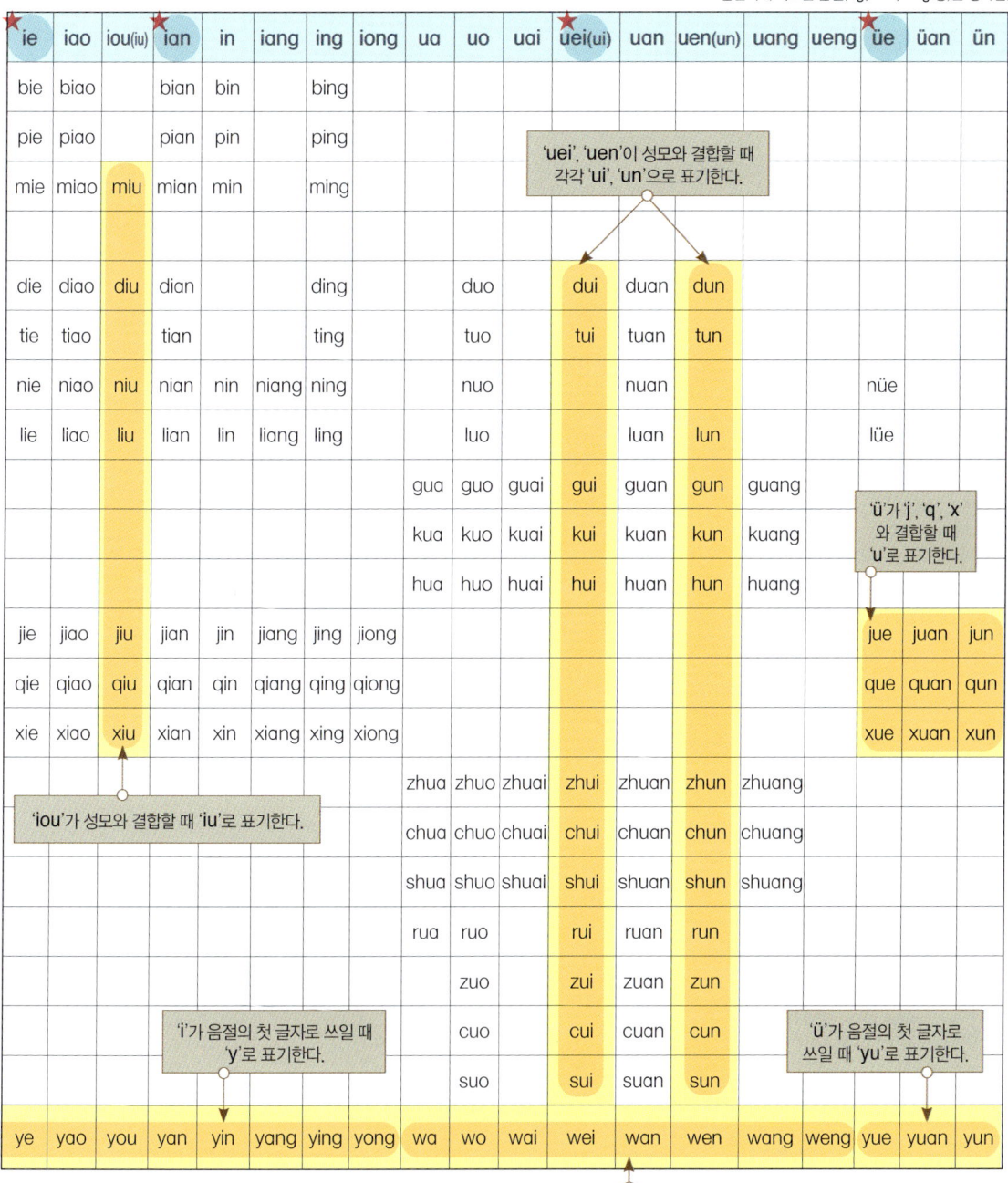

다락원 홈페이지에서 MP3 파일
다운로드 및 실시간 재생 서비스

최신개정
301句로 끝내는 중국어회화 합본

편저 康玉华·来思平
편역 최용철
펴낸이 정규도
펴낸곳 (주)다락원

제1판 1쇄 발행 1999년 8월 18일
제2판 1쇄 발행 2004년 3월 1일
제3판 1쇄 발행 2006년 12월 8일
제4판 1쇄 발행 2017년 10월 30일
제4판 7쇄 발행 2024년 12월 2일

기획·편집 이원정, 이상윤
디자인 윤지은, 최영란, 박선영
일러스트 박하

녹음 曹红梅, 朴龙君, 허강원

🔳다락원 경기도 파주시 문발로 211
전화 (02)736-2031 (내선 250~252/내선 430~437)
팩스 (02)732-2037
출판등록 1977년 9월 16일 제406-2008-000007호

Copyright © 2015, 北京大学出版社
원제:《汉语会话301句》(第四版) 上册·下册
The Chinese edition is originally published by Peking University Press.
This translation is published by arrangement with Peking University Press, Beijing, China. All rights reserved. No reproduction and distribution without permission.

한국 내 Copyright © 2017, (주)다락원
이 책의 한국 내 저작권은 北京大学出版社와의 독점 계약으로 ㈜다락원이 소유합니다.

저자 및 출판사의 허락 없이 이 책의 일부 또는 전부를 무단 복제·전재·발췌할 수 없습니다. 구입 후 철회는 회사 내규에 부합하는 경우에 가능하므로 구입처에 문의하시기 바랍니다. 분실·파손 등에 따른 소비자 피해에 대해서는 공정거래위원회에서 고시한 소비자 분쟁 해결 기준에 따라 보상 가능합니다. 잘못된 책은 바꿔 드립니다.

ISBN 978-89-277-2219-9 18720
978-89-277-2215-1 (set)

www.darakwon.co.kr
다락원 홈페이지를 방문하시면 상세한 출판 정보와 함께 동영상 강좌, MP3 자료 등 다양한 어학 정보를 얻으실 수 있습니다.